동아시아 경제통합

주요국 입장과 통합관련 이슈

동아시아 경제통합

주요국 입장과 통합관련 이슈

정인교, 김홍률, 최원목, 정승연, 조정란
류병운, 박번순, 최세균, 송원근, 박재욱
공저(Chapter 순)

East Asia Economic Integration

서울경제경영

머리말

전통적으로 동아시아는 미국과 같은 역외시장을 겨냥한 수출확대전략으로 높은 경제성장을 일구어 왔다. 중국의 시장경제화 진전과 고성장 지속으로 대부분의 동아시아국가들은 중국과 가장 많이 교역을 하고 있으나, 수출입구조를 면밀하게 관찰하여 보면 실질적으로는 미국이 여전히 가장 중요한 교역대상국이다. 우리나라, 일본 등 동아시아 국가들은 중국이나 ASEAN 국가에 고부가가치 원자부자재를 수출하여 현지의 낮은 임금을 활용하여 완제품을 생산해 왔고, 동아시아에서 생산된 완제품이 가장 많이 수출되는 국가가 바로 미국이다. 동아시아는 사실상 미국시장을 겨냥한 생산네트워크를 발전시켜 온 것으로 볼 수 있다.

하지만 글로벌 금융위기의 진원지인 미국이 1930년 이후 최악의 실업사태와 경기침체의 늪에 빠져 있어 미국 소비자들의 씀씀이가 눈에 띄게 줄어들고 있다. 불행하게도 미국 소비자를 대체할 거대소비지역을 찾기 어렵다. 많은 학자들은 현재의 경기침체가 상당기간 지속될 것이며, "L"자 형태로 경제회복이 이루어질 것으로 전망하고 있다. 이에 따라 앞으로 대체소비시장을 찾지 못하면 기존의 동아시아 생산네트워크는 적지 않은 타격을 받을 것으로 예상된다. 더구나 동아시아는 석유화학, 철강, 조선 등에 중복과잉투자가 많아 수요감소로 심각한 구조조정 압력을 받을 수 있다.

지역차원에서 볼 때 다행인 점은 동아시아 내부에서 수요를 창출해야 한다는 지적과 함께 이를 위한 논의가 전개되고 있다는 점이다. 이러한 논의는 동아시아 경제통합, 동아시아 자유무역협정(FTA) 등과 맞물려 복합적인 구조하에서 논의되어 왔다. 주로 일본과 중국이 이러한 논의를 주도하고 있는데 비해, 동아시아 3대 경제국인 우리나라의 참여는 상대적으로 미흡했다.

동아시아 경제통합 논의의 첫 이슈는 동아시아 FTA로 시작되었다. 중국은 2004년 ASEAN+3 정상회의에서 동아시아 FTA 경제성 분석을 위한 전문가회의를 제안했고, 논의와 연구를 주도해 나갔다. 중국의 역할 확대에 일본이 제동을 걸고 나서면서 동아시아 FTA 논의는 중국과 일본 간에 경쟁적으로 이루어지는 양상을 보였다. 2004년 ASEAN과의 FTA를 타결시킨 중국은 ASEAN+3 국가 간 FTA를 선호하였고, 일부 ASEAN 국가들로부터 지지를 받아내기도 했다. 동아시아 내 중국의 위상이 제고되어 가고 있고, ASEAN 국가들이 중국과 밀착해지는 경향을 보임에 따라 일본은 동아시아 FTA 추진논의에 있어 중국과 직접적인 경쟁을 하기 어렵게 되었다. 이에 일본은 동아시아 국가들의 생산네트워크 발전을 위해서는 호주, 뉴질랜드, 인도도 동아시아 FTA에 포함되는 것이 바람직하다는 논리를 주장하면서 ASEAN+6(한 · 중 · 일, 호주, 뉴질랜드, 인도) FTA 검토를 제안하였다. 일본은 동아시아가 지속적인 경제성장을 유지하기 위해서는 역내에서의 수요창출이 전제조건이 되며, ASEAN+6 FTA 체결이 역내수출창출에 가장 효과적인 수단임을 밝히고 있다.

지난 5년 동안 우리나라는 전 세계에서 가장 많은 수의 FTA 협상과 FTA 타결을 기록한 국가이다. 높은 FTA 체결 실적에 비해 우리나라는 동아시아 경제통합 및 범지역적 FTA 추진 논의 참여에는 소극적인 양상을 보였다. 외교통상부와 FTA 관련 부처에 소속된 FTA 전담인력이 100명이 넘지만, 동아시아 경제통합을 담당하는 인력은 한두 명에 불과한 실정이다. 2009년 2월 외교통상부내에 경제통합과가 설치되었다는 점은 다행으로 볼 수 있다. 중국과 일본과는 경쟁하기 어렵다는 점도 작용했겠지만, 보다 근본적으로는 동아시아에 대한 우리 정부의 기본 입장이 서 있지 않았다. 세계 10위권 및 동아시아 내 3위 경제규모를 가진 국가인 우리나라가 동아시아 FTA 추진에 대한 입장을 정하고 일관된 입장을 보일 때 동아시아 FTA는 생각보다 빠른 시기에 자리잡게 될 것이다.

경제통합은 몇 개의 개별 경제권이 하나의 시장으로 통합되고, 경제제도와 경제환경이 수렴되어 가는 과정으로 볼 수 있다. 보다 심화된 경제통합체에서는 완전한 형태의 인력이동이 허용되고, 공통의 통화, 통합정치까지 진전될 수 있다. 가장 대표적인 경제통합체는 유럽연합(EU)인 것으로 볼 수 있다. 지난 반세기에 걸쳐 유럽 국가들은 시장통일과 유로화 단일화폐 도입에 이어 물리적 국경을 철폐했고, 현재 초국가 정치조직 설치를 위해 논의하고 있다.

동아시아에서 경제통합을 본격적으로 논의했던 계기는 1998년 ASEAN+3(한 · 중 · 일) 정상회의에서 동아시아비전그룹(EAVG, East Asia Vision Group)을 설치하면서 시작되었다. 2년 시한으로 활동한 EAVG는 연구보고서를 통해 유럽의 경험을 바탕으로 한 동아시아경제공동체 구축을 제안하였다. EAVG 보고서에서 제안된 경제공동체는 앞으로 몇 십 년에 걸쳐 점진적으로 추진될 수 있을 것이다.

경제공동체의 시작은 역내시장통합이며, 오늘날 국가 간 시장통합의 대표적인 방법은 범지역적 FTA 체결이다. FTA 체결로 시장통합을 이루고 나면 동아시아는 전 지역의 공통관심사를 해결하기 위한 방안을 모색하게 될 것이다. 예를 들어 국가 간 경제발전 격차를 좁히기 위한 공적원조(ODA)와 개발협력이 집중적으로 논의될 수 있다.

이 책은 우리나라 FTA 정책과 동아시아 경제통합에 대한 주요국의 입장을 살펴보고, 향후 동아시아 경제통합과정에서 제기될 수 있는 주요 이슈에 대한 분석내용을 한 권으로 묶어 출판하기 위해 기획되었다. 이 책은 크게 3개 분야로 나눌 수 있다. 제1부에서는 우리나라 FTA 정책전반을 분석하고 평가한다. 앞에서 언급했듯이 한 지역에서의 경제통합 출발은 그 지역 전체 국가가 참여하는 FTA를 구축하는 것이 될 수 있다. 우리나라 FTA 정책의 성과와 함께 개선해야 할 점, 향후 FTA에서 지향해야 할 바를 제시하고 있다. 많은 국가와 FTA를 체결했지만 동아시아 FTA에 대한 진지한 논의는 아직 없었음을 알 수 있다.

제2부에서는 동아시아 FTA 및 경제통합에 대한 주요국의 입장을 고찰한다. 한국, 중국, 일본, ASEAN의 입장을 각 지역 전문가가 제시하고 있다. 마지막으로 제3부에서는 동아시아 경제통합에서 부각될 수 있는 이슈를 논의하고 있다. 농업 개방에 대한 주요국 입장과 자유화 방법, 무역원활화 촉진 방안, 해외공적지원 확대 및 동아시아 FTA 회원국 범위에 대한 평가 등에 대해 논의하고 있다.

한 권의 책으로 동아시아 FTA 및 경제통합에 대한 내용을 정리하는 것이 쉽지만은 않다. 하지만 이 책의 발간을 계기로 저자들은 동아시아 FTA 및 경제통합에 대한 연구를 심화시켜 나가고자 한다. 더불어 동아시아 경제통합에 대한 책을 출판하면서, 독자 여러분들의 많은 격려와 질책을 기대하며, 후속 책에서는 보다 구체적인 방안을 제시할 것임을 약속드리고자 한다.

많은 분들의 노고가 없었다면 이 책이 발간되기 어려웠을 것이다. 김은중 서울경제경영출판사 사장님은 필자가 재직하고 있는 인하대까지 방문하여 출판협의를 해주셨고, 편집부에서도 편집 작업과 교정에 많은 노력을 아끼지 않으셨다. 그리고 원고작성 및 원고수정 요청을 흔쾌히 들어준 필진들의 노력과 협조가 없었다면 이 책을 발간하기 어려웠을 것이다. 출판사 관계자 및 모든 필진에게 대표저자로서 깊은 감사의 마음을 표하고자 한다.

2009년 5월
대표저자 정인교

차 례

CHAPTER 03 우리나라 FTA 정책의 궁극적 목표

PART 02 동아시아 지역경제통합에 대한 주요국의 입장

CHAPTER 04 한국의 입장과 정책

CHAPTER 05

일본의 입장과 정책

CHAPTER 06

중국의 입장과 정책

CHAPTER 07

ASEAN의 입장과 정책

PART 03 동아시아 경제통합에서 부각될 수 있는 이슈

CHAPTER 08 동아시아 FTA와 농업부문의 과제

CHAPTER 09 동아시아 무역원활화

CHAPTER 10 동아시아 경제통합과 한국의 대ASEAN 공적개발원조(ODA)

PART 01

우리나라 FTA 정책

CHAPTER 01 참여정부의 FTA 정책 평가와 시사점

CHAPTER 02 우리나라 FTA 추진체계 평가와 향후 정책방향

CHAPTER 03 우리나라 FTA 정책의 궁극적 목표

CHAPTER 01

참여정부의 FTA 정책 평가와 시사점

인하대학교 경제학부 정 인 교

1 서론

세계경제는 세계무역기구(WTO)를 중심으로 한 다자주의와 자유무역협정(FTA)와 같은 지역주의의 활성화에 의해 점진적으로 통합되어 왔다. 우루과이라운드(UR)에 이어 도하개발의제(DDA) 협상이 현재 진행 중에 있으나, 개도국과 선진국간 및 선진국간 입장 차이, 미국과 유럽연합(EU)의 소극적인 입장, 중국과 인도 개도국의 입장 강화 등으로 DDA 협상타결이 지연되고 있다. 하지만, 1990년대초 시작된 FTA 체결추이는 세계적인 금융위기 속에서도 지속되고 있다.

국제무역연구원(2009)이 2월 발간한 자료("2009년 세계 주요국의 지역무역협정 추진 전망")에 따르면, 2009년 FTA 발효 건수는 14건으로 2008년 8건보다 늘어날 것으로 전망되고 있다. 협상 개시 또한 2008년 5건에 비해 13건이나 늘어난 18건이 개시될 것으로 예상된다. 현재 전세계 거의 모든 WTO 회원국은 최소 1개 이상의 FTA에 가입하고 있으며, 주요 교역국가와의 FTA 체결을 모색하고 있다.

FTA는 교역확대 등 경제적 실익, 정치외교적 혜택, 기타 통상목적 등의 이유로 추진되는 것으로 볼 수 있다. 한편, FTA 정책은 무역통상개방을 전제로 하고 있어 추진과정이 용이하지 않다. 특히 피해업종이 많거나 산업구조조정이 심각할 경우 FTA 정책이 정치쟁점화되는 경우가 적지 않다. 더구나 미국발 금융위기 이후 세계경제가 악화됨에 따라 개방정책은 정치적 반발을 초래할 가능성이 높다. 또한 많은 국가들이 경제난을 이유로 보호무역주의를 강구하고 있어 개방정책보다는 보호주의 채택 압력이 높아지고 있어 FTA 추진 환경은 악화되고 있다.

하지만, 대외환경이 어려울수록 FTA 추진을 통해 수출시장을 확보하고 주요 교역국의 보호무역주의 도입을 억제해 나가야 한다.[1] 우리나라는 칠레 등과의 FTA 이행을 통해 FTA 높은 수출증진효과를 경험했고, 최근 이행된 ASEAN과의 FTA 수출효과도 높게 나타나고 있다. 또한 FTA는 무역개방의 역진방지장치(standstill) 및 상호특혜주의 원칙을 포함하고 있어 보호주의 정책 채택을 방지하는 효과가 있다.

이 글은 우리 정부의 FTA 추진과정 및 추진내용을 평가하고, FTA 경제효과 극대화를 위한 방안을 제시하고자 한다. FTA추진로드맵, 우리나라 FTA 정책 평가, 한 · 미 FTA 평가, 참여정부의 FTA 정책 평가 등이 주요 내용이다. 이 글의 필자가 지난 2~3년 사이 세미나 등에서 발표했던 자료를 토대로 작성되었다. 특히 2007~2008년 필자가 발표한 자료가 주로 활용되었으며, 이 책의 구조에 부합되도록 기존 발표자료 내용을 취사선택 및 보완하여 작성하였다.

2 FTA추진로드맵[2]

2003년초 출범한 '참여정부'는 적극적인 시장개방을 통한 국가 전반의 시스템 선진화, 경제체질 강화를 위해 동시다발적 FTA 추진을 결정하였다. 우리 경제가 대외적으로 지향해야 할 비진으로 '선진통상국가' 개념을 정립하였는데, 글로벌 스탠다드를 갖추고 능동적으로 세계시장에 참여하며 개방친화적 인프라가 형성된 국가를 지향한다는 정책적 의지의 표현으로 '선진통상국가'를 주창하였다.

FTA 추진 기본방향으로 『FTA추진로드맵』을 작성하고(2003.9) 본격적으로 FTA를 추진하였다. 전략적 · 적극적 동시다발적으로 FTA를 추진하고 효과 극대화를 위하여 광범위한 내용을 협정에 포함하기로 하였다. 대상국 선정 · 교섭방향 · 보완대책 등을 수립함에 있어 다양한 이익집단의 요구를 수렴하여 시행하기로 했다. 전세계적인 지역주의 심화에 대응하여 로드맵을 수정 · 보완(2004.5)하고 미국 등 경제대국과 FTA 체결을 가속화해 나가기로 결정했다.

지역주의가 세계적으로 확산되고 있는 상황에서 대외무역의존도가 70%를 차지하는 우리 경제의 활성화를 위해 FTA 추진은 불가피하고, 적극적인 추진이 필요하다는 인식에 따라 동시다발적 FTA 추진 전략을 통해 통상정책의 기조를 능동적이고 적극적인 방향으로 선회하였다. 동시다발적 FTA 전략은 칠레와의 FTA 추진 경험에서 출발하였다. 당시 정부

1) 선진국 정상회의(G7), 세계 주요국 정상회의(G20) 등을 통해 경기부양 및 개방정책의 지속을 위한 국제공조에 합의하고 있으나, 인도, 중국, 미국 등 많은 국가들이 보호무역조치를 강구하고 있다.

2) 정인교(2008c)의 내용을 근거로 작성하였다.

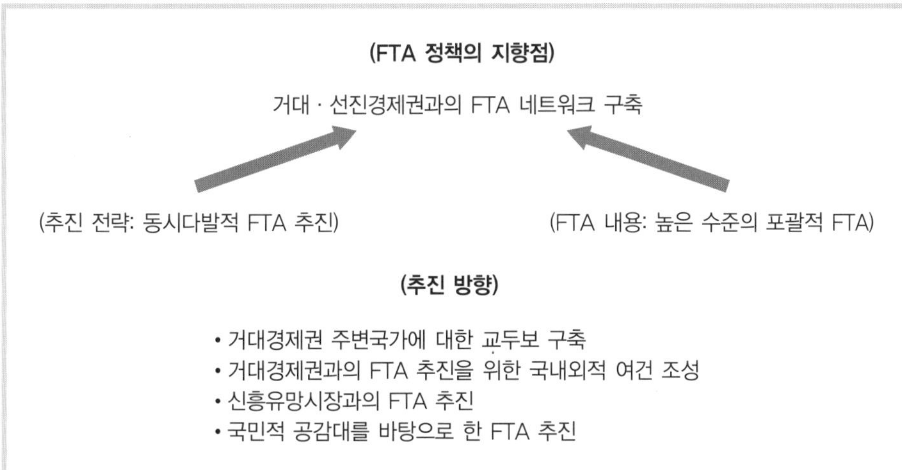

그림 1-1 FTA 핵심 추진정책

는 칠레와의 FTA를 먼저 타결하고 다른 국가와의 FTA를 추진한다는 순차적 추진 방침을 결정하였다. 하지만, 칠레와의 협상이 부진을 면치 못하고 있음에도 다른 FTA 대안을 모색할 수 없는 문제에 봉착하게 된 상황에서 멕시코가 우리나라와의 FTA 추진을 적극적으로 제안했지만, 순차적 추진 방침에 따라 멕시코와의 협상을 추진할 수 없었다. 한편, 미국, EU 등과 동시다발적으로 FTA를 추진하고 있던 칠레는 우리나라와의 협상이 부진해지자, 미국, EU와의 협상에 전력함으로써 결과적으로 다수 국가와의 FTA를 단기간에 타결하였다.

또한 동시다발적 FTA 추진은 FTA 체결진도를 단기간에 만회하여 우리 기업들의 기회비용을 최소화하고, 각 FTA별 서로 다른 효과를 상호 상쇄 · 보완하기 위한 전략이었다. 상품의 관세철폐 뿐만 아니라 서비스 · 투자 · 지재권 등을 포함하는 포괄적이고 수준 높은 FTA를 지향하며, 중장기적(3년 이상)으로 거대 · 선진 경제권인 미국 · EU · 중국 등과의 FTA를 추진하되, 진출 교두보로써 싱가포르 · ASEAN · 멕시코 등과의 FTA를 추진하기로 했다. 절차적 투명성 제고 및 국민적 공감대를 형성하기 위하여 FTA 추진 절차를 규정하고 지원대책을 마련했다. FTA 추진 정보 제공, 이해관계자 의견 수렴, 협상 전 공청회 개최 의무 등을 포함하는 『FTA 체결절차규정』을 제정했다(2004.6).

또한 『FTA 이행지원특별법』을 제정하여 한 · 칠레 FTA에 따라 피해가 예상되는 과수농가의 경영안정 지원대책을 마련하였고(2004.3), 7년간(2004~2010) 총 1조2천억원의 기금을 조성, 고품질 생산 및 유통선진화 지원, 직접적 피해 농가에 대한 소득을 보전하기 위한 법적 기반을 마련했다. 칠레산 농산물 수입으로 국산 과실가격이 평년가격의 80% 이하로 하락한 경우 가격차의 80%를 보전하고 포도 · 키위 · 복숭아 생산농가가 폐업을 희망하는 경우 보상금을 지원할 수 있는 제도이다.

표 1-1 FTA 보완대책 내용과 법적 근거

부문	주요 대책내용	조치사항
농수산업	품목별 피해보전직불제 개편	FTA 이행특별법 개정
	폐업지원제도 개편	
	경영이양직불제 개편	농산물의 생산자를 위한 직접 지불제도 시행규정 개정
	농가단위 소득안정 직불제 도입	농업경영체육성법 제정
	농식품산업 성장 제도적 기반 구축	관련 법령 제 · 개정
	농지은행 기능강화	소득세법 시행령 개정
	수산보전제도 도입	시행계획 마련
	농수산업 품목별 경쟁력 강화	투융자 세부계획 수립
무역조정지원	무역조정지원대상 범위 확대	제조업 등의 무역조정지원법 개정
근로자 고용안정	무역조정기업 소속 근로자의 고용안정 강화	고용보험법 등 개정
제약산업	의약품 품질관리체계 선진화	약사법 시행 규칙 개정

『제조업 등의 무역조정지원에 관한 법률』을 제정하여 FTA 추진에 따른 수입증가로 피해가 우려되는 제조업 및 관련 서비스업 기업의 구조조정을 지원하기로 했다(2006.4). 10년간(2007~2016) 총 2조 8,000억원을 조성, 기업의 구조조정을 지원하고 근로자의 전직 및 재취업을 지원하게 된다. FTA 이행에 따른 수입증가로 6개월 동안 매출액 또는 생산액이 25% 이상 감소한 기업에 대해 자금 · 인력 · 기술 등의 정보를 지원하고 단기 경영안정에 필요한 자금을 융자하게 된다. 2007년 4월 한 · 미 FTA 타결 이후 FTA 영향 분석 결과 및 이해단체의 의견수렴 등을 바탕으로 종합적인 보완 대책을 마련하였다(2007.6).

3 우리나라의 FTA 정책 및 실적[3)]

2009년 4월 현재 우리나라는 칠레(2004.4), 싱가포르(2006.3), 유럽자유무역연합(EFTA, 2006.9), ASEAN9(2007.6)과의 FTA를 발효시켰고, 미국과의 FTA 협정을 공식서명한 상태이다. 지난 9월말 인도와의 협상을 사실상 타결하였다. 유럽(EU), 캐나다, 및 멕시코와의 FTA 협상을 진행 중에 있으며, 중국, 남미공동시장(MERCOSUR)과는 정부간 공동연구를 완료한 상태이다.

3) 정인교(2008a)의 내용을 근거로 작성하였다.

현재까지 우리 정부는 2003년 9월 최초 확정된『FTA추진로드맵』에 따라 FTA를 추진해 온 것으로 평가된다. 동 로드맵에 따르면 우리 정부는 일본, 싱가포르, ASEAN 등과의 FTA를 단기적으로 추진하고, 미국, 중국, 유럽 등 거대경제권과의 FTA는 중장기적 추진대상으로 분류되어 있었다. 여기서 중장기라 하면 3~5년의 시간을 의미하는 것으로 해석되었으며, 일본을 제외한 FTA로드맵에 제시된 대부분 국가와의 FTA가 당초 일정대로 추진되고 있는 것이다.

국내외 FTA 추진환경 변화에 따라『FTA추진로드맵』은 2004년 5월 보완되었다. 2003년 12월 제2차 한 · 인도 경제공동위원회(뉴델리) 외무장관 회담에서 양국간 무역-투자 및 서비스 분야에서의 포괄적 협력관계 수립을 위한 공동연구그룹(JSG) 설치 문제를 검토키로 합의하였다. 또한 유럽자유무역연합(EFTA)과의 FTA 추진도 합의되었다. 이들 지역과의 FTA 추진을 위해 기존 로드맵에다가 EFTA, 인도와의 FTA를 추가하게 되었다.

- **FTA 추진 대상국 선정기준**
  ① 경제적 타당성
  ② 정치 · 외교적 함의
  ③ 우리나라와의 FTA에 적극적인 국가
  ④ 거대 · 선진 경제권과의 FTA 추진에 도움이 되는 국가

- **FTA 추진 대상국**
  (단기적으로 추진할 FTA)
  ① 일본, ② 싱가포르, ③ ASEAN, ④ EFTA, ⑤ 멕시코, ⑥ 캐나다, ⑦ 인도
  (중 · 장기적으로 추진할 FTA)
  ① 미국, EU, 중국 등 거대경제권
  ② 한 · 중 · 일 FTA
  ③ 우리나라와의 FTA 체결을 희망해온 국가(이스라엘, 페루, 파나마, 뉴질랜드, 호주)

주: 2004년 5월 보완

그림 1-2 FTA추진로드맵 개요

참여정부는 2003년 FTA로드맵을 설정하였고, 2004년 FTA 추진위원회를 설치하여 동시다발적 FTA 정책을 추진하도록 하였다. 2005년 '선진통상국가' 구축을 국정목표의 하나로 설정하였고, 이를 달성하기 위한 수단으로 FTA를 적극 추진하기로 하였다. 분배와 복지를 우선적으로 고려했던 참여정부가 미국 등 주요 국가와의 FTA를 '동시다발적'으로 추진하는 정책을 채택한 것과, 전세계 어느 국가보다 탁월한 FTA 추진실적을 기록한 점은 우리나라 통상정책사에서 높이 평가될 수 있을 것이다. 특히 미국과의 FTA는 우리나라가 설득하여 협상을 시작했고, 타결 및 공식서명까지 완료함으로써, 향후 협정이 발효되면 경제효과는 물론이고, 한 · 미 관계 개선에도 기여할 수 있을 것으로 평가된다.

표 1-2 우리나라의 FTA 추진현황

구분	대상국가(지역)	추진현황	비고
기체결	칠레	협정 발효(2004.4)	현재 협정 발효중
	싱가포르	협정 발효(2006.3)	현재 협정 발효중
	EFTA	협정 발효(2006.9)	현재 협정 발효중
	ASEAN	협정 발효(2007.6)	태국외 9개국과의 상품분야 발효
	미국	공식 서명(2007.6)	18대 국회 비준안 상정(2008.10)
정부간 협상	멕시코	협상중	2008년부터 FTA 협상중
	캐나다	협상중	
	ASEAN	타결(서명)	2007년 11월 태국외 9개국과 타결
	인도	협상중	2008년 9월 협상 타결
	EU	협상중	
협상중단	일본		2004년 11월 이후 협상중단
공식 협의	남미공동시장	정부간 협의	2006년 5월 공동연구 완료
	중국	산관학 공동연구	2008년 협상 검토 합의
중장기 추진대상 FTA	한 · 중 · 일	공동연구	중국 제안(2002.11) 이후 3국 공동연구
	동아시아 (EAFTA)	EAFTA 전문가그룹 보고서 채택	2008년 동아시아 FTA 2단계 연구

주: 1) EFTA는 유럽자유무역지대를 의미하며, 회원국은 스위스, 노르웨이, 이이슬랜드, 리히텐스타인 4개국임
2) 남미공동시장(MERCOSUR)은 브라질, 아르헨티나, 파라과이, 우루과이 및 베네수엘라가 회원국임

4 한 · 미 FTA 평가[4)]

2006년 6월에 시작된 한 · 미 FTA 협상은 농업개방을 수반하는 강도 높은 시장개방에 대한 정치적 부담과 더불어, 서비스, 투자, 무역규범에 대한 광범위한 개방이슈에 대한 양국간 입장 차이로 2007년 말까지만 해도 그다지 진전이 없었다. 또한 국내에서는 한 · 미 FTA 반대론자들이 조직적으로 반대여론을 확대해 나갔고, 협상 기간내내 광우병 쇠고기 검역관련 협상까지 동시에 진행되므로써 협상진행에 심각한 걸림돌로 작용하였다.

하지만, 2008년 협상은 급물살을 타기 시작하였고, 양국 정부 관계자들도 상대국 입장을 어느 정도 수용하게 됨에 따라 당초 설정되었던 일정대로 2008년 4월 2일 협상이 타결될 수 있었다. 한편, 2007년 말 미국 중간선거에서 압승한 민주당은 신통상정책을 공화당 정부에 제기하였고, 협상 타결이후 미국측은 민주당과 공화당이 합의한 신통상정책을 협정에 반영시킬 것을 요청하였다. 환경, 노동에 대한 내용으로 구성된 신통상정책을

---

4) 정인교(2008c)의 내용을 중심으로 작성하였다.

표 1-3 FTA 협상 진행경과와 주요 이슈

대상국가	FTA 협상 진행경과
EU	2007.5월 EU와의 FTA를 출범하였으며 포괄적이며 높은 수준의 자유화를 추진하기로 양측이 합의, 2007.11월 5차 협상을 진행하여 ① 상품, ② 서비스/투자, ③ 규제이슈, ④ 분쟁해결/지속가능발전 등 협상 4개 분과에서 논의
ASEAN	ASEAN과는 서비스분야의 협정을 2007년 11월 공식서명, 현재 투자분야 협상중
캐나다	캐나다와는 2005.7월 이후 12차례 협상(2007년 11월 23~26일 제12차 협상)
일본 멕시코	일본은 농수산물 자유화에 대한 日측의 소극적 태도로 2004.11월 이후 협상 중단 멕시코와도 개방품목에 대한 입장 차이로 협상 교착상태에 놓여 있다가, 2007년 12월 협상 재개 * 우리측: 높은 수준의 양허안(양허율 96%) 제시 멕시코측: 품목수 기준 24%, 교역액 기준 67% 양허안 제시
중국	중국과의 산 · 관 · 학 공동연구 사실상 완료 양국 정부 협상 검토 합의
호주 · 뉴질랜드	호주 · 뉴질랜드와는 2007년 민간공동연구를 추진하고 연구 결과를 바탕으로 협상 추진여부 검토(뉴질랜드는 2007.3월, 호주는 5월 개시)
기타 국가	공동연구 결과(2006년말 완료)를 토대로 남미공동체(브라질, 아르헨, MERCOSUR 등)와의 협상개시방안을 강구하는 한편, GCC · 러시아 · 남아공 등 신흥유망국가와도 필요시 FTA 추진 검토

수용해도 별 문제가 없다는 판단하에, 우리 정부는 미국측 요청사항의 대부분을 수용하였다.

미국과의 FTA 경제효과는 클 것으로 예상된다. 미국이 우리나라의 주요 교역대상국일 뿐 아니라, 양국간 교역이 상호보완적으로 이루어지고 있기 때문이다. 미국은 2006년 수입액이 1조8551억달러에 달하는 세계 최대의 수입시장일 뿐 아니라, 2006년 경상가격 기준으로 우리의 16배에 달하는 약 14조달러 규모의 내수시장을 가지고 있는 국가이다. BRICs 등의 신흥시장도 중요하지만 미국 시장에서 퇴출되지 않고, 나아가 주도권을 확보해야만 명실상부한 글로벌 기업의 위상을 확보할 수 있다. 이러한 점에서 우리의 대미 주력수출품인 자동차와 섬유가 포함된 상품분야는 FTA협상에서 가장 많은 인력과 노력이 투입되면서 일반국민의 많은 관심을 끄는 분야이다.

한 · 미 FTA로 기대할 수 있는 경제효과는 일차적으로 대미 수출확대로부터 발생할 것이다. 양국은 상품양허에서 공히 양국간 교역되는 상품의 100%를 관세철폐하기로 하고, 이 중 약 94%는 조기철폐(3년 이내) 하기로 합의하였다. FTA가 발효되어 평균 4.9%의 관세 부담이 없어지면 가격경쟁력에서 중국 등 개도국 상품에 뒤지는 현재 상황을 역전시킬 수 있는 계기를 마련할 것으로 기대된다. 또한 현행 약 20만달러에 달하는 중앙정부 물품 및 서비스 양허하한선을 10만달러로 낮추기로 합의함에 따라 미국의 연방정부

조달시장을 상당부분 추가로 개방하게 되었다. 입찰참가 및 낙찰과정에서 미국본토내의 실적뿐 아니라 해외실적도 인정받게 됨으로써 미국 조달시장 진입장벽도 완화될 것이 예상된다. 미국 조달시장 진출이 어려운 것으로 알려져 있으나, 최근 우리나라 일부 중소기업들이 성공적으로 미국 정부기관에 조달하고 있고, 무역투자진흥공사(KOTRA) 등 수출진흥기관들이 미국 조달시장 진출 방안을 업계에 홍보하고 있어, 한 · 미 FTA에서의 조달시장 진출 기준 완화가 우리 업계의 미국 조달시장 진출에 도움이 될 것으로 보인다.

서비스와 투자부문에 대한 개방은 부담이 덜한 분야 위주로 제한적으로 이루어졌다. 교육, 의료 및 사회서비스와 공공서비스에 대한 정부의 모든 규제권한은 포괄적으로 유보하여 추가개방을 허용하지 않았으며, 방송서비스의 경우 지상파, 위성방송, 케이블, 방송채널사용사업(PP) 등에 대한 외국인투자허용수준을 현행수준으로 유지하되, 방송채널사용사업자의 간접투자에 대한 규제는 협정 발효 3년 이내에 철폐하기로 합의하였다. 기간통신사업자에 대한 외국인직접투자는 현행 지분제한(49%)을 유지하되, KT와 SKT를 제외한 사업자에 대해서는 협정 발효 후 2년간의 유예기간을 거쳐 간접투자를 100% 허용하기로 하였다. 현재 포화상태인 우리의 통신내수시장을 고려할 때, 우리 업계는 국내시장에 안주할 것이 아니라 세계최대규모인 미국통신시장 진출을 적극적으로 고려할 필요가 있다. 또한 우리나라에 진출한 미국계 방송채널사업자를 통해 우리 방송콘텐츠를 미국에 수출하는 계기를 마련할 수 있을 것이다.

최근 체결되는 FTA는 경제제도 선진화에 큰 비중을 두고 있다. 대부분의 국가에서 제도개혁에는 반발이 제기되고, 이로 인해 개혁작업이 더디게 진행된다. 하지만, FTA에서는 자국의 개혁과제를 협정에 포함시킴으로써 신속한 제도개혁을 가능하게 만드는 장점이 있다. 예를 들어, 기업의 '엄중하지 않은' 위법행위에 대해 공정거래위원회가 범법행위를 인정하는 기업에게 벌과금을 부과하는 대신, 해당 기업에 대한 사법처리를 조기에 종결하는 동의명령제는 재정경제부와 공정거래위원회가 몇 년 전부터 도입하려고 노력했으나, 사법권을 관장하는 법무부의 반대로 도입이 지연되어 왔다. 하지만, 이번 협정에서 미국 정부와 기업들이 자국의 동의명령제가 기업활동 활성화에 도움이 됨을 지적하면서 우리 정부도 전격 수용하게 된 것이다. 이밖에도 한 · 미 협정는 우리 경제 투명성 강화, 효율성 제고, 법적 절차의 개선 사항이 다수 포함되어 있다.

또한 지식재산권의 경우, 저작권 보호기간을 저작자 사후 또는 저작물 발행 이후 현행 50년에서 70년으로 연장했다는 점에서 미국의 입장이 협정에 반영된 것으로 볼 수 있으나, 특허심사의 합리화, 상표권 보호 등 지식재산권 관련 제도의 선진화는 궁극적으로 우리나라 지재권 산업의 경쟁력을 강화할 수 있게 되었으며, 이는 한류 등으로 창출된 우리 지재권의 부가가치를 확대하고, 우리 지재권 침해가 증가하고 있는 중국 및 동남아 국가 등에 대해 지재권 보호 강화를 요구할 수 있는 근거를 마련했다는데 의의가 있다.

노동 · 환경 분야는 국제적으로 인정된 노동권 준수 노력의무 및 높은 수준의 환경보호 의무에 대해 확인하고 효과적 집행 의무 및 대중참여 방안을 도입하기로 하였다. 노동 · 환경 분야의 협상결과는 자국법의 집행을 확인하는 수준의 내용으로, 우리 기업이 새로이 추가 부담해야 하는 내용은 없도록 하였다.

이러한 제도 부분의 개선은 당장 그 이익이 보이는 것은 아니나, 실제로는 기업 운영 과정에서 느끼는 불필요한 규제, 예측불능으로 인한 불확실성과 같은 非가시적 비용을 감소시키는 효과가 있다. 외국인 투자자에게는 한국에서 기업하는데 있어 심리적 안정을 줄 수 있을 것이다.

한편, 반대론자들은 여러 가지 이유로 한 · 미 FTA를 반대하고 있다. 협정 이행시 예상되는 경제적 손실을 이유로 반대하는 이해관계자가 많지만, 반미주의적 시각에서 미국과의 FTA를 부정적으로 보는 집단도 많다. 실제로 노동기준을 강화시키는 한 · 미 FTA를 노동단체들이 반대할 명분이 없는데, 이들은 한 · 미 FTA와 직접 관련이 없는 비정규직 문제를 반대논리로 제기하고 있다. 또한 외국 투자기업이 정부의 규제조치를 제소할 수 있는 투자자정부제소권은 협상 기간중에 가장 심각한 독소조항으로 반대론자들이 주장했었고, 이러한 조항이 포함된 협정을 주장하는 미국이 우리나라와의 FTA에 관심을 갖는 것은 자국의 신자유주의 정책을 전세계로 확산시키기 위한 목적이라는 주장이 널리 제기되었다. 하지만, 국제투자분야 전문가들의 설명에 따르면, 우리나라가 기체결한 칠레, 싱가포르, 유럽자유무역연합(EFTA)와 체결한 협정에도 동일한 내용이 포함되어 있고, 세계 주요 FTA 및 4,000 여개의 투자협정에도 포함되어 있어 별 문제가 없는 것으로 보인다. 투자관련 내용을 살펴보면, 정부의 규제가 외국 기업을 겨냥한 불합리적인 경우에 한해 해당 정부를 국제중재기관에 제소할 수 있도록 되어 있으나, 이는 정부의 자의적인 규제 도입을 방지하는 역할을 한다는 것이 일반적인 평가이다.

지금까지 살펴본 한 · 미 FTA의 분야별 협상결과에 대해 "빛"을 받게 되는 업계도 있을 것이고 반대로 "그늘"을 보게 되는 분야도 있을 것이다. 경쟁력이 약한 산업과 기업은 어려움을 겪을 수도 있을 것이다. 경쟁력이 약한 부문과 강한 부문 사이에 희비가 교차할 것이고, 산업 구조조정 과정에서 단기적으로는 개별 기업의 부침과 마찰적 실업이 발생할 수도 있다. 이에 대한 사회적 대립과 마찰을 잘 조정해야 한다. FTA의 기대효과를 최대한 살리려면 취약 산업 · 계층에 대한 창의적이고 현실적인 지원방안이 제시되어야 한다. 이것은 정부의 과제이다.

특히 농업의 경우, 분야에 따라 피해가 발생할 수 있으나, 농업계의 주장과 같이 농업 기반이 상실되는 경우는 발생하지 않을 것으로 예상된다. 피해예상 분야는 쇠고기, 돼지고기, 감귤 등이 될 것으로 생각된다. 쇠고기는 관세철폐로 인해 수입쇠고기 수요가 일부 증가할 수 있으며, 광우병 검역절차 개선으로 미국산 쇠고기가 호주산 쇠고기를 대체하게 될 것이다. 돼지고기는 국내 소비의 약 1/4이 수입산으로 충당되고 있는데, 특히 우리 국민이 많이 소비하는 삼겹살은 수입산이 많이 유통되고 있다. 돼지고기 관세철폐로 미국산 수입이 늘 수 있으며, 미국산 돼지고기가 제3국 수입품을 대체할 가능성이 높다. 따라서 순수입 증가 규모가 어느 정도 확대되고 이로 인해 피해가 발생하겠지만, 그렇다고 국내 생산기반을 와해시킬 정도로 심각하지는 않을 것으로 생각된다.

양국 정부는 협정의 비준을 준비하고 있는데, 아직 본격적인 비준절차가 이루어지지 않고 있다. 우리 정부는 지난 9월 7일 정기국회에 협정비준을 국회에 요청했으며, 현재 관련 법안과 자료를 준비하고 있다. 국회 비준은 용이하지 않을 것으로 예상되지만, 시간이 다소 걸리더라도 비준이 될 것으로 보인다. 우리 국회는 농업개방으로 인한 피해를 보전시키는 방안 마련에 관심이 클 것으로 보이며, 반개방적 시각을 가진 국회의원들의 반대로 국회비준은 내년에 가능할 것으로 판단된다. 한편 미국 의회 역시 일부 의원들이 우리나라와의 협정에 반대입장을 나타내고 있는데, 자동차, 섬유, 역외가공 등을 반대이유로 들고 있다.

우리 경제는 개방과 개혁으로 성장해 온 대표적인 사례이다. 과거를 돌아보면 경제개방이 고통으로 작용하기도 하였으나, 우리 경제체질 개선에 결정적인 계기가 되었음을 알 수 있다. 1999년 일본제품의 국내시장 범람을 막기 위해 20년 넘게 시행되던 '대일 수입다변화제도'가 폐지되면서 가전업계 등을 중심으로 거센 반발이 있었다. 하지만 당시 일본의 "코끼리 밥솥"보다 경쟁력이 있는 국산 밥솥이 현재 생산되어 일본으로 역수출되고 있는 상황이다. 1996년 유통시장개방과 1998년 한 · 미 항공자유화협정때도 마찬가지이었다. 당초의 우려와 달리 우리 기업들은 월마트와 대형 항공사 등 미국의 쟁쟁한 글로벌 기업들과의 경쟁을 극복하고 오히려 이를 성장의 기회로 삼았다. '할 수 있다'는 자신감을 가지고 우리의 성장잠재력을 꾸준히 배양한 결과인 것으로 볼 수 있다.

한 · 미 FTA 협상 결과에 대해 우리 국민들의 평가가 개선되고 있다. FTA 협상 체결로 국가경쟁력 강화와 수출확대에 대한 국민들의 긍정적 인식 확산에 기여할 것으로 보인다. 한 · 미 FTA 타결 직후 국민의 58.5%가 한 · 미 FTA가 국익에 도움이 될 것이라고 응답한 것으로 조사되고 있다.

표 1-4 한 · 미 FTA 협상에 대한 평가(2007.4.3)

조사기관	조사대상	한 · 미 FTA 타결에 대한 평가(%)	
		잘한 일(찬성)	못한 일(반대)
SBS	전국 성인남녀 1,000명	52.6	34.9
한국경제	전국 성인남녀 1,000명	58.5	30.6
한겨레	전국 성인남녀 1,000명	56.7	32.5

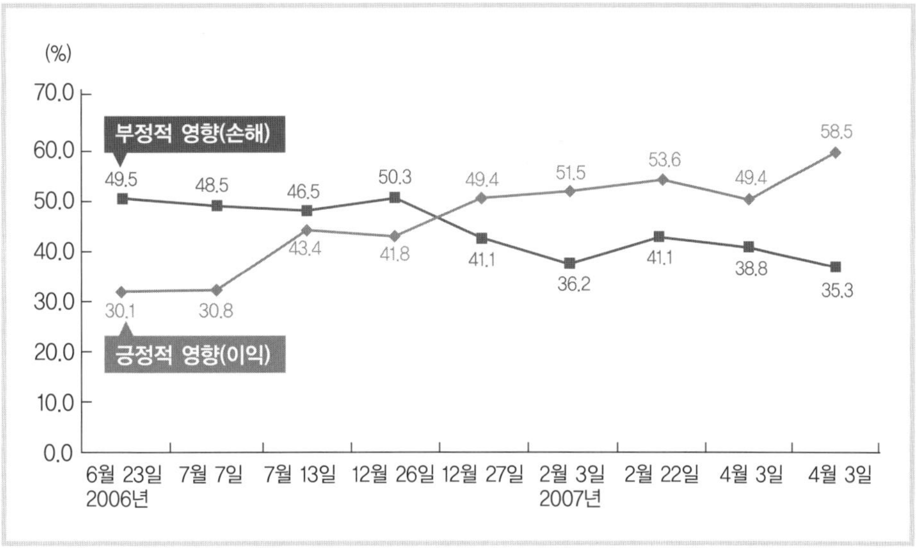

그림 1-3 한 · 미 FTA 체결이 국가경제에 미치는 영향에 대한 여론조사 결과

5 참여정부의 FTA 정책 평가[5)]

1 긍정적인 측면

2009년 4월 현재 우리 정부는 5개의 FTA 협정을 이행 혹은 타결하였고, 6개의 협정을 협상하고 있다. 칠레, 싱가포르, 유럽자유무역연합(EFTA), ASEAN과의 협정을 이행하고 있고, 미국과의 FTA는 2007년 4월 타결되어 2개월 후 공식서명되었다. 유럽(EU), 인도, 캐나다, 멕시코, ASEAN과의 FTA 협상을 진행 중에 있으며, 중국, 남미공동시장(브라질, 아르헨티나 등 5개국)과의 협상도 추진되고 있다. 2003년 9월 확정된 FTA추진로드맵에 따라 FTA 협상이 진행되었다.

동 로드맵에 따르면 우리 정부는 일본, 싱가포르, ASEAN 등과의 FTA를 단기적으로 추진하고, 미국, 중국, 유럽 등 거대경제권과는 FTA는 중장기적 추진대상으로 분류되어 있었다. 여기서 중장기라 하면 3~5년의 시간을 의미하는 것으로 해석되었으며, FTA로드맵에 제시된 대부분 국가와의 FTA가 공식적으로 추진되고 있는 것이다. 5년 전 참여정부가 출범할 당시에는 예상하기 어려웠던 진전이다. 특히 미국과의 FTA는 우리나라가 설득하여 협상까지 성사시킨 것으로, 경제효과는 물론이고 어려운 현재의 한 · 미 관계를 호전시킬 수 있을 것으로 평가되고 있다.

---

5) 정인교(2008b)의 내용을 중심으로 작성하였으며, 보다 상세한 내용에 대해서는 이 자료를 참조.

표 1-5 우리 정부의 FTA 실적

	FTA 체결수 (대상국가 수)	국가(지역)
타결된 FTA	5(16)	칠레(2004.4), 싱가포르(2006.5), EFTA(2006), ASEAN(2007.6, 상품), ASEAN(2007.6, 상품), 미국(2007.6, 비준대기)
추진 중인 FTA	6(41)	캐나다, 인도, ASEAN(서비스, 투자), EU, 멕시코, GCC
공동연구	3(11)	중국, 남미(MERCOSUR)
고려 중인 FTA	4(4)	러시아, 호주, 뉴질랜드, 페루, 일본(협상 중단)

2003년~2007년 참여정부 5년의 경제정책중 가장 높은 평가를 받은 것이 바로 FTA임은 미국을 설득하여 한 · 미 FTA 협상까지 이끌어 내고 타결한 점과 깊은 관계가 있다. 2004년부터 정부는 미국과의 FTA 검토를 제안했고, 2005년 상반기에는 양국 실무자들이 FTA 검토회의를 3차례 개최하고, 긍정적인 결과를 양국 정부에 보고하였다. 2005년 하반기에는 양측의 통상장관들과 실무자들은 FTA 추진을 기정사실화할 정도로 논의를 성숙시켜 나갔다. 2006년 1월 대통령의 새해연설에서 미국과의 FTA 공식추진을 언급하고, 양국간 투자협정(BIT)을 무산시켰던 스크린쿼터 축소의사를 밝혔다.

스크린쿼터는 국산 영화를 일정 일수 의무적으로 상영하도록 하는 규정으로, 우리나라의 제안으로 1999년부터 미국과의 투자협정 체결을 위한 협상이 시작되었다가 스크린쿼터 축소에 반대하는 영화들의 반발로 협상이 중단된 바 있다. FTA에는 투자협정이 포함되므로 FTA에서도 스크린쿼터가 주요 걸림돌의 하나로 작용하게 될 것이란 정부의 판단으로 협상 개시전에 정부는 스크린쿼터를 축소하였다. 누가 보더라도 용이하지 않은 결정이었지만, 정부는 영화인들의 반대를 무릅쓰고 스크린쿼터를 연간 40%에서 20%로 축소시킴으로써 미국과의 FTA 추진의지를 대내외에 과시하였다.

FTA 정책은 전반적으로 높은 평가를 받을 수 있다. 앞서 논의한 바와 같이, 미국과의 협상을 이끌어냈다는 점 외에도 참여정부는 칠레와 체결한 협정에 대한 국회비준을 거쳐 이행시켰다. 김대중 대통령의 국민의 정부가 타결한 협정이었지만 국회비준은 용이하지 않았다. 농업계를 비롯한 반대론자들은 첫 FTA에 대한 국회비준을 저지함으로써 향후 다른 FTA를 차단할 수 있다는 취지에서 시위, 서명 등 다양한 방법으로 국회비준을 저지하려고 했다. 또한 국회에서는 당적과는 관계없는 농촌 출신 의원들이 소위 '농촌당'이란 별명을 들을 정도로 단결된 모습으로 반대 분위기를 형성시켜 나갔다. 2003년 중반 이후 대통령은 여야를 막론하여 국회의원들에게 비준을 요청하였고, 비준 필요성을 강조하는 여론이 형성되므로써 국회비준이 가능하였다.

또한 참여정부는 싱가포르, 유럽자유무역연합(EFTA: 스위스, 노르웨이 등), ASEAN과의 협정(상품)을 타결하였고, 싱가포르, EFTA와의 협정을 이행시켰다. 중국이 ASEAN

과 체결한 협정을 2005년 이행하면서 동남아 현지에 진출한 우리 기업의 불이익이 우려되었으나, 단기간내 ASEAN과의 FTA 체결로 이를 해소시켰다. ASEAN과의 FTA 협상은 일본보다 늦게 시작되었으나, 우리 정부의 적극적인 대동남아국가 접촉 및 제안으로 1년반 만에 협상을 타결하였다.

FTA 정책에 있어 참여정부가 긍정적인 평가를 받는 것은 다수 국가와의 FTA 추진 실적 때문이지만, 2003년 참여정부가 출범할 당시 FTA 추진여건이 유리한 것은 아니었다. 2002년 10월 칠레와 타결한 FTA 협정에 대해 정치권 및 농업계의 반대가 거셌고, 더 나아가 참여정부가 성장보다는 분배에 치중하는 정책목표를 설정함에 따라 정권 인수 초기 참여정부는 FTA 정책에 대해 부정적인 입장을 보였다. 한편, 동북아허브(나중에 동북아경제중심으로 개칭) 구축을 강조함에 따라 일본, 중국 등 동북아국가와의 경제협력 강화가 중요 과제로 설정됨에 따라 미국과의 FTA는 검토되기 어려운 상황이었다.

경우에 따라 FTA 정책이 중단될 수 있는 가능성도 있었다. 2003년말 정부는 일본과의 FTA 협상을 시작했으나, 협상 개시 1년만에 우리 정부는 일본과의 협상을 더 이상 지속하기 어렵다는 판단을 하게 된다. 일본이 자국에게 유리한 내용만을 협상에서 요구하고, 불리한 부문에 대한 논의는 소극적으로 임했기 때문이다. 일본과의 협상중단으로 우리나라의 FTA 정책은 위기를 맞게 되었으나, 정부는 멕시코, 캐나다, 인도와의 FTA 논의를 공식화하면서 일본외 제3국과의 FTA 추진으로 방향을 잡게 되고, 이후 미국과의 논의가 활성화되면서 오히려 과거보다 더 적극적인 입장에서 FTA 정책을 추진하게 되었다.

정재화(2008)는 참여정부의 FTA 정책에 대해 긍정적인 평가를 내놓고 있다. 이에 대한 이유로 1) 민관의 유기적 협력이 FTA 타결에 기여, 2) FTA를 통한 맞춤형 개방 추진으로 통상협상 위상 강화, 3) 산업구조 조정과 투자환경 개선 필요성에 대한 지속적 환기 등을 들고 있다.[6] FTA의 민간측 파트너인 FTA 민간대책위원회가 업계의 협상관련 의견 수렴은 물론 대국민 홍보 등에 있어 적극적인 역할을 수행함으로써 한 · 미 FTA 등 주요 FTA 체결을 지원하였다.[7] 출범 이후 전체회의를 총 12차례 개최하여, 정부의 협상 진행 상황 청취 및 업계의 의견을 수렴하여 정부와 업계 사이의 가교 역할을 수행하고 있다. 또한 거대경제권과의 FTA 추진으로 경쟁기반이 취약한 농업 및 제조업 분야에 대해 산업구조조정의 필요성을 지속적으로 환기시킴으로써 변화하는 국제 비즈니스 환경에 적극 대응하도록 하는 자극제 역할을 수행하고 있음을 지적하고 있다.

---

6) 바른FTA본부 주최 세미나("한 · 미 FTA 비준 촉구 및 신정부의 FTA 정책방향")의 내용을 요약.

7) FTA 민간대책위원회는 지난 2006. 2월, 한 · 미 양국 정부의 FTA 협상 개시 공식 선언과 함께 민간차원의 종합적이고 체계적인 대책기구 필요성이 제기됨에 따라 2006년 4월 18일 출범하였다.

전문가들의 평가에 의하면, 참여정부의 경제정책중 가장 높은 평가를 받은 분야가 바로 FTA 통상분야이고,[8] 이는 한 · 미 FTA 협상을 타결했다는 점과 깊은 관계가 있다. 한 · 미 FTA 타결로 우리나라는 FTA 후진국에서 벗어나는 계기를 마련하게 되었다. 또한 미국보다 경제규모가 큰 EU와의 FTA 협상도 진행 중에 있다. 향후 EU와의 FTA 협상이 타결되고, 미국 및 EU와의 협정이 발효되면 우리나라는 세계 지역주의 추세로부터의 소외에서 벗어나 세계통합 논의에 적극 참여할 수 있는 역량을 구비하게 될 것이다.

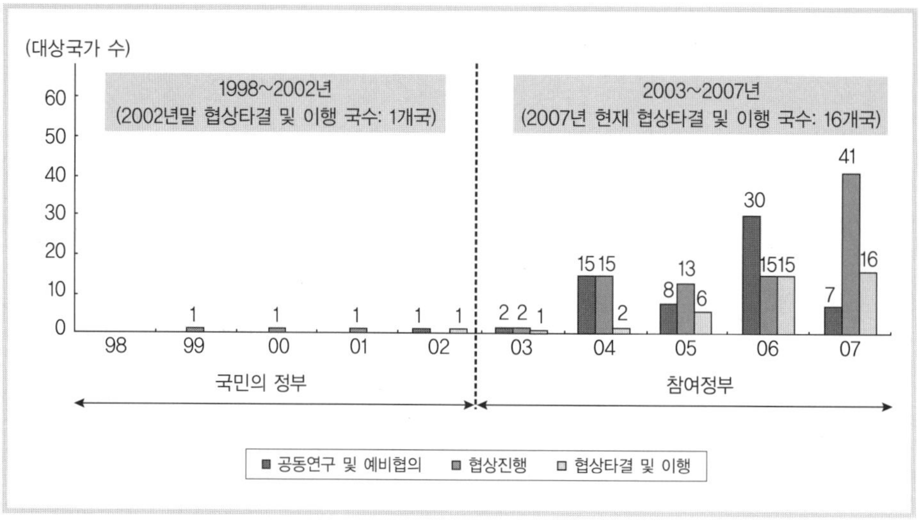

자료: 정인교(2007), "참여정부 4년 평가: 통상 및 지역협력" 외교통상부 자료 재인용

그림 1-4 FTA 협상타결 및 발효 국가의 수

지난 4년간 우리 정부는 칠레 · 싱가포르 · EFTA · ASEAN(상품협정)과 FTA 협정을 발효시켜 왔으며, 협정마다 차이가 있으나, 시간이 흐를수록 새로 체결되는 협정의 내용이 더 포괄적이고, 자유화의 내용이 심화되고 있는 것으로 평가되고 있다.

우리 정부가 추진한 FTA는 시간이 경과하면서 질적 수준이 개선되고 있다. 특히 한 · 미 FTA는 국제적 수준에서 볼 때 최상급 협정인 것으로 볼 수 있다. 최세균(2008)에 따르면, 2000년대초 우리 정부는 높은 수준의 FTA를 추구하였으나 농업부문은 한 · 미 FTA 이전까지는 예외적으로 낮은 수준의 개방에 머물렀다. "한 · 칠레 FTA에서 관세철폐가 제외된 21개 품목(전체의 1.5%)을 비롯하여 DDA 협상 타결 이후 재검토 391 품목(27.3%) 등 29%의 품목이 현행관세 유지와 유사한 결과로 나타났다. 한 · ASEAN FTA

8) 비를사(2007), 『혼란과 좌절, 4년의 기록』. 도서출판 해남.

에서는 현행관세가 유지되는 58개 품목, 실질적인 현행관세 유지(50% 포인트 이하로 감축되어야 하지만 이미 관세율이 50% 미만인 품목) 5개 품목, 수입쿼터(TRQ) 제공 조건부 현행관세 유지 8개 품목 등 모두 71 품목에 대해 현행관세가 유지된다(전체의 4.9%). 10년의 관세감축 유예기간 후 20% 감축 190 품목(13.1%) 등 전체의 18%에 달하는 품목의 개방 폭을 최소화하였다."

하지만, 한 · 미 FTA는 높은 수준의 FTA 체결의 계기가 되었다. "관세의 단기철폐(5년) 대상은 934개 품목(품목 수 기준 전체의 61%, 수입액 기준 68%)이고, 10년 이상 장기 관세철폐 또는 예외 대상은 174개 품목(전체 품목의 11.4)이다. 이 가운데 시장개방이 전혀 이루어지지 않는 품목은 전체의 1%(쌀 16개 품목)에 불과하다. EU, 캐나다 등 우리나라와 협상을 하고 있는 국가들이 우리나라의 새장개방 폭을 한 · 미 FTA 수준으로 요구하는 등 향후 농업부문의 수준 높은 FTA에 접근시키는 결과로 나타날 전망이다."(최세균 2008)

또한 한 · 미 FTA는 서비스, 투자, 무역규범 등에서 광범위한 내용으로 구성되어 있

표 1-6 FTA 체결국별 주요 양허안

대상국가	품목	주요 양허내용
칠레	공산품	전 품목에 대해 협정 발효 즉시 관세 철폐, 칠레는 자동차 · 휴대폰 · 컴퓨터 등 2,450여개 품목(대칠레 수출의 67%)에 대해 협정 발효 즉시 관세 철폐
	농산물	쌀 · 사과 · 배 등을 협정의 자유화 대상 예외품목으로 하고 쇠고기 · 닭고기 · 돼지고기 등에 대해서는 일정량의 쿼터를 허용하거나 관세를 점진적으로 철폐
싱가포르	상품	품목 수 기준 91.6%에 대한 관세를 최대 10년 이내 철폐, 싱가포르는 모든 상품에 대하여 협정 발효 즉시 관세 철폐
	서비스	회계사 · 변리사 등의 서비스 제공 제한, 스크린쿼터, 외국인토지취득제한, 방송 · 전력 · 우편 · 도박 · 법률 · 의료서비스를 제외한 서비스시장 개방범위 내에서 양허
EFTA	상품	품목수 기준 86.3%에 해당하는 8,726개 품목의 관세를 협정 발효 즉시 철폐, EFTA는 일부 농산물을 제외하고 발효 즉시 관세 철폐
	농산물	가공농산물 중 84.9%에 해당하는 259개 품목을 양허(쌀 · 육류 · 낙농제품 · 양념류 등 국내 산업에 영향을 줄 수 있는 주요 품목은 대부분 양허 대상에서 제외)
ASEAN	상품	총 4,742개 품목을 일반품목군으로 개방하고 482개를 민감품목으로 분류하였으며, 민감품목 중 200개(수입액 기준 2.81%) 농수산물은 초민감품목으로 보호
미국	상품	상품 전 품목에 대해 관세를 철폐하고 수입액기준 약 94%품목은 3년내 관세 철폐
	자동차	친환경차 외 품목은 협정 발효 즉시 관세 철폐, 미국은 3,000 cc 이하 승용차(대미 수출의 73%)의 관세를 즉시 철폐하고, 대형자동차도 3년후 관세철폐
	농산물	쌀은 양허대상에서 제외, 쇠고기 · 돼지고기 · 사과 등 민감품목에 대해 수입급증시 완충장치로 농산물 특별 세이프가드 제도를 도입하고 15년 이상 장기 관세철폐 기간 확보
	서비스	교육 · 의료 · 사회 · 공공서비스 등 공공성이 강한 부분은 포괄적으로 유보, 법률 · 회계 · 세무 등 경쟁력 제고가 필요한 부분에 대해서는 단계적 부분적 개방

으며, 제도개선 사항도 상당부분 포함되어 있다. 무역효과는 단기적으로 나타나겠지만, 정부의 이행 의지에 따라 경제효과가 상당부분 달라질 수 있다. 즉, 단순무역자유화 위주로 경제효과를 고려하면 한 · 미 FTA는 GDP 2~3% 증가할 수 있으나, 경제제도 개선, 투자유입 등의 내용까지 반영하여 경제효과를 계산하면 KIEP의 추정과 같이 최고 GDP의 6%도 기대할 수 있을 것이다.

우리나라 전체 교역 중 FTA 체결국과의 교역비중은 2002년 0.28%에서 2007.6월 현재 24.4%(미국포함)로 확대되었다. 또한 관세인하, 거래비용 감소 및 통관절차 간소화 등으로 시장접근성이 높아지면서 교역 증진 효과가 발생하고 있으며, 우리나라와 FTA 체결국인 칠레, 싱가포르, EFTA와의 2006년 교역량이 각각 전년대비 56.3%, 20.7%, 35.1%로 확대되었다.

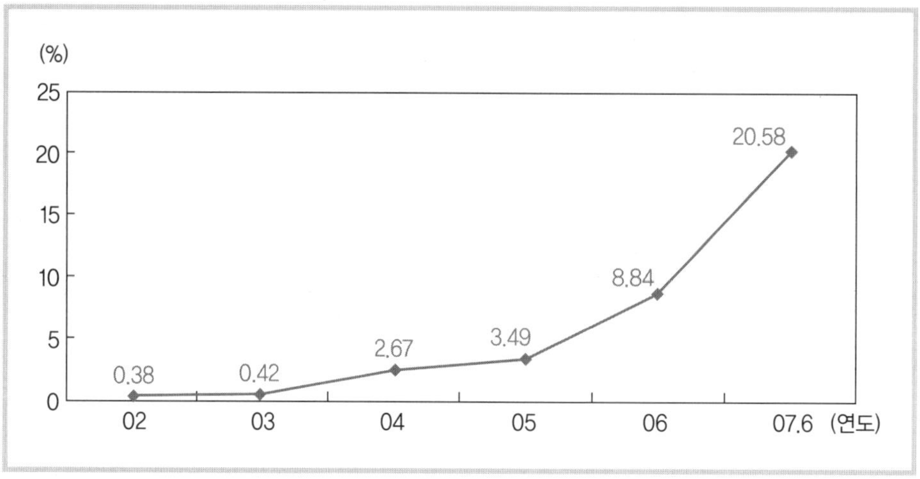

자료: 무역협회 수출통계를 이용하여 작성

그림 1-5 전체 교역 중 FTA 체결국과의 교역비중

2 개선해야 할 사항

FTA 정책은 전반적으로 긍정적인 평가를 받을 수 있지만, 추진과정에서 개선해야 될 점도 다수 지적될 수 있다. 먼저, FTA 추진 절차상의 문제를 들 수 있다. 2004년 정부는 FTA에 대한 일반 국민들의 지지를 얻고, 국민들의 참여를 제고하기 위해 'FTA추진절차규정'을 대통령령으로 제정하였다. FTA 협상전 단계와 협상이후 단계로 나눠서, 일반 국민들의 참여기회를 제공하는 절차를 명시하고 있다. 가장 중요한 내용은 협상 결정전에 공청회를 개최하도록 한 것인데, 미국과의 FTA에서는 공청회 개최 여부가 논란으로 제기되어 왔다.

미국의 경우, 통상정책 권한을 의회가 행사함에 따라 미 행정부가 의회로부터 협상개시 승인을 늦게 받았고, 양국 통상장관 발표가 임박한 상황이어서 공청회를 시간적 여유를 가지고 개최할 수 없다는 점은 이해되지만, 공청회 공시 기간이 짧았고, '오전 공청회–당일 오후 경제장관회의'를 통해 미국과의 FTA 협상을 개시한다는 결정을 내린 것은 '정부가 너무 서두른다'는 반대론자의 주장에 무게를 실어주기에 충분했다. 이후 정부는 한 · 미 FTA 공청회를 2차례 더 개최했지만, 협상 진행 중에 개최된 공청회는 절차규정상의 목적과는 거리가 있는 것으로 볼 수 있다.

칠레와의 협정을 이행한 것은 높이 평가받을 수 있으나, 1조2천억원의 농업보조금을 제공한 것은 재론의 여지가 있다. 칠레와의 협정 비준 마지막 시도에서 국회는 농특세 연장 등 4대농업입법을 통과시켰는데, 이 가운데는 농업계에 대한 특별지원이 포함되어 있었다. FTA로 인해 피해를 보는 계층을 지원하는 것은 필요한 것으로 볼 수 있으나, 당초 추산된 농업피해보다 2~3배 많은 금액을 지원하였고, 실제 피해가 발생하지 않았음에도 농업지원이 계속되고 있다. 관련 연구기관의 자료에 따르면, 칠레산 포도와 돼지고기 수입이 증가했지만, 관련 품목의 국내 가격이 오히려 올라 피해가 발생하지 않았다는 분석이다. 그럼에도 불구하고 2004년~2006년간 약 5천억원의 재정지원이 이루어졌다. 협정내용을 보면, 농업피해가 발생하지 않을 것이란 짐작이 어렵지 않으나, 과수분야 경쟁력 강화 명목으로 1조2천억원을 지원함으로써 향후 다른 FTA에서도 농업지원을 기정사실화시키는 부작용을 초래했다.

한편, FTA 농업지원이 과연 효율적으로 이루어지고 있는가에 대해서도 검토가 이루어지지 않고 있다. 피해가 없음에도 매년 책정된 예산을 집행하고 있는데, 도덕적해이, 투명성 등과 같은 문제점에 대해 의문이 제기되고 있다. 농수산물유통공사가 정부의 의뢰를 받아 한 · 칠레 FTA 농업지원금을 집행하는 기관으로 되어 있으나, 작목별, 연도별, 지역별 지원액 등에 대한 지원 자료를 제시하지 않고 있다. 홈페이지(www.at.or.kr)에는 각 연초에 설정된 예산집행계획만이 제시되어 있을 뿐 실제 집행된 사업내역을 파악할 수 없어 투명성 제고의 필요성이 제기된다.

또한 일부 협정의 경우, 개방의 범위가 좁아 경제효과가 약화된 점도 문제로 들 수 있다. 정재화(2008)에 따르면, 한 · 칠레 FTA 체결 당시에는 칠레산 농산물 수입에 대한 우려 여론에 밀려 실제 수입이 미약한 분야까지 유보 처리한 가운데 우리측의 관심품목에서의 개방정도는 크게 낮아졌다. 하지만, 최근 중 · 칠레 FTA 발효(2006.7월) 이후에는 한중 경합품목인 자동세탁기, 진공청소기, 밸브, 플라스틱제품, 폴리에스테르필라멘트 직물 등에서 한국이 중국에 밀리는 상황이 발생하고 있다.

또한 지나치게 복잡해지고 있는 관세율 및 원산지기준도 협정 이행에 어려움을 가중시키고 있다. FTA에서 원산지기준은 필요하지만, 지나치게 복잡하고 과다한 추가비용이 소요되는 문제가 제기되고 있다. 한편, 기업들의 FTA 활용 극대화를 위한 지원 노력이 이루지고 있으나, 적지 않은 업체들이 협정 이용 방안을 인식하지 못하고 있다. "일부 기업들이 한 · 칠레 FTA 체결이후 1년이 지나도 칠레의 대한국 관세철폐 사실을 몰랐던 사례

표 1-7 중국보다 불리하게 양허 받은 품목 중 칠레시장에서 밀리는 품목

(단위: %)

품목명	HS Code	기준 관세율	상대국	국가별 양허수준	현재 관세율(%)	칠레시장 내 점유율비교(%)		
						발효전 2년	발효전 1년	발효후 1년
자동세탁기	845011	6	한국	제외	6	56.8	31.4	27.0
			중국	즉시/10년/제외	0/4.8/6	14.2	17.6	39.7
동축케이블	854420	6	한국	5년	2	11.4	19.6	5.5
			중국	즉시/5년/10년	0/3.6/4.8	12.9	11.1	24.9
밸브 등	848180	6	한국	13년*	6	1.2	5.4	1.7
			중국	즉시/제외	0/6	18.9	19.0	25.3
진공청소기	850910	6	한국	10년	3.8	16.3	11.6	3.1
			중국	즉시	0	18.9	19.0	25.3
공기조절기	841510	6	한국	즉시/5년	0/2	18.6	10.3	9.1
			중국	즉시	0	58.7	76.6	77.1
플라스틱제품	392690	6	한국	5년	2	1.6	1.5	1.0
			중국	즉시/5년	0/3.6	20.5	23.2	26.7
폴리에스테르 필라멘트직물	540761	6	한국	5년	2	19.8	12.7	3.8
			중국	즉시/5년/10년	0/3.6/4.8	51.2	58.9	70.3

* 13년 철폐는 협정 발효 후 7년째 되는 해 1월 1일부터 관세가 균등 철폐되는 비선형 방식
자료: 정재화(2008)

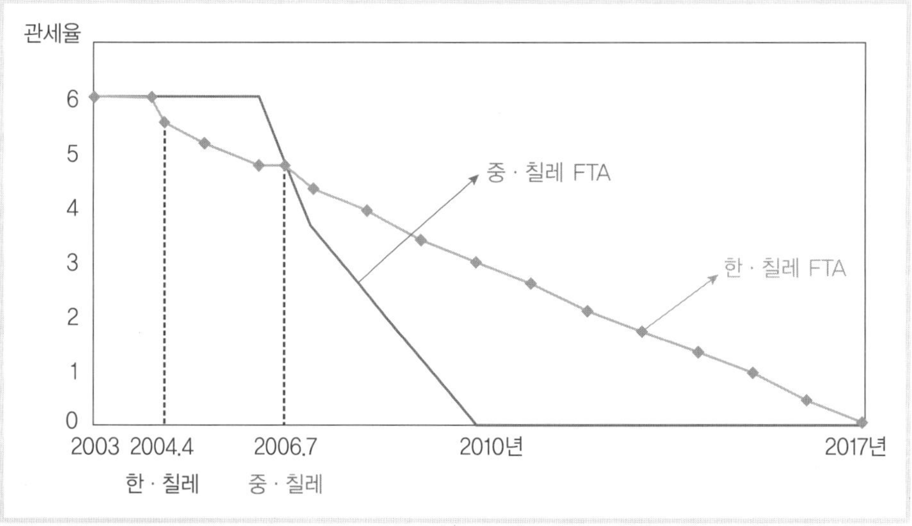

주: 총중량이 2톤 이상 5톤 이하
자료: 정재화(2008)

그림 1-6 칠레시장에서 중국에 비해 불리한 관세철폐 사례(화물자동차*)

에서와 같이 혜택을 받아야 할 무역업체가 FTA 성과 및 구체적인 활용방안에 대해 인식하지 못하는 경우가 빈발"하고 있다(정재화 2008).

최세균(2008)은 FTA 정책에 대한 국민적 공감대 형성을 위한 노력이 부족했고, FTA 체결과정과 이후의 효율성이 떨어지는 문제점을 지적하고 있다. 협상 대상국 선정, 협상, 보완대책 수립 등에 있어서 다양한 이익집단의 요구를 수렴하여 공감대를 형성하는 것이 어렵지만, 특히 미국과의 FTA 협상은 협상 대상국 선정, 협상 선언 등의 과정에서 피해산업의 반발이 사전에 예견되었으므로 이들 업계와의 사전협의 과정이 부족했다. 협상의 성격, 협상 기간 및 자원의 제약 등 공감대 형성을 제약하는 요소가 많이 존재하지만 이에 대한 보다 많은 노력이 요구된다.

일부 FTA의 경우 협상 타결 기간상의 효율성이 낮은 편이다. 특히 현재 추진 중인 캐나다, 인도, 멕시코, 일본 등 주요 국가와의 협상이 2년 이상 지속되고 있다. 따라서 현재 진행 중인 협상은 EU를 제외하고 모두 1년 이상 시간을 끌고 있는 것으로 보다 적극적인 타결 의지를 가지고 조기에 종결함으로써 다른 나라와의 협상에서 협상력을 집중할 필요가 있음을 최세균(2008)은 지적하고 있다.

FTA 정책과 관련한 대통령 최측근 보좌진의 반대입장 공개표명도 문제점의 하나이다. 정부에서 결정된 정책에 대해 대통령의 최측근 참모들이 공개적으로 반대하였고, 일부 인사는 반대의견 표명에도 불구하고 고위직책을 그대로 유지하도록 허용함으로써 대통령의 FTA 추진의지에 흠집을 내곤했다. 즉, 최고 정책결정 과정에 심각한 문제가 있는 것으로 비춰지게 되었다. 모든 정책사안에 대해 일치된 의견을 도출하기는 어려우나, 가장 민감한 정책현안에 대해 고위인사의 빈번한 공개적 반대는 FTA에 대한 일반 국민들의 우려를 확대시키게 되고, FTA 추진동력을 약화시키지 않을 수 없다. 더구나 최측근 보좌진의 반대입장 표명이 한 · 미 FTA에 대한 음모설의 배경이 되기도 했다. 즉, 미국과의 FTA 추진함에 따라 형성될 반미 분위기를 정치적 목적에 활용하기 위해 참여정부가 한 · 미 FTA를 기획했다는 것이다.

그동안 정부는 미국과의 FTA 정책 홍보에 다각도로 노력했으나, 성과를 보지 못하고 있다. 2006년 8월 보다 효율적인 대국민 홍보를 위해 한 · 미FTA체결지원위원회를 설치하고, 위원장에 한덕수 전 부총리를 임명하였다. 미국과의 FTA에서 논의되는 이슈가 다양하고, 반대론자의 근거없는 선전공세, 이념적 반대 등이 겹쳐 일반국민들의 인식을 개선시키기 어려운 상황이었다. 이에 정부는 미국과의 FTA는 일반국민들의 지지없이는 협상타결은 물론이고, 국회비준 및 협정이행이 어려울 것으로 판단하고, 보다 적극적이고 체계적인 대국민 홍보활동을 전개하게 되었다.

최원목(2008)은 FTA 추진과정에서 발생한 근본적 문제점 중의 하나로 FTA지지세력인 "수출지향집단"과 저지세력인 "수입대체지향집단"간의 대립구도가 대칭적으로 형성되지 못했음을 들고 있다. 특히 칠레와의 협상 초기에는 과수농가가 FTA 반대 여론 형성의 중심이었으나, 협상 중반이후 FTA 지지계층의 입장이 제시되지 않는 가운데 노조 등 사회단체들이 농업단체의 반FTA 운동에 가담하여 경제문제를 정치정점화시킴으로써 FTA 여론을 부정적인 방향으로 이끌고 나갔다.

이와 같은 문제점은 한 · 미 FTA 협상에도 그대로 드러났다. 반대진영의 조직적이고 대중적인 선전과 협상중단을 위한 일방적인 캠페인에 정부의 협상노력은 번번이 위기에 봉착하였다. 이데올로기적인 반미감정까지 자극하여 대중적인 인기를 구가하는 수입대체지향집단이 중심이 된 지속적인 반FTA 운동의 위력이 다시 한번 입증된 것이다.

위와 같은 문제점들을 해결하기 위해서는 FTA협상을 비롯한 통상정책 결정 절차에 관한 사항들이 법제화 되어야 함을 지적하고 있다. 제도화된 틀 속에서 정부와 국회간의 합리적 권한배분 원칙에 입각하여 상호 적극적인 역할 수행이 이루어질 수 있도록 해야 한다는 것이다.

6 향후 FTA 정책방향 및 과제

1 한 · 미 FTA의 비준 및 이행

우리나라 FTA 정책에 있어 가장 중요한 현안은 한 · 미 FTA 협정에 대한 국회비준을 받고 이를 발효시키는 것이 될 것이다. 또한 EU와의 협상을 적기에 타결하는 것 역시 FTA 경제이익 확대에 결정적인 계기가 될 것으로 생각한다.

미국과의 FTA 협정이 2008년 4월 2일 극적으로 타결되었고, 5개월 뒤인 9월 우리 정부는 한 · 미 FTA 비준 동의법안을 국회에 제출했다. 하지만 국회는 연말 대선 정국에만 골몰할 뿐 우리 경제 제도를 선진화시키고, 성장동력을 확충시킬 수 있는 한 · 미 FTA 비준에는 관심을 보이지 않다가 2월 13일 FTA 상임위원회인 통일외교통상위원회에 상정되었으나 17대 국회는 상임위 논의만 할 수 있었다. 정부는 2008년 10월 8일 제18대 국회에 한 · 미 FTA 국회비준동의안을 다시 제출하였고, 2009년 4월 22일 상임위원회를 통과하였고, 본회의 통과는 기다리고 있다.

한편, 미국은 우리나라보다 비준 여건이 더 나쁜 편이다. 2008년말 대통령 선거에서 승리한 민주당 지도부는 우리나라에 대한 자동차 수출 확대 불투명 및 우리나라 쇠고기 시장 개방 미흡을 이유로 한 · 미 FTA에 반대하고 있다. 2008년 부시 대통령이 나서서 한 · 미 FTA 비준을 요청했지만, 미 의회는 파나마, 콜롬비아와 체결한 FTA 비준을 우선 처리한 이후 한 · 미 FTA를 검토한다는 입장을 보인 바 있다.[9]

전체적으로 보면, 한 · 미 FTA 비준에 관한 한 우리나라의 분위기가 미국보다 나은

---

9) 페루와의 협정은 일부 수정하여 2007년 12월 서명되었다.

것으로 판단된다. 우리나라의 경우, 집권당인 한나라당이 한 · 미 FTA를 지지하고 있고, 비준에 대한 일반 국민들의 여론도 양호한 편이다. 2008년 10월말 한국갤럽이 조사한 '한 · 미 FTA 국회 비준동의 관련 여론조사 결과' 에 따르면, 우리 국민의 54.6%가 한 · 미 FTA 비준동의안이 국회에서 통과되는 것에 대해 찬성하는 것으로 조사되었다. 또한 응답자 중 51.7%가 참여정부 임기내 국회처리가 바람직하다는 입장을 보였다. 미 정치권의 분위기를 고려하면 우리 국회가 한 · 미 FTA 비준안을 먼저 처리하여, 미 의회의 비준을 유도하는 것이 한 · 미 FTA 이행을 앞당기는 방안이 될 수 있을 것이다.

전문가들의 평가에 의하면, 한 · 미 FTA 체결시 우리나라는 미국에 대한 수출을 확대시킬 수 있을 뿐만 아니라, 우리 경제, 사회, 정치 등에서 투명성을 제고시키고, 지식기반 경제로의 이행을 가속화시킬 것으로 평가된다. 전통적인 제조업의 경쟁력을 키우면서 고부가가치 지식기반 산업을 육성시켜야만 선진경제국가로 발전할 수 있다. 오늘날 지식과 정보가 부의 기본원천이 되고 있다. 미 MIT 대학의 레스트 스로우(Lester Thurow) 교수는 "기업과 국가의 가장 중요한 생존전략은 지식의 장악"임을 설파하고 있다. 또한 경쟁 패러다임도 변화하고 있는데, 경쟁력의 핵심요소가 토지, 자본 등 유형재산에서 기술력, 브랜드, 디자인 등 무형재산으로 바뀌고 있다. 한 · 미 FTA는 이러한 추세를 강화시키는데 기여할 것으로 판단된다.

한 · 미 FTA 협정 비준과 관련하여 우리 정치권이 늘 강조하는 내용은 '선대책 후비준' 이다. 하지만 한 · 미 FTA 이행에 대비하여 우리 정부가 준비한 대책이 결코 부족하지 않다. 2006년 입법완료된 무역조정지원제도는 FTA 등 무역개방으로 피해를 입거나 구조조정 압력이 예상되는 제조업과 서비스업을 지원하게 된다. 이 제도는 기업들의 경쟁력 강화 지원을 위주로 설계되어 있지만, 실직근로자 지원은 이 법과 고용안정기금이 병행 지원하도록 되어 있다. 정치권에서는 근로자당 지원액이 3백만원 수준이라는 점을 들어 지원 내용이 부실하다는 입장이다. 실직근로자 지원을 확대하자는 취지에 대해서는 동의할 수 있으나, 기존 고용안정기금과 중복해서 지원할 경우 발생할 수 있는 도덕적 해이, 우리나라 재정여건 등을 고려하지 않을 수 없다.

한편, FTA 개방에 반발이 큰 농업의 경우, 당초 예상보다 많은 지원액이 준비되어 있다. 2004년 우리 정부는 농업과 농촌에 대한 119조원 투융자 사업(2004~2013)을 확정하였고, 현재 지원중에 있다. 또한 지난 11월 6일 국무회의는 한 · 미 FTA 이행에 대비하여, 기존 119조원 지원안에 3조9천억원을 증액하였다. 또한 20조 4천억원 투융자 사업을 내년부터 2017년까지 실시하기로 하였다. 이 사업은 농업 체질개선에 12조천억원, 품목별 경쟁력 강화 6조9천억원, 피해보전직불과 폐업지원 사업에 1조2천억원을 지원하게 된다. 향후 10년간 총143조3천억원이 FTA와 관련해서 농업분야에 지원되고, 농특세 등 농업 지원 목적세를 합치면 농업분야 지원액은 매년 20조원 이상이 된다. 우리 농업의 생산액이 26조원(2006년)이고, 한 · 미 FTA 농업피해액이 1조원 내외라는 점을 감안하면 농업

분야 지원규모가 결코 부실하다고 말할 수 없다.

금융위기와 경제불황으로 반개방 여론이 제기되고 있어 제18대 국회가 한 · 미 FTA 국회비준을 처리하는데 부담이 되고 있다. 하지만, 비준과 협정 이행이 지연되면, FTA 기대경제이익이 상실될 것이고, 경제제도의 개선도 지연되어 외국인직접투자 유입을 기대하기 어렵게 될 것이다. 또한 협정 이행 1년 후 협의하기로 되어 있는 개성공단물품에 대한 원산지 인정 논의가 지연되어 개성공단을 비롯한 남북 경제협력 사업에 차질이 발생하게 될 것이다. 외국의 통상전문가들은 한 · 미 FTA 체결로 우리나라가 향후 논의가 본격화될 동북아 및 동아시아 경제통합 주도권을 가질 것으로 예상하고 있는데, 협정 이행이 지연되면 우리나라의 동아시아내 위상도 약화될 것이다.

협정의 비준 지연은 국내 정치적으로 결코 바람직하지 않다. 우리 정치권의 논쟁 수준으로 볼 때, 지엽적인 문제 혹은 부정확한 판단을 기초로 한 · 미 FTA에 대한 불필요한 소모적인 논쟁이 가열될 것이다. 특히 반미 성향의 정치집단들은 FTA 경제논리보다는 정치논리로 비약시켜 한 · 미 FTA를 판단하는 경향이 더 강해질 수 있다. 뿐만 아니라, 특정 세력의 정치적 악용도 우려된다. 국제신인도도 약화될 수 밖에 없고, 우리 정부가 추구하는 선진통상국가 구축도 지연될 것이다. 스위스 소재 세계경제포럼은 2007년 국제경쟁력을 발표하면서 우리나라의 경쟁력을 세계 11위로 높게 평가하였다. 이전 해와 비교해서 무려 12단계 상승한 평가이다. 지난 1년간 우리나라의 국제경쟁력이 눈에 띄게 개선된 분야를 찾기 어렵다. 그럼에도 불구하고 이런 평가가 나올 수 있었던 배경에는 금년초만 하더라도 어렵게만 느껴졌던 미국과의 FTA 협상을 우리 정부가 타결하였다는 점이 크게 작용하였다.

국회 비준이 지연될 경우, 소모적 논쟁이 가열될 것이다. 우리 국회는 미국보다 앞서 한 · 미 FTA 비준을 처리하는 것에 대해 거부감을 가지고 있는 것으로 보인다. 우리 국회의원 입장에서 미 의회가 먼저 비준한 이후 비준했으면 하는 바램을 가지고 있지만, 앞에서 논의한 바와 같이 미 의회가 우리보다 먼저 비준하기는 어려운 상황이다.

FTA 경제이익은 경제제도 개선, 교역 확대와 투자 유입으로 실현된다. FTA 내용을 이행하는 정부의 입장에 따라 경제효과가 상당 수준 달라질 수 있다. 즉, 협정 내용만을 겨우 이행하는 경우의 경제효과는 무역확대 효과가 대부분일 수 있으나, FTA가 추구하는 정책방향에 따라 적극적으로 규제를 완화해 나갈 경우의 경제효과는 무역확대 효과보다 10배 이상 더 클 수 있다. 대외경제정책연구원이 추정한 한 · 미 FTA 경제효과가 이를 예시하고 있는데, 무역확대가 가져다주는 FTA 효과는 GDP의 0.5% 내외가 되지만, 규제완화 등의 효과까지 고려하면 GDP는 무역 6%까지 증대될 수 있다.

2 FTA 실익 확보를 위한 대내적 노력 강화

칠레, EFTA, ASEAN과의 FTA에 이어, 미국 및 EU와의 FTA가 발효된다면 우리 정부는 중국이나 일본과의 FTA 추진에 앞서 FTA 정책방향을 전면적으로 검토해야 할 것으로 생각한다. 전세계적인 FTA 확산속에서도 FTA를 체결하지 않아 상당한 손실을 경험해 왔고, 수출의존도가 높고, 다자무역체제 발전의 최대 수혜국이면서도 개방과 개혁에는 국내의 저항이 컸던 탓에 우리 정부가 지난 몇 년간 가능한 많은 국가와의 FTA를 추진했던 것이 사실이다. 또한 그동안 도하개발의제(DDA) 협상이 부진했던 것도 우리 정부의 적극적인 FTA 추진 배경으로 작용하였다. 그 결과 3년 전만 하더라도 불가능할 것으로 생각되었던 미국과의 FTA 협상을 '윈-윈' 형태로 타결할 수 있었고, 한 · 미 FTA 진전에 자극받은 EU가 우리나라와의 FTA를 요청했고, 한 · EU FTA 협상도 순조롭게 진행되고 있다. 또한 2009년 4월말 현재 협상이 진행 중인 인도, 캐나다, 멕시코와의 FTA도 금년말 혹은 내년초에 타결될 것이다. 이 정도면 우리나라의 FTA 외연은 상당부분 확보된 것으로 평가된다.

FTA를 많이 체결할수록 경제이익이 커질 수 있다. 하지만, 미국, EU를 포함한 다수 국가와의 FTA 체결로 FTA 외연이 확보된 상황에서는 다른 FTA로 인한 추가적인 경제이익은 기존 FTA가 없는 경우에서의 FTA 경제효과보다 작아지게 될 것이다. 즉 '한계효용체감의 법칙' 이 FTA에도 적용되는 것이다. FTA 체결시 발생하게 되는 GDP 증가, 자본유입 등으로 생산자원이 증가할 수 있지만, 제한된 생산자원은 추가적인 FTA로 형성된 비즈니스 기회중 일부만을 활용할 수 있게 될 것이다. 이나마 이러한 자원재배치를 원활하게 만들기 위해서는 비즈니스 환경을 획기적으로 개선시켜 나가야 한다.

따라서 이제는 건수보다는 내실을 챙겨야 하는 시점이 되고 있다. FTA 체결은 우리 경제의 경쟁력 강화와 효율성 제고를 위한 수단이지 결코 체결 자체가 목표로 될 수 없다. 즉, 다수 국가와의 FTA 체결로 우리 기업의 수출확대에는 상당한 도움이 되었을 것이고, 이제는 국내 규제완화 및 경제제도 선진화를 위해 노력해야 한다. 특히 미국과 체결한 협정 내용을 충실하게 발효시켜야 하고, 관련 제도 및 관행을 선진화시켜야 할 것이다. 한 · 미 FTA는 교육, 의료 등 국내에서 규제가 많은 분야를 제외하고 있으나, 이들 분야에 대해서도 정부는 자발적인 개방 및 규제완화를 추진해야 할 것이다.

2005년 선진통상국가 구축 목표에서 나타났듯이, 성장잠재력이 둔화되고 외부 경제여건 악화에 취약한 우리나라는 더 이상 요소투입 증가로는 성장에 한계가 있고, 기업과 정부의 혁신역량 강화로 국제경쟁력을 높여야만 소득 3만달러 시대에 진입할 수 있을 것이다. 새로운 성장동력을 확충하기 위해 비니지스환경을 개방화, 선진화시켜야 하는 것이다. 비록 서비스분야 개방이 충분하지 않은 아쉬움은 있지만, 우리의 노력 여하에 따라 한 · 미 FTA는 비즈니스환경 개선에 크게 기여할 수 있다. 신기술 개발 역량을 강화하여 제조업 경쟁력을 높이면서, 개방과 규제완화로 고부가가치 서비스분야를 발전시켜 나갈 때 우리 경제구조는 선진화될 수 있을 것이다.[10)]

---

10) 재정경제부가 중심이 되어 2차례(2006년 12월, 2007년 7월) 서비스경쟁력 향상 대책을 수립하였으나, 교육, 의료 등에 대한 획기적인 선진화 내용은 아직 제시되지 않은 상황이다.

또한 우리나라의 FTA 모델을 확립할 필요가 있다. 산업의 중장기 발전을 촉진시키는 시장개방과 선진화된 경제제도 도입을 중심으로 한 FTA 모델을 설정할 필요가 있다. 지금까지는 상대국의 입장을 다수 수용해 준 측면이 있으나, 미국, EU와 FTA가 체결된 상태에서는 상대국을 우리나라 틀 속으로 끌어들여야 한다. 즉, 우리의 모델을 상당수준 수용할 수 있는 국가와의 FTA를 검토 및 추진해야 한다. 우리나라가 미국, EU와의 FTA를 체결했기 때문에 가능하며, 다른 국가와의 FTA 체결시 이들 국가와의 FTA를 지렛대로 활용해야 한다. 앞에서 언급한 바와 같이, 현재 체결되었거나, 추진되고 있는 협정만 발효되면 우리나라 수출에 FTA가 문제되는 심각한 경우가 발생하기는 어려운 것이다. 즉 지금부터는 교역확대보다는 우리나라 산업발전 및 경제통상제도 선진화를 촉진시킬 수 있는 FTA를 우선적으로 추진해야 하며, 이러한 형태의 FTA 모델을 확립할 필요가 있다. 중국, 일본과의 FTA를 검토할 경우에도 상대국이 우리의 모델을 수용할 수 있을 것인가의 검토 결과에 따라 추진 여부를 결정하면 될 것이다.

또한 FTA 협정 내용못지 않게 상대국의 이행 여부가 중요하다. 협정 이행은 협정에 포함된 내용을 법제화하고 이를 실천하는 소극적 의미의 이행과, 협정의 정신에 따라 대내적 개혁 및 규제완화를 실시하는 적극적 의미의 이행을 들 수 있다. FTA 경제이익을 극대화하기 위해서는 적극적 의미의 협정이행이 필요하다. 향후 체결될 FTA도 규제완화가 상당수준 포함될 수 있도록 해야 할 것이다.

3 농업 등 취약산업 구조조정 확대

FTA 협정 발효로 인해 우리 경제가 이익을 볼 수 있으나, 기업들은 치열해진 경쟁환경을 극복하고, 더 나아가 미국시장에 진출함으로써 경제이익을 확대할 수 있도록 경쟁력 제고에 노력해야 할 것이다. 즉 기업 · 기업인도 막연한 개방이익에 대한 기대로 안주하지 말고 경쟁력을 확보하기 위해 각고의 노력을 기울어야 한다. 비효율적인 부분은 과감히 정리하고 경쟁력 있는 부분에 자원을 집중시키도록 방침이 정해져 있어야 FTA로 인한 긍정적 효과를 극대화할 수 있다. 한 · 미 FTA는 경쟁력 있는 기업에게 영업활동 무대를 제공해주게 되며, 경쟁력이 취약한 기업은 구조조정이 불가피할 것이다. FTA 경제이익의 일부는 구조조정 가속화로 인해 발생하는 자원배분의 효율성에서 확보되고, 장기적으로 구조조정 역시 우리 경제에 이익이 된다. 다만, 이 과정에서 정부가 기업의 구조조정을 원활하게 하고, 기업과 근로자의 고통을 완화시켜주는 대책을 마련해야 한다.

특히 농업은 개방정책 수행과정에서 가장 큰 애로사항이다. 농업의 특수성을 인정하더라도 농업도 개방화시대에 예외일 수 없다. 농업도 품목에 따라 수급불균형이 심각하여 농업도 구조조정이 필요한 상황이다. 우리 농업에서 가장 중요한 쌀의 경우, 시간이 갈수록 재고물량이 큰 부담이 될 것으로 전망되고 있다. 한국농촌경제연구원(2005.1.27)의 '농업전망 2005' 에 따르면, 향후 쌀 재고 문제가 더욱더 심각해질 것으로 나타나고 있으나, 이를 완화시키기 위한 대책은 미비한 편이다. 쌀시장 개방 협상 결과로 2014년까지 쌀 수입이 40만t으로 늘어나고 1인당 쌀 소비량이 67.3 kg까지 떨어져 쌀 재고량은 현재(2005)의 3배 수준인 276만~315만t까지 늘어날 것으로 추정되고 있다.

농업인의 애로는 충분히 이해할 수 있으나, 우리나라는 미국 등 농산물 수출국에 제조업분야 수출을 많이 하고 있고, 수입국들은 우리나라 농업시장에 관심이 높아 개방이 부득이한 측면이 있다. 이러한 점을 감안하여 농업에 대해서는 상당한 규모의 재정을 지원하고 있다. 농업전체로 보면, 우리 정부의 농업분야 지원규모가 다른 국가에 비해 결코 뒤지지 않다. 특히 한 · 미 FTA 국회비준을 대비하여 정부는 기존 119조 농업지원예산을 농민들이 실질적인 혜택을 볼 수 있도록 수정하고 있다.

미국과의 FTA 타결 직후 농림부가 국회에 보고한 "농업 · 농촌 종합대책 및 투융자 계획 조정방안"에 따르면,[11] 농업정책은 농업을 주업으로 하는 농가의 경영규모 확대와 경영위험관리 강화를 집중 지원하는 맞춤형 농정으로 전환하고, 규모화 경영을 주도할 전문경영체 육성 및 소득안정장치를 강화할 계획이다. 농식품정책은 안전성 관리를 강화하고 식품산업발전에 필요한 새로운 정책을 발굴 · 지원하며, 기능성 · 편리성 · 향토성 등을 갖춘 농식품 개발과 상품화를 추진하게 된다. 농촌정책은 발전가능성이 있는 마을에 기초생활시설 지원을 집중하고 농촌자원의 산업화를 통해 일자리와 소득원을 확충한다는 계획이다. 과거 농정과는 접근방법이 다른 것으로 평가되지만, 소기의 목적을 달성

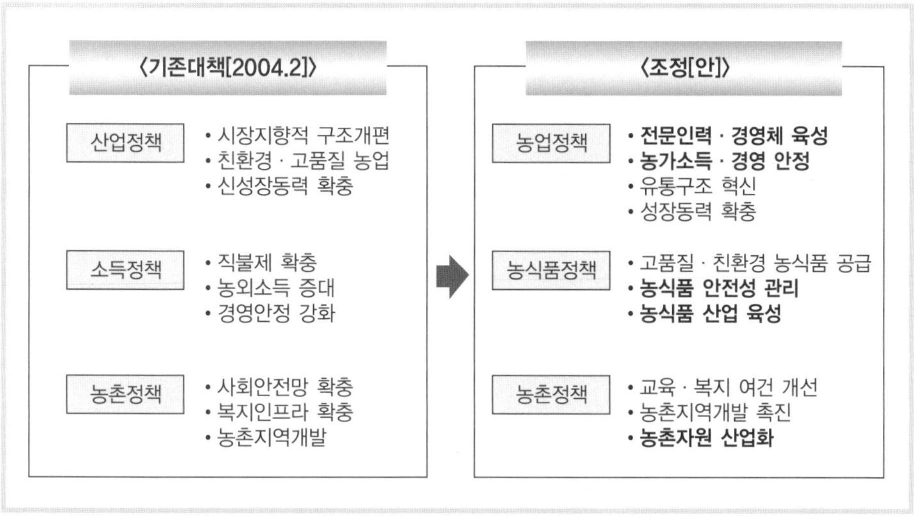

그림 1-7 농업분야 119조 지원 조정 내용

[11] 농림부(2007), "한 · 미 FTA 농업부문 협상결과 및 대책방향". 제267회 국회(임시회) 농림해양수산위원회 설명자료. 4월 4일.

하기 위해서는 농업인들의 협조와 이해가 절대적으로 필요하다.

농업은 구조조정 이후 관리가 중요한데, UR 타결이후 농업분야에 53조원을 투입한 농업구조조정 대상 품목 일부가 2000년대 이후 다시 원 상태로 되돌아가는 양상을 보이고 있다. 예를 들어 UR 이행과정에서 구조조정사업 대상이었던 소의 사육 두수가 1996년 284만마리에서 2001년 141만마리로 줄었다가 2006년 202만마리로 도로 증가하는 추세를 보이고 있다. 광우병 파동으로 쇠고기 값이 인상됨에 따라 농민들이 소 사육두수를 늘린 결과이지만, 구조조정이후 관리부재로 늘어난 소 사육두수가 한 · 미 FTA 발효시 최대 부담으로 작용하게 되는 것이다. 농업지원 예산만 집행하고 관리를 소홀히 하는 농정당국의 실패가 119조원 집행에는 되풀이되지 말아야 할 것이다.

표 1-8 소의 사육두수 추이

(단위: 만마리)

	1995	1996	1997	1998	1999	2000	2001	2002	2003	2004	2005	2006
사육두수	259	284	274	238	195	159	141	141	148	167	182	202

자료: 정인교(2007b)

4 동아시아 경제통합 논의에 적극 참여

최근 논의가 확산되고 있는 동아시아 경제통합에 대해 정부의 입장을 수립할 필요가 있다. 참여정부는 집권초기 '동북아경제중심'을 강조했으나, 시간이 경과할수록 동북아/동아시아 지역협력에 대한 정책 및 입장이 약화되는 느낌이다.[12] 특히 동북아관련 사항은 당초 경제 이슈에서 정치 이슈로 변질되었다. ASEAN과의 FTA를 발효시키고 있고, 미국, EU와 FTA를 체결한 우리나라는 중국, 일본과 최소한 동등한 자격으로 동아시아 경제통합을 포함한 지역경제 협력을 논의할 수 있는 위상을 구비하게 되었다. 하지만, 지역경제협력 및 중장기 경제통합 이슈에는 소극적으로 대처해 왔다. 향후에도 국내 제도와 규범을 글로벌 수준으로 발전시켜 동아시아 경제통합을 주도할 수 있는 방안 논의를 선도해 나가야 하며, DDA 협상 재개 등 다자체제하의 세계경제통합 논의에도 적극 참여할 필요가 있다.

12) "노무현 대통령의 제 1의 국정과제는 '동북아 중심국가' 건설이었다. 이 과제에 노 대통령은 '수천년 변방의 역사'를 청산하고 동북아의 중심국가로 올라서겠다는 자신의 포부를 담았다. ... 그러나 5년이 지난 지금 개념조차 희미해졌다. 청와대 내에서도 가장 실패한 국정과제로 꼽고 있다. 대통령자문정책기획위는 2003년 7월 이미 동북아위에 대해 "개념조차 제대로 정립돼 있지 않다"고 평가한 일도 있었다 한다." 조선일보(2008.1.26) "가장 실패한 국정과제는 '동북아 중심국가'".

참고문헌 REFERENCES

대외경제정책연구원 등. 2007. "한 · 미 FTA의 경제적 효과 분석," 국회 FTA특위 보고자료. 4월30일.

이시욱. 2006. "경제성장 및 수출 효과". 정인교(편)『한미 FTA의 논쟁, 진실은?』.

이해영, 정인교. 2008.『한 · 미 FTA, 하나의 협정 두 개의 진실』. 시대의 창.

자유무역협정국내대책본부. 2007.『한 · 미 자유무역협정 바로 알려드립니다』. 정부관계부처합동자료.

정인교. 2006.『한미 FTA의 논쟁, 그 진실은?』. 편저. 서울: 해남출판사.

______. 2007a. "상품분야 협상결과에 대한 평가 및 과제". 한국경제연구원 발간 예정.

______. 2007b. "대외개방 및 통상협력 추진". 국무총리실 참여정부 평가.

______. 2008a. "우리나라『FTA추진로드맵』실적 평가". 한국무역학회 2008년도 제1차 정책세미나("신정부의 무역정책 방향과 우리나라 FTA 정책 총점검"). 4월.

______. 2008b. "이명박 정부의 경제통상 및 FTA 정책과 시사점". 세종연구원 주최 세미나("제18차 국가전략포럼") 발표자료. 4월.

______. 2008c. "한 · 미 FTA의 주요 이슈 및 파급영향 분석"『한국경제의 분석패널』제14권 2호. Pp.213~270. 8월.

______. 노재봉. 2005.『글로벌 시대의 FTA 전략』. 서울: 해남출판사.

______. 외. 2005.『우리나라 FTA 원산지규정(ROO) 연구 및 실증분석』. 서울: 한국경제연구원.

정재화. 2008. "우리나라 FTA정책 실적 평가". 바른FTA본부 주최 FTA세미나(한미FTA 비준 촉구 및 신정부의 FTA 정책 방향). 2월 4일 전경련 3층 제1회의실.

최세균. 2008. "우리나라 FTA 정책 실적평가–농업부문과 관련하여" 바른FTA본부 주최 FTA세미나(한미FTA 비준 촉구 및 신정부의 FTA 정책 방향). 2월 4일 전경련 3층 제1회의실.

최원목. 2007. "한–미 FTA-무엇이 진정으로 바람직한 타결 방향인가?". FTA교수연구회발표자료.

______. 2008. "우리나라 FTA정책 실적 평가". 바른FTA본부 주최 FTA세미나(한미FTA 비준 촉구 및 신정부의 FTA 정책 방향). 2월 4일 전경련 3층 제1회의실.

한국농촌경제연구원. 2005. "농업전망 2005". 1월 27일.

CHAPTER 02

우리나라 FTA 추진체계 평가와 향후 정책방향

동서대학교 국제통상학과 김 홍 률

1 서론

1990년대 들어 EU와 NAFTA를 중심으로 지역주의가 확산되자 비용최소화의 개념으로 시작된 우리나라의 FTA 정책은 비교적 짧은 기간동안에 미국을 비롯하여 주요 수출대상국과 FTA를 체결하는 데 성공하였다는 평가를 받고 있다. 당초 우리나라의 FTA 정책이 FTA 역외국으로서의 비용최소화 전략이었다면 초기에 계획했던 목적은 어느 정도 달성되었다고 볼 수 있다.

그러나 성공적인 FTA의 추진과 상당한 수준의 협상성과에도 불구하고 많은 문제점 또한 노출된 것이 사실이다. 한 · 칠레 FTA와 같이 협상시간이 오래 걸리고, 협상과정에서 국민들의 반대와 시위도 빈번했으며, 협상타결후 국회비준이 지연되는 등 많은 문제점이 발생하였다. 한 · 미 FTA의 경우에는 협상이 끝난 이후에도 재협상문제가 불거지고, 쇠고기 광우병과 관련하여 촛불시위가 발생하는 등 FTA를 추진하는 과정에서 국가 전체의 사회적 통합을 위협할 수 있을 정도의 심각한 갈등을 경험하기도 하였다.[1] 국내 한 연구기관의 분석에 의하면 쇠고기 광우병 사건으로 인한 촛불시위의 사회적 손실은 약 3조 7,500억원이라고 밝힌 바 있다.[2]

그러나 우리나라는 비록 FTA를 추진하는 과정에서 많은 어려움이 있음에도 불구하고 좁은 국토와 부존자원의 부재, 그리고 무역의존도가 높은 상황에서 시장개방에 따른

1) 본래 쇠고기 문제는 FTA의 문제는 아니고 위생 · 검역의 문제이다. 그러나 미국 의회가 쇠고기 문제가 해결되지 않으면 한 · 미 FTA를 비준동의하기 어렵다하니 FTA와 연계된 것으로도 볼 수 있다.

2) 조경엽 외 「촛불시위의 사회적 비용」, 정책연구 08-04, 한국경제연구원, 2008.

혜택을 누리고 해외시장을 지속적으로 개척하기 위해서는 FTA를 주요 통상정책의 일환으로 추진하지 않을 수 없는 입장이다. 또한 WTO/DDA 협상도 지지부진하여 협상타결에는 상당한 시간이 걸릴 것으로 예상되므로 당분간은 지역주의와 다자주의가 공존할 가능성이 높은 상황이다.

아래 보고서에서는 그동안 우리나라가 FTA를 추진하는 과정에서 대두되었던 다양한 문제점들을 살펴보고, 이를 효과적으로 해결하기 위한 방안을 제시해 보고자 한다. 아울러 어떻게 하면 가장 효율적이고 가장 민주적인 FTA를 추진하고 또 이를 보장하기 위한 법령에는 어떠한 내용들이 들어가야 하는지를 모색하고, 마지막으로 향후 바람직한 우리나라의 FTA 추진정책을 제시해 보고자 한다.

2 우리나라 FTA 추진정책과 성과

1 우리나라의 FTA 추진정책

1990년대 EU의 출범과 NFTA의 성립으로 상징되는 지역주의가 세계적으로 확산되자 그동안 GATT/WTO 중심의 다자무역체제를 우선시해왔던 우리나라의 통상정책은 변화할 수밖에 없었는데, 마침 1997년에 아시아 금융위기를 맞이하여 우리경제가 심각한 타격을 입게 되자 우리정부는 FTA를 통한 보다 과감한 시장개방과 수출확대정책을 추진하게 되었다. 전 세계적으로 지역주의에 기반을 둔 FTA가 확산되자 FTA역외국가로서의 피해를 더 이상 방치할 수 없었으며, 여기에 아시아 금융위기가 발생하자 금융위기를 극복하고 안정적 시장확보를 위해 FTA를 추진할 필요성이 제기된 것이다.

결국 정부는 1998년 11월에 국무총리 주재로 대외경제조정위원회를 열어 FTA를 우리나라의 주요 통상정책의 일환으로 결정하고, 칠레를 우리나라 최초의 FTA 추진대상국가로 선정하였다. 그리고 몇 차례의 진통끝에 한 · 칠레 FTA가 2002년 10월에 타결되었다. (2004년 2월 국회 비준) 그후 2003년 참여정부 시절에는 보다 본격적으로 FTA를 추진하기위해 FTA추진 로드맵이 완성되었다. FTA 추진 로드맵은 2000년대 중반에 우리나라가 추진해온 FTA 정책의 근간으로서의 역할을 담당하였다. 주요 내용은 1) FTA를 전략적 Multi Tracking으로 추진 2) 포괄적 FTA추진 3) 국민적 공감대를 기초로 추진하는 것을 주요 원칙으로 하였고, 체결전략으로는 4) 주요 국가와의 동시다발적 FTA체결을 기본으로 하되, 5) 거대 선진경제권과의 FTA를 지향하는 것을 목표로 하였다. 당시 동시다발적으로 FTA를 추진하기로 결정한 것은 그동안 지체된 FTA 체결건수를 단기간 내에 만회하기 위한 전략이었고, 또 FTA체결에 따른 피해를 최소화하기 위한 전략이었다. 이러한 로드맵을 이용하여 그동안 우리나라는 칠레, EFTA, 싱가포르, 그리고 미국과의 FTA협상을 성공적으로 수행하였다.

현재 우리나라는 거대경제권과 자원부국 및 주요 거점 경제권을 중심으로 전략적인 FTA 체결 확대전략을 통한 FTA 네트워크를 구축해 나가고 있으며, 아울러 FTA를 통해 국가 전반의 국내 제도개선 및 선진화를 도모하고 있다. 그리고 내용면에서도 FTA 체결에 따른 개방효과를 극대화하기 위해 상품분야에서의 관세철폐는 물론 서비스, 투자, 정부조달, 지적재산권, 기술표준 등을 포함하는 포괄적인 FTA를 지향하고 있다.[3)]

표 2-1 우리나라의 FTA 추진 로드맵

1. 주요원칙	① 전략적, 적극적, Multi Track으로 추진 ② FTA 효과를 극대화하기위해 포괄적 FTA를 추진 ③ 국민적 공감대를 기초로 추진
2. 체결전략	① 주요 국가와 동시다발적인 FTA 체결을 기본으로 하되, ② 거래 선진경제권과의 FTA를 지향
3. 대상국 선정기준	① 경제적 타당성 ② 정치적, 외교적 함의 ③ 거대 선진경제권과의 FTA 추진에 도움이 되는 국가

자료: 신선영(2008)

2 우리나라의 FTA 추진성과

한국이 FTA를 본격적으로 추진하기 시작한 것은 상대적으로 늦은 편이었으나 비교적 짧은 시간안에 한 · 미 FTA를 비롯하여 모두 5건의 FTA를 타결시킨 것은 큰 성과라고 볼 수 있다. 주로 참여정부때 동시다발적으로 추진되었다.

이는 우리나라가 비교적 늦게 지역통합에 합류하였으나 FTA 확산에 따른 피해를 방지하고자 우리 정부가 적극적으로 노력한 결과이고, 또 동시다발적인 FTA를 추진한 결과라고도 볼 수 있다. 결국 우리나라는 복수국가와의 동시다발적 FTA 협상을 통해 FTA 지각생으로부터 일단 벗어나는 데는 성공하였다. 특히 FTA의 이익이 남보다 빨리 시장을 개방하는 데 따른 배타적 이익이라는 점을 고려한다면 그동안의 정책은 발 빠른 Catch-Up 전략이라고 볼 수 있으며, 또 미국과 같이 우리의 주요 수출대상국과 FTA를 체결하였다는 점은 우리가 그동안 우려해왔던 FTA 역외국으로서의 손실을 상당부분 커버하였다고 평가할 수 있다. 이밖에도 미국과의 협상타결은 향후 우리나라가 세계의 주요 국가 · 주요 지역과의 FTA 협상에서도 적극적으로 임하는 계기가 되었다는 점에서 중요하다. 현재도 우리나라는 큰 선진제국 · 지역시장은 물론 성장이 현저한 신흥시장으로의 진출을 목표로 EU, 캐나다, 인도 등과 FTA협상을 추진하고 있다.

---

3) 외교부 홈페이지 참조.

표 2-2 우리나라의 FTA 추진현황

기체결	협상중	검토중
칠레(2004.4.1. 발효) 싱가포르(2006.3.2. 발효) EFTA(2006.9.1 발효) ASEAN(2007.6.1 상품발효 11월 서비스 서명) 미국(2007.4.2. 타결, 6월 서명)	일본(2003.12.개시, 2004.11,중단) 캐나다(2005.7.개시) 멕시코(2006.2.개시) 인도(2006.3.개시) EU(2007.5.개시) GCC(2008.7.개시)	호주(라운드테이블협상) 뉴질랜드(라운드테이블협상) MERCOSUR(공동연구종료) 페루(공동연구완료) 중국(공동연구중),러시아(공동연구중), 터키(공동연구중)

주: 1. EFTA(유럽자유무역연합): 스위스, 노르웨이, 아이슬란드, 리히텐슈타인
2. MERCOSUR(남미공동시장): 브라질, 아르헨티나, 우루과이, 파라과이
3. GCC(걸프협력이사회): 아랍에미리트, 사우디아라비아, 쿠웨이트, 바레인, 오만, 카타르
자료: 외교부 홈페이지(2008)

이미 체결된 FTA의 경제적 효과측면에서도 한 · 칠레 및 한 · 싱가포르 FTA는 우리나라의 수출증대에 기여한 것으로 평가되고 있다.[4] 예를 들면 한 · 칠레 FTA 협정 발효 이후 2년간의 교역 실적을 보면 수출증가율은 발효 전 9.6%에서 발효 1년차에 58.2%, 2년차에는 52.6%로 크게 확대되었다. 반면, 수입은 발효 전 63.8%에서, 발효 1년차에 44.9%, 발효 2년차에는 26.6%로 눈에 띄게 둔화되었다.[5] 여기에 국민들은 칠레산 과일, 수산품, 돼지고기를 비롯하여 값싸고 질 좋은 상품을 소비하고 있어 실생활에서도 혜택을 누리고 있다.

하지만 한 · 칠레, 한 · 싱가포르 FTA를 경쟁국들의 다른 FTA와 비교해 보면 무역증대 효과는 상대적 적은 것으로 평가되고 있다. 이는 체결국의 시장이 상대적으로 크지 않고, 이미 관세율이 낮아 관세인하 효과가 미미했기 때문인 것으로 분석되고 있다.

3 우리나라 FTA 정책에 대한 평가

그동안 우리나라가 추진해온 FTA가 적절하였는지를 평가하기 위해서는 다음 4가지 요소를 중심으로 살펴볼 수 있다.[6] 첫째, FTA 추진시스템이 협상에 효과적이었는가? 둘째, 절차적 정당성을 가지고 있었는가? 셋째, 이해당사자들의 참여는 보장되었는가? 넷째, 추진과정에서 투명성은 확보되었는가? 등이다.

이러한 측면에서 그동안 정부가 추진해온 FTA는 몇 가지 심각한 문제점을 가지고 있는 것으로 지적되고 있다. 현재 가장 많이 지적되고 있는 것은 내부협상의 실패이다. 즉

---

4) 김득갑, 「산업계측면의 유명 FTA 추진대상국」, 삼성경제연구소, 2008. 5, 세미나자료.

5) 정재화, 「한 · 칠레 FTA 발효 2년 수출입 동향분석」, 무역협회, 2006.

6) 최병일, 「한미 FTA와 통상거버넌스」 한국경제학회 세미나자료, 2006. 10. 18, p. 44.

그동안의 FTA 추진과정을 살펴보면 대외협상(external negotiation)은 어느 정도 성공적이라고 평가할 수 있으나 대내협상(internal negotiation)은 훨씬 더 문제가 많고 어려웠다는 것이다.[7)]

그동안 정부는 FTA를 추진하는 과정에서 국민의 대표와 긴밀히 협의하고 협상과정에서도 여러 쟁점에 대해 국회와 검토를 계속할 예정이라고 주장해 왔으나 결과는 만족스럽지 못하다. 예를 들어 언론과의 협력관계, 국민설득, 농민단체 등 이해당사자에 대한 의견수렴 등이 모두 부족하였다. 내부협상의 실패로 국민들은 정부와의 의사소통에 실패하였고, 또 이를 대신해 줄 국회마저 제 역할을 해주지 못하자 그 결과는 대중적인 길거리 저항으로 표출되었다.

1 건수 및 체결대상 측면에서 성공적

그동안 정부가 추진해 온 FTA 정책은 짧은 기간동안 많은 국가와 FTA를 체결하였다는 점에서 일단 그 성과면에서는 성공적이라고 평가할 수 있다. 본래 FTA의 추진이 FTA 역외국으로서의 비용최소화 전략이었다면 초기에 계획했던 목적은 어느 정도 달성되었다고 볼 수 있다. 특히 칠레, 싱가포르 등 주변국가들에 이어 최대의 거대경제권인 미국과 FTA를 체결하였다는 것은 굉장한 성과임에 분명하다.

그리고 우리의 주요 수출국인 10대 수출대상국을 기준으로 살펴보아도[8)] 중국, 홍콩, 대만, 러시아 등을 제외하면 우리의 주요 수출대상국과 대부분 협상을 타결하였거나 현재 협상중이라는 점에서 협상대상의 선정에서도 성공적이라고 평가할 수 있다. 결국 동시다발적 FTA 추진전략을 이용해 짧은 기간에 상당한 타결성과를 얻었고 해외 수출시장 확보라는 목적도 어느 정도 달성되었다고 평가할 수 있다.[9)]

그런데 표 2-3을 보면 한국과 일본이 FTA를 시작한 시기는 거의 비슷하였는데, 같은 기간에 그 체결건수 및 협상 소요시간에서는 다소 차이가 있음을 알 수 있다. 한국과 일본은 공통적으로 모두 뒤늦게 FTA를 추진하였고, 또 지역주의에 편승하지 못함으로써 발생하는 손실을 방지하기 위해 여러 국가와 동시다발적으로 FTA를 추진한 경향이 있다. 그러나 그동안의 추진실적을 보면 한국이 5건에 불과한 반면 일본은 ASEAN을 포함하여 총 9건을 체결하여 한국보다 그 체결 건수면에서 다소 앞선다. 반면 FTA 체결에 소요된 시간을 비교해보면 한국은 FTA 체결 건당 평균 18개월이 소요되었으나 일본은 평

7) 여기서 FTA를 추진하는 과정에서의 대내협상이란 쟁점에 대해 내부적으로 의견을 수렴하여 국가의 입장을 결정해 나가는 과정을 의미한다.

8) 우리나라의 10대 수출국: ① 중국, ② EU, ③ 미국, ④ ASEAN, ⑤ 일본, ⑥ 홍콩, ⑦ 대만, ⑧ 멕시코, ⑨ 러시아, ⑩ 인도.

9) 김도훈, 「신정부의 FTA 정책 추진방향」 『e-KIET 산업경제정보』 제384호, 산업연구원, 2008. p. 3.

표 2-3 한국과 일본의 FTA 체결 소요시간 비교

국가	대상국가	소요시간
한국	칠레	37개월(1999. 9~2002. 10)
	싱가포르	13개월(2003. 10~2004. 11)
	EFTA	7개월(2004. 12~2005. 7)
	ASEAN	17개월(2004. 11~2006. 4, 상품협정)
	미국	16개월(2006. 2~2007. 6)
	평균 18개월	
일본	싱가포르	12개월(2001. 1~2002. 1)
	멕시코	22개월(2002. 11~2004. 9)
	말레이시아	23개월(2004. 1~2005. 12)
	필리핀	31개월(2004. 2~2006. 9)
	칠레	13개월(2006. 2~2007. 3)
	태국	38개월(2004. 2~2007. 4)
	브루나이	12개월(2006. 6~2007. 6)
	인도네시아	25개월(2005. 7~2007. 8)
	ASEAN	36개월(2005. 4~2008. 4)
	평균 23개월	

자료: 저자 작성

균 23개월이 소요되어 한국이 조금 빠르게 협상을 타결짓고 있음을 알 수 있다.

2 실질적 개방수준은 미흡

그동안 한국이 추진해온 FTA는 실질적인 개방수준이 낮아 협상내용은 미흡한 것으로 평가할 수 있다. 다시말하면 실익보다는 건수 및 실적위주로 추진되었다고 말할 수 있다. 지금까지 체결된 5개국 중에서 미국을 제외하면 교역측면에서 이렇다 할 주요국들은 아니다. 또한 타결내용을 살펴보아도 개방수준이 낮고, 긴 이행기간을 설정하고 있으며, 상호간에 지나친 양허예외품목을 인정하는 등 내용면에서는 부족한 점이 많다. 예를 들어 칠레와의 협상에서는 사과, 배, 포도 등을 보호한다는 이유로 우리의 주요 수출품목인 냉장고, 에어컨 등을 제외시켰고, ASEAN과의 협상에서도 농업분야의 부담을 이유로 초기부터 개방수준을 낮게 책정하여 ASEAN 국가들도 상당한 분야의 품목을 양허에서 제외시켰다. 이러한 경향은 수산물에서도 비슷하게 전개되었다. 우리 수산업 생산의 피해를 최소화하기 위한 목적이라고는 하지만 실제 소비에 영향을 미치는 주요 수입어종은 대부분 양허에서 제외되었다. 예를 들어 한 · 싱가포르 FTA에서는 삼치, 전갱이, 돔류, 새우 등 주요 수입어종이 대부분 미양허되었으며 한 · EFTA에서는 고등어, 오징어, 붕장어를 TRQ로

인정받았고, 한 · 미 FTA에서는 명태, 민어, 고등어, 넙치 등을 수입쿼터(TRQ) 및 12~15년 동안 장기 관세철폐를 인정받았다.

이와 같이 우리의 주요 소비품목에 대해 미양허를 받거나, TRQ 또는 장기간의 관세 철폐기간을 설정하는 협상전략은 결국 상대방에게도 똑같은 수준의 미양허를 허용할 수밖에 없게 되어 결과적으로 시장개방효과를 얻기 어렵게 된다. 이러한 경향이 전개되는 근본적인 이유 중 하나는 우리나라가 농산물분야의 부담을 이유로 상대방 국가들에게 적극적인 시장개방을 요구하지 못하고 있기 때문이다.[10] 또한 한 · 칠레, 한 · 싱가포르 FTA 같이 체결국의 시장이 상대적으로 크지 않고, 이미 관세율이 낮아 관세인하 효과가 미미하기 때문이다.[11] 다만, 한 · 미 FTA에서는 시장개방 수준이 매우 높아 상품의 경우 3년 내 94% 관세철폐라는 높은 수준의 FTA를 체결하였다.

3 조직과 시스템이 협상에 효과적

그동안 정권교체와 더불어 여러 차례 정부조직이 개편되면서 우리나라의 통상정책 추진 주체도 조금씩 달라져 왔다. 그중에서 가장 중요한 변화는 1998년 2월 국민의 정부가 출범하면서 통상체제를 일원화하였다는 점이다. 본래 통상업무는 외무부, 재경원, 통상산업부 등 3개 부처로 분산되어 있었다. 당시 개편에서는 재경원의 통상조직과 통상산업부의 통상조직을 외무부에 편입시켜 외무부를 외교통상부로 개편하고, 외교통상부장관 밑에 통상교섭본부를 설치하였다.[12] 그후 FTA를 본격적으로 추진하게 되면서 2004년 10월에는 외교통상부 통상교섭본부 산하에 자유무역협정국(FTA국)이 신설되었다. 당시 FTA국은 재정경제부, 산업자원부 등의 통상관련 공무원과 변호사, 국내외 민간전문가 등 약 30명으로 구성되었다. 이러한 일련의 체제 정비를 통해 우리나라는 FTA 추진주체를 통상교섭본부로 집중시키고 조직을 일원화하였다.[13]

또한 2004년 6월에는 『자유무역협정체결절차규정』이 마련되면서 FTA정책의 기본 방침 등을 심의하는 'FTA추진위원회'가 설치되었다. 'FTA추진위원회'의 구성원으로는 관계 부처의 차관급 14명 이내 등에서 구성되는 'FTA 실무추진위원회'와 대외경제 전문가등에서 구성되는 'FTA 민간자문위원회'가 있다. 그후 한 · 미 FTA 협상을 계기로 국내

10) 김도훈(2008), p. 9.

11) 김득갑(2008).

12) 정부조직법 개정법률 제29조.

13) 통상교섭본부 이외에도 많은 부처에서 크고 작은 통상부서를 운영하며 통상교섭본부의 협상을 지원해 왔다. 과거 재경부(현 기획재정부)에 경제협력국, 국제협력관(2,3급)이 있었고, 농림부(현 농림수산식품부)에 국제농업국, 그리고 산자부(현 지식경제부)에 통상진흥에 초점이 맞추어진 지역통상협력(1국 5과)이 있었다. 이밖에도 해양수산부, 환경부, 관세청, 조달청 등 거의 모든 부처에 통상기능을 담당하는 부서를 하나 이상씩 유지하고 있었다.

협상을 지원하기위해 'FTA 체결지원위원회'가 만들어졌다. FTA 체결지원위원회는 각 부처의 국 · 과장, 민간전문가 등으로 구성된 여러 대책반을 편성하여, 국민, 국회, 이해당사자 등의 의견을 수렴하고 설득하는 역할을 수행하였다.

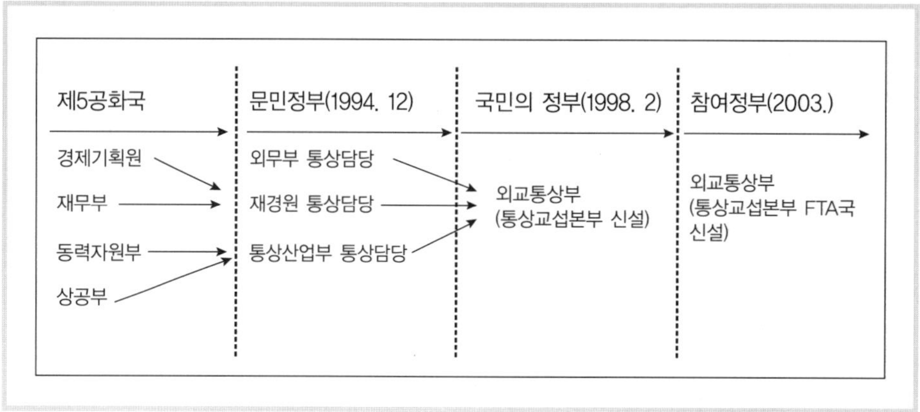

자료: 저자 작성

그림 2-1 우리나라 통상조직 변천사

현재의 FTA 추진 시스템은 적어도 외부협상에는 효과적인 것으로 판단된다. 현재의 체제는 표 2-3에서와 같이 일본보다 협상진행 속도가 빠르고 일원체제로서 대담한 결단도 가능한 체제이다. 특히 통상교섭본부라는 독립적인 조직이 만들어져 그동안 수세적 입장을 견지해 왔던 우리나라의 FTA 정책이 이익극대화 전략으로 공세적으로 전환되었고, 미국, EU를 포함해 거대경제권과의 FTA가 성공적으로 동시다발적으로 추진되거나 체결되었던 점을 고려하면 현재의 체제는 효과적이라고 평가할 수 있다.[14)]

또한 그동안 통상교섭본부내 'FTA추진위원회'는 FTA와 관련한 실무적인 협상방향과 전략을 수립해 왔는데, 비교적 잘 운영되어가고 있는 것으로 판단된다. 다만 일부에서는 현행 통상교섭본부가 외교통상부에 속해 있어 정치논리를 중요시하는 외교조직과 경제논리를 중요시하는 통상조직이 섞여있어 통상이익에 대한 고려가 적다는 지적이 있다.[15)] 또한 외교통상부와 개별 산업을 담당한 소관부처나 관계 단체사이에서 조정이 충분하게 이루어지지 않기 때문에 부처간의 혼란이나 의견 대립이 생기는 경우가 있다는 지적이다.

---

14) 이승주, 「한국 통상정책의 변화와 FTA」『한국정치외교사논총』, 제29집 1호, 한국정치외교사학회, 2007, p. 122.

15) 목진휴, 「한국정부 조직개편의 평가와 향후 추진방향」 한국행정학회 추계학술대회 발표자료, 2002, p. 15.

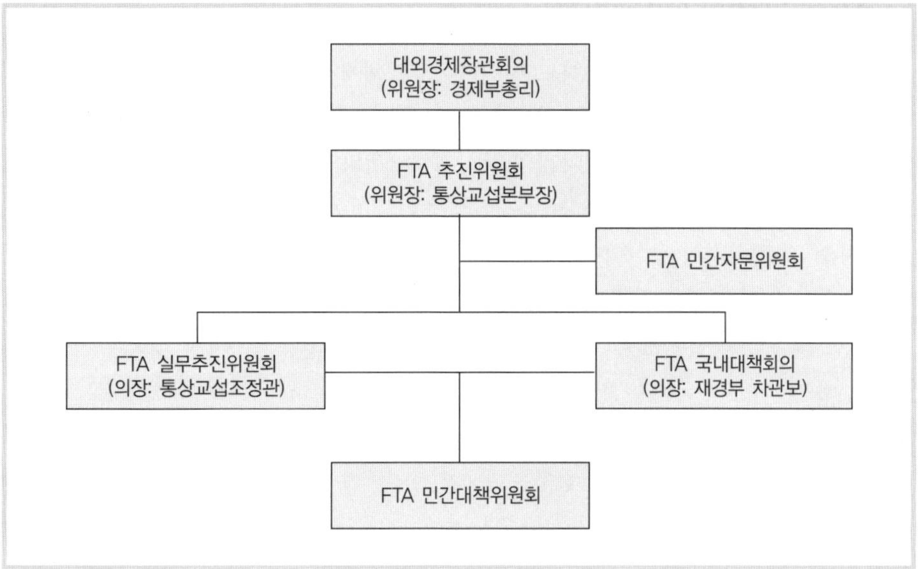

자료: 통상교섭본부(2004)

그림 2-2 우리나라의 FTA 추진체계

이밖에도 통상협상 인력의 효과적인 활용에 대해서도 문제점으로 지적되고 있다. 본격적인 선진통상국가로의 지향으로 과거보다 우리 공무원들의 협상능력 및 전문가적 수준은 매우 향상되었다. 한 · 미 FTA의 경우에도 손색없는 협상 결과를 얻어내었다. 그러나 보통 동일업무를 길어야 2~3년 수행하는 식의 지나치게 빠른 공무원 순환제도로 인해 협상가의 전문성과 계속성이 결여되어 자신들의 실력을 발휘할 기회를 잃기 쉽고, 또 협상의 지식과 경험이 체계적이고 효과적으로 전수되지 못하는 경향이 있다. 한 · 미 FTA가 끝나고 관련 협상단에 속했던 공무원들은 모두 다른 부서로 옮겨져서 한 · EU FTA 협상 때에는 새로운 인물들이 협상에 참여하고 있다. 보통 DDA 협상의 경우 6~7년, FTA 협상의 경우 2~3년가량의 시간이 걸리므로 통상 인력의 장기근무가 필수적이다. 협상은 깊이 있는 전문지식과 오랜 경험이 요구되는 특수한 분야이다.[16)]

앞으로 통상전담인력은 순환보직으로부터 자유롭도록 승진에서도 업무경험 이외의 별도의 기준을 적용할 필요가 있다. 그리고 무역전문가 양성을 위해 행정고시 등 경직된 시스템을 개선해야 한다. 젊은 학자들을 세계은행 등 국제기구에 파견해 시장 동향을 파악하고 네트워크도 구축할 수 있게 정부가 지원하고 육성한다면 효과를 얻을 것이다.[17)]

---

16) 이경태, 헤럴드경제 인터뷰, 2008. 9. 26.

17) 박태호, 헤럴드경제 인터뷰, 2008. 9. 26.

4 절차적 정당성이 확보되었나?

우리나라의 FTA정책은 추진 역사도 일천하며, 또 체계적인 준비과정을 거쳐 마련된 정책이 아니라 금융위기를 극복하는 과정에서 주변국들의 FTA 추진에 따른 기회비용 축소 차원에서 추진되었다. 또한 우리나라의 통상정책결정과정은 전형적인 Top-down 방식으로서 정책의 수립과 집행이 거의 전적으로 행정부 내부에서 이루어지다보니 절차적 타당성이 다소 결여된 것이 사실이다.[18] 같은 맥락에서 현재의 FTA는 정부가 급하게 드라이브를 걸며 지나치게 짧은 시간에 너무 많은 FTA를 한꺼번에 추진하는 경향이 있다.[19]

또한 그동안 추진해온 FTA 정책이 FTA 추진 로드맵과 일치하지 않는다는 지적도 있다. 정부가 2003년 9월에 발표한 우리나라의 FTA 추진 로드맵에 따르면 미국, EU, 중국 등 경제규모가 큰 거대경제권은 그 잠재적 중요성을 고려하여 중장기 추진대상국가들이었다. 그럼에도 불구하고 참여정부는 한 · 일 FTA 협상이 어렵게 되자 미국과의 FTA에 관심을 가지게 되었고 결국 2006년에 FTA 추진 로드맵보다 선행하여 미국과 FTA 협상을 시작하였다. 참여정부 당시 한국의 FTA 정책이 동북아 비즈니스 허브 구상과 관련되어 있었다는 것을 생각해보면 부분적으로 정합성을 잃은 결정이라고 볼 수 있다.[20]

이밖에도 현재 우리나라가 FTA 정책을 수립하고 추진하는 과정에서 절차적 공개성과 민주성을 확보하기 위한 규칙이나 법규마련이 미진한 것이 사실이다. 지난 2004년 6월에 FTA 추진과정상의 절차를 규정한 『자유무역협정체결절차규정』[21]이 있어 체결과정에서의 투명성과 신뢰성 확보를 위해 단계별 절차와 이해관계자들의 의견수렴을 규정하고 있으나, 이는 기본적인 역할과 구성원에 대한 설명일 뿐이고 구체적인 절차규정은 별로 언급되지 않아 절차적 정당성을 확보하기에는 미흡한 실정이다. 따라서 통상정책 결정과정에서 이해집단의 참여기회가 충분히 보장되지 못했고 통상정책결정에 대한 정당성도 확보되지 못했다. 특히 동 절차규정에는 협상전 국회와의 협의에 관한 내용이 전혀 없으며 협상진행 상황보고와 결과보고만을 언급하고 있어 절차적 규정도 미흡한 형편이다.

실제로 한 · 미 FTA의 경우는 정부가 국회를 배제하고 일방적으로 추진하였다는 비판이 많다. 예를 들어 미국을 FTA 추진 대상국가로 선정하는 과정이나 협상시작을 선포하는 과정에서 국회는 거의 배제되어 있었고 오로지 행정부가 주도적으로 결정하여 추진하였다는 비판이 있다. 또한 행정부의 지나친 독주와 공청회 등의 절차가 요식행위로 졸속으로 진행되어 절차적 정당성이 확보되지 못했고, 그로 인해 정치권, 이해당사자, 시민

---

18) 임정빈(2006).

19) 최태욱, 「한국의 FTA 정책결정과정」 『한국과 국제정치』제22권 2호, 2006년 여름, p. 99.

20) 中島 朋義,『韓國のFTA政策』環日本海經濟研究所, 2007, p. 5.

21) 대통령훈령으로 2004. 6. 8일 공표되고 2008. 8. 28일 개정됨.

단체 등 다양한 이해집단들의 반발을 초래하였다는 것이다.[22)] 정부가 국민과 충분히 의사소통을 하지 못하고 서둘러 협상을 진행시켜 버리면 불필요한 비용을 치르게 된다.

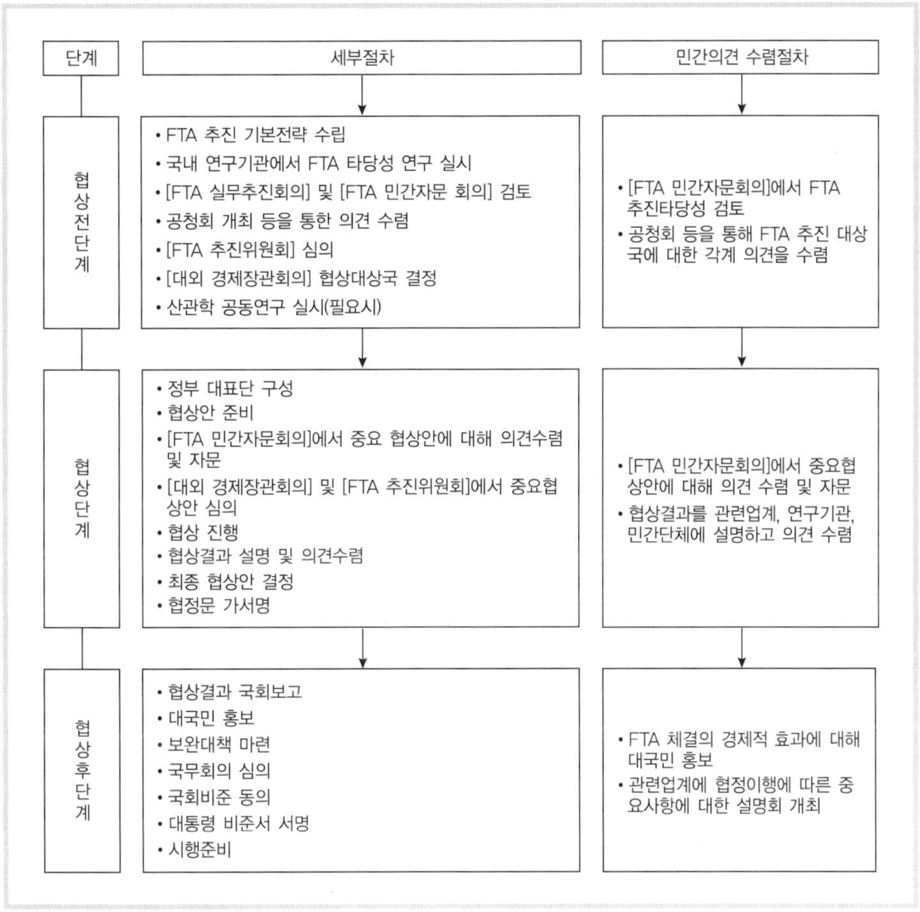

자료: 통상교섭본부(2004)

그림 2-3 우리나라의 FTA 체결절차

1) 국회의 역할 확대가 요구됨

대체로 그동안 FTA 정책이 수립되고 협상이 추진되는 과정에서 국회의 역할은 매우 제한적이었다. 한 · 미 FTA의 경우에도 국회가 더 적극적인 역할을 담당하고 이해집단의 의견이 정당을 통해 제대로 전달되었다면 FTA를 둘러싼 이익집단들의 대중적 저항은 훨씬 약했을 것이다. 의회는 행정부의 독주를 막을 수 있는 거의 유일한 세력이며 국민과

---

22) 최병일(2006), p. 52.

정부간의 가장 중요한 의사전달 채널이다. 이제 국회는 과거와 같이 FTA가 추진되는 과정에서 협상경과 보고와 협상 후 비준동의를 중심으로 한 제한적인 참여 이외에 더 큰 본래의 역할을 수행해야 한다.

이론적으로 국회가 FTA에 대해 가장 강력한 권한을 행사하는 경우는 FTA 비준을 거부하는 경우인데, 현실적으로 정부의 협상결과를 거부하기는 쉽지 않다. 그동안의 행태를 살펴보면 일단 협정이 체결되면 국회의원들은 생산자들의 반발을 무마하기위한 보상에만 치중하는 경향을 보여 왔고, 체결된 FTA는 결국 국회에서 통과되었다.[23)]

현재 FTA정책이 결정되는 과정(통상거버넌스 결정, 대상국가 선정)이나 협상안이 마련되는 과정에서 국회가 영향을 미칠 수 있는 제도적 장치는 상당히 부족한 형편이다.[24)] 당정간에 통상을 논의할 수 있는 통로가 전혀 없는 것은 아니나 현재의 것으로 충분하지 않다. 예를 들어 정부와 국회간에 당정협의회가 있고 여기에서 일부 통상이슈를 논의하고는 있지만 당정협의회는 정부와 국회간의 전반적인 국정이슈를 논의하는 채널이지 통상문제만을 전문적으로 다루는 채널은 아니다. FTA 정책이 수립되고 집행되는 과정에서 국회의 역할이 더 강조되어야 한다.

그나마 국회에서 의원 20여 명으로 구성된 '한 · 미 FTA 특별위원회' 와 'FTA 국회포럼' 등이 구성되어 의원들간의 논의와 상호이해를 증진시키는 것은 다행으로 볼 수 있다. 따라서 이번 한 · 미 FTA의 경우에는 협상시작 직전에 국회에 협상의 목표를 전달하는 등 과거보다 협의가 많이 이루어진 편이다. 실제로 한 · 미 FTA가 추진되는 과정에서 정부는 국회에 총 27차례 보고를 하였다.[25)]

한국의 국회가 통상정책에 있어 미국과 같은 강력한 권한을 가지고 있지 못하기 때문에 FTA 추진과정에서 적극적인 역할을 수행할 수 없다고 보는 것은 옳지 않다. 국회는 국민의 의견을 수렴하고 이해당사자간의 이해갈등을 조정하고, 보상안을 마련하는 등 통상정책과 관련된 다양한 역할을 수행할 수 있다.[26)] 현재 FTA는 국가 통상정책의 핵심적인 사업이며 중대한 산업정책이라고 볼 수 있는데, 정책이 수립되는 과정에서부터 행정부와 의회간의 이익균형이 이루어지지 않는 것은 심각한 문제이다.

따라서 미국의 통상법같이 협상이전 단계에서부터 의회가 일일이 협상목표를 수립하고 부문별 목표까지 입법화하는 것은 우리의 헌법체제와는 맞지 않지만, 대통령이 미리 통상조약추진 계획을 수립하고 협상개시 의사를 의회에 통보하고, 또 관련 위원회와

---

23) 최병일(2006), p. 52.

24) 유현석, 「통상외교와 국회의 역할」『한국정치외교사논총』 제29집 2호, 한국정치외교사학회, 2008, p. 448.

25) 이혜민, 「이혜민 한미 FTA 기획단장」『Negotiation and Korea』, 2008, p. 14.

26) 유현석(2008), p. 443.

협의하는 것은 행정의 민주화와 투명성 제고측면에서 반드시 필요한 절차이다.[27)]

또한 우리 국회가 오직 협상 비준동의권 하나만을 가지고 FTA를 통제하고 개입하겠다는 것은 너무 안이한 생각이다. 협상이 끝나면 지금까지의 모든 비준동의는 시간이 좀 걸리더라도 결국은 국회에서 통과되었다. 이는 국회가 협상 타결 후 비준이나 보상을 논의하는 과정에서부터 개입해야 되는 것이 아니라 FTA 정책수립 단계에서부터 제역할을 해야 한다는 것을 의미한다. 행정부에서 FTA에 대한 최종 의사결정권한을 가지고 있는 대외경제장관회의에도 국회 등 정치권의 의사가 반영되거나 전달되는 경로가 있으면 더 바람직하다. 협상이 타결된 후 국회는 정부로부터 제아무리 보상을 많이 받아낸다 해도 이는 우리끼리의 싸움일 뿐이다. 한 · 칠레 FTA의 경우 비준동의 과정에서 농어촌에 대한 지원을 이끌어내기는 했지만 이는 작은 승리일 뿐이다.

2) 통상정책결정 절차 법제화 방안

지금 정치권에서는 국회와 행정부간의 통상교섭에 대한 협력절차가 마련되어야 한다는 목소리가 높다. FTA를 추진하는 과정이 국민적 합의를 기반으로 국민의 의사가 반영되고, 민주적인 방법으로 진행되며, 협상과정에 있어서도 국회의 감독 및 조정기능이 발휘되어야 갈등과 대립이 해결된다는 것이다.

그동안 몇몇 의원들을 중심으로 통상절차법을 마련하려는 노력이 있어왔다. 『통상협정의 체결절차에 관한 법률(통상절차법)』이 발의되었으나 아직 통과되지 못한 상태이다. 주요 내용으로는 통상정책의 목표와 기본원칙, 정보공개의 원칙 등 일반적 사항과 행정부내 심의 · 의결 기구와 방식, 민간자문기구의 구성과 참여 등 협상과정에서의 절차규정을 담고 있다. 이 법이 통과되면 FTA 협상을 시작할 때 국회가 조약체결 동의권을 활용하게 될 것이다.

향후 마련될 통상결정과정에 대한 통상절차법은 다음과 같은 역할을 수행하도록 제정되어야 할 것이다.

첫째, 통상조직 및 기구가 정책을 조정하고 절차를 정당화하는 데 기여하도록 해야 한다. 국가 전체차원에서의 이익을 보장하고, 다 방면에서의 전문적 지식과 경험을 총 동원할 수 있는 유기적인 의사결정체계가 구축되어야 한다. 누가 통상정책을 조정하고, 협상단은 어떻게 구성되고, 협상전문인력은 어떻게 채용해야되는지에 관한 내용까지 포함되어야한다. 특별히 내부협상에서의 이해조정문제를 해결하기 위해 국내 이해당사자들간의 효과적인 조정을 보장하는 조정절차를 규정해야 하는데, 실질적인 조정이 이루어질 수 있도록 특정기관에 조정권을 주는 것도 생각해볼 만하다. 과거 UR 당시 경제기획원에 대외경제조정위원회가 있어 부처간의 조정자 역할을 수행한 바가 있다.

둘째, 행정부와 의회간의 역학관계를 균형있게 조화시켜 양 기관이 균형 있는 견제와

---

27) 최원목, 「우리나라 통상정책의 지향점」, 한국경제연구원외 세미나자료 2008. 10. 28, p. 102.

역할을 담당해야 한다. 현재보다는 통상정책의 수립과 추진과정에서 국회의 역할이 확대되어야 한다.

셋째, 다양한 이해집단의 균등한 참여기회를 보장함으로써 통상정책의 민주성과 당위성을 확보하는데도 기여해야 한다. 이익집단의 의견전달 경로와 방법을 제시함으로써 이해집단의 참여를 보장해야 한다.

넷째, 통상정책의 수립과 결정과정이 투명하게 이루어지는데도 기여하도록 해야 한다.[28] 협상관련 정보공개와 투명성이 보장되어야 하고 아울러 정보제공 및 공유에 따른 부작용을 억제하기 위해 정보보안 장치도 마련되어야 한다. 따라서 행정부의 정보공유문제나 국회 위원회의 감독권한 범위 획정문제, 그리고 협상정보에 대한 비밀엄수 및 자료유출시 처벌을 강화하는 것 등이 동시에 마련되어야 할 것이다.

5 이해당사자의 의견 반영

그동안 우리나라의 FTA정책은 대통령과 외교부를 주축으로 경제관련 부처가 참여하는 방식으로 추진되어 왔다. 따라서 의회나 업계 등 민간부문의 영향력은 비교적 약한 편이다. 이러한 맥락에서 현재 한국 정부가 FTA를 추진함에 있어 가장 많은 비판을 받고 있는 점은 국민여론과 이해당사자들의 의견이 제대로 반영되고 있지 않다는 점이다.[29] 그리고 이 문제는 지난 수년 동안 지적되어왔으나 아직도 만족스럽게 해결되지 못하고 있다. 『자유무역협정체결절차규정』제12조에서도 FTA 협상 개시전에 반드시 국민에 대한 정보 제공이나 이해관계자로부터의 의견 청취를 위해 공청회 또는 토론회를 실시할 것을 명문화하고 있다. 그러나 실효성 있게 활용되지는 못하고 있다.

그림 2-4는 FTA가 추진되는 과정에서 내부협상이 어려운 이유를 설명하고 있다. 즉 FTA가 추진되는 과정에서 국민과 행정부, 그리고 국회와 국민간의 의사소통의 단절 또는 미흡을 표현하고 있다. 현재 국민 여론이나 FTA 체결에 따른 이해당사자의 의견이 정부에 직접적으로 전달되기에는 통로가 너무 단절되어 있고, 국회를 통한 간접적인 전달도 국회의 제한적 참여로 기능이 미약한 실정이다. 따라서 현재 FTA를 추진하는 과정에서 가장 큰 문제는 업계의 의견을 반영할 수 있는 채널이 부재하다는 것이다.[30] 이러다보니 이해집단과 통상담당자와의 대화와 타협은 존재하지 않고 시위와 투쟁을 통한 정치적인 거래만 있을 뿐이다.[31] 이익집단의 의견이 국회를 통해 효과적으로 전달되지 않으므로 결국 대중적인 저항의 형식으로 표현되는 것이다.

---

28) 최병선(1996), p. 82.

29) 유현석(2008), p. 439.

30) 김득갑(2008).

31) 최병일(2006), p. 49.

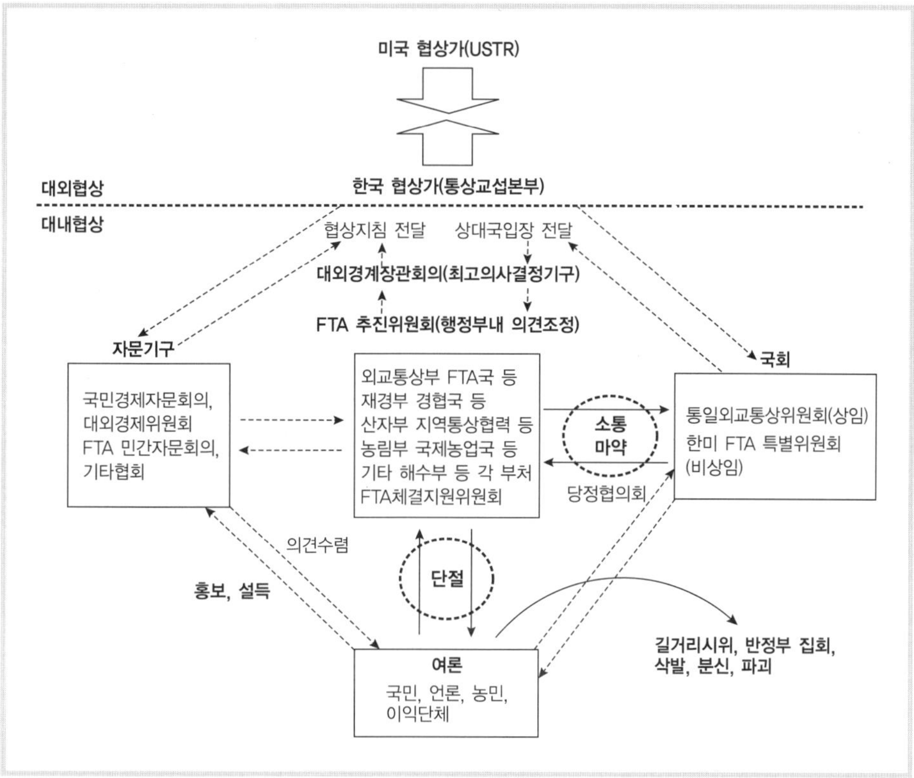

자료: 저자 작성

그림 2-4 우리나라의 FTA 추진구조

우리 업계에게는 표 2-4의 멕시코 사례를 참고할 만하다. 멕시코의 경우에는 협상기간동안에 업계대표단과 정부대표단간에 협상자문 및 정보교환을 위해 긴밀한 관계를 유지한다. 심지어는 협상기간동안 같은 호텔이 투숙하며 협상기간 내내 정보를 제공하고 자문을 한다. 이때 정부협상단도 업계대표단의 정보를 효과적으로 이용한다. 예를 들어 어떤 분야에서 어느 정도의 개방을 얻어내어야 하는지 등을 업계대표로부터 자문을 구한다. 따라서 정부협상단 뒤에는 항상 업계가 있고 업계의 지원 없이는 협상을 진전시키기 어렵다. 정부가 업계의 합의 없이 단독으로 정책을 결정하는 경우는 거의 없다.

이제 국민의 목소리가 제대로 전달될 수 있는 제도가 마련되어야 한다. 그래서 더 이상 국민들이 촛불을 들고 길거리로 달려 나가는 것은 막아야 한다. 현존하는 여러 민간자문위원회는 아직도 기능이 미약하고 제 역할을 제대로 해내지 못하고 있다. 이는 정부에 영향을 주는 이익집단간의 균형이 이루어져있지 못하기 때문이다.

향후 이익집단 의견이 제대로 반영될 수 있는 제도로는 1) 이해집단의 협상참여 제도, 2) 로비스트 활동 인정, 3) 민간자문위원회 기능강화 등을 고려할 수 있을 것이다.

표 2-4 멕시코 업계의견 수렴 사례

멕시코의 FTA 추진 발의는 대개 업계의 로비에서부터 시작된다. 업계단체들이 FTA를 하지 않아서 발생하는 손실을 만회하기 위해 FTA 추진을 제안하는 경우가 많다. 그런데 멕시코 정부가 FTA를 추진하는 과정에서 보여지는 중요한 특징 중 하나는 협상과정에서 정부대표단과 업계단체 간에 긴밀할 관계가 잘 유지된다는 점이다. 즉 멕시코의 경우 FTA 협상이 시작되면 각 산업별 업계조직이 '멕시코비지니스조정위원회'(CCE)의 구성원이 된다. 일종의 업계 대표단으로서 민간부문의 이익을 대변한다. 업계가 가장 최근에 결성한 FTA관련 조정위원회로는 '멕시코FTA업계조정위원회(COECE)'가 있다. COECE는 거의 항상 멕시코 협상단의 초청을 받아 협상단과 긴밀하게 조정과정을 갖고 협상단에게 자신들의 이익을 추구하기 위해 압력을 넣는다. 이들은 협상기간동안 정부협상단과 같은 호텔에 투숙하는 정도이다. 업계대표는 정부협상단과 동행하며 협상기간 내내 정보를 제공하고 자문을 한다. 이때 정부협상단도 업계조직의 정보를 효과적으로 이용한다. 예를 들어 어떤 분야에서 어느 정도의 개방을 얻어내어야 하는지 등을 업계대표로부터 자문을 구한다. 협상의 뒤에는 항상 업계가 있는 것이다. 결국 업계의 지원없이는 협상을 진전시키기 어렵고 정부가 업계와의 합의 없이 단독으로 정책을 결정하지 못한다. 멕시코 정부가 업계의 눈치를 이렇게 보는 것은 미국에서 공부한 많은 경제전문가들이 멕시코의 공무원으로 채용된 경우가 많기 때문이기도 하다. 따라서 멕시코 정부는 단독으로 협상을 전개하지 못하고 항상 업계와의 논의를 통해 협상을 진전시킨다.

자료: Shigeki Higashi(東 茂樹)(2008)

첫째, 이해관계자의 의견을 수렴하는 것으로 그치는 것이 아니라 농민단체와 같은 이해관계자를 협상시스템에 포함시키는 제도적 장치를 개발할 필요가 있다.[32] 즉 이해관계자가 협상과정에 실질적으로 참여할 수 있는 협상 메커니즘을 구축하는 것이 필요하다. 이때 협상에 실질적으로 참여하도록 한다는 것이 반드시 이해당사자를 협상대표로 나서게 한다는 뜻은 아니다. 이는 협상의 전 과정을 살필 수 있고, 상대국이 제기하는 문제점들을 현장에서 볼 수 있는 '협상에 대한 접근성 보장'을 의미하는 것이다.[33]

둘째, 통상정책을 수립함에 있어 다양한 이해집단의 의견이 효과적으로 반영될 수 있는 제도가 필요한데, 이제는 일부 선진국들이 허용하고 있는 로비스트제도를 도입할 만하다. 로비스트제도의 도입으로 민간부문의 의견이 행정부로 제대로 전달되고 넓은 의미에서 FTA에 대한 국민의 참여가 보장될 수 있을 것이다. 로비스트의 활동은 FTA 반대그룹과 정부간의 갈등, 그리고 FTA 반대그룹과 국회간의 갈등을 해소하는 데 기여할 것으로 생각된다.

셋째, FTA 추진과 관련한 전체 산업계의 의견을 체계적으로 수렴하고 협의할 수 있는 상시채널을 구축할 필요가 있다. 협상 준비단계에서 업계 의견수렴, 협상 대상국별 주요 의제설정 및 전략을 수립하고 협상과정에서의 주요이슈 발굴 등을 위해 산업계와 긴밀한 협의 채널을 가동해야 한다.[34]

---

32) 김기홍, 「내부협상의 개념으로 본 한미 FTA 협상전략」 『국제통상연구』제11권 제2호, 국제통상학회, 2006. 9, p. 131.

33) 위의 책, p. 136.

34) 김득갑(2008).

넷째, 새로 마련되는 통상절차법 등을 통해 이해집단의 참여가 보장되도록 법률적 보장을 통해 공청회제도의 효과성을 높일 필요가 있다. 또한 민간자문위원회의 기능을 강화하는 것인데, 국내 이익집단 대표들로 구성된 업계자문위원회와 민간 전문가로 구성된 민간자문위원회가 구성되어 실효성 있게 운영되어야 한다.

6 투명성 및 정보보안

아직도 협상정보가 투명하게 공개되지 않고, 협상과정에서 충분한 정보공유가 이루어지지 않고 있다.[35] 협상에 지장을 주지 않는 범위내에서 국회와 국민에게 최대한 정보를 제공하고 협의하는 노력이 필요하다. 상대국과 이루어지는 모든 협상과정과 그 과정에서 제기되는 문제점 및 쟁점들이 '적절한 형태'로 국민에게 알려져야 한다.[36] 지난번 한·미 쇠고기 협상 등에서 보듯 국민과 충분히 의사소통을 하지 못하고 정부가 서둘러 협상을 진행해 버리면 불필요한 비용을 치르게 된다. 협상의 신속성과 절차의 투명성이 조화를 이루는 선에서 제도개선이 있어야 한다.[37]

한편, 몇몇의 경우에는 정보가 국회에서 공개되는 과정에서 오히려 협상전략이 유출되는 등 문제를 일으킨 경우도 있었다. 따라서 정보의 공개만큼이나 중요한 것은 정보의 비밀보장이다. 정보를 제공해주고 싶어도 이를 올바르게 이용한다는 보장이 없으면 정보를 요구하는 수준만큼 제공하기가 어렵다. 또한 국회에 제공한 정보가 확산되거나 유출되어 우리 전략이 노출되면 협상의 신뢰성과 국익에 큰 타격을 줄 수 있다. 따라서 투명성을 확보하기 위해서는 비밀보장을 위한 제도적 장치가 선행되어야 한다.[38] 전반적으로 자료공유문제나 국회 위원회의 감독권한 범위 획정문제 등에 관한 뚜렷한 규칙이 만들어져 협상추진과정에서 국회의 감독이 마찰 없이 효율적으로 진행되도록 해야 하며 협상정보를 접한 사람들은 기밀유지에 힘쓰도록 만들어야 한다.

미국의 경우에는 제공된 자료에 대한 보안이 확실하게 보장되고 있다. 정보를 열람할 때 암호를 걸어서 보도록 시스템을 갖추고 있고, 정보를 보고나면 평생 비밀을 유지해야 하는 민형사상의 책임도 요구한다.[39] 우리도 미국 수준의 정보보안을 요구해야 한다. 이렇게 정보보호를 위한 제도적 장치가 마련되어야 정부도 더 많은 정보를 마음 놓고 국회와 이해집단에게 제공할 수 있을 것이다.

---

35) 위의 책.

36) 위의 책, p. 136.

37) 이경태(2008) 인터뷰 내용.

38) 김종훈, 「김종훈 통상교섭본부장 인터뷰」『Negotiation and Korea』, 2008, p. 8.

39) 위의 책, p. 8.

7 이해집단간의 균형구도

현재 우리나라의 경우 FTA 지지세력인 찬성그룹과 FTA 저지세력인 반대그룹간의 대립 구조가 대칭적으로 형성되어 있지 못하다.[40] 이른바 자유무역옹호 세력과 보호무역 옹호 세력간의 심각한 불균형이 존재하고 있다. 특히 그동안의 FTA 과정에서는 찬성그룹의 목소리가 제대로 반영되지 못했다. FTA 반대세력의 목소리는 항상 컸던 반면 지지세력의 목소리는 너무 작아, 오직 반대그룹의 목소리만이 정치쟁점화되어 협상이 난항을 겪는 경우가 많았다. 예를 들어 한 · 칠레 FTA의 경우 반대그룹으로는 과수농가와 농민 등이 있고, 찬성그룹으로는 재계 5단체 등이 있었는데, 오로지 반대그룹만의 저항만이 존재하여 그러한 저항을 극복할 정책수단도 확보하지 못했다. 이렇게 되면 개방의 폭은 후퇴하게 되고 과도한 보상만 제공되는 문제가 발생할 수 있다.[41]

왜 FTA 지지세력은 침묵하게 되는가? 그 이유는 1) FTA 체결대상국가 선정에서부터 업계의 참여가 보장되지 못하기 때문이다. 2) 정부가 알아서 공격적으로 추진하고 있기 때문에 업계는 굳이 적극적으로 나설 이유가 없게 된다. 또한 3) 노동자, 농민 등 피해집단과 직접적으로 맞서야하는 정서적인 부담도 있다. 따라서 현재의 형국은 오로지 정부와 FTA 반대그룹간의 두 세력간의 대립만 존재할 뿐이며, 정부의 독주가 강하면 강할수록 반대집단의 목소리는 높아지게 되어 있다.

앞으로 FTA가 지속적으로 추진되기 위해서는 이익집단간의 균형을 이룰 제도가 만들어져야 한다. 즉 '침묵하는 찬성' 을 '적극적인 찬성' 으로 바꿀 수 있는 방안이 모색해야 한다.[42] 예를 들어 지난 한 · 칠레 FTA에서의 자동차 수출집단과 한 · 미 FTA에서의 섬유쿼터 철폐, 개성공단 반덤핑제도 개선, 전문직 비자쿼터 확보에 따른 수혜집단들의 적극적인 지지 등이다. 이러한 중요한 이슈들은 FTA를 통해 이익을 보는 집단들의 적극적인 지지가 없으면 추진되기 어려웠던 사안들이다. 협상과정에서 피해집단과 수혜집단 간의 건전한 대립구도가 만들어진다면 협상에도 도움이 될 것이다.[43] 그래도 한 · 칠레 FTA와 한 · 미 FTA때에는 문제의 심각성을 깨닫고 경제 5단체를 중심으로 FTA에 대한 지지의 목소리를 높인 바 있고, 언론에서도 FTA 체결의 당위성을 부각시키는 방향으로 이끈 바 있다.

앞으로 기업의 역할이 더욱 요구된다. 통상협상 결과의 이해당사자인 기업들도 협상은 정부끼리 하는 것 아니냐는 인식에서 벗어나 적극적으로 의견을 개진하는 등 자세를 바꾸어야 한다.[44] 기업들은 FTA를 추진하는 과정과 비준과정에서 해외에서도 협회의 선거자금

---

40) 최원목, 「우리경제는 마라토너가 되어 달리고 싶다」, 『Negotiation and Korea』, 2008, p. 43.

41) 위의 책(2008), p. 43.

42) 최병일(2006), p. 55.

43) 최원목(2008).

44) 이경태, 헤럴드경제 인터뷰(2008.9).

모금이나 편지 보내기운동, 전화 걸기, 서명운동 등을 체계적으로 지원할 필요가 있다.[45)]

마지막으로 균형 있는 이해집단간의 대립이 형성되기 위해서는 언론의 활동이 중요하다. 대체로 우리나라 언론들은 보호주의적 성향이 강해 FTA에 관한 기사에서 생산자 피해나 산업보호를 부각시키는 경우가 많다. 지난 2008년 6월 대규모 촛불집회도 언론의 과장된 보도에 영향을 받은 바 크다. 국민들이 FTA에 대해 올바른 시각을 가질 수 있도록 언론이 제역할을 해야 한다.

8 피해보상 지원

쌀 소득보전 직불금과 같이 FTA 추진에 따른 피해산업과 피해 국민을 보상하기 위한 지원들이 도덕적 해이를 초래하고 있었다. 감사원에 의해 지적되는 바와 같이 쌀 소득보전 직불금제도 등 현재의 피해보상은 무분별하고 무원칙적으로 이루어지고 있다. 더욱 중요한 것은 앞으로도 계속해서 FTA가 체결될 것인데 매 FTA 때마다 일일이 다 보상을 할 수는 없다는 것이다.

그동안 시장개방에 따른 피해집단 지원과 무역조정지원제도는 내용상 형평성과 효율성 측면에서 많은 문제점을 가지고 있다. 현재 우리정부의 보상에 관한 접근방법은 산업구조조정 등 근본적인 해결방안이 아니라 일시적인 문제를 회피하기 위한 근시안적인 금전지원 보상방식이다. 특히 농업분야에 대한 보상의 경우 업종전환 및 구조조정에 초점이 두어지지 않고 현금성 소득보전과 생산량 확보에 초점이 맞추어져 있다.[46)] 지난 10년간 피해보상으로 약 100조원 이상의 자금이 지원되었지만 그 돈은 고통스러운 농업구조조정을 하기위해서 사용된 것이 아니라 당장 인기가 좋은 농업생산 장려정책으로 흘러 들어 갔다.[47)] 현재와 같은 지원방식으로는 비교열위의 단순농업부문이 계속 살아남게 되어 중장기적으로는 오히려 농업의 구조조정을 저해할 가능성이 크다.

이제 재원이 낭비되지 않는 새로운 피해보상 원칙과 방법이 마련되어야 한다. 실질적인 피해가 발생하였다는 명확한 증거가 없이 그저 FTA를 체결한 나라로부터 수입이 증가하였다는 이유만으로 보상이 이루어져서는 안 된다. FTA의 체결과 그에 따른 수입증가로 인해 실질적인 피해가 발생하고, 수입증가와 피해 발생간에 인과관계가 명확하게 증명된 경우에만 보상이 이루어져야 한다. 그렇게 되기 위해서는 일정금액을 피해보상 재원으로 만들어 놓아야하고, 또 FTA로 인해 실질적인 피해를 입었는지 여부를 판단하는 정부기관을 신설하거나 또는 기존의 어느 기관이 이러한 역할을 담당해야 한다.

---

45) 이경태, 매일경제 기고, 2008.8.13.

46) 최원목(2008b), p. 45.

47) 최병일, 「한미 FTA와 통상거버넌스」 한국경제학회 세미나자료, 2006.10.18, p. 48.

현재 농업에 대한 지원금액은 향후 10년동안 119조원을 마련한다는 계획인데 이번 기회는 보상에 대한 명확한 원칙이 수립되고 구조조정이 효과적으로 진행되었는지 여부를 평가하여 반드시 농업부문의 구조개혁을 촉진하는 데 사용되어야 할 것이다.

4 향후 우리나라의 FTA 추진방향과 동아시아 경제통합

WTO/DDA 협상이 지지부진하는 등 FTA는 당분간 여전히 중요한 통상정책수단이 될 것이며 세계 각국의 FTA 추진도 확대될 것으로 예상된다.[48] 부존자원이 부족하고 여전히 무역의존도가 높은 우리로서는 안정적인 자원확보와 해외 수출시장확보를 위해 앞으로도 지속적으로 FTA를 추진할 수밖에 없을 것이다. 따라서 이미 진행 중인 FTA는 국가신뢰도 차원에서 가급적 실수 없이 타결시킬 필요가 있다. 현재 우리나라는 EU, 멕시코, 캐나다, 인도, GCC 등과 협상을 진행하고 있는데 이미 충분히 사전연구도 진행되었고 협상에도 큰 문제가 없으므로 시간이 걸리더라도 가급적 타결시키는 것이 좋겠다. 또한 이들 국가들은 대부분 우리나라의 주요 교역대상국들이거나 자원확보 차원에서 중요한 나라들이므로 가능한 한 계획대로 추진하는 것이 바람직하다.

이제 우리나라는 새로운 단계의 FTA 추진전략이 모색되어야 할 때이다. 미국과 FTA를 추진하였고, 이제 남은 선진국은 EU와 일본 정도가 남았는데 이제 곧 어떠한 형태로든 타결된다면 앞으로는 새로운 기준을 가지고 FTA 정책을 결정하고 협상대상을 선정할 필요가 있다.

그럼 향후 우리나라의 FTA 협상대상은 어느 지역, 어떤 국가이어야 하는가? 많은 요인들이 고려되어야 겠지만, 우리나라 FTA의 중장기 발전전략 차원에서 상대국의 시장규모, 관세수준, 자원 · 에너지 보유현황, 우리산업의 피해가능성, 상대국의 FTA 추진현황 등을 고려하여 결정하여야 할 것이다.[49] 이밖에도 업계에게 유리하도록 경제적 타당성 측면도 고려해야하고 또 외교 · 안보 등 국가전략적 측면도 종합적으로 고려해야한다. 결국 향후 우리가 추진하는 FTA는 해외시장 확대에 기여해야하고 자원확보에 도움이 되어야하며, 또 우리나라의 산업구조 고도화에도 기여하도록 추진하여야한다. 이러한 점을 고려했을 때 향후 대상국가로는 단기적으로는 중국, 메르코수르, 러시아, 호주 등이고 중기적으로는 일본, 터키, SACU, 이집트 등이 제시되고 있다.[50]

---

48) 신선영(2008).

49) 위의 책, p. 5.

50) 김득갑(2008).

1 자원협력을 위한 FTA

우리나라는 자원이 절대 빈곤하므로 지속성장에 필요한 자원이 안정적으로 확보되어야 한다. 따라서 향후 추진되는 FTA는 자원확보 목적에도 부합하도록 추진되어야 한다. 즉, 자원 부국들과의 통상진흥을 통해 자원을 확보할 필요가 있고, 자원협력에 초점을 맞춘 전략적 FTA를 추진하는 것이 필요하다. 갈수록 자원 확보 경쟁이 치열해지고 자원 부국들의 자원무기화 정책도 점점 더 심화되고 있다. 중국 등 주변국가들도 자원확보에 노력을 경주하고 있다. 향후 자원협력을 위한 FTA 추진대상국가들로는 GCC, 호주, 뉴질랜드, 중남미, 나이지리아 등을 고려할 수 있다. 모두 자원보유국들이고 또, 중장기적으로 FTA를 고려해야 될 국가들이다. 이들 국가들과의 자원협력을 위한 FTA에서는 한국의 비교우위 분야인 제조업 경쟁력을 활용할 수 있을 것이다. 이른바 '패키지형 자원개발모델' 을 지원하기 위해 유리한 통상환경을 조성해야한다. 우리나라는 건설 및 플랜트, 기간산업 및 정보통신 등 다양한 분야에서 자원보유국과의 무역을 활성화할 필요가 있다.[51]

2 경제협력 및 대외원조를 활용한 FTA

미국, EU 등 우리 주요 무역상대국들 중에서 선진국들과의 협상이 마무리되면 향후 우리나라의 FTA 추진대상국은 결국 중국, 아시아, 아프리카를 중심으로 한 개도국들일 것이다. 향후 우리나라가 개도국들을 대상으로 협상을 추진할 경우에는 과거 일본이 개도국들을 대상으로 활용했던 경제협력 추진전략을 본받을 만 하다. 과거 일본은 FTA 협상과정에서 개도국들의 시장개방뿐만 아니라 개도국들의 경제협력을 지원하는 협상방식을 활용하여 효과를 얻은 적이 있었다. 이는 개방만을 강조하는 현행 협상방식으로는 농산물과 같이 민감한 분야에서는 협상을 진전시키기 어렵기 때문에 이를 극복할 수 있는 방안중의 하나로 고안된 것이다.

구체적인 사례를 살펴보면 일본은 2003년 ASEAN과의 협상에서 농산물 및 공산품 분야의 관세인하가 어렵게 되자 협상도구로서 '경제협력방안' 을 이용하였다. 태국에게는 농업분야에서의 경제협력과 자동차산업에서의 직원연수 프로그램을 지원하기로 약속하였고, 말레이시아에게는 자동차 부품산업의 경쟁력 향상을 지원하기로 약속하였다. 일본은 시장개방과 경제협력의 조화를 통해 결국 ASEAN 국가들과 FTA를 타결시키는데 성공하였다. 이렇게 일본이 시장개방과 경제협력을 연계시킨 FTA 협상전략을 일컬어 '그린아시아-EPA 증진전략(Green Asia-EPA Promotion Strategy)'이라고 부르는데, 일본은 주로 아시아 개도국들과의 FTA협상에서 협상이 어려운 농업이나 공산품분야에서 이를

---

51) 위의 책, p. 25.

효과적으로 활용하였다.[52)]

이밖에도 개도국들과의 FTA는 우리의 이익만을 강조하는 FTA가 아니라 대외개발지원, 기술지원, 경제협력, ODA 등과 연계된 FTA를 추진할 필요가 있다. 이제 공적개발원조(ODA)도 FTA의 틀 안에서 효과적으로 사용하는 방안을 고려해 볼 만하다.[53)] 현재 우리나라는 2010년 OECD 개발원조위원회(DAC)에의 가입을 목표로 개도국에 대한 ODA 지원을 늘려나갈 계획이다. 개도국에 대한 ODA 규모를 확대하여 개도국들간의 개발격차가 해소되고 경제성장을 이룬다면 장기적으로는 우리나라의 경제적 이익에도 도움이 될 것이다. 이제 향후 우리나라의 FTA는 시장개방뿐만 아니라 개도국들의 개발격차해소와 경제통합에도 기여하도록 추진되어야 한다.

3 동아시아 지역경제통합의 주도권 모색

우리에게 동아시아 시장은 자원시장이자 수출다변화시장이다. 이제 우리나라의 FTA 정책은 동아시아 경제통합에 기여하는 방안을 고려해야한다. 주변 강대국들은 모두 동아시아 통합에 기여하는 방향으로 FTA를 추진하였다. 일본은 그동안 멕시코 칠레 등 중남미 국가들과 FTA를 추진하는 동시에 ASEAN을 중심으로 한 동아시아 국가들과의 FTA도 중요시하여 이지역에서의 경제적 주도권을 확보하려고 노력해 왔다. 중국 역시 ASEAN과의 FTA 체결을 필두로 중앙아시아, 인도 등 주변국들로까지 확대하는 것을 추진하고 있다.[54)]

사실 오래전부터 동아시아 국가들간의 지역경제통합 노력은 지속되어 왔었다. 특히 지난 10년동안 동아시아 시장은 급속하게 통합되어왔다. 아래 그림 2-5에서와 같이 지난 10년간 동아시아 시장은 ASEAN을 중심으로 통합되어 있었는데 여기에 호주와 뉴질랜드가 경제긴밀화협정을 맺은 정도였었다. 10년이 지난 지금 인도, 호주, 뉴질랜드를 제외하면 거의 모든 동아시아 국가들이 통합되어있는 것을 볼 수 있다. 즉, 가운데 붉은 색 영역이 크게 확산되어 이제는 한국, 일본, 중국, 인도, 호주, 뉴질랜드 등 일부 국가만이 남은 상태이다. 특별히 동아시아의 거대경제권인 한국, 일본, 중국 사이에만 통합이 이루어지지 않은 상태이다.

최근 일본과 중국을 중심으로 ASEAN 주변국들을 포괄하는 ASEAN+3, 또는 ASEAN+6가 논의되고 있다. ASEAN+3 또는 ASEAN+6는 동아시아 경제통합을 이루

---

52) Shigeki Higashi, *The policy Making Process in FTA Negotiations: A Case Study of Japanese Bilateral EPAs*, Institute of Developing Economics, 2008.

53) 채욱, 헤럴드경제 인터뷰, 2008.9.26.

54) 김도훈(2008).

는데 중요한 수단이 될 수 있다. 현재 일본정부는 동아시아 경제통합의 수단으로 ASEAN+6를 주장하고 있지만 과거 설문조사에 의하면 일본 기업인들은 동아시아 경제통합에 대해 긍정적이며, 아래 그림 2-5에서와 같이 ASEAN+3 형태의 FTA를 선호하고 있는 것으로 나타나고 있다.[55] 이는 ASEAN에 진출에 있는 일본 기업들이 일본으로부터 고부가가치 부품을 FTA를 통해 무관세로 수입하여 현지에서 완제품을 제조한 후 이를 다시 다른 ASEAN국가에 무관세로 수출하는 것을 원하고 있기 때문이다. 다시말하면 무역이 한층 더 역동적으로 이루어지는 것을 기대하고 있다.

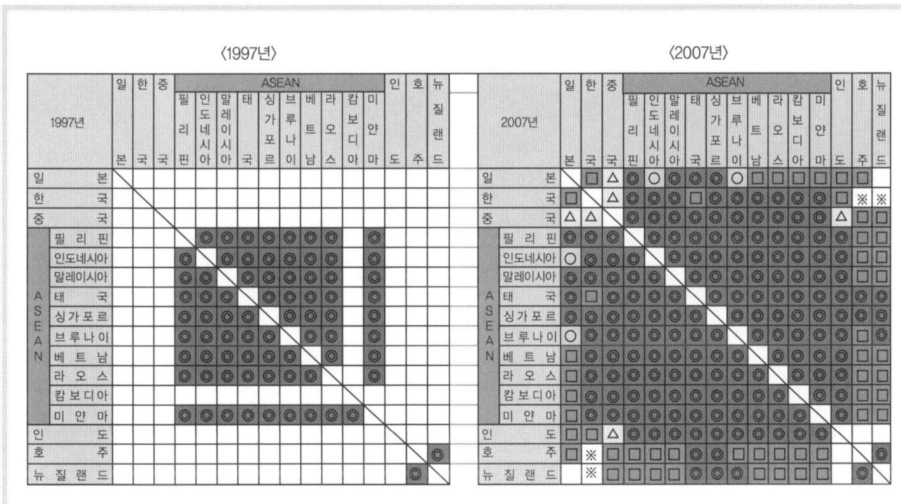

주) 1. ◎: 서명,(일부)발효 ○: 대부분 합의, □: 협상중(또는 협상개시에 합의) △: 정부가 개입한 공동연구 또는 협의를 실시중
2. 복수국으로의 EPA/FTA도 포함됨, 2007년 4월 기준
출처: 일본 경제산업성 『통상백서』 2007년

그림 2-5 지난 10년 동안 동아시아국가들의 경제통합 비교(1997년 vs 2007년)

이제 한국은 동아시아 경제통합과정에 대한 중국과 일본의 주도권 싸움에서 중재자 역할을 해야 한다. 특히 동아시아 지역의 경제통합이 ASEAN내의 AFTA나 중국-ASEAN FTA 정도로 낮은 수준의 시장개방에 그치는 것을 피하려면 우리나라가 적극적인 목소리를 낼 필요가 있다.

---

55) 日本機械輸出組合 『우리나라 FTA와 동아시아경제권 형성에 관한 제언』 2003.8.

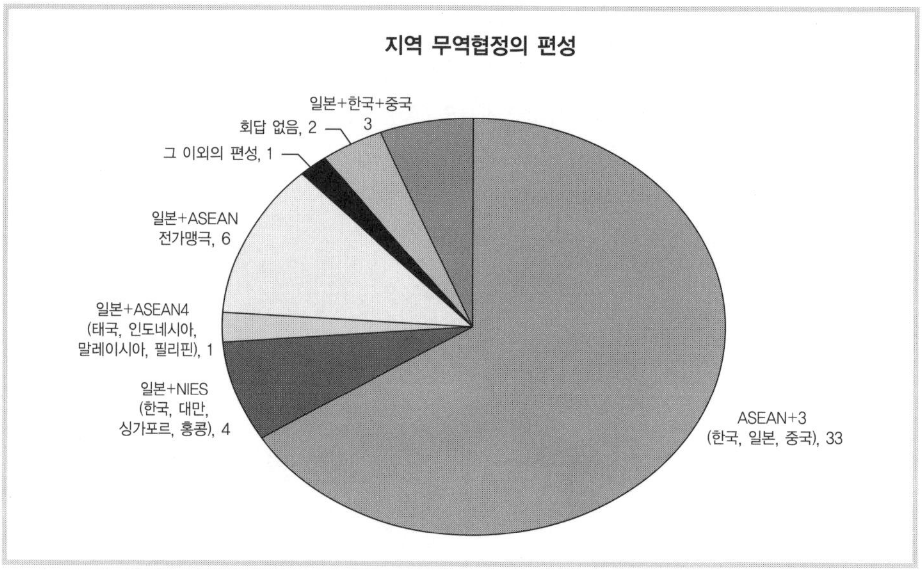

주: 1. 조사기간 2003년 5월 19일~5월 28일
2. 조사 대상: 동아시아 경제권을 원하는 제조업 50개 대상
출처: 日本機械輸出組合 『우리나라 FTA와 동아시아경제권 형성에 관한 제언』 2003. 8

그림 2-6 동아시아 FTA 대상에 대한 설문지

5 결론

그동안 우리 정부가 추진해 온 FTA는 짧은 기간동안 많은 국가와 FTA를 체결하였다는 점에서 일단 그 성과면에서는 성공적이라고 평가할 수 있다. 본래 우리나라의 FTA의 추진이 FTA 역외국으로서의 비용최소화 전략이었다면 초기에 계획했던 목적은 어느 정도 달성되었다고 볼 수 있다.

그러나 성공적인 FTA 추진에도 불구하고 많은 문제점 또한 노출된 것이 사실이다. 우선 우리나라가 추진해온 FTA는 실질적인 개방수준이 낮아 협상내용은 미흡한 측면이 있다. 실익보다는 건수 및 실적위주로 추진되었다고 말할 수 있다. 우리의 주요 소비품목에 대해 미양허를 받거나, TRQ, 또는 장기간의 관세철폐기간을 설정하는 경우가 많았는데, 이러한 협상전략은 결국 상대방에게도 똑같은 수준의 미양허를 허용할 수밖에 없어 시장개방의 효과를 실질적으로 거두기 어려웠다.

한편, 현재 우리나라의 FTA 추진 시스템은 적어도 외부협상에는 효과적이다. 일본보다 협상진행 속도가 빠르고 일원체제로서 대담한 결단도 가능한 체제이다. 특히 통상교섭본부라는 독립적인 조직이 만들어져 그동안 수세적 입장을 견지해 왔던 우리나라의 FTA 정책이 이익극대화 전략으로 공세적으로 전환되어 미국을 비롯하여 EU 등 거대경

제권과 FTA를 추진하는 것은 큰 성과라고 볼 수 있다.

다만, 우리나라의 통상정책결정과정은 전형적인 Top-down 방식으로서 정책의 수립과 집행이 거의 전적으로 행정부 내부에서 이루어지다보니 다소 절차적 타당성이 결여되었다는 비판이 많다. 현재의 FTA는 정부가 급하게 드라이브를 걸며 지나치게 짧은 시간에 너무 많은 FTA를 한꺼번에 추진하는 경향이 있다는 비판도 있다.

대체로 우리나라는 FTA 정책을 수립하고 추진하는 과정에서 절차상의 공정성과 민주성을 확보하기위한 규칙이나 법규마련이 미진한 실정이다. FTA정책이 결정되는 과정이나 협상안이 마련되는 과정에서 국회가 영향을 미칠 수 있는 제도적 장치도 상당히 부족한 형편이다. FTA 정책이 수립되고 집행되는 과정에서 국회의 역할이 더 강조되어야 한다.

앞으로 국회의 역할이 강조될 수 있는 제도 또는 법률이 만들어져야 할 것이다. 그래서 국회가 국민의 의견수렴, 이해당사자의 이해갈등 조정, 보상안 마련 등에서 더 많은 역할을 해야 한다. 구체적인 방법으로는 1) 국회가 국민의 의견을 수렴하여 전달하는 과정에서 개입하고, 2) 통상정책에 대한 감시와 견제를 강화하며 3) 통일외교통상위원회 이외의 다양한 특별위원회를 설립할 필요가 있다. 또한 FTA를 추진하는 과정이 국민적 합의를 기반으로 국민의 의사가 반영되고, 민주적인 방법으로 진행되며, 협상과정에 있어서도 국회의 감독 및 조정기능이 빌휘되어 갈등과 대립이 해결되어야 할 것이다.

향후 마련될 통상결정과정에 대한 통상절차법은 다음과 같은 역할을 수행하도록 제정되어야 한다. 우선 통상조직 및 기구가 정책을 조정하고 절차를 정당화하는데 기여하도록 해야 한다. 국가 전체차원에서의 이익을 보장하고, 다 방면에서의 전문적 지식과 경험을 총 동원할 수 있는 유기적인 의사결정체계가 구축되어야한다. 이밖에도 이제 국민의 목소리가 제대로 전달될 수 있는 제도가 마련되어야 한다. 구체적인 제도로는 1) 이해집단의 협상참여 보장, 2) 로비스트 활동 인정, 3) 민간자문위원회 기능강화 등을 고려할 수 있을 것이다. 이해관계자가 협상과정에 실질적으로 참여할 수 있는 협상 메커니즘을 구축하는 것이 필요한 것이다.

이밖에도 협상관련 정보공개에 관한 요구가 많은데, 정보의 공개만큼이나 중요한 것은 정보의 비밀보장이다. 정보를 제공해주고 싶어도 이를 올바르게 이용한다는 보장이 없으면 요구하는 수준만큼 제공하기가 어려울 것이다. 정보를 열람할 때 암호를 걸어서 보도록 시스템을 갖추고, 정보를 보고나면 평생 비밀을 유지해야하는 민형사상의 책임도 요구할 필요가 있다.

향후 우리가 추진하는 FTA는 1) 해외시장 확대에 기여해야 하고 2) 자원확보에 도움이 되어야하며, 또 3) 우리나라의 산업구조 고도화에도 기여하도록 추진하여야 한다. 그리고 개도국들과의 FTA는 우리의 이익만을 강조하는 FTA가 아니라 자원협력 및 경제협력, 대외개발지원, 기술지원, ODA 등과 연계된 FTA를 추진할 필요가 있다.

참고문헌 REFERENCES

김기홍, 「내부협상의 개념으로 본 한미 FTA 협상전략」『국제통상연구』제11권 제2호, 국제통상학회, 2006. 9.

김도훈, 「신정부의 FTA 정책 추진방향」『e-KIET 산업경제정보』제384호, 산업연구원, 2008.

김득갑, 「산업계측면의 유명 FTA 추진대상국」, 삼성경제연구소, 2008. 5, 세미나자료.

김종훈, 「김종훈 통상교섭본부장」『Negotiation and Korea』, 2008.

김홍률, 「우리나라 FTA 정책에 대한 평가와 동아시아 경제통합」, 선진국민정책연구원 세미나 자료, 2008. 11.

곽노성, 「통상협상 체제의 평가와 신체제 구축의 대안」『협상연구』제8권 제2호, 2002. 12.

목진휴, 「한국정부 조직개편의 평가와 향후 추진방향」한국행정학회 추계학술대회 발표자료, 2002

박태호, 헤럴드경제 인터뷰, 2008. 9. 26.

신선영, 『향후 FTA 우선 추진국가 검토』, 국제무역연구원, 2008.

유현석, 『통상외교와 국회의 역할』『한국정치외교사논총』제29집 2호, 한국정치외교사학회, 2008.

외교부 통상교섭본부, 『FTA 추진현황과 과제』 2004. 7.

이경태, 매일경제 기고, 2008. 8. 13.

______. 헤럴드경제 인터뷰, 2008. 9. 26.

이승주, 『한국 통상정책의 변화와 FTA』『한국정치외교사논총』, 제29집 1호, 한국정치외교사학회, 2007.

이종민 · 정용균, 『FTA 협상지연과 대중참여제도』『한국지역연구』한국지역학회, 2007.

이혜민, 『이혜민 한미 FTA 기획단장』『Negotiation and Korea』, 2008.

임정빈, 「우리나라 농업통상정책 추친체계의 문제와 개선방향」학술세미나자료, 한국경제학회, 2006.

정재화, 「한 · 칠레 FTA 발효 2년 수출입 동향분석」, 무역협회, 2006.

조경엽 외『촛불시위의 사회적 비용』정책연구 08-04, 한국경제연구원, 2008.

조영정, 『국제통상론』, 2004, 법문사.

최병선, 『통상행정체제의 개편방안』『행정논총』제24권 1호, 서울대 한국행정연구소, 1996. 6.

최병일, 『한미 FTA와 통상거버넌스』한국경제학회 세미나자료, 2006. 10. 18.

최원목 (a), 『우리경제는 마라토너가 되어 달리고 싶다』, 『Negotiation and Korea』, 2008.

______. (b), 『우리나라 FTA 정책의 평가와 과제』, 『Negotiation and Korea』, 2008.

______. c), 『우리나라 FTA 정책의 평가와 과제』, 『기업법과 제도이슈』한국경제연구원, 2008. 10.

______. d),『우리나라 통상정책의 지향점』, 한국경제연구원외 세미나자료 2008. 10. 28.

최태욱, 『한국의 FTA 정책결정과정』, 『한국과 국제정치』제22권 2호, 2006년 여름.

채욱, 헤럴드경제, 인터뷰 2008. 9. 26.

Higashi, Shigeki *The policy Making Process in FTA Negotiations: A Case Study of Japanese Bilateral EPAs*, Institute of Developing Economics, 2008.

總務省行政評局, 『政策評にする標準的ガイドライン」に基づく政策評の施況等にする報告書』, 平成 13 年1 月.

産業省, 『産業省における政策評の取り組みについて』, 2007. 3.

中島 朋義, 『韓國のFTA政策』 環日本海經濟研究所, 2007, 5p.

日 경제산업성 홈페이지, 대외경제정책총합사이트.
(http://www.meti.go.jp/policy/trade_policy/ideology/html/org_juris.htm.
외교부 홈페이지(www.mofat.go.kr).

CHAPTER 03

우리나라 FTA 정책의 궁극적 목표

이화여대 법대 최 원 목

1 서론

역사적인 한 · 미 FTA가 비준을 앞두고 있다. 세계 최대 경제 국가이며 우리의 최대 교역국인 미국과의 자유무역지대 설립에 대한 합의를 계기로 현재 진행 중인 EU와의 FTA협상도 크게 진전되고 있다. 아울러 중국과의 FTA를 추진해야 한다는 목소리도 힘을 얻고 있으며, 캐나다 및 멕시코와의 FTA 체결을 통해 NAFTA와 우리 경제를 연결하는 것이 올바른 방향이라는 주장도 제기되고 있다. 정부 측에서도 그동안 선언한 동시다발적인 FTA 추진전략을 더욱 구체화하기 위해 추가적인 FTA 체결에 박차를 가하고 있다. 한편 이제는 미국과 FTA를 체결한 마당에 선별적으로 FTA를 추진하는 것이 타당하다는 목소리도 제기되고 있다. 그러나, 이러한 모든 노력과 다양한 목소리를 제대로 평가하기 위해서는 보다 근본적인 물음에 대한 답이 필요하다. 도대체 우리 FTA정책의 최종 목표는 무엇인가?

사실 그 답은 매우 간단하고 상식적이다. 전 세계의 실질적인 교역상대국들과 높은 수준의 FTA를 맺는 것이 그것이다. 미국이나 EU처럼 거대경제권으로서의 흡입력을 바탕으로 FTA의 "거대중추(primary hub)"가 되기는 힘들더라도, 최소한 싱가포르 · 칠레 · 멕시코와 같은 FTA의 "이차적 중심("secondary hub" 또는 "alternative hub")"이 되어야 하는 것이다. 그래야 대외의존적인 우리 경제가 자유무역으로 인한 이익을 극대화할 수 있고, 수출위주의 우리경제가 해외시장에서 차별당할 가능성을 영구적으로 차단할 수 있다. 우리 경제입장에서는 실질적으로 모든 세계경제와 FTA를 통한 교역자유화를 달성하는 셈이 된다. 물론 그 과정에서 발생하는 비효율적인 국내산업에 대한 피해구제와 구조조정의 문제는 우리가 국내적으로 해결해야 할 과제이다.

한편, FTA를 너무 많이 맺게 되면 교역의 효과가 오히려 감소한다는 견해도 제기된다. 그 주된 이유로는 모든 FTA는 그 회원국 간에만 관세를 철폐하게 되므로 수입품의 원산지 판정이 중요해지는데, FTA별로 원산지규정을 마련하게 되므로 많은 수의 FTA 체결로 인해 복잡한 원산지규정이 상호 얽혀 기업 활동에 장애요인으로 작용하게 된다는 것이다. 사실 우리 기업들처럼 대부분의 원료를 해외에 의존하고 있고 세계 각국으로 제품을 수출하는 구조를 지니고 있는 경우, 수입 원료 및 수출품의 다양한 FTA 원산지기준 충족을 일일이 증명하는 것은 상당한 비용과 노력이 드는 일이 아닐 수 없다. 그렇기 때문에 우리는 FTA를 계속 체결하는 것 못지않게 원산지규정 통일은 물론 편단화되고 있는 FTA간의 상응성을 제고시키는 노력이 필요하다. EU는 이미 이러한 필요성을 간파하고 그동안 동유럽 및 지중해연안 국가들과 각각 체결한 지역무역협정상의 원산지규정을 상호 통일시키는 작업에 착수했다.

이제 우리가 할 일은 끊임없이 지역주의화 되고 있는 세계 속에서 계속적으로 FTA를 체결함으로써, 해외시장 개방의 혜택과 값싼 수입품 구매의 이익을 최대화시키는 것이어야 한다. 그러한 과정에서 복잡다기하게 얽히는 FTA 원산지기준들을 통일하고, 통관제도의 상호 통일을 비롯한 제도적 상응성을 높임으로써 거래비용을 줄여나가는 노력도 반드시 수반되어야 한다. 우선 미국에 이어 캐나다 및 멕시코와 FTA를 체결하고 이들 FTA를 공통된 원산지규정 및 누적평가(cumulation)제도로 상호 연결하여야 한다. 이러한 과정을 거쳐 NAFTA국가들과 우리 경제의 통합도를 제고하여 궁극적으로는 새로운 한 · 북미 FTA를 창설하는 방향으로 나아가야 한다. 아울러 아시아지역에서는 ASEAN, 중국, 일본, 인도 등과의 FTA체결을 가속화하여 공통된 원산지기준으로 이들을 연결한 후, 한 · 중 · 일 FTA 단계를 거쳐 범아시아 FTA를 형성해야 한다. 이러한 동아시아에서의 경제통합은 우리가 맺는 많은 FTA의 중심으로 기능할 것이며 우리 FTA체제의 안정성을 제고하는데 필수적이다. EU와는 현재 진행 중인 협상을 성공적으로 마무리한 후, EFTA와 체결한 FTA와 연결해야 할 것이다. 결국 우리 경제는 미주, 아시아, 유럽지역 모두를 FTA로 연결하고 그 교차로에 위치해야 하는 것이다. 그럼으로써 우리는 범세계적인 교역자유화의 이익을 누리게 되고 세계 교역의 균형자 역할을 수행할 수 있게 된다. 그것이 동북아 안보와 남북한 평화공존의 시금석이 됨은 물론이다.

결국 동아시아 경제통합을 기반으로 세계로 연결해나가는 것이 우리의 궁극적 전략이 되어야 한다. 이러한 궁극적인 목표 속에서 한 · 미 FTA와 앞으로 체결될 FTA의 성과가 평가되어야 할 것이다.

2 FTA의 이익과 손실

1 FTA의 이익

국가간 자유무역협정이 가져다주는 이익은 실로 엄청나다. 역내 국가간 자유무역을 통해 수많은 분야에서의 이익 창출이 가능하기 때문이다. 우선, 상호 관세 및 비관세장벽이 철폐되어 상대국에 대한 수출이 획기적으로 증대된다. 그 결과 국제경쟁력 있는 부문의 생산이 증대하여 비교우위에 따라 산업부문이 특화되는 결과를 낳게 된다. 특히 내수시장이 협소한데 반해 대기업체제를 형성하고 있는 우리경제의 경우, 수출시장 확대를 통해 꾸준히 규모의 경제(economy of scale)를 이루어야 경쟁력을 유지할 수 있기에, FTA를 통한 해외시장 확보는 중요하다. 더구나 우리경제가 수출지향적이고 대외의존적인 경제구조를 지니고 있기에 FTA를 통한 수출증대 효과는 경제발전에 있어 필수적 요소이다.

아울러 FTA를 통한 교역 자유화의 이익은 수출 못지않게 수입에 의해 발생한다는 점을 간과해서는 안된다. 수입 증가는 대부분 그로 인한 손실 이상의 경제적 이득을 수입국 경제 전반에 발생시킨다. 한 · 미 FTA로 인해 미국으로부터 값싼 유제품 육류 기계류 화학 · 고무 제품 등이 국내로 수입될 것이다. 그 결과 이들 제품을 생산하는 일부 국내 산업은 일정한 피해를 보게 되지만 우리 경제는 엄청난 이익을 누리게 된다. 대다수 소비자는 같은 품질의 제품을 값싸게 구매할 수 있게 된다. 아울러 값싼 수입품 소비로 인해 절약한 돈은 은행이나 증권회사에 투자되고, 이들 금융기관은 이 돈을 가장 효율적인 생산 분야에 재투자해 더 큰 생산이익을 창출하게 된다. 결국 우리 경제는 수입증대를 통해 비효율적인 분야에서 효율적인 분야로 재원이 재투자되는 효과를 볼 수 있는 것이다. 미국 경제 또한 한국 제품의 수입 증가로부터 많은 이익을 얻게 된다. 한국으로부터 수입하는 섬유 · 의류 · 가죽제품 · 신발 · 전자제품 · 자동차 등은 미국 소비자들의 이익을 증대시키고 경제 전반의 효율성을 높이는 역할을 한다.

결국 국가 간 FTA를 맺어 교역량을 서로 늘리는 것은 상호 수출과 수입의 양을 모두 늘려 수출에서 오는 이익은 물론이고 수입이 주는 혜택을 보게 함이다. FTA당사국간에 어느 쪽이 상대적으로 더 수출을 많이 하게 되고 수입을 적게 하게 되는지를 계산해 특정 FTA가 누구에게 더 이익이 되는지를 논하는 것은 무의미하다.

서비스와 투자시장 개방으로 인해 얻는 이익도 마찬가지다. 국제경쟁력 있는 서비스 부문의 해외진출이 활성화됨은 물론, 우수한 외국 서비스업이 국내로 진출하게 되어 소비자의 이익을 증대시키고, 국내 서비스업계의 경쟁을 촉발시키게 된다. 경쟁력 증진을 위해 우수한 업체와의 경쟁이 결정적 역할을 수행하는 우리 서비스업의 경우 서비스시장의 점진적 개방은 필수적인 정책방향이다. 아울러 FTA를 통한 투자시장의 개방과 국제수준의 투자보호체계를 갖추게 되면, 상호 자본의 효율적 배분이 가능해지고 제3국으로부터의 투자 유입이 증대되어 생산과 고용 증대효과로 이어지게 된다.

이렇게 계량가능한 경제적 이익 이외에, 비록 정확한 가치를 측정할 수는 없으나 자유무역협정 대상국들이 누리는 비경제적 이익 또한 엄청나다. 협정대상국간 상호 신뢰관계 구축이 촉진되고 다양한 정치 외교문제에 대한 공동입장을 형성해나가기가 쉬워진다. 따라서 강대국들에 둘러싸여 항상 안보분야에 신경을 써야하는 국가에게 있어 자유무역협정이 가져다주는 효과는 더욱 증대된다. 결국 이러한 국가의 경우 여러나라와 자유무역협정을 체결하면 할수록, 그럼으로써 상호 경제적 연계성이 증대되어 공통의 이해관계가 형성되면 될수록 지출해야 하는 안보비용은 줄어들게 되는 셈이다.

따라서 우리나라와 같이 수출지향적이고 대외의존적이며, 국내시장의 비효율성의 문제점을 지니고 있고, 강대국에 둘러싸여 있는 국가에게 있어 자유무역협정 체결은 수출증대, 국내효율성증대, 안보증진이란 세가지 과제를 동시에 해결할 수 있는 중요한 정책적 수단이 아닐 수 없다.

2 FTA의 손실

1) 정치투쟁의 비용 및 산업조정 비용

FTA가 이익만 가져다주는 것이 아니고 손실도 초래하는 것은 물론이다. 경제통합이라는 급격한 개방으로 인해 비교열위에 있는 국내산업은 사향길로 접어든다. 이러한 부문에 투입된 노동력과 자본을 비교우위 산업쪽으로 이동시켜 생산효과로 연결시킬 수 있어야만, FTA로 인한 산업피해보다 경제이익이 커지게 되는 선순환을 이룰 수 있다. 그러나, 이러한 산업구조조정에는 정치적 · 경제적 비용이 수반되며, 전통적으로 노동시장에서의 유연성이 부족한 우리나라의 경우 노동자들이 전격적인 직업전환을 이루는 데에는 커다란 비용이 필요하다. 특히, 비교열위산업 부문이 정치 조직화되어 극단적인 반FTA투쟁을 전개하는 경우 그에 따라 초래되는 사회적 비용은 급증하게 된다.

우리가 최초로 추진한 한 · 칠레 FTA의 경우를 예로 들면, '반FTA 운동'은 처음에는 포도 · 양돈 등 주로 품목별협회 중심의 21개 단체로 구성된 전국농민단체협의회를 중심으로 전개되었다. 그러다가 점차로 전국농민회총연맹과 WTO국민연대 등이 연합하여 한 · 칠레FTA를 신자유주의적 세계화 음모와 직접 연결된 성질의 시도로 규정짓고 이를 저지하는 것이 시민운동의 핵심이 되어야 함을 강조하였다. 또한 경제실천국민연합, 전국민중연대, 노조 등이 반FTA 운동에 점차로 합류하게 되어 전국규모의 NGO운동으로까지 그 성질이 변화되어 갔던 것이다.[1)]

이러한 상황하에서 우리 정부가 이미 조직화되고 정치화된 반대진영의 세력을 무마하기 위해서는 반대진영 중 온건세력의 무리한 요구를 수용하는 수밖에 없었고, 이는 결

---

1) 이점에 대해서는 "정인교, 정재화, 한 · 칠레 FTA협정의 평가와 교훈 및 향후 FTA추진에 대한 정책시사점, 대외경제연구 8-1(2004)" 참조.

국 피해집단에 대한 과도한 보상의 약속으로 나타났다. 정부는 당초 한 · 칠레FTA에 따른 농업부문 피해 대책으로 7년간 1조원(지방비 2천억원 포함) 규모의 특별기금 조성을 제시하였었다. 아울러 FTA와 함께 도하개발어젠다(DDA) 등 추가 농산물 시장 개방에 대비하는 측면에서 기존 정책자금 금리인하를 중심으로 연간 1천600억원대의 부채 경감안도 내놓았다. 그러나 한 · 칠레 FTA 비준 추진과정에서 FTA기금은 1조5천억원(지방비 3천억원 포함)으로 늘었고 부채 경감을 위한 지원예산도 7천억원대로 증가하였다. 그 결과 한 · 칠레 FTA 이후 10년간 발생되는 농업부문의 피해는 5천860억으로 추정되었으나,[2] FTA 비준 당해연도의 해당예산만 1조 2천억원대에 달하는 결과를 낳게 되었다. 이러한 과도한 보상의 선례는 향후의 FTA추진과정에서 도덕적 해이와 과도한 보상요구를 촉발시키게 되어 우리 FTA정책 전체의 적지 않은 부담으로 작용하게 되었다.[3]

더구나, 보상의 목적이 비교열위 산업의 기술경쟁력 제고 및 비교우위 산업으로의 업종전환에 초점이 주어져야 함에도 불구하고, 재래식 단순농업 부문을 존속시킴으로써 상대적으로 더 많은 현금성 소득보전이 주어지게끔 구조화된 것은 오히려 비교열위의 단순농업 부문의 존속을 조장함으로써 중장기적인 농업부문의 구조조정을 저해하는 것이었다. 결국 우리 정부는 일시적으로 문제를 회피하기 위해 근시안적인 금전지원적 보상 방식을 동원함으로써 한 · 칠레 FTA 비준을 쟁취하는 길을 선택했던 것이다. 이러한 과도한 보상의 선례는 향후의 FTA추진과정에서 도덕적 해이와 과도한 보상요구를 촉발시키게 되어 우리 FTA정책 전체의 적지 않은 부담으로 작용하게 되었다.[4]

이러한 반FTA 연대의 압력은 그 이후 체결된 싱가포르(2005년 8월), EFTA(2005년 9월) 및 ASEAN(2006년 8월 상품분야협정 서명)과의 FTA협상과정에도 그대로 이어졌다. 그 결과로 한국정부는 국내 반대집단의 관심품목을 FTA 관세철폐 대상품목에서 제외함으로써 이들의 요구사항을 수용하는 데 협상의 주안점을 두었으며, 갈수록 이러한 예외품목의 범위는 증폭되었다. 당초 한 · 칠레 FTA의 결과로서 21개 농산물(쌀, 쌀제품, 사과, 배 등 HS 10단위 품목 21개)이 예외품목으로 지정되고, 포도는 계절관세를 적용받아 출하기 동안은 현행관세가 그대로 유지되며, 392개 품목은 DDA라운드 이후 관세철폐여부를 논의하는 것으로 규정되었으며, 12개 품목은 16년 이상의 장기철폐에 합의하였

---

2) 당초 정확한 피해산정을 위해 한국농촌경제연구원, 대외경제정책연구원 및 한양대학교 등 3개 기관에 용역을 의뢰하였는바, 이중 가장 큰 수치인 5,860억(한양대)를 기준으로 피해액 기준이 수립되었다. (대외경제정책연구원은 140억, 한국농촌경제연구원은 3,030억원 추정) 재정경제부, FTA 우리경제의 생존전략입니다 (재정경제부홍보자료, 2003년 11월).

3) 최원목, 우리나라의 자유무역협정의 추진과정과 법적 과제, 법제연구 제33호, 법제연구원 2007). 동일한 견해로는 최태욱, 한국의 FTA정책과 이익집단정치 II: 한 · 칠레 FTA 사례 (미래전략연구원, 2006.3.29), p. 24 <http://www.kifs.org>, 정인교, 정재화, supra note 1 등 참조.

4) 최원목, supra note 3.

다. 이에 비해, 한 · 싱가포르 FTA에서는 전체품목의 91.6% 만이 10년 이내의 관세철폐 대상으로 합의되었고, 대부분의 주요 농산물(쌀, 사과, 배, 양파, 마늘, 쇠고기 등)과 주요 수산물이 관세철폐의 예외품목으로 지정되었다. 한편, EFTA와의 협상의 결과는 더욱 후퇴했다. 공산품의 86% 그리고 수산물의 88.9%만이 관세철폐품목으로 지정되었고 기초 농산물은 EFTA 개개 회원국들과 별도의 양자협정에 의해 현재 거래되고 있는 품목들에 한해 관세철폐의무가 규정되게 되었다.[5] 이러한 무역자유화 후퇴경향이 ASEAN과의 상품분야협정에서 절정에 달한 것은 물론이었다. 우리측이 주요 농산물을 FTA대상에서 제외하자는 입장을 고집하자, 이에 대항하여 ASEAN국가들은 자동차, 자동차부품, 전동기, 기계류, 금속류, 담배 등 한국의 주요수출품목을 협정대상에서 제외시키는 것으로 대응하였으며, 태국은 상품분야협정 자체를 서명하는 것을 거부하기에 이르렀다.[6]

이러한 문제점은 한 · 미 FTA 협상에도 이어졌다. 반대진영의 조직적이고 대중적인 선전과 협상중단을 위한 캠페인에 정부의 협상노력은 번번이 위기에 봉착하였다. 이데올로기적인 반미감정까지 자극하여 대중적인 인기를 구가하는 반개방집단이 중심이된 지속적인 반FTA 운동의 위력이 다신 한번 입증된 것이다. 그러나, 이전까지의 FTA 협상에서는 결집된 목소리를 내지 않았던 수출기업들을 중심으로한 FTA 지지세력들이 우리 최대의 교역시장이자 투자상대국인 미국과의 FTA를 맞아서는 본격적인 대응에 나서 경제5단체를 중심으로 조직적 로비를 진행하였다. '수출로 먹고 사는 나라' 에서 수출의 주역들이 FTA체결을 강력히 요구하는 상황이 전개되고 주요 언론서들이 이들의 입장과 논리를 대서특필하기 시작함에 따라 한 · 미 FTA 체결의 당위성이 부각되는 방향으로 여론이 형성되어 갔다. 그에 따라 반FTA 집단과 FTA 지지 집단 간의 세력의 균형이 형성되었고, 정부는 좀더 자유로운 환경에서 협상이슈들간의 이익형량에 따라 미국과의 협상을 진행할 수 있었다.[7] 그 결과, 농산물을 제외한 상품분야에서는 10년내 100%품목에 대해 관세를 철폐하고, 수입액 기준으로는 양국 모두 전체의 94% 수준의 수입량에 대해 관세를 조기철폐(3년 이내 철폐)하기로 합의하는 등 상당히 높은 수준의 경제통합을 달성할 수 있었던 것이다. 물론 농수산물은 반대진영의 입장을 어느 정도 수용하여 민감도를 반영한 결과, 쌀 및 쌀 관련 제품, 성출하기의 오렌지, 식용대두, 식용감자, 탈지 · 전지분유, 연유, 천연꿀 등을 관세철폐의 대상에서 제외하고 수확기의 포도에 대해서 17년간의 장기간의 관세철폐를 규정하였으며, 사과와 배에 대해서는 20년, 인삼은 18년, 고추, 마늘, 양파에 대해서는 15년의 장기 관세철폐 기간을 설정하게 되었다. 민감 수산물(명태, 민어,

5) Ibid.

6) Ibid.

7) Ibid.

넙치, 고등어 등)의 경우에도 10년 이상의 관세철폐 기간을 설정하였다. 이러한 정책적 성과에도 불구하고 한 · 미 FTA 협상 전과정에 걸쳐 공청회가 무산되고, 졸속협상이라는 비난이 끊이지 않았으며, 협상정보의 미공개로 인해 불필요한 오해와 비판이 확산되었으며, 국회와 정당을 통한 이익집약 기능의 부재로 인해 이익집단들이 대중적인 저항의 형식으로 의견을 표출하는 일이 일반화 되었다.[8] 또한 앞으로 있을 FTA의 비준과정에서 소모성 보상과 과도한 보상을 요구하는 극단 투쟁이 재현될 움직임을 보이고 있다.

2) 편단화된 FTA의 문제점

이러한 대내적인 비용뿐만 아니라 지역주의 심화에 따른 대외적인 요인에 의한 손실도 고려해야 한다. 전세계적으로 지역주의의 심화가 전개되고 있고, 이러한 현상은 돌이킬 수 없는 대세로 자리잡았다. 수많은 지역무역협정들이 복잡하게 얽히며 속속들이 등장하고 있고, 이들 각각의 교역자유화의 정도와 범위도 각양각색이다. 이러한 지역주의의 팽창으로 인한 국제무역체제의 편단화(fragmentation) 현상은 기본적으로 다자주의보다 안정성이 떨어지며, 대외의존성이 높은 한국은 해외시장에서 차별당하지 않도록 끊임없이 FTA 체결 노력을 기울어야 하는 부담을 지게 된다. 특히 우리 경제가 복잡하게 얽혀있는 FTA 체제 속에서 하나의 중심부(hub)를 이루지 못하고 주변부(spoke)에 위치하게 되면, 경제적 손실은 가중된다. 즉, 중심부에 위치한 국가들은 무수한 주변부 경제와 자유로이 FTA무관세 교역을 진행할 수 있는데 반해, 주변부 경제는 그렇지 못하다. 항상 중심부와 교역을 해야 무관세 혜택을 누릴 수 있으나, 다른 주변부 시장과 교역을 하게 되면 그렇지 못하므로, 교역대상국이 점점 한정되어 상대적으로 불리한 위치에 놓이게 된다. 기업들은 저렴한 임금과 풍부한 자원을 찾아 해외투자를 적극적으로 추진해야 하는데, 이러한 중심부–주변부 간의 특혜관계(hub & spoke effect)로 인해 주변부끼리의 투자가 추가적 비용을 초래하게 되어 해외투자활동이 위축되게 된다. 이러한 "주변부의 비용(Spoke Cost)"이 점점 지역무역주의화 되고 있는 국제환경속에서 증가하게 됨은 물론이다.

한편, 편단화된 FTA가 증가함에 따라 서로 상이한 특혜원산지 규정이 자리잡게 된다. 수출입업자들은 각각의 수출국과 수입국별 특혜 원산지 조건을 맞추어야 관세면제의 혜택을 받게 되므로, 그에 따라 생산라인이나 수입선을 다변화해야 하는 부담을 지게 된다. 이는 기업들의 거래비용 증가로 이어지게 된다("Spaghetti Bowl Cost"). 특히 대부분의 생산자원을 해외에 의존하고 있으며 해외 수출주도형 구조를 지니고 있는 한국경제는 편단화 되고 있는 교역체제 하에서 상호 얽혀있는 원산지규정으로 인해 수입재료의 획득 및 완제품의 수출에 있어 이중의 "Spaghetti Bowl Cost"를 지불하게 된다.

---

8) Ibid.

3 한국 FTA정책의 궁극적 목표와 정책방향

한국이 추구하는 지역주의의 장기적인 방향은 궁극적으로는 다자주의로의 통합에 주어져야 한다. 다자주의가 활성화되어 전세계적인 무역자유화의 혜택을 누릴 수 있다면, 경제의 대외무역의존도가 높은 한국경제로서는 최선의 국제교역환경에서 교역활동을 전개해나갈 수 있을 것이다. 그러나 현실은 지역주의의 심화가 전개되고 있고, 지역주의의 팽창으로 인한 국제무역체제의 편단화(fragmentation) 현상이 일반화되고 있다. 편단화된 지역주의는 기본적으로 다자주의보다 안정성이 떨어지며, 한국은 해외시장에서 차별당하지 않도록 끊임없이 FTA체결 노력을 기울어야 하기 때문이다. 또한 대부분의 생산자원을 해외에 의존하고 있으며 해외 수출주도형 구조를 지니고 있는 한국경제는 편단화되고 있는 교역체제 하에서 상호 얽혀있는 원산지규정으로 인해 수입재료의 획득 및 완제품의 수출에 있어 적지 않은 경제적 손실을 입고 있다.

그러므로 한국은 확산되고 있는 지역주의의 하에서 가급적 편단화되는 FTA들을 상호 연결하여 상응성을 높이고 FTA간의 공통분모를 넓혀가는 노력을 장기적이고 체계적으로 기울여나가야 한다. 그렇게 하는 것만이 지역주의의 확산에 따른 우리 경제의 비용을 최소화할 수 있는 길이기 때문이다. 서로 상이한 지역무역협정들이 상이한 정치경제적 동기 하에서 급속히 확산되고 있는 아시아지역에 위치하고 있는 한국경제로서는 이러한 지역무역협정간의 연결의 필요성이 더욱 커짐은 물론이다.

1 지역무역협정간의 연결 추진

WTO의 통계에 의하면 2007년 3월 1일 현재 WTO에 통보된 지역무역협정의 수는 368개에 이르고 이 중 194개의 지역협정이 발효되어 있다.[9] 나머지 153개의 지역무역협정은 체결교섭 중이거나 체결 후 미발효된 것들을 포함하고 있다. 이와 같은 무수한 지역협정의 산재 및 이들 간의 상호작용 증대는 향후 경제의 세계화 추세(global economy)와 더불어 새로운 형태의 지역협력 시대를 예고하고 있다. 즉 이제는 "지역협정의 설립" 또는 "지역협정에의 가입"을 넘어서 "지역협정간의 결합"이 본격화 될 것이다. 이러한 "지역협정간의 결합"은 칠레, 싱가포르, EFTA, ASEAN, 미국과의 FTA에 이어, 캐나다, EU, 중국 등과의 FTA 체결을 앞두고 있는 우리나라에게 시사점이 크다. 왜냐하면, 우리 수출산업의 구조가 동양과 서양을 연결하여 형성되어 있으며, 우리나라의 지정학적 위치가 여러 대륙과 세력이 교차하는 지점에 놓여있기에, FTA간의 연결을 통한 이익이 크기 때문

---

9) WTO, Regional Trade Agreements Notified to the GATT/WTO and in Force, <http://www.wto.org/english/tratop_e/region_e/type_e.xls>. 그동안의 EC의 확대 및 가입을 위한 협정들을 모두 별개로 계산하였다.

이다. 그러므로 향후 우리가 체결한 기존의 FTA간의 상호 연결은 물론이고 새로 체결하는 FTA와의 연결 문제가 본격적으로 논의될 것이다.

이러한 논의를 위해서는 먼저 다양한 지역협정들 간의 결합 형태를 체계적으로 유형화하는 일이 필요하다. 일반적으로 지역협정의 설립 및 결합 유형을 살펴보면 다음과 같다.[10] 우선 대상지역을 기준으로 "지역내 결합"(Inter-regional RTA)과 "지역간 결합"(Cross-regional RTA)으로 분류해 볼 수 있다. 대부분의 지역협정은 지역내 결합의 형태를 지니고 있으나, 최근 대륙간 교류 및 협력이 증가하고 있으므로 지역간 결합 형태의 지역협정이 본격화될 수 있을 것이다. 한국이 칠레, 미국 및 EFTA와 각각 체결한 FTA, 이스라엘이 북미 3국(캐나다, 멕시코, 미국)과 각각 맺고 있는 자유무역협정 그리고 EC가 멕시코 및 남아공과 각각 맺고 있는 자유무역협정은 그 좋은 예이다.

다음으로, 결합 형태를 기준으로 지역협정을 분류해 보면, 1) 순히 두국가가 결합하는 "양자형 지역협정(Simple Bilateral RTAs)", 2) 이상의 국가가 결합하는 "복수국간 지역협정(Plurilateral RTAs)", 3) 지역무역협정의 일부 참여 국가들간 다른 지역무역협정을 형성하고 있는 "포함형 지역협정(Inclusive RTAs)", 4) 지역무역협정들 간의 결합(즉, 모든 지역무역협정 참여 국가들이 또 다른 지역무역협정과 연결)인 "대등형 지역협정(Equal RTAs)", 그리고 5) 지역무역협정의 일부 회원국이 여타 지역무역협정에 동시에 가입되어 있는 "이중 가입형 지역무역협정(Dual Membership RTAs)" 등이다.

현재 194개의 발효 중인 지역 협정 중 "양자형"이 107개로 55%를 차지하고 있으며, "복수국간형"은 기존 지역협정의 46%를 차지하고 있다. "포함형"의 예로는 CEFTA(Central European Free Trade Agreement)[11] 회원국인 체코와 슬로박공화국이 관세동맹으로 연결되어 있는 것과, 남아프리카의 SACU의 5개 회원국인 남아프리카공화국, 보츠와나, 나미비아, 스와질란드, 레소토 등이 14개 회원국으로 구성된 SADC(Southern African Development Community)에 동시에 참여하고 있는 것을 들 수 있다.[12] 물론 아프리카지역의 모든 지역협정들은 모로코를 제외한 모든 아프리카 국가들이 소속된 AEC(African Economic Community)에 포함되어 있다.

향후 지역협정간의 "대등형" 결합이 급속히 증가할 것으로 보인다. 예를 들면, EC와 EFTA간, CARICOM과 CACM간, EC와 MERCOSUR간, CER과 ASEAN(AFTA)간,

---

10) 하기 지역협정의 설립 모델은 필자가 CRTA보고서의 각종 정보 및 통계를 체계적으로 정리, 유형화 시킨 것이다.

11) 폴란드, 체코, 슬로바키아, 슬로베니아, 헝가리, 루마니아, 불가리아 등 7개 회원국으로 구성되어 있다.

12) 이 밖에도 앙골라, 짐바브웨, 잠비아, 모잠비크, 말라위, 콩고, 탄자니아, 모리셔스, 세이셸 등이 SADC를 구성하고 있다.

SACU와 MERCOSUR간 결합 등이다.[13] 실제로 현재 협상중인 지역협정 68개중 9개가 대등형에 해당한다.[14] 이러한 새로운 경향은 국제 경제체제가 지역협정 설립이라는 초기 단계를 지나 이제 바야흐로 지역협정간의 결합이라는 한 단계 진보된 형태로 발전하고 있음을 보여주고 있다고 하겠다.

아울러, "이중가입형"의 증가는 필연적인 현상이라 볼 수 있다. 향후 EC 및 MERCOSUR가 회원국을 확대해 나가는 추세 하에서 동 관세동맹에의 신규가입국이 여타 관세동맹이나 자유무역협정에 이미 가입해 있는 경우도 적지 않게 발생할 것이다. 따라서 이로 인한 이중가입의 유효성 및 지역협정간의 우선순위 등의 제반 문제가 발생할 소지가 크다고 하겠다.[15] 특히 동북아시아지역 국가들의 경우 여타지역 국가들과 지역협정(Cross-regional RTA)을 체결하는 것을 본격적으로 추진할 것인바, 이들 대상국들이 이미 해당지역을 중심으로 한 지역협정에 가입 또는 가입추진하고 있는 경우 동 대상국들이 동북아시아 국가들과의 지역협정과 기존 역내 지역협정에 이중으로 가입해 있는 경우가 많이 발생할 것이다. 각종 지역협정들로 얽혀 있는 아프리카지역의 경우 이러한 문제는 더욱 심각하다. 실제로, 이미 탄자니아가 SADC와 EAC[16]에 이중가입의 형태로 동시에 가입되어 있음을 주목할 필요가 있다. 미주지역의 경우 장기적으로 볼 때 Andean Community의 아르헨티나 및 브라질과의 "포함형" 협정 체결이 Andean Community[17]의 MERCOSUR가입으로 인해 이중가입 문제가 발생, 대체될 가능성이 있다. 또한 칠레의 MERCOSUR가입으로 인해 칠레가 맺고 있는 상당수의 자유무역협정들과의 관계 정리 문제가 발생할지도 모른다. CACM 회원국들이 Mexico와 "양자형" 자유무역협정을 체결할 경우 NAFTA와의 관계가 문제시 될 수도 있다. 더 나아가 장기적으로 FTAA가 체결, 발효될 경우 기존의 미주 지역 지역협정들과의 관계가 문제될 것이다.

가장 완벽한 형태의 FTA간의 연결(고수준 연결)은 연결을 원하는 국가간 새로운 복수국간 지역무역협정을 체결하는 방식일 것이다. 과거 미국과 캐나다간 체결된 양자형

---

13) EC와 EFTA 개별 회원국간에는 경제협력협정이 이미 체결되어 있다. 각 지역협정별 회원국은 다음과 같다. EFTA(European Free Trade Association)–Norway, Switzerland, Iceland; CARICOM(Caribbean Community)–Antigua and Barbuda, Bahamas, Barbados, Belize, Dominica, Grenada, Guyana, Haiti, Jamaica, Montserrat, Trinidad and Tobago, St. Kitts and Nevis, St. Lucia, St. Vincent and the Grenadines, Suriname; CACM(Central American Common Market)–Guatemala, Honduras, El Salvador, Nicaragua, Costa Rica; CER(Closer Economic Relations)–Australia, New Zealand; AFTA(ASEAN Free Trade Agreement)–Indonesia, Malaysia, Thailand, Singapore, Philippines, Brunei.

14) *Id*, CFTA Report.

15) 장기적으로 EC가 중동, 아프리카지역으로 계속 확대하는 경우 이들 지역 국가들이 속하고 있는 지역협정들은 와해될 가능성이 있다.

16) East African Cooperation. 회원국으로는 케냐, 우간다, 르완다, 탄자니아 등이 있다.

17) Columbia, Venezuela, Ecuador, Peru, Bolivia 등이 회원국이다.

FTA인 CUSFTA가 멕시코를 포함한 삼국간의 새로운 FTA인 NAFTA로 확대 재생산된 것을 그 대표적인 예로 들 수 있다. 또한 EU의 확대과정의 경우 기존 경제동맹체가 확대된 경우로 볼 수 있으나 결국 새로운 회원국을 흡수할 때마다 새로운 복수국간지역무역협정이 탄생하는 것과 마찬가지라고 볼 수 있다.[18)]

복수 RTA를 대등형으로 연결시키는 방식도 일종의 고수준 연결이라 볼 수 있다. 우선 두 개의 FTA를 FTA로 연결하는 것 또는 FTA와 관세동맹간의 연결은 결국 그 회원국간의 개별적인 여러 개의 FTA를 각각 모두 체결하는 것이다. 그런데, 관세동맹간의 연결시 FTA를 활용하는 방안은 주의를 요한다. 즉, 두 개의 관세동맹을 FTA체결로 연결하는 것이 가능한데, EC와 MERCOSUR간 FTA를 체결하는 경우를 예를 들어 볼 수 있다. 이때 EC회원국과 MERCOSUR 회원국간에 상호 공통대외관세를 설립함이 없이 상호 교역에 있어 관세철폐의 혜택을 단계적으로 부여하도록 규정하는 것이다. 이러한 방식의 RTA간의 연결은 새로운 RTA의 창설을 의미하므로 WTO에 새로이 통보해야 함은 물론이다.

일반적으로는 지역무역협정간의 고수준 연결을 진행하는 것이 중단기적인 준비과정을 거쳐야만 가능하거나 아예 장기적으로도 달성 불가능한 경우가 대부분일 것이다. 그러므로 새로운 통합 지역무역협정을 창설하기 이전 단계나 그 대체과정으로 지역무역협정의 여러 구성부문 중 상호 통합가능한 일부분이라도 서로 단계적으로 수렴시켜나가는 것을 생각해볼 수 있다. 이러한 작업으로는 세관절차의 통일, 통관의 원활화, 통관과정에서의 투명성 증대, 무역구제 및 투자 관련 규범의 통일, 분쟁해결 규범의 통일 등 주로 규범 · 제도화 관련 분야에서의 상호 공통성을 증대시켜나가고 궁극적으로는 제도 통일을 기하는 것을 들 수 있다. 아울러 SPS/TBT, 경쟁, 노동 및 환경, 전자상거래, 지재권 등의 분야도 이러한 방식의 연결이 가능한 분야이다. 이러한 부분적 연결 방식을 지역무역협정간의 '중수준 연결' 이라 부를 수 있을 것이다.

지역무역협정간의 중수준 연결을 위해서는 복수 지역무역협정 당사국들 간의 통관 및 세관 업무에 관한 협력을 강화해나가고 무역구제 및 투자관련 제도에 대한 통일된 기준을 개발하고 적용시켜나가는 노력을 기울여야 한다. 세관과 통관분야에서의 절차 및 기준 통합은 결국 국제교역의 비용을 낮추어 상호 이익을 가져다주므로 지역무역협정간의 연결을 위한 좋은 시발점으로서 기능할 수 있다. 무역구제 분야도 서로 상이한 제도의 적용에 따르는 교역비용의 증대와 국가간의 통상마찰의 증대 가능성을 줄이기 위해서는 FTA간 공통된 기준과 절차를 적용하는 것이 필요하다. 투자규범 및 분쟁해결 제도 또한

18) 예를 들어, EC-스위스FTA에 따르면, EC회원국의 확대에 따라 EC-Switzerland FTA는 자동적으로 EC에의 새 가입국에 확대 적용되며, 스위스와 이들 새 가입국들간의 기존의 RTA는 그 효력이 철회되는 것으로 처리되고 있다. See WT/REG94/R/B/3.

제도 수렴을 통해 투명성을 증대시키고 지역통합의 효과를 제고할 수 있는 분야이기에 중수준 연결을 위한 최소한의 유인이 존재하고 있는 분야라 할 수 있다.

다음으로 가장 낮은 수준의 연결방식으로는 통합 RTA의 설립이나 부분적 내용 통합까지는 이르지 않더라도 FTA 상호간 원산지 규정을 통일시켜 사실상 어느 정도의 연결 효과를 얻는 것을 생각해볼 수 있다. 원산지규정(Rules of Origin)은 국가단위로 교역이 이루어지고 있는 현재의 국제무역체제에서 제품의 원산지를 판정하는 것이 필수적이므로 없어서는 안 될 교역규칙이다. 특히 특혜원산지규정(Preferential Rules of Origin)은 지역경제통합의 이익을 역내 국가들이 향유하는 것을 보장하고 역외 국가들이 부당하게 경제통합의 이익에 무임승차(free ride)하는 것을 방지하는 역할을 수행한다는 점에 그 존재 의의가 있다. 그러나 이러한 필요성에도 불구하고 지나치게 복잡한 원산지규정은 그 자체로 교역장벽을 형성하게 되어 교역에 장애요인이 되고 있다. 일반적으로 원산지규정으로 인한 행정비용은 매선적분가치의 2~6%에 달하는 것으로 추산되고 있다. 최근 아시아 국가들이 지역무역협정 체결에 적극적으로 나섬에 따라 복잡한 특혜원산지규정 체제가 급속히 확산되고 있다. 아시아지역은 서구지역에 비해 통관절차가 복잡한 경향을 지니고 있으므로, 이는 복잡한 원산지규정과 결부되어 더욱 교역의 장애요인으로 작용하게 된다. 이는 또한 상대적으로 재료의 국내조달(local sourcing) 능력이 제한된 작은 나라들에게는 더욱 불리한 요소로 작용한다. 따라서 이러한 복잡다기한 원산지규정을 하나의 모델규정으로 통합하여 운영하게 되면 그만큼 교역에의 장애요인이 제거됨을 의미한다. 물론 각 RTA는 그 나름대로의 원산지 판정기준을 마련함으로써 품목별 민감도나 우회가능성에 대한 고려를 반영한 것이므로 이를 변경하여 동일한 기준으로 통합해나가는 것이 실제로 매우 어려운 작업임은 사실이다. 그럼에도 불구하고 이러한 민감 품목이나 우회가능성에 대한 고려는 원산지 판정기준 자체보다는 관세철폐기간 조정이나 세이프가드조치 등을 발동함으로써 해결해나가고 원산지 판정기준 자체는 여러 RTA간 통일된 기준을 수립하는 것이 바람직할 것이다. 이러한 의미에서 WTO와 같은 다자기구에서 특혜원산지 기준에 대한 통일화작업을 신속하게 진전시킬 필요가 있다. 이러한 작업의 진전과 병행하여 우리나라의 경우에도 나름대로의 RTA 원산지규정 통일화 작업을 진행하여 나가야 한다. 기존에 체결된 FTA의 원산지 규정을 통일화하는 것은 물론이고 앞으로 체결될 협정의 원산지 기준을 가급적이면 동일하게 유지하도록 노력해야할 것이다.

이렇게 원산지규정이 통일되게 되면, 대각선 원산지 누적평가(diagonal cumulation) 제도를 적극 활용할 수 있다. 특혜원산지 판정에 있어 전적으로 수출국 국내에서의 세번변경이나 가치창출 비율을 기준으로 원산지 판정을 하던 전통적 방식에서 벗어나, FTA상대국이 원산지인 재료를 수입하여 제품을 완성한 후 다시 상대국에 수출하는 경우 상대국 원산지재료를 마치 수출국 원산지재료인 것처럼 간주하여 원산지 판정을 쉽게 받을 수 있는 방식인 'bilateral cumulation' 제도가 여러 FTA에 도입되고 있다. 이 제도를 적용하게 되면, 가급적

이면 상대국으로부터 재료를 수입하여 제품을 생산할 유인이 증가하게 되므로 양국간 'sourcing'이 활발해지고 교역증대의 효과가 발생하여 경제통합이 가속화된다. 이러한 누적평가의 대상국 범위를 넓혀 상대국 한 나라뿐만 아니라 두 개 이상의 국가에서 수입된 원산지재료에 대해서도 수출국 원산지재료로 간주할 수 있는 제도가 바로 'diagonal cumulation'이다. EU를 비롯한 EEA[19]국가들은 이미 이 제도를 도입하여 EFTA, 중부 및 동부 유럽, 발칸제국들을 대상지역(Pan-European Area of Cumulation)으로 한 diagonal cumulation을 상호 적용하는데 합의한 바가 있다. 최근 EEA국가들은 diagonal cumulation의 대상지역을 이집트, 요르단, 모로코, 이스라엘 등의 지중해연안 국가들까지 확대 적용하는 제도(Pan-Euro-Med diagonal cumulation)를 도입중이다. EU는 또한 일반 특혜관세(GSP) 맥락에서도 일종의 diagonal cumulation을 도입하고 있는데, ASEAN, CACM, the Andean Community 및 SAARC를 그 대상지역으로 하고 있다.[20]

이러한 diagonal cumulation을 달성하는 것이 결코 쉬운 작업은 아니다. 복잡한 기술적 문제가 결부되어있고 각 품목별 이해관계가 집약되어 탄생한 개개의 원산지규정을 새로 통합하는 일이기 때문이다. 그럼에도 불구하고 원산지규정 자체가 수많은 품목에 대한 원산지 규칙을 포함하고 있기에, 협상 당사국간에 품목간의 이해조정이 가능하다는 점을 주목해야 한다. 또한 원산지규정의 전문적이고 기술적인 성격상 통합원산지규정 협상에 대한 국내 산업으로부터의 저항이 그리 크지 않을 공산이 크다. 무엇보다도 diagonal cumulation을 마련함으로써 상호 이익이 되는 FTA체결국간에 통합원산지규정협상을 진행하게 되면 결국 호혜적인 방향으로 협상이 타결될 수 있는 유인이 제공될 수 있는 것이다.

결국 cumulation은 FTA 특혜원산지규정 체계의 지리적 적용범위를 넓히는 한편, 참여국간 원산지규정의 조화(harmonization)를 위한 주요수단으로 기능하고 있는 것이다. 하지만, cumulation이 별개의 지역무역협정간에 적용되는 경우 특정한 지역무역협정의 비회원국에게 이익을 주게 되어 경쟁관계에 있는 다른 비회원국에게는 불이익으로 작용되므로 WTO협정상의 최혜국대우(MFN) 원칙을 위반할 수 있다는 주장이 제기되기도 한다.

이상과 같은 중수준 및 저수준을 통한 RTA간의 연결은 새로운 RTA를 탄생시킴으로써 이룰 수 있는 고수준 연결과는 달리, 기존 RTA들의 부분적인 개정을 통해 달성할 수 있을 것이다.

2 FTA 연결의 목표 및 기본원칙

이러한 FTA간의 연결의 목표 및 기본원칙은 다음과 같이 정리할 수 있다.

---

19) European Economic Area. EU회원국 및 아이슬란드, 리히텐슈타인, 노르웨이 등 EFTA회원국 간 맺은 경제통합협정(The EEA Agreement)의 결과 탄생한 자유무역지대.

20) 이 밖에도 SAPTA의 경우 diagonal cumulation을 채택하고 있다.

첫째, 한국경제가 FTA간의 중심에 위치하도록 연결해야 한다. FTA간의 중심이 아니라 주변부에 위치하게 되면, 중심부와의 자유무역의 이익만을 누릴 수 있을 뿐, FTA 상호간의 자유무역의 이익을 누리지 못하게 된다. 여러 지역무역협정의 교차점인 중심에 위치하도록 FTA들을 연결시켜야 복잡한 원산지규정에서 오는 거래비용을 최소화할 수 있고, 모든 FTA당사국들과의 자유로운 교역환경을 조성할 수 있게 된다.

둘째, 연결되는 FTA간의 경제적 효율성과 제도적 상응성을 제고토록 연결해야 한다. FTA간의 형식적인 연결보다는 실질적인 내용이 상호 경제적 효율성과 제도수렴의 혜택을 누릴 수 있도록 연결되어야 한다. 연결된 FTA들의 당사국들에서 생산되는 가장 효율적인 제품과 서비스가 역내에서 선호되게 되고 생산자들은 가장 효율적인 재료를 자유롭게 구매할 수 있는 환경이 조성되도록 연결이 이루어져야 할 것이다. 또한 FTA간의 제도의 상이성에서 발생하는 거래비용의 최소화가 이루어지도록 제도의 수렴이 이루어져야 한다.

셋째, 한반도 및 동북아 정치 · 경제 · 안보 안정화에 기여토록 연결이 이루어져야 한다. 분단국이면서 강대국에 둘러싸여 있는 한국으로서는 FTA간의 연결의 의의가 단순한 경제적 이익의 획득에 있는 것이 아니고 동북아 정치 · 경제 · 안보의 안정화에 긍정적 역할을 행사하도록 하는데 있다. 주변국들 및 전통적 우방국들과의 FTA의 상호 연결을 통한 경제통합으로 인해 상호 교류확산을 통한 우호관계 강화와 안보적 공동운명체로의 발전을 촉진하도록 진행되어야 한다.

넷째, WTO를 비롯한 다자주의로의 궁극적인 통합에 상응하도록 연결해야 한다. 지역주의의 급속한 확산에도 불구하고, 상호 연결되는 세계경제체제 하에서 전세계적인 문제를 해결하기 위한 다자주의의 점진적 발전은 필연적으로 수반될 것이다. 따라서 지역무역제제간의 연결을 통해 상호 공통성을 늘려가는 것은 WTO를 비롯한 다자주의 체제에로의 궁극적인 통합을 위한 준비과정으로서 기능하게 될 것이다.

3 장기적 FTA정책 추진 방향

위와 같은 여러 수준의 지역무역협정 연결을 추진하는데 있어 지역간의 우선순위를 부여하는 문제를 검토해야 한다. 우선, 북미지역의 NAFTA와의 연결을 중단기 목표로 추진해야 한다. 우리는 미국과의 FTA에 서명하는데 성공하였으며, 현재 캐나다와의 FTA협상이 본격적으로 진행되고 있다. 또한 멕시코와의 FTA체결도 단기적으로 가능할 것이다. 따라서 이미 준비가 된(readiness) 권역인 북미지역에서 한 · 미, 한 · 캐나다, 한 · 멕시코 FTA가 상호 보완관계를 형성할 수 있도록 FTA정책을 추진하는 것이 필요하다. 결국, 한 · 미 FTA 비준에 이어, 향후 체결될 한 · 캐나다 및 한 · 멕시코FTA를 발전시킨 후 적당한 시기에 이들 FTA와 NAFTA를 통합하여 새로운 복수국간 FTA를 설립하는 방식을 궁극적인 목표로 삼아야 한다. 이러한 NAFTA-Korea FTA가 적어도 중단기적으로는 Korea-Japan-China FTA 보다 용이하고 동아시아지역 경제통합을 위한 동인을 제공할 것으로 판단된다. 한 · 미 FTA, 한 · 캐나다 FTA 및 한 · 멕시코 FTA의 관세철폐기간이 상당히 경과하게 되면, 국내 민감산업에 대한 구조조정 작업도 마무리 단계에 접어들 것이므로 북미지역과의 경제통합에 대한 부담을 떨쳐버릴 수 있을 것이다. 또한 NAFTA와의 통합은 동북아 정치 · 안보 안정화에도 기여하는 것이며, 중남미와의 통합을 위한 준비의 의미도 지니는 것이다. 한 · 칠레 FTA는 이러한 작업의 교두보 역할을 수행할 것이다. 이러한 북미지역과의 고수준의 FTA연결을 본격적으로 추진할 시기는 대략 지금으로부터 10년 뒤인 2018년쯤으로 설정할 수 있을 것이다. 물론 이러한 시점은 한 · 캐나다, 한 · 멕시코 FTA의 진전 상황 및 북미지역의 정세변화에 따라 추후 앞당겨질 수도 있고 늦춰질 수도 있을 것이다. 일단 이러한 협상이 개시되면 최대 3년 기간 동안에는 한국과 북미 3국의 이익이 균형을 맞춘 새로운 통합 지역무역협정을 설립하는데 합의하여 2020년에는 가칭 "Korea-North America FTA"를 출범시키도록 노력하여야 할 것이다.

물론 NAFTA국가들과의 새로운 복수국간 FTA를 설립하는 대신 우리나라가 단순히 NAFTA에 가입하는 형태로 통합을 추진할 수도 있을 것이다. 그러나 NAFTA규정들 중 일부가 오래되어 최신FTA들의 경향을 반영하지 못하고 있는 점, 그리고 우리경제의 특수성을 반영하지 못하는 측면(예: 투자자–정부 중재에 있어서의 부동산 가격안정화정책 예외) 등을 고려해 볼 때, 새로운 협정을 체결하는 쪽이 궁극적으로 타당한 방향일 것이다.

북미지역과의 지역무역협정 연결과 병행하여 아시아 지역 자체 및 EU와의 연결을 함께 추진해야 한다. 이미 상품분야에 대해 체결에 성공한 한 · ASEAN FTA과 협상을 타결한 한 · 인도 FTA를 필두로 중국, 일본, 호주, 뉴질랜드 등과의 FTA 체결에 박차를 가해야 한다. 장기적으로 'Korea-North America FTA' 가 본격적으로 추진될 즈음에는 한 · 중 · 일 FTA를 기본 축으로 다른 아시아 국가들을 흡수하여 확대하는 형태로 경제통합이 이루어져야할 것이다. 한 · 일, 한 · 중, 일 · 중 FTA를 각각 체결한 후 이를 통합하여 하나의 한 · 중 · 일 FTA(또는 동아시아 FTA)로 나아가는 방향을 제시할 수 있을 것이다. 아시아 전역을 통합하는 동력을 얻기 위해서는 이러한 한 · 중 · 일 FTA를 통한 결속이 필요할 것으로 판단된다. 한 · 중 · 일 FTA는 아시아 경제통합을 위해 필수적으로 요구되는 동북아시아의 정치안보적 안정화를 달성하기 위한 기반이 될 것이다. 이러한 과정에서 한국이 ASEAN과 FTA형태가 아닌 새로운 Korea-ASEAN 경제통합체를 형성하는 것을 검토할 수도 있다. 이러한 중간단계를 거치는 것이 한 · 중 · 일 통합에 도움이 된다면 상황에 따라 Korea-ASEAN통합을 먼저 추진할 수도 있을 것이다.

북한과의 경제협력도 본격적으로 진행하여 북한경제도 장기적으로는 한 · 중 · 일 FTA 틀 속으로 흡수해야 할 것이다. 그동안 우리나라는 북한에 대해 교역상의 각종 특혜를 부여해 왔으며 개성공단 사업을 통한 제한적인 합작 사업을 시행해 왔다.[21)] 이제는 이러한 일방적 특혜나 제한적 합작사업 차원이 아니고 남북한 지역무역협정 체결을 통해 한반도 경제의 통합을 장기적으로 추진할 때다. 실무적으로도 남북한간에는 이미 1992년 '남북기본합의서' 를 통해 교역대상물품의 무관세거래에 합의하고 있어 남북한 지역무역협정 '잠정협정(interim agreement)' 의 체결이 비교적 용이한 측면이 있다.[22)] 그러나, 남북한 지역무역협정의 체결은 수많은 전제조건의 충족을 필요로 한다. 첫째, 가장 기본적인 조건은 물론 한국과 북한이 지역무역협정 체결에 동의해야 한다는 것이다. 그러나 지역무역협정 체결은 협정 당사국간의 무역장벽을 철폐하여 상호 경제체제의 의존성과 영향력을 증대시킨다는 점을 감안할 때, 북한이 이러한 부담을 지고 협정체결에 동의하는 데는 상당한 세월이 필요할 것이다. 둘째, 양 경제간 경제의 기본구조가 유사해야 한다. 서로 다른 제도가 자리 잡고 있는 체제간 지역무역협정을 체결하는 경우 협정의 실행상 무수한 어려움이 발생하게 된다. 따라서 북한이 대내적으로는 시장경제체제를 본격적으로 도입하고 대외적으로는 개방정책을 지속적으로 추진하는 상태가 될 때 비로소 남북한 경제통합의 제도적 접근을 위한 토양이 조성되는 것이다. 셋째, 지역무역협정 체결 당사국간의 상호 신뢰회복이 확고하게 자리잡아야한다. 기본적인 신뢰관계가 구축되지 않은 국가간 지역무역협정을 체결할 경우 이는 이상적인 제도와 불안정한 현실간의 마찰을 초래하여 경제통합이라는 본래의 목적을 달성하지 못하게 된다. 따라서 남북한의 휴전협정 체제가 좀 더 안정적이고 영구적인 평화체제로 전환되고 이를 보장할 수 있는 안전보장체제가 구축된 후 남북한 지역무역협정은 그 실효를 거둘 수 있는 것이다. 한마디로, 남북한이 상호 간첩을 파견하고 언제라도 무력행사 및 테러를 가할 위험성이 존재하는 환경 하에서 성급하게 설립된 지역무역지대는 또 다른 분쟁의 소지를 낳을 수 있다는 것이다. 넷째, 북한이 WTO에 가입해야 한다. 지역협정 당사국간의 특혜교환이 GATT 제I조의 최혜국대우 의무의 예외로 인정되는 것은 "WTO 회원국간" 지역협정을 체결한 경우이기 때문이다.[23)]

---

21) 1992년 남북한은 『남북합의서』에 합의 하고 이를 구체화하기 위해 『교류협력부속합의서』를 체결하였다. 이에 따르면, "남과 북은 물자교류에 대하여 관세를 부과하지 않으며, 남북사이의 경제관계를 민족내부관계로 발전시키기 위한 조치를 협의"할 것을 규정하고 있다(제1조 10항). 이에 한국은 국내적으로 『남북교류협력에관한법률』을 제정하여 북한으로부터 반입되는 상품에 대한 관세를 면제하도록 규정하고 있다(제26조 2항 및 동 시행령 50조 2항, 3항). 이러한 합의서 및 국내법에 따라 남북한은 상호간의 경제교류에 대해 관세를 부과하지 않는 형태로 물자교류, 관광사업, 경수로사업, 위탁가공무역 등 각종 경제협력사업을 진행해왔다.

22) GATT 제XXIV조 및 그 해석을 위한 양해(Understanding on the Interpretation of Article XXIV of the GATT 1994)에 의하면, 지역협정의 당사국간에는 10년에 걸쳐 내부무역장벽을 철폐할 수 있다. 이 기간 동안의 과도기적 형태의 지역협정을 '잠정협정(Interim Agreement)' 이라 부른다.

23) GATT 제XXIV조 5항 참조. 최원목, 남북한 경제협력 정책과 한국의 자유무역협정 추진과의 관계, 국제법학회논총, 제47권 3호(2002년 12월). Won-Mog Choi, Legal Problems of Making Regional Trade Agreements with Non-WTO-Member States, Journal of International Economic Law, Oxford Univ. Press (October 2005) 참고.

물론 남북한 관계는 장기적으로는 상호신뢰를 확고히 하고 경제체제의 유사성을 높이는 방향으로 나아갈 것이다. 그러나 이러한 체제가 자리 잡기 위해서는 상당한 세월이 소요될 것이다. 북한이 개혁과 개방의 길로 본격적으로 접어들고, 북한의 핵 · 화생방무기 문제가 해결되고, 탈북자문제를 둘러싼 남 · 북한 · 중국간의 합의가 형성되고, 이산가족 문제의 본격적인 해결이 진행되고, 남북한 경제통합을 위한 주변 강대국들 간의 우호적 분위기가 조성되기 위해서는 적지 않은 노력과 시간이 소요될 것이다.

그러므로, 남북한 상품분야를 포괄한 자유무역협정 체결은 장기적 목표로 설정하되 중 · 단기적으로는 제한된 서비스 분야에서의 통합을 추진할 수 있다. 이는 북한이 상품분야에서의 전면적인 개방을 수용할 수 있는 준비가 되어 있지 않기 때문이기도 하지만, 서비스 분야의 지역통합에 대해서는 상대국의 WTO 비회원국 지위가 장애가 되지 못하므로 WTO합치성에 입각한 적극적 협정 추진이 가능하기 때문이기도 하다.[24] 사실, WTO 비회원국과 지역무역협정을 추진하는데 있어서 가장 WTO 합치성을 확실하게 보장할 수 있는 방안은 상품분야를 제외하고 서비스분야에 대해서만 지역통합을 달성하는 방식일 것이다. 즉, 이러한 서비스 분야의 통합을 바탕으로 상대국의 WTO 가입을 유도하고 그 가입과 더불어 상품분야까지 통합을 완성하는 식으로 지역통합을 추진하는 것이다. 이는 남북한간의 경제통합에도 그대로 적용된다. 최 단기적으로는 서비스 분야 중에서도 노동 분야에서의 적극적인 상호 협력을 추진할 수 있을 것이다. GATS 제V조의 2에 따르면 서비스분야의 지역무역협정 설립에 있어 노동서비스분야에만 한정하여 상호 노동시장에의 자유로운 접근, 보수, 사회보장 등에 관한 사항을 규정하여 노동협력을 증진시키는 형태의 협정을 체결하는 것은 정당화된다. 그러므로 남한의 기업과 북한의 노동자들이 상호 최대의 협력효과를 달성할 수 있는 형태로 상호 노동시장을 개방할 수 있도록 단계적으로 추진해나가야 할 것이다. 이러한 협력을 기반으로 중장기적으로는 서비스 및 상품시장 일반으로 경제통합을 확산시켜나갈 수 있을 것이다.[25]

고수준의 궁극적인 통합을 위한 중간단계로 저수준 및 중수준의 연결을 선행하여 진행하는 것은 바람직하다. 반드시 저수준, 중수준을 거쳐 고수준으로 순차적으로 이행해야 하는 것은 아니나, 저수준 연결이 중수준 연결을 위한 기반이 되고, 중수준이 고수준 연결을 위한 준비작업의 의미가 있으므로 순차적으로 이행하는 것을 추진해야 한다. 결국은 상이한 지역무역협정체제간의 공통분모(lowest common denominator)를 점차로 넓혀감으로써 경제주체들의 행정비용을 감소시켜 나가는 길만이 고수준 연결을 위한 동인을 제공해주기 때문이다.

---

24) Ibid.

25) Ibid.

아시아지역의 복잡한 원산지 규정체제 및 여러 'hub & spoke' 체제의 병존가능성은 그만큼 아시아 국가들이 'diagonal cumulation' 적용을 통해 얻는 이익도 크다는 것을 의미한다. 특히 우리나라와 같이 생산 재료의 대부분을 해외에 의존하고 있고 완제품에 대한 해외의 수출수요에 커다랗게 의존하고 있는 경제의 경우 'diagonal cumulation' 을 채택함으로써 얻는 이익은 실로 막대하다. 역내 재료의 'sourcing' 여지가 크게 증대하여, 우리 노동집약적 산업의 'sourcing' 을 저임금국가들로부터 마음 놓고 할 수 있는 여건이 조성됨은 물론 자본집약적 산업의 해외로부터의 중간재 수입도 활성화 된다. 한국이 미국과 FTA를 체결하여 NAFTA지역을 대상으로 'diagonal cumulation' 을 적용시키는 경우를 예를 들어 보자. 의류제품(garment)의 경우 한국에서 방직이 이루어져야 미국수출시 한국 원산지 판정이 내려지게 되나, 'diagonal cumulation' 의 적용으로 인해 특혜관세 혜택을 포기함이 없이 멕시코에서 방직된 ' fabrics '를 수입하는 것이 가능해진다. 또한 방직제품(fabrics)의 경우에는 방사 자체를 멕시코에서 수입하는 것도 가능해진다. 즉, 멕시코산 실이나 천으로 한국에서 방직이나 봉제를 한 후 미국으로 수출되는 제품에 대해 한국 원산지 판정이 내려지게 되어 특혜관세 혜택이 부여되는 것이다. 만일 한국과 중국이 FTA를 체결한 후 한 · 중 · NAFTA간 'diagonal cumulation' 이 적용되는 경우, 그 이익은 더욱 커지게 된다. 중국산 실이나 천으로 한국에서 방직이나 봉제를 하여 NAFTA국가들로 수출하는 경우에 대해 특혜관세 혜택이 부여되기 때문이다. 또 다른 예로 냉장고(HS 8418)의 특혜원산지규정으로 비원산지재료 비율이 최종 제품가액의 25%를 초과하지 않아야 한다는 규정이 있다하자. 이제 중국의 원산지 재료를 마음껏 사용하여 냉장고 생산하여 NAFTA국가들에 수출할 수 있는 것이다. 자동차(HS 8703)의 경우 비원산지재료 비율이 최종 제품가액의 40%를 초과하지 않아야 원산지 제품으로 인정한다고 하자. 중국뿐만 아니라 ASEAN까지 'diagonal cumulation' 의 대상국에 포함시키게 되면, 우리는 중국 및 동남아국가들로부터 부품 및 노동력을 마음껏 조달하여 자동차를 한국 내에서 최종 생산한 후 특혜관세 혜택하에 북미지역으로 수출할 수 있게 되는 것이다.

최근 우리나라는 미국과의 FTA에 이어 캐나다 및 멕시코와의 FTA체결도 적극적으로 고려하고 있다. 따라서 한 · 미 FTA 상의 기존의 'bilateral cumulation' 을 적극적으로 'diagonal cumulation' 으로 변경해나가는 방법을 고려해볼 수 있다. 또한 EU, 캐나다, 멕시코, 중국 등과 체결하게 될 FTA 상에서도 이러한 적극적인 cumulation조항을 도입함으로서 역내 경제통합의 효과를 촉진시켜야 한다. 결국 diagonal cumulation을 적극적으로 도입하여 "Pan-Korea-North America Area of Cumulation Zone"과 "Pan-Asia Cumulation Zone"을 형성해 나가는 것이 바람직하다.

이러한 cumulation 확산 노력과 병행하여 원산지 규정 자체를 통일시키는 노력도 가능한 범위 내에서 적극적으로 전개해나가야 한다. 향후 한 · 캐나다, 한 · 멕시코 FTA를 체결함에 있어, 가급적이면 한 · 미 FTA의 원산지 기준과 일치하도록 규정하고 그에 따라 파생되는 문제점들은 원산지 기준 자체 보다는 다른 수단을 동원하여 해결하는 접근이 필요하다. 그래야 나중에 한국과 NAFTA 국가들 간에 맺은 FTA들의 원산지규정을 통일하는 작업의 부담을 덜 수 있을 것이다. 이러한 점들은 한 · 중 · 일 FTA를 추진해나가는 과정에 있어서도 그대로 적용됨은 물론이다.

APEC이나 ASEAN+3 회의체를 통한 의견수렴 과정은 이러한 모든 노력을 지역단위로 기울여나가는데 도움이 될 것이다. APEC차원에서 중장기적으로 추진되고 있는 아태자유무역지대(FTAAP)는 기본적으로 아시아와 미주지역을 연결하려는 우리의 정책방향과 일치하므로 우리정부도 이러한 노력에 적극적으로 참여하여야 할 것이다. 이상의 연결 전략을 순서대로 그림으로 표현하면 아래 부록과 같다.

부록-한국의 FTA 연결정책의 장기적 전략

1. 한국이 미국에 이어 캐나다 · 멕시코와 FTA를 체결하고, 한 · 미, 한 · 캐나다, 한 · 멕시코 FTA상에 공히 NAFTA국가와 한국간의 diagonal cumulation조항을 규정한다(2010~2013).

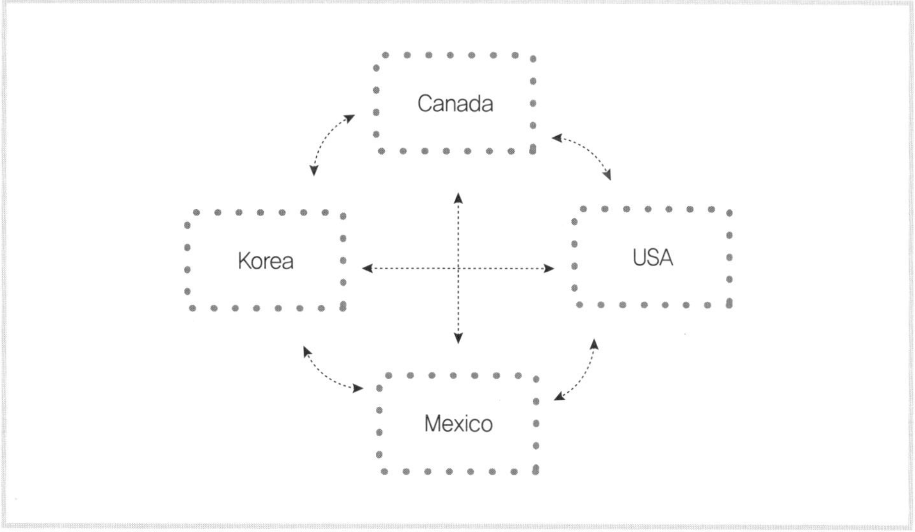

2. 한국과 NAFTA국가들과 공히 FTA를 체결했거나 체결할 국가들도 위 diagonal cumulation 대상지역 국가로 추가해나간다(1012~1016).

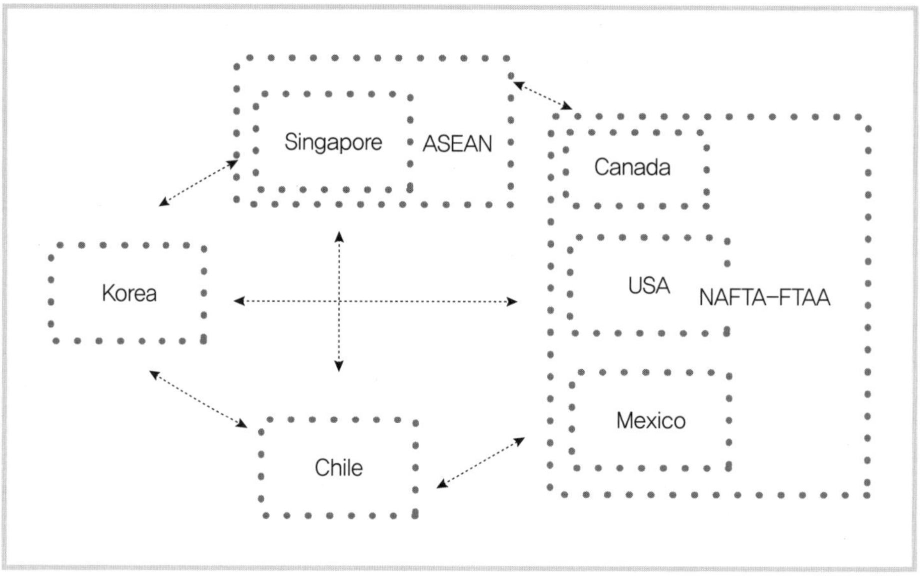

3. 중국 및 일본과 FTA를 체결하고 이들을 diagonal cumulation 대상지역 국가로 포함시킨다(2010~2015). Singapore

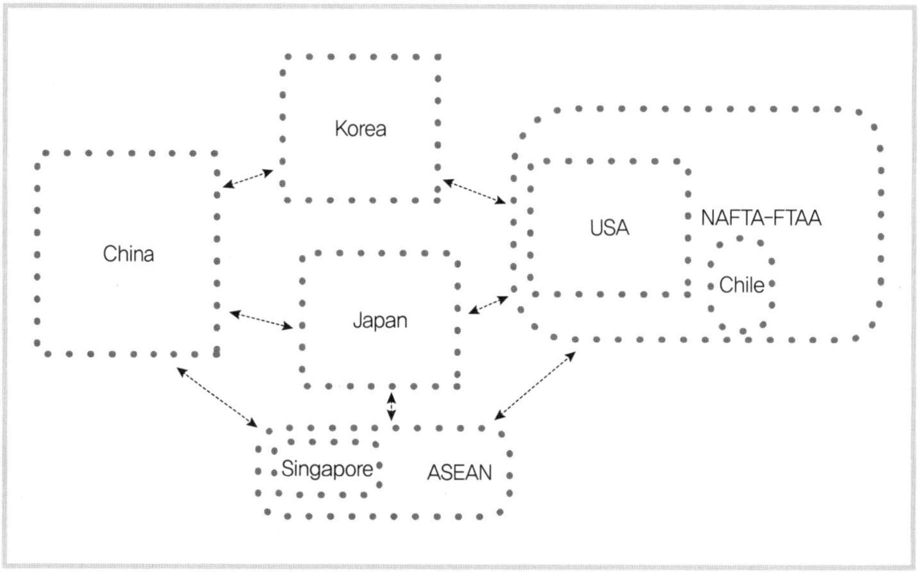

4. NAFTA와 통합하거나 새로운 한국-북미FTA를 창설한 후 이를 diagonal cumulation 대상지역과 연결시킨다(2014~2020).

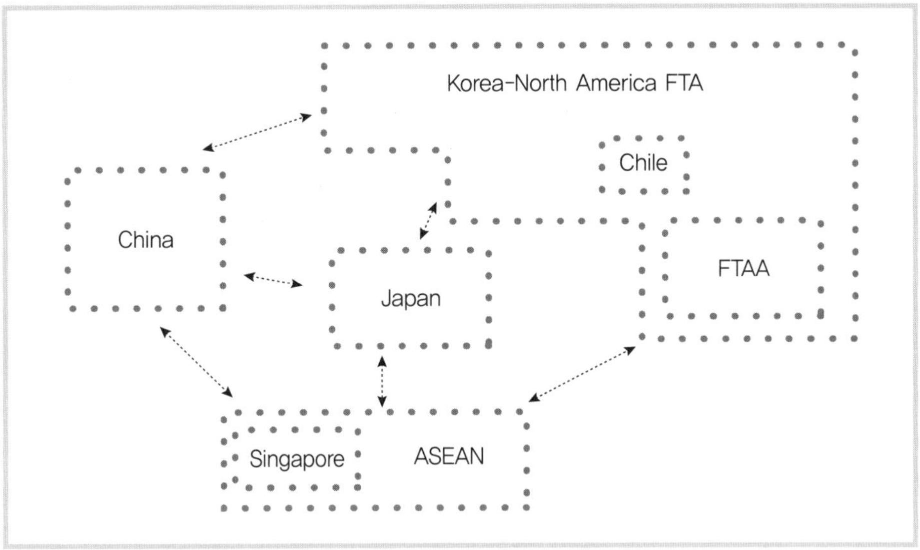

5. 위와 병행하여 한 · EU FTA를 체결하고 한 · EFTA FTA를 diagonal cumulation 등으로 연결시킨다(2008~2019).

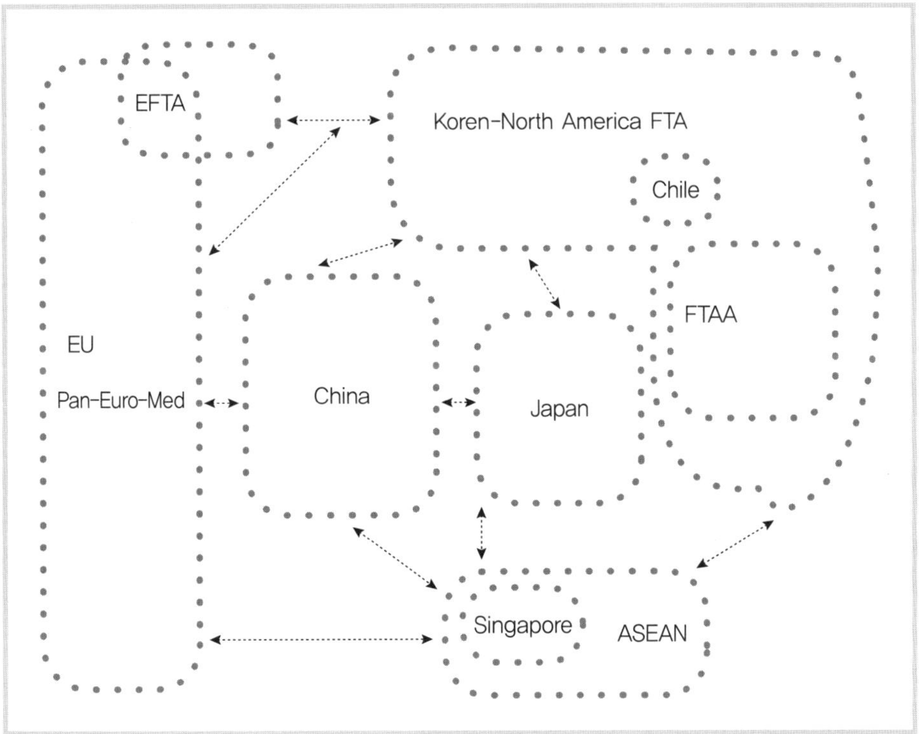

6. 한 · 중 · 일 FTA 단계를 거쳐, Pan-Asian FTA로 이행하며, 북미와 유럽을 diagonal cumulation으로 연결시킨다(2020~).

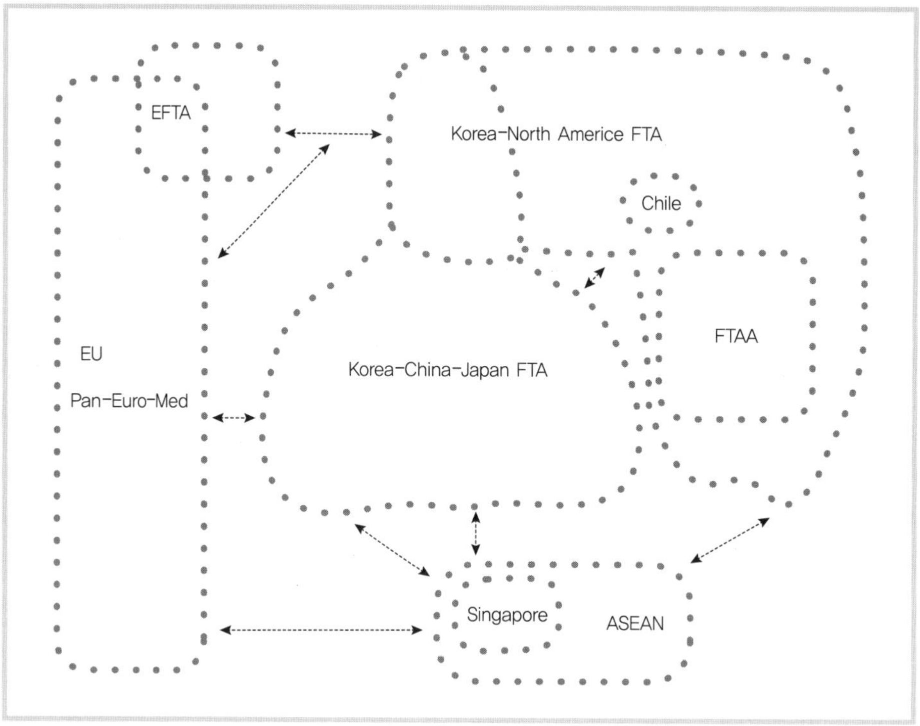

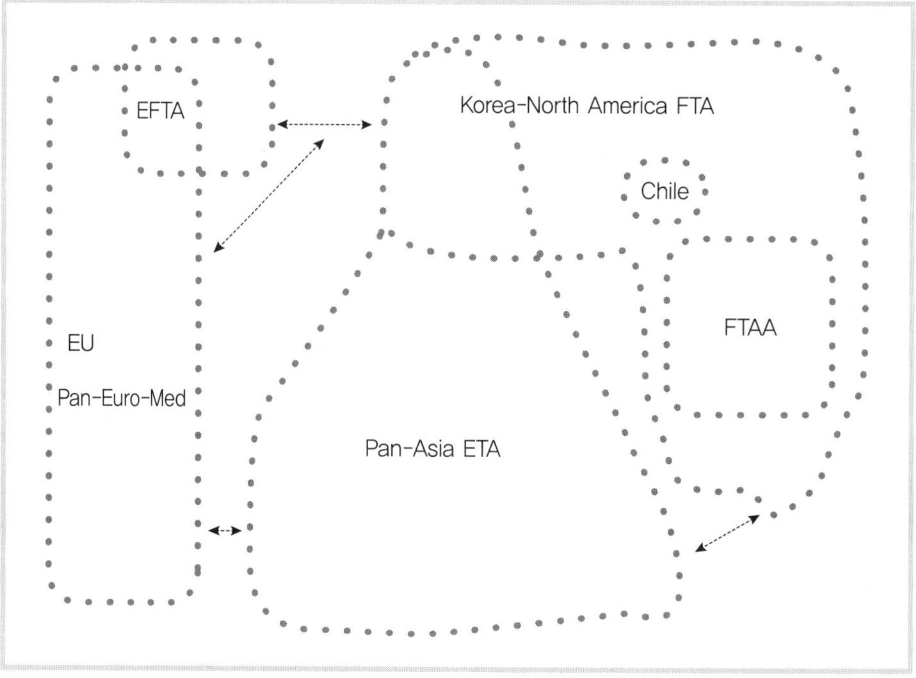

참고문헌 REFERENCES

Schott, Jeffrey J., "FTAs and United States Trade Policy: Past, Present, and Future Prospects," Presented to the Economic and Social Research Institute Cabinet Office, Government of Japan, Tokyo, Japan, March 16, 2005.

최원목, 우리나라의 자유무역협정의 추진과정과 법적 과제, 법제연구 제33호, 법제연구원 2007).

"정인교, 정재화, 한-칠레FTA협정의 평가와 교훈 및 향후 FTA추진에 대한 정책시사점, 대외경제연구 8-1(2004)".

'최원목, 미국법상의 원산지판정 기준과 개성공단 생산제품의 원산지판정 문제, 법학논집, 2004년 9월호'.

최원목, 남북한 경제협력 정책과 한국의 자유무역협정 추진과의 관계, 국제법학회논총, 제47권 3호 (2002년 12월).

최병일 외, 선진통상국가 실현을 위한 중장기 통상전략 연구, 대외경제정책연구원, 2006. 12.

Choi Won-Mog, "Regional Economic Integration in East Asia: Prospect and Jurisprudence" (Journal of International Economic Law, Oxford University Press, March 2003).

Choi Won-Mog, "Legal Problems of Making Regional Trade Agreements with Non-WTO-Member States" (Journal of International Economic Law, Oxford Univ. Press, October 2005).

Choi Won-Mog, "Legal Analysis of Korea-ASEAN Regional Trade Integration" (Journal of World Trade, v. 41 -3, Kluwer Law International, 2007).

GAO, *International Trade: Intensifying Free Trade Negotiating Agenda Calls for Better Allocation of Staff and Resources*, GAO-04-233, January 2004.

PART 02

동아시아 지역경제통합에 대한 주요국의 입장

CHAPTER 04

한국의 입장과 정책

인하대학교 국제통상학부 정 승 연

1 서론

1990년대 이후 세계적으로 글로벌화가 급속히 진행되는 가운데 각 지역이 통합경제권으로 나아가는 지역주의 또한 활발하게 전개되어 왔다. 이러한 과정에서 동아시아에서는 역내 무역이나 직접투자의 확대를 통한 시장 중심의 경제협력은 진전되어 왔지만, 경제통합의 심화를 위한 제도적 기반 마련은 상대적으로 미약했다.

그런 가운데 1997년 동아시아 통화금융위기를 계기로 ASEAN+3 체제가 가동되면서 역내 협력 강화에 대한 다양한 논의가 진행되어 왔다. 이 과정에서 한국은 동아시아비전그룹(EAVG)과 동아시아연구그룹(EASG)의 제안을 통하여 역내 경제통합의 필요성을 강조해 왔지만, 아직까지 그 역할이 충분하지 못한 것이 사실이다. 또한 지난 참여정부에서는 동북아시아에서의 한국의 적극적인 역할이 강조되었지만, 이 역시 별다른 성과를 거두지 못하였다.

이런 상황에서 동아시아에 있어서 경제통합의 주도권을 둘러싸고 중국과 일본이 대립하고 ASEAN의 역량에 대해 의구심이 제기되는 가운데 한국에 대해서 보다 적극적인 역할이 요구되고 있다. 그리고 동북아에 있어서는 러시아 천연가스 공동개발이나 철도망 연결 등의 기능적 경제협력의 필요성이 제기되는 가운데 최근 한국이 적극적인 역할을 모색하기 시작했다.

본장에서는 ASEAN+3에 북한, 몽골, 러시아 극동지역의 동북아를 포함하여 동아시아의 지역적 범위를 넓게 설정하여, 이 지역에서의 기존의 경제통합 구상들의 특징과 한계를 살펴본 후 향후 한국에 요구되는 역할을 검토한다. 본장은 다음과 같이 구성되어 있다. 우선 제II절에서는 FTA, AMF 구상 및 통화스왑협정, 동북아개발은행 구상과 같은 실물 및 금융경제에서의 제도적 틀 구축 논의를 중심으로 동아시아 지역경제통합의 현황과 문제점에 대해 검토한다. 제III절에서는 역내 양대 세력인 중국과 일본 그리고 이 두 국가를 적절히 중재해야 할 ASEAN은 어떠한 동아시아 통상전략을 구사해 왔는가에 대해 살펴본다. 그리고 제IV절에서는 지난 10년간 한국정부에 있어서의 동아시아 통상전략의 성과와 한계에 대해 살펴보며, 제V절에서는 동아시아 경제통합을 위해 한국이 수행해야 할 역할에 대해 제안한다.

2 동아시아 지역경제통합의 현황 및 구상

1 한 · 중 · 일 FTA 구상

한 · 중 · 일 3국간의 FTA 협상 추진상황을 살펴보면 다음과 같다. 한 · 일 간에는 1998년과 1999년에 당시의 양국 정상 상호방문을 계기로 양국간의 FTA 체결 필요성이 제창되었다. 그 직후인 2000년에 양국의 국책연구기관을 중심으로 공동연구가 시작되었고 『한 · 일 FTA에 관한 산학관 연구회』가 발족되는 등 FTA 협상을 향한 검토가 본격화되었다.

이를 계기로 2003년 12월부터 재화나 서비스무역은 물론 투자나 비관세장벽에 이르기까지 포괄적 FTA 체결을 목표로 한 · 일 정부간 협상이 시작되었다. 그러나 일본의 한국산 농수산물 수입문제와 한국의 일본산 부품소재 수입문제 등과 같은 난제에 부딪혀 2004년 11월의 제6차 협상을 마지막으로 정부간 협상이 중단되었다.

그리고 중국과 일본 사이에서는 양국의 학자들을 중심으로 FTA의 가능성이 검토되어 왔으나 아직 정부간 협상에 이르지는 못하고 있다. 단 중 · 일 간에는 우선은 인적교류나 기업간 협력을 강화하여 양국간의 신뢰를 높임으로써 경제교류의 장애물을 서서히 제거해가는 것이 중 · 일 FTA 체결의 첫걸음이 된다는 인식이 많다.

한편 1990년대 중반 이후 급속히 경제교류를 강화해온 한국과 중국은 2004년 9월 개최된 ASEAN+3 통상장관회의를 통하여 한 · 중 FTA 효과를 파악하기 위한 양국 공동연구에 합의하였다. 그리고 2005년 3월 이후 한국의 대외경제정책연구원(KIEP)과 중국의 국무원발전연구중심(DRC)과의 사이에서 공동연구가 시작되었으며 동년 6월에 북경에서 개최된 한 · 중총리회담에서 중국 측이 정부간 교섭을 시작할 것을 제안하였다.

끝으로 한 · 중 · 일 3국간에는 1999년 11월의 ASEAN+3 정상회의에서 시작된 한 · 중 · 일 정상회담에서의 합의를 계기로 2000년 11월부터 3국 연구기관 합동으로 전반적 경제협력에 관한 공동연구가 시작되었다. 그 후 2002년 11월 캄보디아에서 개최된 한 · 중 · 일 정상회의에서 중국총리가 한국과 일본에 대해 FTA 협상을 제안했으며 2005년

12월에는 3국 연구기관이 정리한 FTA 협상을 위한 정책제안이 3국 정상에게 제출되었다.[1] 하지만 한 · 중 · 일 3국간의 FTA 문제는 아직 구체성을 띠지 못하고 있으며, 앞으로 한 · 일, 한 · 중, 중 · 일과 같은 2국간 FTA 협상이 시작된다면 그 후에 3국 FTA 문제가 논의될 것으로 예상된다.

2 AMF 구상 및 통화스왑협정

1997년의 통화금융위기를 계기로 역내에서는 통화금융과 관련하여 AMF(아시아통화기금) 및 통화스왑협정이라고 하는 두 개의 역내 협력구상이 제기되었다. AMF 구상에 대해서는 1997년 위기 직후 일본이 자국의 풍부한 외환보유고를 활용하여 1,000억 달러 규모의 AMF를 창설하자고 제안했다. 이 기금으로 향후 또 다시 금융위기에 빠지는 역내 국가들을 지원하고 지역협력을 촉진하자는 것이 AMF 창설의 목표로 제시되었다. 일본 입장에서는 명목상 역내 국가들을 지원한다고 하지만 엔의 국제화와 더불어 동아시아를 엔블록으로 만들려는 의도가 있었다고 할 수 있다.

그러나 AMF 구상은 IMF와의 기능중복과 이 지역에서의 영향력 약화를 우려한 미국의 반대로 일단 무산되었다.[2] 이후 1998년 일본의 미야자와 관방장관은 300억 달러의 단독출연기금을 형성하여 역내 국가들의 경제회복을 지원하겠다는 신미야자와 구상을 발표했다. 이 구상은 일본과 역내 국가들간의 쌍무적인 계약을 통하여 금융지원을 하겠다는 프로그램이었기 때문에 채택될 수 있었으나, 이러한 성격 때문에 이 구상을 동아시아 지역 금융협력체제로 보기는 어렵다.

한편 통화스왑협정은 ASEAN+3 체제를 중심으로 하는 동아시아 역내 긴급유동성 지원메커니즘으로서 강구되기 시작했다. 이를 통하여 2000년 5월 태국 치앙마이에서 개최된 ASEAN+3 재무장관회의에서 동아시아 지역의 유동성 지원장치로서 기존의 ASEAN 통화스왑협정에 한 · 중 · 일이 참여하는 통화스왑협정을 체결하기로 하였다.

치앙마이 구상에 따라 동아시아 국가들이 역내에 지금까지 존재하지 않던 다자간 유동성 지원장치를 구비할 수 있게 된 것은 역내 금융협력의 큰 획을 긋는 진일보로 볼 수 있다. 그러나 이와 같은 금융협력에 있어서 약정금액의 10%까지만 IMF로부터의 자금지원과 연계하지 않고 자금공여를 할 수 있으며 나머지 90%는 IMF로부터의 자금지원이 확정되었거나, 자금지원이 있을 것으로 기대되는 경우에 한해서 자금지원이 가능하다. 이러한 측면을 볼 때 치앙마이 구상은 IMF로부터의 자금지원에 있어서의 부속기구의 성격

---

1) 弁納才一/鶴園裕編『東アジア共生の歴史的基礎』御茶の水書房(2008) 제5장 참조.

2) AMF의 무산 원인으로 IMF와 미국의 반대가 종종 거론된다. 그러나 다른 한편으로 AMF의 무산은 동아시아 지역 통화금융협력의 어려움과 일본의 리더십 한계를 보여주는 것이기도 하다. 김성철 편『한국의 국가전략 2020: 동북아 경제협력』 세종연구소(2005) 제3장 참조.

이 강하다고 말할 수 있다. 또한 이 구상에는 자금지원 한도가 결정되어 있어서 유동성 위기를 방지할 수 있을 만큼의 충분한 자금을 공급할 수 있는가 하는 문제가 있으며 특히 역내 유동성 위기가 주변국으로 전염되는 경우 쌍무적 유동성 지원협정은 유명무실하게 될 수 있다는 한계가 내포되어 있다.[3)]

3 동북아개발은행 구상

동북아개발은행(NEADB) 구상은 한국, 일본, 중국(주로 동북 3성), 몽골, 북한, 러시아(주로 극동지역)로 구성되는 동북아시아를 대상으로 중요산업과 SOC, 자원개발 등을 지원하는 개발은행을 설립하자는 취지로 1990년대 초부터 논의되기 시작하였다. 이 논의는 주로 동북아경제포럼(NEAEF)[4)]을 통해서 이루어져 왔는데 이 포럼은 지금까지 거의 매년 한 · 중 · 일의 주요 도시에서 개최되어 왔다. 이 논의를 통하여 한국의 남덕우 전총리, 아시아개발은행(ADB) 전 부총재 스탠리 캐츠(S. Stanley Katz), 도쿄재단의 세 방안이 대표적인 NEADB 설립방안으로서 평가되어 왔는데 이 방안들의 주요 논점만을 정리하면 다음과 같다.[5)]

우선 남덕우 방안에서는 동북아 6개국 이외에 미국을 포함하는 역외 국가들에 대해 널리 문호를 개방하는 것이 자원조달 및 국제적 기능을 높이는 데에 결정적으로 유리하다고 보고 있다. 그리고 NEADB에 대한 출자총액은 역내와 역외로 구분하여 ADB의 경우와 마찬가지로 60% 대 40%의 비율을 채택하고 청약자본금을 400억 달러로 상정하고 있다.[6)] 그런데 남덕우 방안에서는 NEADB 설립에 있어서 가장 큰 난관으로 NEADB 설

---

3) 최영종 외 『동아시아 공동체: 비전과 전망』 한양대학교 출판부(2005) 제5장, 안충영/이창재 편 『동북아 경제협력: 통합의 첫걸음』 박영사(2003) 제4장 참조.

4) 동북아경제포럼은 동북아시아의 경제개발과 통합에 관한 연구, 네트워크의 확립, 국가간의 정책대화를 지원하고 제공하기 위해서 1991년에 설립된 국제적인 비정부조직이다. 포럼에의 가입은 동북아시아 지역뿐만 아니라 국제적으로 개인과 법인에 대해서 개방되어 있다. 사무국은 미국 하와이주 호놀룰루시의 동서연구센터에 위치하고 있으며 포럼의 의장은 조이제 박사이다. 활동내용은 전력시스템, 에너지수급, 환경보호, 금융제도 및 자금동원, 인적자원개발, 인프라투자, 동북아개발은행, 지역에너지 네트워크, 지역교통 네트워크, 지역협력을 위한 시나리오, 기술이전, 무역 및 투자의 자유화 등이다. 일본 동북아시아비즈니스협력센터(北東アジア · ビジネス協力センター) 홈페이지 http://www.j-nbc.org/를 참조.

5) 이하 내용은 인하대학교 정석물류통상연구원 『동북아 개발금융 활성화를 위한 한국수출입은행의 역할확대 방안에 대한 연구』(2005), 千葉康弘『北東アジア經濟協力の硏究 : 開發銀行 · 開發ビジョン · 地域連携』春秋社(2005) 참조.

6) 개발은행에 있어서의 자본금으로는 주주총회인 총재단회의에서 승인한 주식발행 총액을 가리키는 수권자본금(authorized capital), 실제로 참가국들이 인수를 약정한 주식 총액을 가리키는 청약자본금(subscribed capital)이 있으며 청약자본금은 납입자본금과 催告자본금으로 구분된다. 납입자본금(paid-in capital)은 실제로 주식대금으로 현금을 납부한 자본금을 말하며 催告자본금(callable capital)은 은행의 요구가 있을 때에 납입하는 자본금을 가리킨다.

립 시 핵심 자금출자국으로 기대되는 일본과 미국의 소극적 태도를 들고 있다.[7] 따라서 향후 우선은 일본이 적극성을 띠어 한 · 중 · 일 사이에 NEADB 설립에 대한 합의를 이루는 것이 중요하며 이렇게 될 경우 동북아에서 영향력을 유지하려는 미국도 참가하지 않을 수 없게 될 것이다.

다음으로 스탠리 캐츠는 NEADB 설립을 위한 해결과제로서 다음의 네 가지를 제시하고 있다. 첫째, 동북아 지역의 인프라 정비 상황과 앞으로 필요한 계획을 명확히 설정하여 명문화할 필요가 있다는 점이다. 둘째, 각 기관의 대표자와 전문가의 조사를 통해서 앞으로 10년간에 걸쳐서 현존의 금융기관, 민간 및 공적재원으로부터 기대할 수 있는 장기 자본액을 수치화하는 것이다. 셋째, 관계각국 및 지도자에게 NEADB의 필요성을 널리 인식시켜, 정치적 동의를 얻기 위해 노력하는 것이다. 넷째, NEADB의 조직, 자본조달 방법, 초기의 청약자본금 규모, 대표권, 투표협정, 이사회의 규모와 구성, 본부의 장소 등에 대해서 각 기관과 전문가들의 보다 구체적인 검토가 필요하다는 점이다.

끝으로 도쿄재단 방안에서는 동북아의 지정학적 범주를 역내지역그룹(제1그룹: 일본, 한국, 북한, 중국의 동북3성, 몽고, 러시아 극동 시베리아 지역), 인근지역그룹(제2그룹: 동남아시아 국가, 오세아니아 등), 역외지역그룹(제3그룹: 미국, 캐나다, EU, ADB, 기타 국제금융기관)으로 분류한다. 이렇게 넓은 범위의 국가나 기관의 참여를 제안하는 배경에는 NEADB에 대한 가입자격을 동북아지역에 한정하여 폐쇄적으로 설정할 것이 아니라 가입의향이 있는 국가, 지역, 시민, 기관에 개방해야 한다는『주체성과 개방성의 원칙』에 근거하고 있다. 또한 도쿄재단은 NEADB가 설립될 경우 일본의 영향력이 강한 ADB 등과의 업무내용 중복을 피해야 한다는 점, 그리고 각 선진국이 중심이 된 민간금융기관과의 협조융자가 필요하다는 점을 강조하고 있다.

NEADB 설립은 1991년 제1차 동북아경제포럼에서 한국의 남덕우 전 총리에 의해 처음 제안된 이후, 10년 이상 설립에 관한 논의가 지속되고 있다. 하지만 이상에서 살펴보았듯이 여러 방안들이 제시되고 있으나 그것은 어디까지나 논의 단계에 그치고 있으며 구체적인 실천으로 옮겨지고 있지는 못하다. NEADB 설립이 본격적으로 추진되고 있지 못한 이유로서는 상술한 일본과 미국의 소극적 태도 이외에 동북아 지역에서의 각국간 정치 · 경제적 이해관계의 대립을 들 수 있다.

---

7) 일본의 경우 고이즈미 정부 초기에는 북한을 포함하는 동북아지역을 대상으로 하는 NEADB 설립에 대해 다소 적극적인 태도를 보였으나, 2004년 고이즈미의 방북 직후 불거진 일본인 납치사건을 계기로 이 문제에 대해 소극적인 태도로 변하게 되었다.

3 역내 핵심 국가 · 지역의 동아시아 통상전략

동아시아에서 EU나 NAFTA와 같은 제도적 협력 틀이 형성되지 못하고 있는 것은 역내 양대 강국인 중국과 일본의 견제와 대립이 큰 원인으로 작용하고 있으며 동시에 ASEAN이 중재 역할을 제대로 수행하고 있지 못하기 때문으로 볼 수 있다. 이하에서는 이러한 문제를 이해하기 위해 중국과 일본 그리고 ASEAN의 동아시아 통상전략에 대해 검토해 보고자 한다.

1 중국의 동아시아 통상전략

1990년대 말 개혁 · 개방 이후 연평균 8%에 이르는 고도성장을 달성해온 중국경제는 최근의 베이징올림픽 이후 본격적인 조정국면에 접어들 것이란 시각이 많았다. 특히 미국발 금융위기의 여파가 중국 금융시장에도 영향을 미쳐 이미 중국의 주식과 부동산 등의 자산시장의 가격은 상당히 하락하였으며, 향후 국유기업의 부실화와 재정적자 문제가 표면화되면 중국 실물경제의 성장률이 상당히 둔화될 가능성이 제기되고 있다.

하지만 지난 고도성장을 통해 중국경제는 '세계의 공장'으로서의 역할뿐 아니라 주요 시장으로서의 입지가 강화되어 왔다. 또한 아시아에 있어서도 중국은 기존의 일본 주도의 경제 · 통상질서를 자국 중심으로 재편하려고 꾀하고 있으며 이러한 전략은 상당 부분 실효를 거두고 있다. 이러한 중국의 급격한 약진을 두고 2001년 일본 『통상백서』까지도 "중국이 일본 대신 아시아경제를 주도하는 시대가 오고 있다"고 기술하고 있다.

지금까지 중국의 대외정책에 나타난 기본원칙과 목표는 '독립자주, 평화공존, 반패권주의, 하나의 중국 및 경제건설'이다. 이러한 원칙과 목표에 비추어보면, 중국의 동아시아 정책의 핵심은 이 지역에서 주도적 역량(leading power)의 발휘, 국제적 지위(international status)의 향상 및 경제발전기반(developmental basis)의 확충으로 요약된다.[8)]

중국은 동아시아지역에서 주도적 역량의 발휘와 국제적 지위 향상이 모두 경제발전에 의해 뒷받침되어야 한다는 인식을 가지고 있다. 이러한 중국의 대외 기본원칙과 목표가 동아시아 통상전략으로서 나타난 것이 중국 · ASEAN FTA의 실현이라고 볼 수 있다. 2001년 말의 WTO 가입을 앞두고 중국은 2000년경부터 동아시아 FTA 흐름에 적극 참가하게 되었다. 동년 11월에 싱가포르에서 개최된 ASEAN+3 회의에서 중국은 처음으로 ASEAN에 대해 FTA협상을 제안하여 1년 후에 중국과 ASEAN 10개국이 10년 이내에 FTA를 체결한다는 방안에 합의했다. 이와 같은 ASEAN과의 FTA 실현의 배경에는 중국의 급속한 경제발전과 시장확대가 있었으며, 이를 통하여 중국은 동아시아에서의 FTA 실현과 실물경제의 통합에 주도적인 역할을 수행하기 시작한 것이다.

---

8) 안충영/이창재 편 전게서, 제5장 참조.

한편 중국의 대외정책에서 중요시되고 있는 반패권주의 원칙의 적용은 매우 가변적이다. 따라서 중국의 동아시아정책과 연관된 대미 반패권주의정책도 그것이 중국의 경제발전에 장애요인이 되지 않는 범위에서 지속가능한 것이다. 중국의 대미관계가 대결보다 화해에 정책의 무게중심을 두고 있는 것도 결국 그것이 중국의 경제발전에 유리하다는 판단 때문이다.

또한 중국은 러시아와 국경문제를 비롯한 상호 대립적 관계를 청산하고 호혜적 관계에서 무역 · 투자 확대, 에너지자원 확보 등의 경제협력을 강화하고 있다. 이러한 중국의 실용주의적 외교는 일본에 대해서도 마찬가지로 적용되고 있다. 즉 중국은 일본에 대해서 경제협력의 확대를 저해하는 댜오위다오 영유권 문제를 논의하지 말자고 제안했으며, 최근에는 양국 정상회담을 통해 일본의 첨단 산업기술을 도입하려는 태도를 보이고 있다.

2 일본의 동아시아 통상전략

일본의 동아시아 전략은 1940년대의 대동아공영권으로 거슬러 올라갈 수 있지만, 그 이후에도 이 지역에서 일본의 리더십을 확보하려는 전략은 변함없이 이어져왔다. 특히 경제 · 통상과 관련해서는 일본이 선두에 서고 동아시아 NIEs, ASEAN, 중국 등이 그 뒤를 따라 기러기가 날아가는 형태로 공동 번영해가자는 안행(雁行, Flying Geese)형태론은 동아시아의 발전을 일본이 주도한다는 전략을 상징적으로 보여주고 있다.

하지만 이러한 안행형태론은 어디까지나 산업기술수준과 임금격차를 활용해 효율적인 동아시아 분업구조를 구축하자는 '시장중심적' 경제협력모델이지, 일본이 주도적으로 동아시아 경제통합의 '제도적' 틀을 만들겠다는 것은 아니다. 동아시아를 포함한 전 세계에 대해서 일본은 1990년대까지 WTO에 의한 다자무역교섭을 중시한 나머지 FTA나 지역경제통합과 같은 지역주의(regionalism)에는 가담하지 않았다. 이와 같이 일본이 다자주의를 고집하고 지역주의에 참여하지 않았던 이유로서는 동아시아 국가간의 발전격차가 크고 제도적 차이가 많아 통합이 어렵다고 판단한 점, 농업이 기반인 많은 동아시아 국가들과의 사이에 농산물 무역자유화를 추진하기 어려웠던 점, 아시아만의 지역협정이 역외국 특히 미국의 반발을 초래하고 있었던 점 등을 들 수 있다.[9)]

그러나 1990년대 WTO체제가 무력해지는 가운데 2000년을 전후로 일본의 통상정책도 크게 변하게 되었다. 즉 일본정부는 기존의 WTO 다자주의를 중시하면서 APEC과 같은 지역협력, 2국간 FTA도 적극 추진한다고 하는 '중층적(重層的) 통상정책'을 채택하기에 이른 것이다. 이를 계기로 2002년 싱가포르와 최초의 FTA를 체결한 일본은 ASEAN, 한국 등과의 FTA에 대해서도 보다 적극적으로 대응하기 시작했다.

9) 안충영/이창재 편 전게서, 제5장 참조.

하지만 상술한 바와 같이 2001년 ASEAN은 일본에 앞서 중국과 먼저 FTA 체결에 합의해 버렸다. 이는 일본에 커다란 충격을 안겨주었다. 왜냐하면 1985년의 플라자합의 이후 일본은 ASEAN 국가들에 대한 직접투자를 늘려왔으며 일본 ODA의 최대 공여지역도 ASEAN이라는 점을 고려하면, 일본으로서는 ASEAN이 자국과 먼저 손을 잡을 것으로 믿고 있었던 것이다. 이를 계기로 ASEAN과의 협력을 강화하여 동아시아에서의 중국의 급부상을 견제하겠다던 일본의 전략은 난관에 부딪치게 되었다. 더구나 이러한 중국과 ASEAN의 접근에 대해 한국과의 관계 강화를 통해 대응하겠다던 일본의 동아시아 통상전략은 한국과의 FTA 협상이 중단되자 대폭 수정되지 않을 수 없게 되었다.

이러한 과정을 거쳐 탄생된 것이 '동아시아 정상회의(EAS: East Asia Summit)' 이다. 일본 주도로 발족된 EAS 제1차 회의는 2005년 12월 쿠알라룸푸르에서 개최되었는데 그 직전에 제9차 ASEAN+3 정상회의가 예정되어 있었다. 이를 둘러싸고 일본과 중국 사이에 격렬한 외교전이 벌어졌던 것은 잘 알려진 일이다. 즉 ASEAN+3의 13개국에 일본에 우호적인 동아시아 역외 국가 3곳(호주, 뉴질랜드, 인도)을 포함시킨 16개국을 대상으로 하는 EAS를 토대로 동아시아공동체를 구축하려는 일본의 전략에 대해, 중국은 자국이 주도하고 있는 ASEAN+3 체제를 동아시아공동체로 확대시켜야 한다고 주장했던 것이다.[10)]

일본의 EAS 구상의 배경으로는 이와 같이 동아시아 경제에 있어서 중국을 견제하려는 의도가 강하게 작용했는데, 또 한편으로는 일본뿐만 아니라 미국의 우방인 역외 3국을 포함시킴으로써 일본외교에 자주 나타나는 '미국에 대한 배려' 가 작용하고 있다고 말할 수 있다. 이와 같이 향후에도 일본은 중국의 급부상을 미국과의 협력 하에 견제하려는 전략을 구사할 것으로 예상되는데, 동아시아에서의 이와 같은 강대국 사이의 견제와 대립이 역내 경제통합을 추진해가는 데 있어서 풀어야 할 가장 큰 난문으로 해석할 수 있다.

3 ASEAN의 동아시아 통상전략

1967년 8월에 창설된 ASEAN은 당초 정치 · 외교 측면에서의 협력을 목표로 했지만, 1975년 베트남전쟁이 종결되면서 경제 측면에서의 협력을 모색하기 시작했다. 이후 ASEAN은 회원국 사이의 관세감축과 자동차산업을 중심으로 하는 분업구조를 형성해 왔지만, 세계경제 속에서 이 지역이 주목받기 시작한 것은 1991년에 제창된 ASEAN 자유무역지역(AFTA)을 통해서였다.

하지만 AFTA가 결성된 계기는 경제적 이유는 아니었다. 즉 반미감정이 강했던 말레이시아의 마하티르수상이 중심이 되어 1991년 1월에 제창된 동아시아경제그룹(EAEG) 구상, 그리고 동년 10월에 동아시아경제회의(EAEC)구상으로 이름이 바뀐 아시아태평양

---

10) 西口清勝/夏剛編『東アジア共同体の構築』ミネルヴァ書房(2006) 제1장 참조.

무역블록구상이 AFTA 결성으로 연결된 것이다. 이와 같이 AFTA가 결성된 것은 동남아시아 지역주의에 입각한 국제정치적 요인이 강하게 작용했다고 볼 수 있다.

설립 초기부터 역내에서의 정치 · 경제적 결속을 추구해 왔던 ASEAN의 동아시아 통상전략이 변하게 된 계기는 1990년대 말의 통화금융위기의 발발이었다. 이러한 태국발 통화금융위기의 발발과 확산을 계기로 ASEAN의 지도자들은 ASEAN을 포함한 동아시아 전체의 지역협력의 중요성을 실감하게 되었다. 다시 말해 ASEAN이라고 하는 개발도상국 중심의 지역협력체제로는 오늘날의 주요 위기에 대해서 효과적으로 대처할 수 없음을 알게 된 것이다.

이러한 배경 하에서 동아시아 지역협력은 애초 EAEC를 제안했던 말레이시아의 주도로 1997년부터 시작된 ASEAN+3 협력체제를 중심으로 구체화되었다. 당시 말레이시아는 1997년 ASEAN 창설 30주년을 기념하기 위해 예정된 ASEAN 정상회의에 한국, 중국, 일본의 정상들을 초청하는 형식으로 최초의 ASEAN+3 정상회의를 개최했으며, 이후 1998년 하노이 개최 ASEAN+3 정상회의를 계기로 정례화되어 지금까지 동남아 각국에서 개최되어 왔다.[11)]

1990년대 말 이후 ASEAN의 동아시아 통상전략은 ASEAN 역내 이익의 극대화를 위해 일본과 중국이라고 하는 양대 강국 사이에서 끊임없이 줄타기를 하는 형국이라고 말할 수 있다. 우선 중국경제의 급부상에 따른 '중국위협론'이 확산되던 1990년대 말 시점에 있어서 ASEAN은 일본의 동아시아 전략에 동조하는 태도를 보였다. 통화금융위기에 대한 대처방안으로서 IMF의 처방전이 유효하지 못했다는 비판을 받는 가운데 ASEAN 국가들은 상술한 신미야자와 구상이나 통화스왑협정에 의존했던 것이다.

하지만 상술한 바와 같이 2000년 이후 ASEAN은 일본에 앞서 중국과 먼저 FTA를 체결함으로써 중국과 협조하여 동아시아 경제통합을 주도하기 시작했다. ASEAN의 산업구조가 중국과 경합적이라는 어려움이 지적되는 가운데 ASEAN이 중국과 우선 손을 잡게 된 데에는 ASEAN 역내의 화교들의 막강한 영향력이 작용했다고 일컬어지고 있지만, 또 한편으로 ASEAN의 수출시장으로서 일본과 미국의 중요성이 감소하는 가운데 중국시장의 중요성이 급증한 것도 작용했다고 볼 수 있다.

그러나 동아시아 경제통합 과정에서 ASEAN이 중국과의 시장통합을 통해 급격히 중국의 영향력 하에 놓이게 될 것이라고 보는 것은 시기상조일 것이다. 왜냐하면 중국과의 협력을 보다 중시하는 ASEAN 국가들이 많은 것은 사실이지만, 싱가포르나 태국 등은 일본 주도의 EAS 구상에 동조하고 있기 때문이다. 이 국가들은 1980년대부터 직접투자를 적극 받아들인 일본기업들에 대해 기술협력을 절실히 요청하고 있다. 이러한 상황을 고

11) 渡邊利夫編『東アジア市場統合への道』勁草書房(2004) 제14장, 최영종 외 전게서, 제2장 참조.

려할 경우 향후의 동아시아 경제통합에 있어서 ASEAN이 중국과 일본을 중재하며 일관적인 리더십을 발휘한다는 것은 쉽지 않아 보인다.

4 한국의 기존 동아시아 통상전략

한국에서 '동아시아'에 대한 관심이 높아진 것은 1990년대 이후인데 그 배경으로는 다음의 두 가지가 지적될 수 있다. 첫째, 1980년대 말 이후 냉전이 종결되면서 한국으로서 전쟁이나 이데올로기에 의해 격리되어 있던 근린지역을 재발견하게 되었다는 점이다. 이는 중국이나 러시아, 베트남 등의 시장개방과 동시에 한국이 이 지역들에 대해 체제보다는 시장으로 접근하기 시작했다는 점을 의미한다. 둘째, 1990년대 이후 다자간 또는 양자간 지역주의가 강화되는 가운데 한국으로서도 동아시아에서의 지역주의 강화가 국익으로 연결될 수 있다고 본 것이다. 이는 동북아 내지 동아시아 지역협력에 있어서 한국이 나름대로의 조정역할을 담당할 수 있다는 논리로 발전하여 지난 정부의 통상전략에 반영되었다. 이하에서는 지난 10년간 한국정부가 추진한 동아시아 통상전략의 성과와 한계에 대해 살펴보고자 한다.

1 국민의 정부에서의 동아시아 공동체 구상

동아시아 통화금융위기 직후인 1998년 초 출범한 국민의 정부는 동아시아 공동체를 향한 외교통상정책을 본격적으로 전개하였다. 그 이전의 노태우정부에서나 김영삼정부에서도 동북아 평화 · 안보협력협의체 제안이 있었으나 이는 다분히 북한문제에 대한 역내 공동접근을 의도한 것이었다. 이에 비하면 국민의 정부에서는 1997년 시작된 ASEAN+3을 무대로 동아시아 경제협력의 제도화를 지향하며 한 · 중 · 일 협력체제 강화를 추진한 것이다.

이후 국민의 정부는 1998년 '동아시아 지역협력을 위한 중장기적 비전 연구'를 목적으로 하는 동아시아비전그룹(EAVG)의 설치를 제안했고, 1999년 이후에는 ASEAN+3라는 협력 틀 내에서 한 · 중 · 일 정상회의의 정례화를 이끌어냈다. 또한 국민의 정부는 2000년에 EAVG의 제언을 검토하기 위한 정부협의체로서 동아시아연구그룹(EASG)의 설치를 제안했다. 각국의 차관보급으로 구성되는 EASG는 EAVG 보고서를 검토하여 2002년 11월의 ASEAN+3 정상회의에 최종보고서를 제출했다.

이 보고서는 동아시아 공동체를 향한 시책으로서 26개의 협력사업(단기 17, 중장기 9)을 제안했는데, 한국은 이 사업들 중에서 '동아시아포럼'의 설립, '동아시아 정체성 및 공동체의식 형성을 위한 문화 · 교육기관의 공동작업' 등을 맡아 추진했다.[12] 이와 같이

12) 進藤榮一/平川均編『東アジア共同体を設計する』日本經濟評論社(2006) 제4장 참조.

국민의 정부는 ASEAN+3라는 제도적 틀을 활용하면서 동아시아 경제통합의 비전과 각 분야별 협력과제의 선정에 일조했다는 점에서 나름대로 그 의의를 평가할 수 있다. 하지만 이와 같은 한국정부의 적극적 자세는 대통령 5년 단임제라는 한계 속에서 점차 약화되어 갔다. 또한 이 시기에 한국 주도로 동아시아 경제협력 강화에 대한 문제제기는 가능했지만, 각 문제에 대해 중국이나 일본, ASEAN 등의 진지한 논의를 이끌어내기에는 한국의 역량이 아직 미흡했다고 말하지 않을 수 없다.

2 참여정부에서의 동북아 허브 · 균형자 구상

2003년 2월에 취임한 노무현대통령은 '평화와 번영의 동북아시대' 구현을 주요 국정목표로 천명하였다. 전략 대상지역이 이전 정부의 동아시아로부터 동북아로 바뀐 것은 당시의 북핵문제 분출에 따른 외교적 관점이 많이 작용했다고 일컬어지고 있다.

하지만 이와 같이 대상지역 범위가 축소된 것을 둘러싸고는 퇴행적 또는 축소지향적 대외정책관이 아니냐는 비판이 꾸준히 제기되어 왔다. 또한 ASEA+3 협력문제가 여전히 한국의 지역협력정책의 중심과제가 되고 있는 현실과는 동떨어진 것이 아니냐는 문제의식도 함께 제기되었다. 같은 동북아국가인 중국과 일본은 자신들의 지역협력의 초점을 동북아라는 소지역에 두고 있지 않고, 오히려 동남아를 포함한 광역의 동아시아지역 또는 미국이나 호주 등도 포함하는 아태지역에 두고 있는 상황에서 유독 한국만이 동북아를 강조하는 것이 과연 적절한 것인가 하는 비판이 있어 왔다.[13)]

노무현대통령은 취임 초기 자문기구로서 '동북아경제중심위원회'를 설치하여 북한을 포함하는 동북아지역의 물류, 수송인프라, 에너지개발 등에 관한 많은 의욕적 구상을 개진하였다. 특히 물류와 금융에 있어서는 한국이 동북아의 중심국가(허브)를 지향한다는 점을 대내외에 천명하였다. 그러나 이러한 '중심국가론'에 대해서 중국과 일본은 직간접적으로 불쾌감을 표시하거나 조소적 태도를 취해 왔으며, 실제로 한국이 허브가 되기에는 역량에 있어서 많은 한계가 노출되었다.

또한 2005년에는 노무현대통령이 불안정한 동북아정세를 안정과 평화의 질서로 만들어가는 중장기적인 과정에서 한국이 적극적인 역할을 수행하겠다는 의미로 '동북아 균형자론'을 제시하였다. 이는 과거 100여년 전 주변 강대국들이 우리 땅에서 세력 각축을 벌일 때 우리는 주권을 지키기 위한 의지와 능력이 부족했다는 반성 하에 향후에는 한국이 동북아 각국의 평화번영에 적극 기여하는 균형자 역할을 하겠다는 것이었다. 이 구상에 대해서는 북한문제의 당사자인 한국이 과연 대륙세력과 해양세력과의 사이에서 중립적인 균형자 역할을 할 수 있겠는가 하는 논란이 벌어졌다.

---

13) 최영종 외 전게서, 제2장 참조.

이상에서 살펴본 바와 같이 참여정부에서의 동북아 허브 · 균형자 구상은 지나치게 이상적이며 정치논리에 근거하고 있다고 평가하지 않을 수 없다. 이는 오늘날 역내 지역협력이 중국과 일본이라는 양대 강국을 중심으로 전개되며, 정치보다는 경제논리에 입각하여 전개되고 있다는 점을 간과하고 있다. 그 결과 참여정부에서의 동북아 구상은 별 성과 없이 끝나고 말았다.

5 동아시아 경제통합을 위한 한국의 역할

상술한 바와 같이, 국민의 정부에서 전개된 동아시아 중심의 역내 통상전략은 참여정부를 거치면서 동북아 중심의 국제정치전략으로 변하였다. 그러나 오늘날 근린 국가들은 넓은 범위의 동아시아를 전략적 지역대상으로 삼고 있다. 또한 ASEAN의 역내 리더십의 유무에 상관없이 현실적으로 역내 경제협력이 ASEAN+3을 축으로 전개되고 있는 점을 고려하면 우리는 ASEAN을 포함하는 동아시아를 통상전략의 대상으로 설정해야 한다. 더 나아가 금융이나 에너지 · 자원개발 등의 분야별 협력에 있어서 북한, 몽골, 러시아 극동지역과의 협력이 중요하다는 점을 고려한다면, 동아시아라는 범위를 이들 동북아지역을 포함하는 보다 넓은 지역으로 파악하는 것이 유효할 것으로 판단된다.

이렇게 본다면 향후 우리 정부가 상정해야 할 동아시아라는 지역은 국민의 정부에서의 ASEAN+3에 참여정부에서의 동북아를 합친 보다 넓은 지역으로 파악한 후, 두 가지 경로(two-track)를 통해 동아시아 경제통합을 추진해가야 할 것이다. 그 하나는 ASEAN+3을 대상으로 '제도적 경제통합'을 가속화하는 것이며, 나머지 하나는 동북아지역에서 '기능적 경제협력'을 강화하는 것이다. 이하에서는 이러한 동아시아 경제통합의 내용과 향후의 한국 역할에 대해 검토하고자 한다.

1 제도적 경제통합 가속화-역내주체성과 대외개방성 확보의 가교 역할

EU나 NAFTA의 경우에서 알 수 있듯이, 경제통합 과정에서는 우선 역내의 각국이 결속하며 주체성을 확보하면서 역외에 대해서는 어느 정도 배타성을 갖는다. 역으로 말하면, 이러한 대내외 관계설정에 차이를 두지 않으면 효과적인 경제통합을 기대할 수 없다는 사실은 APEC의 한계를 보면 명백해진다. 즉 '열린 지역주의'라는 슬로건으로 1989년 발족한 APEC은 초기의 많은 기대에도 불구하고, 경제통합의 원동력과 리더십을 확보하지 못한 채 구체적인 실적을 올리지 못하고 있는 것이다.

그런데 한 · 중 · 일에 ASEAN이 포함되는 동아시아라고 한다면 역내 각국들이 협력하여 주체성을 확보한다는 것이 그리 쉬운 일은 아니다. 그 이유는 동아시아 특히 한 · 중 · 일 3국은 정치나 역사 등의 다양한 비경제적 요인으로 대립하는 경우가 많으며, 모두 정치 또는 경제적 측면에서 미국과 특수한 관계에 있기 때문이다. 따라서 동아시아에 있어서는 경제통합에 대한 역내 각국의 합의를 도출하는 것이 쉽지 않고, 게다가 일본 주도의 AMF 구상이 실패했던 것처럼 미국을 배제하는 역내 통합은 그 실현가능성이 높지 않다.

그러므로 동아시아 경제통합을 가속화하는 데 있어서는 한 · 중 · 일과 ASEAN 중심의 역내주체성을 확보하면서 동시에 미국이나 EU, 호주 등에 대한 대외개방성을 인정하지 않으면 안 될 것이다. 따라서 동아시아 경제통합은 역내 결속을 통해 통합을 추진했던 EU · NAFTA와 대외개방성을 지나치게 강조한 APEC 사이의 적절한 중간지점을 지향해야 할 것이다.

그런데 역내주체성과 대외개방성과 같은 모순되는 개념을 순조롭게 연결시키기 위해서는 역내 세력과 역외 세력을 적절하게 연계시키는 가교 역할을 누군가가 맡아야 하는데 그것을 ASEAN과 한국이 맡는 것이 바람직하다고 생각한다. 하지만 시간이 흐를수록 ASEAN보다는 한국의 역할이 중요시될 것으로 판단된다. 그 이유는 상술한 바와 같이, 지금까지 ASEAN+3의 틀에서 중심적 역할을 해온 ASEAN은 향후 그 상당수 국가가 중국의 영향력 하에 편입되고 일부는 일본 쪽에 동조하면서 ASEAN이 단결하여 주도적 역할을 수행하기가 어렵게 될 것으로 보이기 때문이다.

따라서 향후에는 경제적으로 중국 및 일본과 밀접한 관계를 유지해 오고 미국과도 정치경제적으로 특수 관계에 있는 한국이 역내주체성과 대외개방성 확보의 가교 역할을 수행해야 할 것으로 보인다. 또한 그러한 역할을 맡기 위해서는 한국이 ASEAN+3 체제 중심으로 가려는 중국과 EAS 구상 실현을 통해 입지를 강화하려는 일본 사이에서 어느 한쪽으로 치우치지 않고 대안을 제시할 수 있는 통상외교적 노력이 요구될 것이다. 예를 들어 한국은 동아시아 FTA 협력에 있어서 중국과 일본의 구상을 종합하여 중장기 플랜을 만들 필요가 있으며, 통화스왑이나 AMF 구상[14]에 있어서도 중국과 일본 사이의 합의 도출에 노력하면서 역외 국가들의 참여도 유도해 나갈 필요가 있다.

2 기능적 경제협력 강화-경제논리에 입각한 중재자 역할

상술한 한 · 중 · 일+ASEAN으로 규정되는 동아시아에서는 FTA나 통화스왑, AMF 등과 같은 실물 · 금융경제에 있어서의 광범위한 경제통합이 강조된다면, 한 · 중 · 일+북한,

---

14) 우리 정부는 최근의 세계 금융위기에 공동대응하기 위해 한 · 중 · 일과 ASEAN이 800억 달러 규모의 '아시아 공동펀드'를 만들자는 제안을 했다. 이것은 외환보유액 강대국인 한 · 중 · 일 3국이 주축이 돼 수출 침체 등에 따른 달러 가뭄에 대비해 외환보유 공유 채널을 확보하겠다는 구상으로서, AMF 설립의 전 단계로 평가할 수 있다. 하지만 이 구상에 대해서는 한국만큼 외화 유동성이 절실하지 않은 중국과 일본의 협조를 어떻게 이끌어낼 것인가가 큰 과제로 대두되고 있으며, 설령 양국이 협조하더라도 그 후에 벌어질 중 · 일간의 주도권 다툼을 한국이 얼마나 슬기롭게 조정하느냐가 중요 과제가 될 것으로 전망된다. 2008년 10월 6일 조선일보 참조.

몽골, 러시아 극동지역과 같은 동북아시아에서는 상호 이해관계가 일치하는 프로젝트의 수행을 통하여 기능적 경제협력을 강화하는 전략이 요구된다. 이것은 그만큼 동북아지역에서는 아직까지 냉전시대의 대립 논리가 남아 있는 관계로 당장 광범위한 경제통합으로 가기가 어렵기 때문이다.

하지만 이 지역은 상당한 에너지나 자원 매장량, 각 지역의 많은 개발이슈 등으로 볼 때 협력체제가 효율적으로 정비된다면 그 파급효과는 매우 클 것으로 기대된다. 구체적으로 동북아지역에서는 지금까지 운송 · 물류시스템 정비, 에너지 · 자원개발 등의 분야에 있어서 협력이 구체적으로 논의되어 왔다. 하지만 아직까지 이 지역에서 협력의 성과물이 가시화되지 못하고 있는 것은 많은 논의들이 결국 정치 · 외교적 대립이라는 암초에 부딪쳤기 때문이다.

예를 들어 TKR에 TCR, TSR을 연결하여 한반도로부터 유럽으로 철도망을 연결하려는 사업이나 러시아 천연가스를 중국과 북한을 경유하여 한국이나 일본으로 들여오려는 사업[15) 등은 여러 부차적인 요인들은 있지만 결국은 정치 · 군사적 대립문제를 해결하지 못한 것이 가장 큰 장애요인이라고 말할 수 있다. 따라서 이러한 문제를 극복하기 위해서는 각국 모두에 이익이 될 수 있는 경제논리에 입각한 협력방안이 제시되어야 하며 그 역할을 한국이 맡을 필요가 있다. 특히 한국은 북한문제의 당사자이기 때문에 역내 각국을 설득하여 동북아 경제협력을 강화하는 '중재자' 역할을 담당해야 할 이유와 명분이 더욱 강하다.

동북아에서 각 분야에 있어서의 기능적 경제협력을 강화하는 데 있어서 효율적인 IT 네트워크의 구축과 개발금융기관의 존재는 중요한 인프라적인 성격을 띠고 있다. 여기서 한국이 나름대로의 역할을 할 수 있는 여지가 생기게 된다. 즉 향후 한국은 IT분야에서 축적된 높은 기술력을 바탕으로 지난 참여정부에서 제기되었던 '동북아 IT협력론'을 보다 구체적으로 실천할 필요가 있으며[16)], 일본과 미국 등을 설득하여 상술한 동북아개발은행 설립에 적극적으로 나서야 한다. 그렇게 될 때에 비로소 한국은 동북아에서의 '실질적' 중재자 역할을 수행할 수 있게 될 것이다.

---

15) 동북아 철도연결사업과 러시아 천연가스 공동개발사업은 지난 참여정부에서도 적극 논의되었지만 구체적 성과를 거두지 못했다. 그런데 최근(2008년 9월) 이명박 대통령의 러시아 방문에 맞추어 우리 정부는 러시아 정부에 재차 이 사업의 공동 실시를 제안했다. 특히 총사업규모만 최소 1,000억 달러에 달하는 러시아 천연가스 공동개발 및 도입 프로젝트에 대해서 양국 정상이 합의했는데, 향후 이 사업이 예정대로 진행된다면 러시아와의 경제협력 강화뿐만 아니라 북한 내 가스배관 건설로 인한 남북 경협 활성화 및 북한 개방 촉진, 국내 천연가스 가격 인하 등의 다양한 효과가 기대된다. 2008년 9월 30일 조선일보 참조.

16) 참여정부는 한국이 동북아 중심국가의 위상을 확보하기 위해서는 한국 주도의 역내 IT협력이 필수적이라고 인식하여 '동북아 IT협력론' 또는 '동북아 IT허브론'을 제창하였다. 하지만 이에 대해서는 한국 국내의 각 부처간의 중첩과 혼란을 넘어서는 강력한 추진체계가 구축되지 못하면서 역내 각국의 협력을 이끌어내지 못한 채 구호로만 그치고 말았다. 이에 대해서는 김성철 편 전게서, 제5장 참조.

3 동아시아 경제통합을 전담하는 상설기구의 추진

상술한 ASEAN+3의 동아시아와 한 · 중 · 일+북한, 몽골, 러시아극동의 동북아시아에서 동시에 양 지역에 포함되는 국가는 한 · 중 · 일이 된다. 여기서 알 수 있듯이 한 · 중 · 일 3국은 동남아시아와 동북아시아를 연결하는 중심국가이며 실제 경제통합을 추진하는 과정에서도 핵심국가라고 할 수 있다. 따라서 동남아시아와 동북아시아를 포함하여 경제통합을 추진하는 데 있어서 한 · 중 · 일 3국 관계가 무엇보다도 중요해진다.

그런데 현실을 보면 이 3국은 역사나 영토 등의 문제로 끊임없이 대립하며 견제해 왔다. 이러한 이유로 상술한 FTA나 동북아개발은행 설립 등에 있어서도 논의가 중간에 끊기는 경우가 많았다. 따라서 이러한 외교적 요인에서의 대립이 완화되지 않는 한 앞으로 한 · 중 · 일을 중심으로 하는 동아시아 경제통합의 진전을 기대하기는 어려울 지도 모른다. 특히 지금까지와 같이 향후에도 각국 정부 주도의 통합 논의가 지속되는 한, 재차 각국간의 긴장과 마찰이 생긴다면 그 논의 자체가 중단되어버릴 것이다. 그러나 경제통합이라고 하는 장기적 과제를 향하여 각국이 논의를 계속해서 구체적인 성과를 도출하기 위해서는 그 논의가 지속되는 시스템을 만들지 않으면 안 된다.

따라서 기존의 정부 레벨의 교섭과는 별도로 설령 각국간의 외교적 대립이 생기더라도 논의가 중단되지 않고 지속될 수 있는 상설기구를 한 · 중 · 일 사이에 설립할 필요가 있다고 판단된다. 그러한 기관으로서 가칭 '동아시아 경제통합 추진기구'를 제안할 수 있다. 이 기구에는 공신력을 확보하는 차원에서 각국의 정부관계자의 참가가 불가피하겠지만, 가능한 한 많은 기업인이나 학자, NGO 등의 민간부문의 참가가 요구된다. 또한 추진기구는 한 · 중 · 일이 중심이 되지만 그 밖의 동남아시아나 동북아시아, 역외의 미국이나 EU 등의 대표가 옵서버로서 참가하는 것도 필요할 것이다. 그리고 이 추진기구는 실물이나 금융분야에서의 경제통합뿐만 아니라 각 분야의 기능적 경제협력 강화도 심의하여 각국 정부에 제안할 수 있는 역량과 권한이 주어져야 한다.

이미 지난 기간 비전그룹(EAVG)과 연구그룹(EASG) 등 동아시아 경제협력의 방법론적 기반을 제시해 온 한국으로서는 이상의 상설기구 추진에 있어서 나름대로의 역할을 할 수 있을 것이다. 단 이러한 상설기구가 추진된다면 사무국 등은 산파역을 담당할 한국에 둘 수 있겠지만, 한국이 전면에 나서는 것으로는 역내 양대 강국인 중국과 일본의 적극적인 참가를 이끌어내기가 어려워질 것이다. 다시 말해 한국은 참가가 예상되는 많은 나라들 특히 중국과 일본의 협력체제를 이끌어내는 중재자의 역할에 충실해야 하며 오히려 이들이 적절한 힘의 균형을 통한 공동 리더십을 발휘할 수 있도록 기반을 다져야 한다. 이를 통하여 한국뿐만 아니라 동아시아에 있어서도 의미 있는 경제통합의 기초가 다져질 수 있을 것이다.

참고문헌 REFERENCES

강형욱(2007)『한중일 FTA의 경제적 효과와 추진 전략』삼일.

국민호 외(2007)『동아시아 발전, 동북아 경제협력과 화해협력』아르케.

김성철 편(2005)『한국의 국가전략 2020: 동북아 경제협력』세종연구소.

김세원 외(2006)『동아시아 자유무역지역의 성공조건: 제도적 접근』 대외경제정책연구원.

박영철/노조에 신이치 편(2005)『동아시아 경제협력의 현상과 가능성』 아연출판부.

안충영/이창재 편(2003)『동북아 경제협력: 통합의 첫걸음』 박영사.

이창재 외(2005)『동북아 경제공동체 실현을 위한 단계적 추진전략』 대외경제정책연구원.

인하대학교 정석물류통상연구원(2005)『동북아 개발금융 활성화를 위한 한국수출입은행의 역할확대방안에 대한 연구』.

최영종 외(2005)『동아시아 공동체: 비전과 전망』한양대학교 출판부.

アジアクラブ編(2003)『アジアの經濟統合』文眞堂.

進藤榮一/平川均編(2006)『東アジア共同体を設計する』日本經濟評論社.

千葉康弘(2005)『北東アジア經濟協力の研究：開發銀行・開發ビジョン・地域連携』春秋社.

西口清勝/夏剛編(2006)『東アジア共同体の構築』ミネルヴァ書房.

平塚大祐編(2006)『東アジアの挑戰』アジア經濟研究所.

弁納才一/鶴園裕編(2008)『東アジア共生の歷史的基礎』御茶の水書房.

渡邊利夫編(2004)『東アジア市場統合への道』勁草書房.

CHAPTER 05

일본의 입장과 정책

인하대 정석물류통상연구원 조 정 란[1)]

1 서론

제조업에 대한 세계적 경쟁력을 구비한 반면, 취약한 농업기반을 가진 일본은 지역무역협정보다는 GATT/WTO 다자무역체제 위주의 통상정책을 펴왔다. 그러나 동아시아 금융위기 이후 우리나라, 중국 등이 FTA 추진에 나서자 일본도 FTA를 추진하게 되었다. 일본이 FTA를 추진하게 된 배경은 경제효과와 정치외교적 측면의 고려인 것으로 볼 수 있다. 어떤 측면에서는 경제효과보다는 정치외교적 고려가 더 중요하게 작용하고 있는 것으로 평가되는데, 동아시아 FTA에 대한 일본의 입장도 같은 맥락에서 엿볼 수 있다.

일본은 농업개방을 최소화하면서 협상에서 우위를 유지할 수 있는 개도국가와의 FTA 추진에 주력해 왔다. 농업문제가 제기되지 않는 싱가포르와 FTA를 2002년 11월 발효시켰고, 이후 소폭의 농업개방이 추가된 형태로 멕시코와의 협정도 2005년 4월 이행하게 되었다. 또한 필리핀, 말레이시아 등 동남아 국가들과의 FTA도 체결하였고, 최근에는 ASEAN+3 중심의 동아시아 FTA 대안으로 동아시아포괄적협정(CEPEA) 추진을 제안하고 있다.

CEPEA는 기존 동아시아 FTA에 호주, 뉴질랜드, 인도를 추가한 것으로, ASEAN+6 FTA로도 불린다. CEPEA는 2006년 8월 ASEAN+3 경제장관회의에서 일본이 제안하였으며, 다음해 1월 동아시아 정상회의(EAS) 의장성명에 따라 추진키로 합의하였다. 2007년 6월 1차 전문가회의를 시작으로 2008년 6월 제6차(최종) 전문가회의를 개최하였다.

1) 이 글의 일부는 필자의 2006년도 저서를 수정 · 보완한 것임.

일본 정부는 자국의 농업보호적인 입장으로 FTA 추진에 애로가 있음을 알고 있으나, 부처의 독립성이 강한 내각책임제 일본식 정치구도로 인해 농업보호 정책을 변경하지 못하고 있다. 하지만, 2003년 이후 발간된 통상백서는 일본 통상정책의 핵심으로 FTA 추진을 들고 있다. 특히 통상백서(2006)는 "지속적인 성장력" 확보를 위한 방안의 하나로 FTA를 제시하고 있다.[2] 그리고 현재 적극적인 활용 및 국제적인 사업환경정비의 일환으로 FTA를 추진하고 있다. 여기서는 일본 정부가 FTA를 추진하게 된 배경과 FTA 추진현황을 고찰하고, 일본의 CEPEA에 대한 입장에 대하여 검토하고자 한다.

2 일본의 FTA 추진현황

1999년 12월 일 · 싱 정상회담에서의 합의결과로 양국간 FTA에 관한 산 · 관 · 학 공동연구가 진행되었고, 2000년 9월 보고서가 제출되었다. 이후 공식협상이 진행되었고, 양국간의 FTA는 상품무역의 자유화뿐만 아니라 서비스무역, 지적재산권, 투자 등의 폭넓은 경제협력관계를 구축한다는 의미의 "일본 · 싱가포르 신시대경제파트너협정(JSEPA: The Japan-Singapore Economic Partnership Agreement)에 2002년 1월 14일 서명하고 동년 10월 발효시킴으로써 일본은 FTA의 장을 열게 되었다.

싱가포르는 멕시코나 칠레가 그러하듯이 FTA의 허브국가로 발전하기 위해 적극적으로 FTA 체결을 추진하고 있었고, 일본에 대해서도 적극적인 입장을 보였다. 일본의 입장에서는 농업문제가 존재하지 않는 싱가포르와 FTA를 체결함으로써 앞으로 체결하게 될 동아시아 국가와의 FTA 협상의 실험대로 삼고자 하는 생각이 있었다. 실제 산 · 관 · 학으로 구성되어 있는 검토회합(연구회) 및 이후의 협상방식은 다른 FTA 협상에서도 근거자료로 사용된 점으로 미뤄, JSEPA가 일본 FTA 협상의 모델케이스로 된 것으로 볼 수 있으며 이것은 일본의 FTA전략의 하나이기도 하다.

싱가포르는 건국초기부터 자유무역정책을 취해 왔고, 인구와 경제규모도 작기 때문에 FTA 체결로 일본이 기대할 수 있는 실질적인 경제효과는 제한적이었다. 예를 들면, 싱가포르는 일본의 FTA 대상국 선정 기준 중 경제적 기준으로 평가했을 경우[3] 우선순위검토사항을 만족시키지 못하고 있다. 그러나 이것은 일본에게만 국한된 것이 아니고, 미국, 호주, 한국 등도 싱가포르와 FTA를 체결하고 있지만, 이들 나라들도 싱가포르와의 FTA 체결로 인한 경제적 이익이 클 것으로는 기대하지 않는다. 다른 ASEAN 지역으로 진출을

---

2) 일본 경제산업성『통상백서』 2006, p. 179.

3) 외무성 자료 (http: //www.mofa.go.jp/mofaj/gaiko/fta/senryaku.html)의 "일본의 FTA전략" 전략적 우선순위의 경제적 기준에는 상대국의 경제규모도 판단기준의 하나로 포함됨.

위한 디딤돌 역할(미국), 싱가포르의 물류, 금융산업에 대한 진출확대(한국) 등이 싱가포르와의 FTA 체결로 기대되어지는 주요 경제효과라고 말할 수 있다. 그러나 일 · 싱 FTA는 아시아에서의 첫 FTA임에도 불구하고 농업을 사실상 제외한 체결이었기 때문에 그다지 높은 평가를 받지는 못하고 있다.

멕시코는 1990년대 들어서 적극적으로 FTA를 체결해 왔다. 1994년에는 NAFTA, 1998년에는 칠레와 FTA를 체결했다. 그리고 주변국들인 콜롬비아, 베네수엘라, 볼리비아 등 인접국들과도 FTA를 체결했다. 그리고 미주지역으로서는 처음으로 EU와 1999년 FTA 협상을 타결하고 2000년 7월 발효시켰다. 이러한 멕시코의 적극적인 개방정책은 실패로 돌아간 수입대체정책에 대한 반성이 기초가 되고 있지만, 직접적으로는 당시 원유가격의 하락으로 인한 국내경제 침체를 막아보려는 의도가 크게 작용했다. FTA의 허브가 됨으로써 해외로부터의 투자를 유인하려는 경제적인 전략을 수립하고 있었고, 일본과의 FTA 체결을 멕시코측이 먼저 제안한 것도 이러한 전략에서 나온 것으로 보인다.

일본정부도 멕시코의 NAFTA, EU · 멕시코 FTA로 인한 무역 · 투자 · 정부조달 등에 있어 불리한 차별적 대우를 받던 산업계의 멕시코와의 FTA 체결 요청이 정책결정에 영향을 미쳤다. 경제단체연합회(1999)에 의하면[4], 1994년에 발효된 NAFTA 및 EU · 멕시코간의 FTA 체결에 따라 멕시코의 북미 및 유럽지역과의 무역이 급증하는 가운데, 멕시코의 총수입액에서 일본의 수입 점유율은 1994년 6.1%에서 2001년 4.8%로, 멕시코의 총 수출액에서 대일본 수출액 점유율은 1994년 1.6%에서 2001년 0.3%로 각각 감소했다. 즉 일본과 멕시코간 교역규모가 하락하는 경향이 뚜렷해 졌다.

또한 멕시코 정부는 정부조달 대상을 FTA 체결국에 제한하고 있어, 일본기업은 정부발주 사업에 참여할 수 없었다. 경제산업성 산하 연구회의 추정에 의하면, FTA로부터 제외됨으로써 일본이 상실하게 된 손해액은 연간 4천억엔에 달하는 것으로 나타났고, 산업계는 멕시코와의 FTA 조기체결을 강도 높게 정부에 요청했다.

일본과 멕시코의 FTA 협상은 1998년 11월 제22회 일본 · 멕시코 경제협의회에서 당시 멕시코 세디오 대통령의 제안으로, 1999년 1월과 3월에 양국간 협의회가 열렸고, 동년 6월에는 정상회담에서 경제연계강화를 위한 실무적인 작업개시를 결정하였다. 그러나 이후 연구회와 본 협상의 개시가 지연되었고, 논의가 늦게 시작되었던 일본 · 싱가포르 FTA 협상이 먼저 시작되었다. 멕시코와는 농업분야에서의 자유화문제가 걸려있어 농림수산성 및 농림족(농촌 출신) 의원으로부터의 반발이 매우 심했기 때문이다.

---

4) 경제단체연합회(經濟團體連合會), 일본 · 멕시코경제위원회 (1999) "일 · 멕 자유무역협정의 일본 산업계에 대한 영향에 관한 보고서(日墨自由貿易協定のわが國産業界への影響に關する報告書)" 4월 20일. http: //www.keidanren.or.jp/japanese/policy/pol226/index.html.

그러나 산업계와 여론의 압력으로 2001년 9월부터 2002년 7월까지 산 · 관 · 학으로 구성된 연구회가 총7회 개최되어 최종보고서가 제출되었다. 그리하여 2002년 10월에는 본협상 개시가 결정되었고, 2004년 3월에는 거의 협상이 타결되었다. 본협상에서는 멕시코가 요구했던 돼지고기 · 오렌지주스의 자유화가 막판 협상쟁점으로 부상되었으나, 이들 분야에 대해 일본이 쿼터물량을 제공하는 선에서 협상이 최종적으로 마무리 지어졌다.

우리나라와는 2003년 12월 제1차 협상을 시작했으나, 2004년 11월 6차 협상 이후 협상이 중단된 상태이다. 우리나라가 한 · 미 FTA를 진행시키자, 이에 영향을 받은 일본측이 한 · 일 FTA 협상 재개를 요청했으나, 농업개방에 대한 입장이 변경되지 않는 한, 협상재개가 의미 없다는 것이 우리 정부의 입장이다.

필리핀과의 FTA에서는 비록 제한적이기는 하지만, 간호사와 간병인의 노동이동의 자유화를 포함하고 있다. 협상전 논의단계에서부터 일 · 필리핀 FTA에서는 인력이동이 중요한 테마였다. 필리핀은 싱가포르와 말레이시아에 노동력을 제공하여 외화획득과 고용문제를 해결해 오고 있다. 그러나 대부분은 가정부나 육체노동자이며, 일본측의 입장에서는 국내의 고용문제, 치안문제를 걱정하지 않을 수 없으나, 한편으로는 앞으로 본격적으로 시작될 출산율 저하와 고령화 사회에서 필요한 간병인 등의 노동력을 확보하는 것도 중요한 고려사항이었다.

말레이시아와의 경우는 다른 ASEAN 지역국가에 비해 비교적 우호적인 관계에 있으며, 양국간의 경상수지도 균형을 유지하고 있어, 비교적 FTA 체결에 대한 장애가 될만한 요인은 많지 않았던 것으로 판단된다. 외무성 · 산업경제성의 발표에 따르면, 투자 · 서비스 분야 자유화에 대해 말레이시아는 신중한 태도를 취했고, 일본측이 양국간의 FTA에서 가장 중요시했던 자동차 관세율인하에 관해서도 말레이시아가 유연한 자세를 취했다. 일본의 입장에서는 ASEAN 제국과의 포괄적인 FTA 체결의 중심축으로 말레이시아와의 FTA 체결을 JSEPA와 함께 모델케이스로 생각했었다. 이 밖에 태국, 인도네시아, 칠레 등과 FTA를 체결했고, ASEAN전체와도 협상이 타결되었으며 인도, GCC 등과는 협상 중에 있다.

특히 2005년 이후로는 자원 풍부국을 위주로 FTA 협상 또는 연구가 진행되었다. 브루네이와는 에너지자원에 대한 관심이 많고, 수출시장 확보를 위해서도 일본은 적극적인 편이었다. 칠레와의 협상은 다소 굴곡이 많았다. 관세부문에 있어 일본측은 주로 자동차를 포함한 제조업에 대해, 칠레측은 농산물을 중심으로 관세인하 · 철폐를 요구해 협상초기에는 "입장 차이가 꽤 있다"라고 밝힌바 있지만[5] 2007년 3월 양국은 협상을 타결하고 9월 발효시키게 되었다.

---

[5] 일본경제신문, (2006년 7월 15일자).

표 5-1 일본의 FTA 추진 현황

체결 또는 발효	협상 타결	협상 중	검토 중
싱가포르(2002.1). 멕시코(2004.9), 말레이시아(2005.12), 필리핀(2006.9), 칠레(2007.3), 태국(2007.4), 브루나이(2007.6), 인도네시아(2007.8)	ASEAN(2007. 8)	한국(2004.12 이래 중단), GCC(2006.9 개시), 베트남(2007.1 개시), 인도(2007.1 개시), 호주(2007.4 개시), 스위스(2007.5 개시)	캐나다(05. 12 공동연구 개시), 미국, EU 등

요약하면, 2002년 1월 싱가포르와의 FTA 체결을 시작으로 일본은 급격하게 FTA 전략을 추진하였다. 지금까지 싱가포르, 멕시코, 말레이시아, 필리핀, 칠레, 태국, 브루나이, 인도네시아 국가 등과 FTA를 발효시켰고 ASEAN 전체국과는 최종합의를 도출하였다. 이외에 한국, GCC, 베트남, 인도, 호주, 스위스 6개국과는 현재 협상 중에 있다.

특히 일본은 ASEAN과의 FTA 협상을 한국 및 중국과는 다르게 접근했다.[6] ASEAN(10개국)전체가 아닌, 개별국가별로 진행하였으며, FTA라는 일반적인 호칭보다는 EPA로 명칭을 붙여왔다. 다양한 ASEAN 10개국 전부와의 일괄적인 협상을 EPA을 체결하는 것은 무리가 있다는 판단하에 우선적으로 ASEAN의 선두그룹과의 개별적인 협상을 우선추진했다. 2004년 초부터 시작한 태국, 필리핀, 말레이시아와의 정부간 협상은 예상외로 어려웠는데, 이는 일본측은 자국의 농산물 및 노동시장의 개방에 소극적이었고, 일본측이 요구한 서비스 및 투자의 자유화, 지적재산권 및 경쟁정책의 제도도입 등 관해서는 ASEAN측이 강하게 저항했기 때문이었다.

3 일본의 FTA정책

1 FTA 추진 기본방향

세계적인 국제통상의 흐름인 FTA를 방관하기에는 일본의 경제적인 사정, 즉 저성장 지속, 고령화와 저출산이라는 미래에 대한 불안으로 이왕이면 적극적인이고 포괄적이며 광범위한 내용을 담은 FTA를 추구하는 것이 향후의 일본 경제발전에 도움이 된다는 점에는 상당한 의견이 일치되어 있는 것으로 볼 있다. 일본이 주장하는 FTA 관련 전략은 EPA라는 명칭에서 나타나고 있다. 일본은 2국간 FTA에서는 EPA를 주장하면서 협상의 포괄

---

6) 馬田啓一・木村福成(2008)『検證・東アジアの地域主義と日本』文眞堂.

성을 주장하는 것이다. 그러나 실제 협상에서는 농업 개방에 소극적이어서 EPA 주장은 FTA 추진에 기본이 되는 자국의 구조조정 혹은 해결해야 할 문제를 남겨둔채 다른 분야에 상대국 관심을 분산시키기 위한 일본의 FTA 전략으로 이해된다. 한편, 일본의 이러한 FTA 전략은 부분적으로 수용되고 있다. 예를 들어, 우리나라가 일본과의 FTA 협상을 할 때만 하더라도 일본의 EPA 주장에 우리나라는 응하지 않았고, 결국 "한일 FTA"라는 명칭으로 협상을 진행했었다. 그러나 일본은 한국을 제외한 대부분의 나라들과의 FTA에서는 EPA를 주장하며 포괄적인 측면과 질적인 측면을 강조하여 왔다. 현재 협상중인 우리나라와 인도 FTA에서는 인도측의 요구로 "한 · 인도 CEPA(Comprehensive Economic Partnership Agreement)"로 불려지고 있으며, 무역자유화를 강조하는 FTA에 경제 · 기술 등 다양한 협력관계를 포함하는 포괄적 경제 동반자 협정을 지칭한다고 설명되어지고 있다. 시간의 흐름과 더불어 일본의 전략이 뿌리를 내리고 있는 것이다.

일본 외무성 보고서에 의하면[7], 일본정부가 추진하는 FTA의 기본 목적은 첫째, "WTO를 중심으로 한 다자간 무역자유체제를 보완"한다는 입장이다. 어디까지나 국제적 무역자유화의 중심은 WTO이지만, 세계적인 규모로 인해 더디게 진전되는 단점을 보완하기 위해 FTA를 추진한다는 것이다. 일본의 더 나은 "대외경제관계의 발전과 경제적 이익이 확보되도록 각각의 특성을 살려 전략적으로 FTA와 WTO를 병행 추진하는 것이 효과적이다" 라고 2006년 통상백서도 덧붙이고 있다.

둘째는 "일본 및 상대국의 구조개혁 추진을 위한 계기가 될 수 있다"는 것이다. 구조개혁문제는 자력의 힘만으로 추진하기에 힘든 부분이므로 서로가 구속력있는 협정을 통해 구조개혁 환경을 개선시켜 나갈 수 있다는 것이다. 그러나 일본의 경우, 가장 구조조정이 어려운 산업이 농업인데, 이 분야를 FTA에 제외시킴으로써 구조조정을 회피하고 있어, 일본 정부의 설명과 현실간에는 상당한 괴리가 있음을 알 수 있다.

셋째, "정치나 외교 전략상으로 일본에게 있어 유익한 국제환경을 형성"하는 것이다. 일본은 동아시아 제국과의 협력과 공동체 구상 실현을 위해 동아시아 FTA를 구축한다는 것이다. 특히 동아시아내 여러 국가와의 경제관계를 고려하여 관세인하뿐만 아니라 투자협정, 상호인정협정, 투자환경정비 등에도 노력하겠다는 입장이다.[8] 일본은 동아시아공동체의 구축을 정치외교적 목적의 FTA 구축 사례로 들고 있지만, 현실적으로는 이 문제로 인해 일본은 중국 등 인근 국가와 협조적 분위기 형성보다는 대립각을 세우고 있다.

---

7) 일본 외무성 경제국(2006) "일본의 경제연계협정(EPA)교섭-현상과 과제-" 6월.

8) 일본은 아시아 제국들이 일본과 FTA를 체결하는 이유로 관세인하가 아닌 외국인직접투자를 받아들이기 위한 것으로 보고 있다. 그러므로 일본의 입장에서는 이들 국가에게 해외직접투자를 촉진하는 정책을 펼치는 동시에 현지에 진출한 일본 기업이 유리한 세금제도와 토지취득 등의 권리우대조치를 제공받을 수 있도록 요구하는 것이 필요하다고 伊藤元重(2004)는 말하고 있다. http: //www.policyspace.com/archives/200407/post_258.php.

협상상대국 혹은 추진지역의 결정에서 가장 주요하게 고려해야 할 것은 일본의 경제이익 극대화이다. 일본 정부 보고서는 FTA 대상국 선정에 대한 5가지 기준을 제시하고 있다.[9] 첫째, 상품 · 서비스무역과 투자의 자유화로 인한 광공업품, 농림수산품의 수출과 서비스 무역 · 투자의 실질적인 확대 및 원활화가 도모되는지의 여부, 그리고 지적재산권 보호 등의 각종 경제제도의 조화, 인력이동 원활화로 인한 진출기업의 비즈니스 환경의 개선 여부이다. 둘째, EPA · FTA를 타결하지 않아 발생하는 경제적인 불이익을 해소 하는데 도움이 되는가의 여부이다. 셋째, 일본의 자원 및 안전 · 안심할 수 있는 식량의 안정적 수입처의 다변화에 기여 하는가의 여부이다. 넷째, 일본 경제사회의 구조개혁이 촉진되고, 경제활동의 효율화 및 활성화를 도모하는 가의 여부이다. 또한 농림수산 분야에 대해서는, 일본이 추진 중인 구조개혁 방향과 배치되는 결과를 초래하지 않는가의 여부이다. 마지막으로, 전문 · 기술노동자의 수용이 더욱 촉진되고, 일본 경제사회의 활성화와 국제화에 이바지 하는가 등의 고려사항을 제시하고 있다.

그리고 FTA를 체결하는데 있어서 주의해야 할 사항으로는,[10] 첫째, 일본 및 상대국(지역)이 각각 상대국과의 관계를 고려할 때, 자유화 민감 품목은 무엇인지, 그리고 쌍방의 민감한 분야에 대해 서로 적정수준에서 상대국에게 배려할 수 있는지를 검토해야 하고, 둘째, 상대국이외의 나라 · 지역에 대해 무역과 투자에서 마찰이 일어나지 않을지를 파악해야 한다. 셋째, 해당국 · 지역에 있어, WTO 및 FTA의 내용을 이행하는 체제가 제대로 정비되어 이는지를 검토한다. 넷째, 해당국 · 지역과의 관세인하 · 철폐를 중심으로 하는 FTA가 가장 적합한지 등을 고려사항으로 제시하고 있다.

위의 첫째 내용은 일본의 농업을 고려한 언급일 것이다. 일본은 아직도 민감한 산업에 대해서는 개혁이나 변화 대신에 상대국과의 협상에 있어 양보나 배려 등의 감정적인 호소를 통해 구조개혁을 지연시키려는 입장이다. 둘째, 무역 및 투자에 있어서의 마찰에 대한 언급은 일본이 해외직접투자를 많이 하고 있는 것과 연관된 것으로 생각된다. 이는 곧 동아시아를 상대로 자국이 투자하기 좋은 환경을 만들겠다는 것이다. 일본은 여전히 해외직접투자를 많이 하고 있기 때문이다. 그러나 외국인직접투자를 받아들이거나 받아들이기 위한 방안 마련은 취약한 실정이다.

셋째, WTO 및 FTA 내용을 이행하는 체제요건은 WTO의 회원국과 FTA를 체결해야 한다는 의미로 해석된다. 일본이 중국으로의 투자, FTA 등 경제관계를 구축하는데 있어, 중국의 WTO 가입은 일본 기업들에게 안전성을 제공하는 것으로 받아들여지고 있다. 일본에는 1950년대 이후 1980년대까지 사업이 될 만한 나라는 어디든 가서 그 나라의 정보수집에 힘썼던 종합상사가 있었다. 일본의 경제발전과정에서 위험을 무릅쓴 이러한 진

[9] 일본 외무성 경제국(2006) "일본의 경제연계협정(EPA)교섭–현상과 과제–" 6월.

[10] 위의 자료.

취적인 종합상사의 역할이 컸지만, 이제는 안정적인 환경에서 비즈니스 활동을 희망하고 있다. 넷째, 관세인하 · 철폐를 중심으로 하는 FTA가 적합한가에 대한 검토는 EPA 추진을 시사하는 것으로 해석된다. 곧 FTA가 불충분하므로 경제협력할 수 있는 여러 시스템을 포함한 EPA이어야 한다는 것으로 이해할 수 있다. 하지만, EPA가 FTA의 범주를 크게 벗어나지 못하고 있는 실정이다.

결국, FTA를 추진하더라도 일본은 민감한 산업은 최대한 지키면서 자국 경제구조를 유지하는 안정적인 FTA 체결을 희망하고 있다. 이러한 측면에서 일본이 WTO 체제의 중요성을 강조하는 것은 어떤 의미에서는 당연하며, 국내 정치적 및 경제적 이유에 의해 필요한 경우에만 관세인하 · 철폐를 포함하는 FTA를 추진한다는 것이다. 이것은 취약산업을 지키기 위해 내놓는 카드일 수 있다. 하지만, FTA 체결을 위해서는 취약산업 개방을 늘려나갈 수 밖에 없어, 일본의 민감한 산업에 대한 보호도 시간이 흐를수록 늘어나는 FTA 체결로 지탱되기 어려울 것이다.

FTA 협상을 가속화시키기 위해서 일본 외무성은 두가지 방안을 제시하고 있다.[11] 첫째, "이전의 협상 경험을 살려, 협상개시부터 완성된(협정문)것을 모델로 상대국에게 제시한다" 이다. 이것은 본 장의 앞부분에서 고찰했듯이, 일본은 싱가포르 또는 말레이시아와 체결한 협정문을 FTA 모델로 할 가능성이 높다. 이를 통해 일본은 전략적으로 FTA를 체결하고 있는 것으로 판단할 수 있다. 둘째, "추진형태의 다양화를 위해서 상대국과의 경제관계에 따라서는 공동연구회 등의 사전준비에 시간을 들이지 말고 직접협상에 들어간다" 이다. 이것은 곧 그만큼 일본은 협상력에 자신이 있다는 것을 의미하는 것으로 해석될 수 있다. 경제적으로 부강한 나라일수록 강한 협상력을 갖고 있을 가능성이 있기 때문이다. 한편으로는 우리나라와의 FTA 연구에 4년의 시간을 보낸 것에 대한 질책일 수도 있다.

2 일본 FTA 전략 특징 및 평가

앞에서 일본의 FTA 추진 기본방향에 대해서 논의하였다. 이러한 논의를 바탕으로 일본의 FTA 전략의 특징을 유추해 보기로 하겠다.

첫째 일본의 FTA 정책에 대한 특징 중 하나는 FTA보다는 경제연계협정(EPA)으로 칭하는 경우가 많다는 것이다. EPA는 정부부처인 외무성, 경제산업성 등이 FTA를 대신해 사용하고 있다. FTA보다는 폭넓은 협상이라는 의미에서 EPA를 강조하고 있지만, 일본내에서는 일반적으로 FTA와 EPA를 구별 없이 사용하고 있다. 본고에서도 구별없이 사용한다. 일본 외무성은 EPA는 무역뿐만 아니라 이와 관련된 경제제도와 시장제도의 합리화 등의 개념도 포함해 그 대상의 폭이 넓은 협정으로 보고 있다.[12] FTA는 폭넓은

---

[11] 일본 외무성 경제국(2006) "일본의 경제연계협정(EPA)교섭–현상과 과제–" 6월.

EPA의 개념에 포함되어 있어, EPA가 FTA보다도 광범위한 범위를 포함하는 폭넓은 협정이라는 것이다. 또한 ASEAN+3(한 · 중 · 일)를 중심으로 논의되고 동아시아 FTA를 동아시아 포괄경제협정(CEP: Comprehensive Economic Partnership) 형태로 추진할 것을 제안했으며, 현재는 ASEAN+3가 아닌 ASEAN+6를 주장하며 ASEAN+6 FTA를 동아시아포괄적협정 즉, CEPEA(Comprehensive Economic Partnership에 in East Asia)로 명칭하고 있다.

그러나 일본에서 FTA가 아닌 EPA, CEP 용어 사용은 오해의 소지를 불러일으킬 수 있으며, 일본이 주장하는 EPA 취지와 체결한 EPA 협정 내용이 부합하지 않은 감이 있다. 그 이유로는 첫째, 국제적으로는 FTA가 주로 쓰이고 있으며, EPA는 WTO에서가 아닌 일본의 외무성에서 자의적으로 정의하고 있다. 둘째, 현재에는 FTA에서도 대상 분야를 넓혀 포괄적인 FTA를 지향하고 있고, 실제로 일본이 체결한 싱가포르 등 ASEAN 지역과의 EPA에서는 FTA와 그 대상 분야가 크게 다르지 않았다. 셋째, 포괄적인 EPA를 강조하고는 있으나, 사람의 이동에 있어서는 극히 제한적인 이동에 불과하며, 농산물에 대한 개방은 극히 보호주의다. 일본 연구자들 가운데에서도 일본 정부부처에서 EPA를 사용하고 있기 때문에, 동 명칭을 그대로 따르고 있는 경우가 있으나 내용상의 혼돈을 초래하기 쉽다. 더욱이 EPA를 미래지향적인 의미로 쓰고 있다면 모르지만, 아직까지는 농업보호를 위한 하나의 전략(농업에 대한 관심을 분산시키기 위해)으로 사용한다는 인상을 주고 있다. 현재 정부관련 자료 · 사이트에서는 EPA/FTA 형태로 둘을 나열해서 사용하고 있다.

둘째는 산업분야에 있어 자국에게 유리한 분야에 대해서는 공격적으로 불리한 분야에 대해서는 방어적인 자세를 취하고 있다. 즉 상대국의 민감한 분야에 대해서는 공격적으로 접근하고 있으며, 자국의 민감한 분야에 대해서는 방어하는 자세로 지킬 수 있으면 최대한으로 지킨다는 방침으로 협상에 임하고 있다. 예를 들면, 제조업분야에서는 적극적인 시장개방을 유도하면서도 농업 분야와 같이 경쟁력이 취약하다고 평가되는 분야에서는 방어적이다. ASEAN과의 FTA체결에서 공산품에서는 대부분의 관세를 즉시 철폐한 반면에 농수산물 분야에서는 관세철폐 예외품목으로 지정하는 등 제한적인 개방을 시행하고 있다. 또한 지적재산권, 환경 등 개방도상국가에서 소홀하게 취급되기 쉬운, 즉 선진국형 관심사항에 대해서는 강도 높은 관심을 가지고 있다.

셋째는 일본이 FTA의 대상국가/지역으로 ASEAN을 포함한 동아시아지역을 중시한다는 것이다. ASEAN을 중심으로 FTA를 추진하는 이유는 향후 경제발전 가능성과 무역장벽이 높기 때문이다. 또한 이 지역에는 자동차를 비롯한 많은 산업분야에 많은 일본기

12) 일본 외무성 홈페이지에 의하면, "EPA는 FTA의 요소를 포함하며, 협정체결국간의 경제거래의 유연화, 경제제도의 조화, 협력의 촉진 등 시장제도와 경제활동의 일체화를 위한 추진도 포함한 그 대상 범위가 넓은 협정이다" 라고 설명하고 있다.

업이 진출하여 있어 실질적으로 분업관계 있으며, 이러한 사업의 보다 효율화를 높이고, 일본의 글로벌 경쟁력을 높이는 효과를 기대할 수 있다. 또한 자원부국에 대해서도 관심이 많은데 이는 CEPEA를 주장하는 하나의 이유이기도 하다.

3 향후 일본의 FTA 추진계획 및 전망

일본에 있어서도 FTA는 자국의 통상전략, 그리고 세계적 수준의 개방된 경제체제의 구축을 위해 중요한 위치를 차지하고 있다. 일본의 정부부처[13] 및 관련 기관들은 세계의 다이니즘을 적극적으로 흡수함으로써 급속하게 성장해 온 국민성을 최대한으로 발휘하고, 세계와 더불어 성장하는 것을 목적으로 "글로벌 전략"이 필요함을 인식하고 있다. 이는 곧 "개방적인 나라 만들기"이며, 다른 방법으로 경제성장을 달성하기 어렵다는 점을 바탕으로 글로벌 발전전략을 구사하고 있다. 개방된 나라 만들기를 위해 특히 주요 교역국과의 경제연계를 중요시하고 있다. 세계경제 성장의 과실을 국내외에 연결시키는 호순환을 확립하는 것이 중요하며, 이와 관련하여 크게 4가지로 그 방향을 정하고 있다.

첫째, EPA 체결국 · 지역을 2009년 초까지 12 이상으로 확보한다는 것이다. 또한 EPA · FTA 체결국과의 교역이 일본 전체 교역액에서 차지하는 비율을 2010년에는 25% 이상으로 확보하는 것을 목적으로 하고, 아래 표와 같이 2010년 공정표를 만들었다.

표 5-2 2010년 목표 EPA 공정표

국가/지역	무역액 비율	진행상황	목표
싱가포르	2.2%	협정전체는 2002년 11월30일 발효. 개정의정서는 2007년 9월2일 발효	발효
멕시코	1.0%	협정전체는 2005년 4월1일 발효. 일멕경제연계협정의정서는 2007년 4월1일 발효	발효
말레이시아	2.4%	2006년 7월13일 발효	발효
칠레	0.7%	2007년 9월3일 발효	발효
태국	3.3%	2007년 11월1일 발효	발효
필리핀	1.4%	2006년 12월 국회에서 승인	필리핀상원의 승인을 얻어 발효함
브르나이	0.2%	2008년 5월 국회에서 승인	가능한 한 조속히 발효를 목표로 함
인도네시아	2.7%	2008년 5월 국회에서 승인	2008년 7월1일 발효예정
ASAEAN 전체	13.0%	2008년 6월 국회에서 승인	가능한 한 조속히 발효목표

(계속)

[13] 외무성, 경제산업성, 재무성 및 농림수산성 등을 말함. 内閣府(2008) "經濟財政改革の基本方針 2008".

국가/지역	무역액 비율	진행상황	목표
한국	6.1%	2008년 6월 협상개시를 검토 및 환경조성을 향한 위한 실무협의를 개최	조기협상 재개를 위해 한국측과 적극적으로 협의
GCC	9.0%	2006년 9월에 협상개시	가능한 한 조속히 협상쟁점 타결
베트남	0.9%	2007년 1월에 협상개시	가능한 한 조속히 협상쟁점 타결
인도	0.8%	2007년 1월에 협상개시	2008년중의 협상의 실질적인 타결을 목표
스위스	0.6%	2007년 5월에 협상개시	협상의 실질적인 타결
호주	3.4%	2007년 4월에 협상개시	농림수산업 중요성을 인식하고, 일본에게 유리한 협정 타결 목표

자료: 内閣府(2008) "經濟財政改革の基本方針2008"

둘째, 2국간 투자협정에 대해 양국의 실제 필요성에 맞게, 그리고 신속하고 유연하게 협상을 추진해 가며, 상대국 · 지역을 보다 전략적인 우선순위를 검토해 간다. 셋째, 일본 경제의 전반적인 현황을 판단하는 지표를 책정하여 그 성과를 검증해나가면서 글로벌화에 대응해 나간다. 넷째, 자연에너지의 안전보장을 실현하기 위해, 수상 · 장관이 주도하여 일본의 강한 분야 및 산업협력, 출 · 융자, 정부개발원조 등을 활용한 전략적인 자원외교를 전개한다는 것이다.

표 5-3 일본의 향후 FTA추진을 위한 구상

국가/지역	무역액 비율	현황	목표
미국	16.1%	현재, 민간차원에서 논의	장래의 과제로서 검토를 진행함. 또한 일미, 일EU의 경제관계에 더 큰 발전을 촉진하기 위한 기반을 정비하기 위한 방책은 무엇인가에 관해서, 민간에서 행하고 있는 논의에 입각하여 계속적으로 검토하고, 가능하다면 미국, EU와 함께 준비해 나간다.
EU	12.8%	현재, 민간차원에서 논의	
동아시아 자유무역권 구상(EAFTA)	36.9%	현재, 제2단계의 민간연구 중	동아시아 및 동아시아태평양지역의 경제연계 계획의 연구 및 검토에 있어서, WTO체제를 포함한 세계경제/무역에 주는 영향, 관계각국의 생각 등을 근거로 이들 각국들과 협의하고, 적극적인 참가 여름 완성예정 및 공헌을 해 나간다.
동아시아포괄적 경제연계구상 (CEPEA)	41.5%	민간연구(일본이 제안)의 보고서가 2008년	
아시아태평양의 자유무역권 구상(FTAAP)	69.7%	APEC에서 선택지 및 전망에 관해 검토중	

주: 무역액비율은 무역총액에 차지하는 각국과의 무역액의 비율
출처: 内閣府(2008) "經濟財政改革の基本方針2008"

4 동아시아포괄적협정(CEPEA)

1 일본의 CEPEA 구상 전개과정

2004년 6월 일본은 ASEAN+3 고위관리회의(SOM)에 동아시아 경제협력에 대한 『ISSUE PAPER』를 제시한 이후, 2005년 12월 제1차 동아시아정상회의가 개최되어 동아시아공동체 형성에 위한 움직임이 진행되자, 동아시아 경제통합에 있어 적극적이고 주도적인 역할을 발휘하기 위해 2006년 4월 "글로벌경제전략"을 발표하였다. 본 전략에 있어 일본은 동아시아 경제통합을 적극적으로 추진하기 위한 ASEAN 10개국에 일본, 중국, 한국, 인도, 호주, 뉴질랜드를 추가해 16개국(ASEAN+6)으로 "동아시아포괄적협정(동아시아 EPA/CEPEA)" 구상, 그리고 동아시아판 OECD와 같은 국제협력체제의 구축을 위한 첫걸음으로 지역 공동의 과제 연구 · 정책제안을 통해 지적공헌을 한다는 '동아시아 · ASEAN경제연구센터(ERIA)' 설립 구상을 제안했다. 이후 2006년 8월 일본은 CEPEA 민간전문가간 연구 개시 및 ERIA 구상을 제창하고, 2007년 1월 제2차 동아시아정상회의, 2007년 11월 제3회 동아시아정상회의 등을 통해 동아시아 경제통합을 위한 노력을 적극적으로 추진하고 있다.[14)]

동아시아 경제통합 및 경제협력체 구축 논의는 1970년대 일본이 제안하였으나, 1990년대 들어 일본 경제의 장기침체가 지속됨에 따라 동아시아에서의 위상과 역내 통합에 대한 관심이 하락하였다. 하지만, 금융위기 이후 동아시아에서 경제통합 논의가 시작되자, 일본정부도 동아시아 경제통합 논의에 참여하기 시작하였다. 동아시아공동체구상을 시작으로 민간지식인에 의한 동아시아 비젼그룹(EAVG)의 보고서가 작성되었다. 2001년 제5회 ASEAN+3 정상회의에 보고된 "동아시아공동체를 향해(Towards East Asian Community)"라는 제목의 보고서에서는 동아시아공동체를 실현하기 위해 ASEAN+3의 폭넓은 분야에서의 지역협력이 제안되었다. 2년 뒤인 2003년 정상회담에서는 회원국 정부 공무원에 의해 구성되어진 동아시아연구그룹(EASG)의 보고서가 보고되었고, 이 보고서는 동아시아공동체의 실현을 위해 17개 항목의 단기적 조치 및 동아시아 FTA(East Asia Free Trade Area: EAFTA) 창설을 포함한 9개 항목의 중장기적 조치 이행을 제안했다. 2004년의 정상회담에서는 장기적 목표로서 동아시아공동체의 창설이 제창되었고, 중국의 제안으로 EAFTA에 관한 민간연구의 개시도 합의되었다. 이를 계기로 동아시아 경제통합 논의를 중국이 주도해 나갈 것을 일본 정부는 심각하게 우려하였고, 지금까지 동아시아 경제협력 논의에 자국이 소극적이었음을 인식하게 되었다.

---

14) 통상백서(2008년)에서는 동아시아경제통합을 위한 지역의 형성에 적극적으로 주도하고 있다고 표현하고 있다.

이후 일본은 동아시아경제통합에 적극적인 참여를 모색하게 되었다. 2005년 중국이 중심이 되어 진행되었던 ASEAN+3의 구성과는 별도로 일본은 보다 개방적이고 포괄적인 FTA 추진을 명분으로 인도, 호주, 뉴질랜드를 추가한 ASEAN+6를 주장하기 시작했다. 2005년 12월 ASEAN+3 정상회담과 같은 시기에 일본 주도로 제1차 ASEAN+6 동아시아 정상회의가 개최되었다. ASEAN+3 정상회담 공동선언에서는 ASEAN+3가 동아시아공동체 실현의 중요한 수단(main vehicle)이며, 동아시아정상회의에서는 ASEAN+6가 공동체 형성에 중요한 역할을 할 것이라는 내용이 선언문에 포함되었다. 이를 두고 일본정부는 동아시아 경제연계 형성을 위한 동아시아 국가간 논의가 ASEAN+3와 ASEAN+6의 복선으로 진행되고 있는 것으로 기대하고 있으나,[15] 동아시아 정상회의는 일본 정부의 강한 요청으로 개최된 것이지 아직 동아시아 국가들의 지지를 받지 못하고 있는 것이 현실이다.

한편, 일본은 이 시기를 전후한 2004년 11월 필리핀, 2005년 5월에는 말레이시아, 9월에는 태국과 EPA 협상을 타결하였고, 인도네시아와 브루나이와 협상도 시작되었다. 일본의 EPA가 나름대로 성과를 보이기 시작하자, 일본은 ASEAN+3 EAFTA에 대한 대안으로 ASEAN+6 CEPEA 제안을 검토하였다. 2006년 4월 일본 경제산업성은 “글로벌 경제전략”을 발표하면서 동아시아포괄적협정, 즉 CEPEA의 추진을 제안하게 되었다.

2 CEPEA 논의 현황

현재 동아시아 FTA 추진방향에 대한 역내 합의는 아직 형성되지 않고 있다. 우리나라는 물론이고 ASEAN도 중국 주도의 EAFTA와 일본 주도의 CEPEA에 대해 아직 입장을 표명하지 않고 있다. 2007년 1월 ASEAN+3 정상회의에서 우리나라가 제안한 EAFTA에 관한 제2회 민간연구가 받아들여지고, 일본이 제안했던 CEPEA에 관한 민간연구도 제2회 동아시아정상회의에서 합의되어 당분간은 EAFTA와 CEPEA에 대한 민간연구가 진행될 것이다.

일본이 주도한 CEPEA에 관한 연구는 다음과 같이 진행되었다. 2006년 8월 일본정부가 CEPEA 민간공동연구 개시를 제안하였고, 2007년 1월 동아시아정상회의에서 연구개시에 대해 합의하게 되었다. 민간전문가 연구 및 동아시아 경제통합을 위한 지역공통의 과제에 관한 조사연구와 역내격차의 시정을 연구하는 “동아시아/ASEAN경제연구센터(ERIA: Economic Research Institute for ASEAN and East Asia)”를 인도네시아 자카르타에 설립하였다.

---

15) 馬田啓一・木村福成, (2008)『検證・東アジアの地域主義と日本』, 文眞堂.

표 5-4 민간전문가연구회의의 개최 현황

회의	일시	장소
제1차	2007년 6월 15~16일	동경
제2차	2007년 8월 3~4일	오클랜드
제3차	2007년 10월 26~27일	방콕
제4차	2008년 2월 1~2일	델리
제5차	2008년 4월 18~19일	마닐라

자료: 통상백서 2007년도

2007년 1월 동아시아정상회의에서 합의된 CEPEA 민간전문가 연구는 2007년 6월에 개최되었고, 동년 11월 동아시아정상회의에는 그 동안 연구의 진전사항을 보고하였다. 또한 2008년 말 개최된 제4회 동아시아정상회의에 추가 연구결과가 제출되었고, 이어 CEPEA의 추진방안을 검토하였다.[16] 또한 ERIA는 동아시아 경제통합을 위한 전문연구기관임을 일본 통상백서(2007년)는 서술하고 있다.

3 일본이 CEPEA를 주장하는 배경

1) 경제적인 배경

2007년도 통상백서는 CEPEA가 체결되었을 경우의 거시경제효과를 다음과 같이 추정하고 있다. 역내관세의 철폐 등에 의해 일본은 GDP 0.98%, 금액으로는 약 5조엔이 증가하는 경제효과가 있는 것으로 계산되었다. 또한 동일 계산에서 동아시아 전체에서 GDP를 약 25조엔 증가시킬 수 있을 것으로 추정되어, CEPEA에 의한 경제효과가 동아시아 전체에 넓게 영향을 미칠 것으로 예상되었다. 또한 이러한 효과 이외에도 투자 · 서비스 · 지적재산권 등에 관한 제도선진화 등으로 기업경영의 효율이 개선되어 기업수익의 확대, 경제활성화의 효과가 있는 것으로 기대되며, 이러한 효과가 상호 상승적인 영향을 미쳐 실제 경제효과가 더 커질 것으로 일본측은 예상하고 있다.

또한 통상백서 2008년도에서는 CEPEA에서의 무역자유화, 무역 · 투자자유화, 개발도상국으로의 기술협력이 실시되어 이루어지는 경제효과를 고려하여, CEPEA가 동아시아 전체의 실질 GDP를 2.11% 끌어올리는 효과를 얻을 수 있는 것으로 수정발표하였다. ASEAN 10개국에 일본, 중국, 한국을 추가해 13개국(ASEAN+3)에 의한 FTA의 경우와 비교할 때, 기존 ASEAN+3에 포함되지 않은 인도, 호주, 뉴질랜드에게도 경제효과가 있는 것은 물론이고, ASEAN+3 각국에게도 많은 GDP 증가효과가 있다는 점을 보여주고

[16] 2008년 일본 통상백서.

있다. 이외에도 투자, 서비스 · 지적재산권 등에 관한 경제제도 정비는 물론, 기업경제의 효율화 등에 의한 기업수입의 개선, 경제활성화 효과를 얻을 수 있을 것으로 예상하고 있다. 특히 원산지기준과 FTA 네트워크가 실현될 경우를 고려하면 ASEAN+6가 더 유리할 것으로 강조하고 있다.[17)]

표 5-5 동아시아에 있어서의 FTA의 경제효과(실질GDP증가율)

		ASEAN+3 FTA	ASEAN+6 FTA
	일본	0.44	0.54
	중국	4.72	4.84
	한국	3.55	3.71
ASEAN	인도네시아	3.94	4.14
	말레이시아	8.62	9.00
	필리핀	6.28	6.52
	싱가포르	4.24	4.42
	태국	7.02	7.32
	베트남	9.67	9.92
	그 밖의 동남아시아	2.91	2.95
	호주	-0.09	1.35
	뉴질랜드	-0.06	1.87
	인도	-0.10	3.45
	ASEAN 전체	5.67	5.89
	ASEAN+3	1.93	2.05
	ASEAN+6	1.68	2.11

주: 1. 본 계산은, CGE모델(계산가능한 일반균형모델)의 종류인 GTAP모델을 사용함
2. "그 밖의 동남아시아"는 캄보디아, 동티모르, 브루나이, 미얀마, 라오스임
3. ASEAN+3 FTA, ASEAN+6 FTA에 있어 전산업에서의 무역자유화 및 원활화, 도상국들에게의 기술협력을 실시했을 경우의 계산

자료: 日本經濟研究センター(2007). 『ASEAN + 6經濟連携意義と課題(2007年度アジア研究報告書)』.

일본 입장에서는 ASEAN+6를 기업 차원에서 강조하는 것이 설득력있게 들릴 수 있다. 우리나라 기업들도 그렇지만, 특히 일본 기업들은 국경을 넘어 광의의 생산네트워크를 구축하고 있는 현황에서 이러한 생산네트워크를 포함하는 광의의 원산지기준을 설정하는 것이 가능하다면, 무역의 자유화를 꾀하고 지역 전체로서의 산업경쟁력을 높이는데

---

17) 2008년 통상백서 p.415-416.

바람직하다. CEPEA는 이러한 생각을 기본으로 한 구상이며, CEPEA에 의해 동아시아 전체 국가들에게 동일한 원산지기준에 기초한 특혜관세를 적용을 받게 된다면, 동아시아를 하나로 한 부품조달, 생산, 판매 등 사업네트워크의 구축이 더욱더 촉진되어, 동아시아에서의 사업활동이 활성화되는데 기여할 수 있다. 또한 투자의 자유화와 더불어 장기적으로는 동아시아 각국의 공정간 분업이 한층 발전하고, 생산거점의 집약 및 최적배치를 통해 경쟁력 높은 분야에 특화할 수 있게 된다. 그 결과, 각국의 비교우위 편성의 최적화 및 규모의 경제 실현을 통해 경제 전체의 효율이 상승하고, 동아시아지역 산업의 국제경쟁력을 강화시키는 것이 가능하게 된다고 평가하고 있다.

일본의 무역진흥기구(JETRO 2007)는 관세 못지않게 비관세조치를 줄이는 것에 대한 효과가 큰다는 것을 CEPEA의 중요한 경제효과로 들고 있다. ASEAN+6인 경우, 관세철폐만을 고려한 GDP 상승폭을 보면, 관세철폐의 효과는 ASEAN+6 전체에서 0.2%에 불과하다. 이는 주요국에서 역내로부터의 수입관세율이 ASEAN 4.2%, 일본 5.0%, 호주 6.4% 등 이미 관세율이 낮기 때문이다. 따라서 관세인하보다도 비관세조치를 반감하는 것이 효과가 크다. 관세철폐를 포함하여 비관세조치를 25% 삭감했을 경우, ASEAN+6 전체의 GDP가 0.7% 상승하는 것으로 나타났다.

표 5-6 FTA에 의한 나라 · 지역별GDP의 상승폭(관세철폐 · 비관세조치반감효과)

(단위: %)

	ASEAN 역내	ASEAN · 중국	ASEAN · 한국	ASEAN · 일본	ASEAN · 호주	ASEAN · 인도	ASEAN +3	ASEAN +6
체결국 전체	0.9	0.7	0.7	0.5	0.8	0.9	1.0	1.3
ASEAN	0.9	1.3	1.0	1.4	1.0	1.0	2.0	2.3
일본	—	△0.01	—	0.3	△0.01	—	0.7	1.0
중국	△0.01	0.4	△0.02	△0.02	△0.01	△0.01	1.5	1.7
한국	△0.01	△0.04	0.3	△0.02	△0.01	—	1.6	1.7
인도	0.01	△0.03	△0.02	△0.1	△0.02	0.9	△0.1	1.2
호주	—	△0.02	△0.01	△0.04	0.5	△0.01	△0.1	1.4

주: 1. 소수점 셋째자리에서 반올림, 0.00%는 영향 없음("—")이라고 했음. 칠해진부분은 각 FTA 대상국 · 지역
2. ASEAN은 태국, 인도네시아, 필리핀, 말레이시아, 싱가포르, 베트남 6개국

자료: JETRO(2007) "2007年版ジェトロ貿易投資白書—擴大するアジアの FTAの活用と日本企業の成長戰略—". 8月8日.

시간이 흐를수록 확대 · 심화되는 동아시아 지역내 경제관계를 CEPEA 필요성을 강조하는 근거로 일본은 활용하고 있다. ASEAN+6 국가의 역내무역비율은 43.3%(2006년 기준)인데, 이는 유럽보다 낮은 수준이지만 그동안 북미자유무역협정(NAFTA)로 경제통합을 해온 북미지역과 유사한 수준이다. 또한, ASEAN+6 국가중 FTA 체결국간의 교역비중은 44.3%로 나타나 ASEAN+6 전체보다 조금 높게 나타났다. ASEAN+6 국가의 역내수출액

(1조1,768억달러)중 FTA 체결국간 수출액은 5,217억달러로 FTA 수출비율은 44.3%가 되는 것이다. 인도와 호주 등이 ASEAN과의 FTA 협상을 진행하고 있어, 향후 역내무역에 차지하는 FTA 체결국 수출비중은 확대될 것이라고 JETRO(2007)는 전망하고 있다.

표 5-7 세계 주요지역의 역내무역화율의 추이

(단위: %)

		1980년	1985년	1990년	1995년	1999년	2000년	2005년	2006년
아시아	ASEAN+6 (재수출조정)	—	—	—	40.6	42.1	44.2	43.3	
	ASEAN+6	34.6	34.8	33.7	40.8	38.9	40.5	43.1	42.7
	ASEAN+3	30.2	30.2	29.4	37.6	35.4	37.3	38.9	38.4
	ASEAN	7.9	20.3	18.8	24.0	23.8	24.7	27.2	27.2
	ASEAN+중국	16.4	17.4	17.0	20.6	20.1	21.0	21.3	21.6
	ASEAN+인도	17.4	18.7	18.1	23.5	23.4	24.4	26.9	26.8
	ASEAN+일본	24.6	20.6	22.4	29.1	26.2	27.8	27.6	27.2
북미	NAFTA	33.8	38.7	37.9	43.1	48.5	48.8	46.1	44.2
구주	EU25	61.3	59.8	67.0	67.4	68.6	66.8	66.4	66.1
	EU27	61.6	59.9	67.1	67.7	69.0	67.3	67.2	66.9

주: ASEAN+6(재수출조정)에 관해서는 다음의 방법에 의해 추산. ASEAN+6의 비구성국으로 있는 홍콩무역통계에서, ASEAN+6으로부터 홍콩경유로 ASEAN+6에 재수출된 재수출액을 가산, 그 안에, 중국에서 홍콩경유로 중국에 재수출되는 재수출액에 관해서는 중국국내무역으로 간주해 제산. ASEAN+6의 구성국인 싱가포르에 관해서는 대ASEAN+6 수출총액을 사용하지 않고, 싱가포르 무역총계에서, 대ASEAN+6 수출총액으로부터 대ASEAN+6 재수출액을 나눈 액을 싱가포르 원산품의 ASEAN+6 수출액으로 간주해 사용, 대세계수출액에 관해서도 동일한 방법으로 산출한 수치를 사용. 또한 ASEAN+6 구성국으로부터의 대싱가포르수출 중, 일정비율이 비ASEAN+6 구성국에 재수출되는 것으로 간주됨

자료: JETRO(2007). "2007年版ジェトロ貿易投資白書ー擴大するアジアのFTAの活用と日本企業の成長戰略ー". 8月8日

2) 비경제적 배경

일본이 ASEAN+6 체제를 지향하는 것은 경제적인 측면도 있겠으나, 정치적인 의도 또한 강한 것으로 볼 수 있다. 동아시아에서의 중국의 영향력을 약화시키고, 이는 부분적으로 동아시아의 지역주의가 폐쇄적으로 발전하는 것에 대해 염려하는 미국과의 이해관계와도 일치하는 것으로 볼 수 있다.

또한 이 지역에서는 중·ASEAN간 FTA, 한·ASEAN간 FTA가 이미 발효되었고, 일·ASEAN간 EPA는 2008년 4월에 서명되었다. 인도·ASEAN간 FTA, 호주·ASEAN FTA도 타결될 예정으로 ASEAN을 중심으로 한 6개 국가의 FTA네트워크의 완성이 현실화되고 있어, CEPEA 구상을 전진시키는 환경이 상당 수준 마련되었다고 일본측은 평가하고 있다. 이는 ASEAN을 허브로 한 FTA 망을 구축하는 것이 중국이 중심이 된 ASEAN+3 FTA 보다 일본에 정치외교적으로 유리할 수 있다고 판단하고 있기 때문이다.

표 5-8 ASEAN+6 역내 발효 중인 FTA

FTA	발효일시 · 현황
호주 · 뉴질랜드	1983년 1월
라오스 · 태국	1991년 6월
ASEAN 자유무역협정(AFTA)	1992년 1월(93년 1월 관세삭감 개시)
싱가포르 · 뉴질랜드	2001년 1월
일본 · 싱가포르	2002년 11월
싱가포르 · 호주	2003년 7월
ASEAN · 중국	2003년 7월 (2004년 1월 농수산품을 대상으로 한 EHP) (2005년 7월 비농수산분야의 관세삭감 개시)
태국 · 인도	2004년 9월(EHP 개시)
태국 · 호주	2005년 1월
태국 · 뉴질랜드	2005년 7월
싱가포르 · 인도	2005년 8월
싱가포르 · 한국	2006년 3월
일본 · 말레이시아	2006년 7월
ASEAN · 한국	2007년 6월

注: EHP는 조기 자유화조치
자료: JETRO(2007). "2007年版ジェトロ貿易投資白書—擴大するアジアのFTAの活用と日本企業の成長戰略—" 8月8日

ASEAN+6 역내에서는 현재까지 14건의 FTA가 발효되고 있으며, 이러한 FTA 망의 중심은 '외형상' ASEAN이다. 여기서 외형상 ASEAN이 FTA 망의 중심임을 강조하고자 한다. 이는 동남아 주요 제조업은 사실상 일본계 기업이 대부분이고, 현지 일본 기업들은 ASEAN 개별국가뿐만 아니라 ASEAN 전체 의사결정에 상당한 영향력을 행사하고 있다. 일본이 ERIA를 ASEAN 사무국이 소재한 자카르타에 설치한 배경도 이와 관련이 깊다. 결국 경제적으로 정치외교적 측면에서 보면, CEPEA 구상이 중국이 주도해 온 EAFTA보다 일본에게 유리할 수밖에 없다. 이와 관련하여 일본 통상백서(2008)는 "CEPEA 구상은 16개국(ASEAN+6)에 의한 무역 · 투자의 자유화 · 원활화, 지적재산권 등 폭넓은 분야를 포함하는 경제연계협정의 체결을 통해서 동아시아전체가 조화된 자유 및 공정한 Rule을 기본으로 한 시장경제의 구축을 계획하는데 있다"고 밝히고 있다.

일본은 ASEAN이 성립된 직후부터, 그리고 중국에 대해서는 1970년 말부터 지금에 이르기까지 ODA(정부개발원조: Official Development Assistance) 등 아시아에서의 경제원조와 경제협력을 통한 긴밀한 경제관계 유지를 위해 나름대로 노력해 왔다. 그럼에도 불구하고 아시아에서는 일본의 노력에 상응하는 충분한 이해와 평가를 받지 못하고 있는 실정이다. 이에 대한 근본적인 원인은 과거 침략과 그에 따른 역사인식에 대한 차이이며,

동아시아 대부분의 국가들이 일본이 주도하는 지역단위의 FTA 혹은 기구에 대해 부담을 가지고 있다. 이를 인식하고 있는 일본은 동아시아 국가들만으로 경제통합체를 구성하는 데 있어 협상력이 약할 수 밖에 없다. 예를 들어, 한일 FTA의 협상중에도 일본 고이즈미 수상의 신사참배문제와 교과서문제 등으로 한국 국민과 고위층의 반발을 불러오게 되었고, 결국 협상일정에 문제가 생기는 등의 차질이 발생했다. 이에 대해 당시의 고이즈미 수상은 경제문제는 경제문제만을 갖고 풀어야지 역사문제 등을 개입시켜서는 안된다는 등의 발언을 했었다. 일반적으로 회원국 수가 많으면 그만큼 추진이 어려운 지역협정에 인도, 호주, 뉴질랜드를 포함시킬 것을 강하게 희망하는 데에는 경제적인 측면뿐만 아니라, 동아시아지역이 일본에 대한 과거의 인식으로 비롯한 감정적인 개입으로 인한 협상의 어려움을 계산하여 이러한 감정적인 개입이 없는 제3국들을 포함시킴으로서 협상이 자국에게 불리하지 않고, 또한 원활화시키는데 효과를 발휘할 것이다.

5 결론

동아시아 경제통합 혹은 공동체 구축은 일본의 출산율 저하와 고령화로 인한 인구감소에 대한 대책 및 경제 성장전략 측면에서 의의가 크며, 실질적으로는 경제적 이익의 확보를 위해서도 필요할 것이다. 이러한 필요성은 비단 일본만이 가지고 있는 생각은 아닐 것이다. 동아시아에서는 1990년대 후반부터 많은 국가들이 FTA 추진에 높은 관심을 보여 온 배경에는 경제효과와 경제성장전략이 작용했을 것이다.

한편, 일본은 FTA 혹은 EPA를 단순 경제효과 보다는 지역적 관계속에서 자국의 위상을 유지 혹은 개선시키는 전략적 차원에서 추진하는 경향이 강한 편이다. 특히 중국의 부상과 영향력 확대를 견제해야 하고, ASEAN 국가들이 친중국 정책을 모색하는 것에 대한 대책도 수립해야 하는 상황이다. 또한 대부분의 동아시아 국가들이 중국과의 교역을 확대시켜 왔고, 이로 인해 중국이 추진해온 ASEAN+3 FTA 추진기반도 상당한 편이다. 이에 비해 일본이 주장하는 ASEAN+6 FTA는 동아시아로 분류하기 어려운 호주와 뉴질랜드를 포함시키고 있고, 과거사 문제 및 중국과 일본의 경쟁적 관계 등 국제정치적 요인까지 겹쳐 추진 여건이 양호하지 않은 편이다.

FTA 지역을 광범위하게 설정하게 되면 미래에 발생할 수 있는 문제들을 사전에 예방할 수 있다는 장점이 있다. 물론 일본이 주장하는 바와 같이, 경제적인 파급효과가 큰 것은 당연하겠지만, 일본은 결국 아시아의 필요성과 중요성을 인정하면서도 아시아만으로 남기에는 꺼려하는 경향도 작용하고 있다. 일본의 입장에서는 호주, 뉴질랜드를 동아시아 공동체에 포함시킴으로서 선진국에게 유리한 방향으로 협상을 이끌 수 있는 장점도 고려했을 것이다. 예를 들면, 경제발전 자체뿐만 아니라 지적재산권문제, 에너지와 환경

문제 등 지금 경제발전을 무엇보다 급선무로 생각하는 중국이나 ASEAN과의 협상에서 소홀해지기 쉬운 문제들을 협상에 참여하는 선진국 숫자를 늘림으로써 일본의 입장에서 더욱 유리한 방향으로 협상을 이끌 수 있기 때문이다.

동아시아 FTA가 어떤 구도로 추진될 것인가에 대해 전망하기 어렵다. 세계경제에서 차지하는 중국경제의 위상이 높아지고, 중국이 글로벌경제제도 도입을 가속화시키게 되면서 동아시아 지역적 문제에 있어 중국의 영향력이 더 커질 수 있다. 이 경우 ASEAN+3 FTA가 추진상의 탄력을 받을 것으로 보인다. 한편, 일본의 전략인 ASEAN+6 즉 CEPEA 주장 또한 시간과 더불어 일본의 주장이 설득력을 갖게 될 수 있다. 경제, 외교, 정치 등 실질적인 측면에서 가장 이상적인 경제통합은 다자간체제인 것처럼 경제통합에 참가하는 국가가 많으면 많을수록 경제 및 그 밖의 효과가 클 수 밖에 없다는 것은 부인하기 어려운 사실이기 때문이다. 이에 일본측 주장의 저의를 파악하고 있다 할지라도, 결국 그 주장이 자국만을 위한 것이 아닌, 통합국가 전체를 위한 것이라면 신중히 검토해 봐야 한다.

이러한 시점에서 우리나라는 과연 어떠한 전략으로 나아갈 것인가를 심사숙고해야 하겠다. CEPEA에 관해 먼저 결정해야 할 것은 일본이 주장하는 것처럼 경제통합이 이루어져야 하는 영역을 경제학적 분석의 결과로서 따져야 할 것인지, 아니면 기존의 EU와 같이 지리적인 개념에 의거한 경제통합, 또는 "아시아에 의미를 부여한 경제통합체"를 구축할 것인지를 검토해야 한다. 한편, 우리나라의 입장에 따라 중국과 일본의 주장이 큰 영향을 받을 수 있으므로 국제정치외교적 측면도 동시에 고려되어야 할 것이다.

참고문헌 REFERENCES

정인교(2006), "한일 FTA 재협상도 서두르자". 중앙일보 JERI리포트. 2월 10일.

조정란(2006), "동아시아 경제통합에 대한 일본의 입장". 국제지역연구 10권2호.

일본 외무성(2002), 『일본의 FTA전략(日本のFTA戰略)』10월.

일본 외무성(2000), 『자유무역협정과 일본의 선택(自由貿易協定と日本の選擇)』, 심포지움 보고서.

일본 외무성(2003), 『일 · 필리핀경제연계협정(經濟連携協定)』,합동조정팀보고서, 12월.

일본 외무성 경제국(2006), 『일본의 경제연계협정(EPA)교섭–현상과 과제–』, 6월.

경제단체연합회(經濟團體連合會), 일본 · 멕시코경제위원회 (1999) "일 · 멕 자유무역협정의 일본 산업계에 대한 영향에 관한 보고서(日墨自由貿易協定のわが國産業界への影響に關する報告書)" 4월 20일.

伊藤元重(2004), 『일본의 FTA정책』, 7월.

馬田啓一 · 木村福成(2008), 『검증 · 동아시아의 지역주의와 일본(檢證 · 東アジアの地域主義と日本)』. 文眞堂.

渡邊利夫(2005). 『동아시아경제통합의 현단계-공동체 형성은 가능할 것인가–(東アジ ア經濟統合の現段階—共同體は可能か)』. 8월.

東アジア共同一評議會(2005). 『동아시아 공동체구상의 현황, 배경과 일본의 국가전 략–정책보고서–(東アジア共同體の現 · 背景と日本の國家戰略—政策報告書—)』. 8월.

Misuho Research Institute(2005). 『동아시아 · 자유무역지역의 실현을 향해서(東アジア自由貿易地域の實現に向けて)』. みずほ總硏論集. 2호.

JETRO(2007). "2007년판 JETRO 무역투자백서–확대되는 아시아의 FTA활용과 일본 기업의 성장 전략(2007年版ジェトロ貿易投資白書一擴大するアジアのFTAの活用と日本企業の成長戰略一)". 8월 8일.

日本經濟硏究センター(2007). 『ASEAN + 6경제연계의 의의와 과제(2007년도 아시아연구보고서): ASEAN + 6經濟連携意義と課題(2007年度アジア硏究報告書)』.

經濟産業省. 『通商白書(통상백서)』. 2002년~2008년판.

CHAPTER 06

중국의 입장과 정책

홍익대학교 법과대학 류 병 운

1 서론

현재 세계경제 판도는 미국을 중심으로 하는 북미자유무역협정(NAFTA)과 유럽연합(EU)이 경제블록을 형성하고 있는 가운데 중국이 또 하나의 거대한 경제단위로 부상하고 있다. 이런 가운데 미국은 NAFTA에 중남미까지 포괄하는 범미주경제권(FTAA)의 구축을 시도하고 있고 상당히 견고한 경제통합체인 EU는 역내 조화 강화와 '가입 전(pre-access)' 조화 프로그램을 통하여 새로운 회원국의 편입을 계속해 나가고 있다.[1)]

세계 경제권 질서는 이미 유럽경제권, 미주경제권 그리고 동북아경제권의 3대 권역으로 재편되고 있다. 그럼에도 불구하고 동북아는 경제통합체가 없는 유일한 지역이다. 그 이유는 과거 교류협력의 역사 부족, 국가민족주의가 팽배한 가운데 불행했던 역사에 따른 민족적 감정, 문화적 공통성 부족, 합의된 지역통합 이념 및 비전의 부재, 정치적 지도자들의 의지 및 리더십 부족에 기인한 것으로 보인다.[2)]

EU나 NAFTA의 각각 65%, 45%를 초과하는 역내교역비율과 현재 23%에 불과한

** 이 논문은 2009년 「홍익법학」에 게재 예정임.

1) 2004년 5월 1일 10개국(폴란드, 헝가리, 체코, 슬로바키아, 슬로베니아, 리투아니아, 라트비아, 에스토니아, 키프로스, 몰타)이 EU에 새로 가입하였고, 2007년 불가리아와 루마니아가 새로 가입함으로써 현재 회원국 수가 총 27개국이다.

2) Lyou, Byung-Woon, Building the Northeast Asian Community, Indiana Journal of Global Legal Studies, Vol. 11(2), (Summer, 2004), p.261-612.

한 · 중 · 일 역내교역비중에서 드러나는 무역전환효과[3])를 고려할 때 동북아 지역 경제통합의 부재로 EU나 미국 등과 비교하여 WTO 등 세계무대에서의 협상이나 분쟁해결과정에서 효율적 능동적으로 대처하지 못하였고, EU나 미국이 제기하는 각종 통상마찰의 압력에 노출되어 있는 상황을 고려할 때 동북아 또는 동아시아 경제통합이 절실한 상황이다.

물론 한국, 중국, 일본이 EU이나 NAFTA와 같은 동북아 경제통합만 구축한다고 해도 이 동북아 경제공동체가 세계 최대의 경제단위가 되는 것은 시간문제라고 할 수 있다.[4])

다만 새로 동북아 경제통합이 추진된다면 다음 두 가지 상황변화를 반영하여야 한다. 첫째, 지난 2008년 2000억달러 이상의 외환보유고에도 불구하고 세계 금융시장의 경색에 따른 달러화 공급부족의 어려움을 겪은 우리나라는 물론, 각각 1조달러 이상의 외환보유고 가지고 있는 중국과 일본도 이와 같은 외환보유비용을 획기적으로 축소할 수 있는 새로운 동북아 국제금융시스템의 창설의 필요성을 공감하고 있는 상황이다. 둘째, 종전 저임금 경공업 중심의 중국 산업이 기술집약적 산업으로 급격하게 개편되고 있어 경제통합에 따른 한국 제품과의 경쟁이 더욱 치열해질 것이라는 점이다. 사실 중국은 종전에 동아시아 개발도상국들과 노동집약적인 산업을 중심으로 국제시장에서 경쟁하여 이들 국가들을 압도해왔으나 산업이 기술집약적 산업으로 발전적으로 개편되면서 국제시장에서 한국과의 경쟁관계가 더욱 증가하게 된 것이다. 따라서 통합에 따른 경쟁의 증가 및 경쟁력이 약한 산업의 구조조정 등의 부담을 사전에 면밀히 분석하여 그 비용을 최소화하는 노력과 방안도 필요하다.

본 논문은 중국의 FTA정책 및 동아시아 경제통합에 대한 입장을 파악하여 우리의 동아시아 경제통합 정책을 위한 시사점을 얻는데 그 목적이 있다. 논문의 구성은 본 절 '서론' 에 이어서, 제II절에서는 중국의 동아시아 경제통합에 대한 입장을 파악하기 위해 현재의 중국이 세계 또는 동아시아에서 차지하는 경제적 위상을 살펴보고, 제III절에서는 현재까지중국의 FTA 추진 상황을 바탕으로 하여 중국의 FTA 추진 전략을 제시한다. 제IV절에서는 중국의 동아시아 경제통합에 대한 정책방향을 정리한다. 제V절에서는 이상에서 파악된 중국의 정책방향이 한국에 대하여 주는 시사점과 한국의 대응방향으로서 동아시아 경제통합에 대한 바람직한 방향을 모색한다.

---

3) 여기서의 '무역전환효과' 는 RTA구성으로 역내 비효율적 공급자로의 무역이 전화되어 역내 국민들에게 미치는 후생의 감소를 의미한다: John H. Howard Jackson & William J. Davey & Kevin L. Sykes, Legal Problems of International Economic Relations (3d ed. 1995), p. 465. 다만 이 논문에서는 '무역전환효과' 원래의 의미보다는 단순히 이전의 역외 국가들과의 무역이 역내무역으로 대체되는 뜻으로 사용한다.

4) 전 세계대비 동북아지역의 총생산비중은 2001년 21%에서 2020년 30%로 증가할 전망이다.

2 현재 중국의 경제적 위상과 한 · 중 경제관계

1 현재 중국의 모습

중국은 1978년 개혁 개방을 채택한 이래 연평균 9.6%의 초고속 경제성장을 기록하여 왔고[5] 2008년 베이징 올림픽과 2009년 상하이 세계무역박람회개최는 중국사회의 개방화와 세계화를 한층 더 가속화할 것이다.

중국은 2007년 11월 기준 명목 GDP가 3.42조달러로 미국과 일본에 이어 세계 3위, 구매력 평가지수(Purchasing Power Parity: PPP)기준 GDP가 6.9조달러로 세계 2위의 경제대국이다.[6]

특히 2001년 12월 세계무역기구(WTO) 가입 이후 급증한 무역은 2007년 기준 수출은 FOB가격 기준 12,181억달러, 수입은 9,562 억달러로 미국, 독일에 이어 세계 3위의 규모이다.[7] 아울러 중국의 무역의존도는 2001년 WTO가입 당시 38.5%에 불과하였으나 2007년에는 64.4%로 증가하여 상당히 높은 수준이다.[8] 중국으로 유입된 해외직접투자(FDI)의 누계 액은 2006년 기준 6995억달러에 달한다.[9] 2006년에만 694억7천만달러의 FDI를 받아 들였다. 2006말 현재 중국의 외환보유고는 일본을 앞질러 1.066조달러에 달한다. 현재 중국은 세계자원을 빨아들이는 '블랙홀' 로 불리고 있는데 이는 급증하는 수출 및 무역수지 흑자 누적과 FDI의 지속적인 유입에 따른 세계 최대의 외환보유고가 뒷받침하는 중국의 세계 자원 확보전략에 기인한다. 충분한 외환보유고를 바탕으로 한 중국의 동아시아 지역에 대한 투자(FDI outflows)의 확대로 중국은 투자유치국에서 뿐만 아

---

5) "China's Economic Growth Cools to Slowest Since 2005," Bloomberg L.P. (2008-07-17) *at* http://www.bloomberg.com/apps/news?pid=20601087&sid=aB7nnXjUY7to&refer=home.

6) "China's GDP grows 11.4% in 2007, fastest in 13 years" China Daily (2008-01-24) *at* http://www.chinadaily.net/china/2008-01/24/content_6418067.htm.

7) 최근 세계 주요무역국 무역실적

(단위: 백만 불)

순위	국가명	2007		2008(1월~06월)	
		수출	수입	수출	수입
1	독일	1,327,220	1,059,480	781,954	624,049
2	중국(본토)	1,218,130	956,259	660,833	578,752
3	미국	1,162,600	2,017,380	660,738	1,087,138
4	일본	714,254	621,870	385,365	356,971

자료: KITA.NET, 세계무역통계, at http://stat.kita.net/top/state/n_submain_stat_kita.jsp?menuId=05&subUrl=n_default-test_kita.jsp?lang_gbn=kor^statid=dots&top_menu_id=db11.

8) 중국통계연감, KITA.NET, 홍정륜, 중국 주도의 동아시아 자유무역협정 연구, p.749에서 재인용.

9) International Herald Tribune, "Foreign investment in China rebounds," (January 15, 2007).

니라 투자국으로서의 영향력도 확대하여 동아시아 국가들의 최대 무역 상대국이기도 하다.

중국은 거대한 시장잠재력을 가지고 있어 한편으로는 세계의 공장 즉 제조거점(manufacturing hub)이자 다른 한편 구매거점(purchasing hub)으로 작용하고 있다.[10] 그 생산 형태도 저부가가치 노동집약상품 위주에서 점차 고부가가치 기술집약적 상품의 생산으로 변화를 꾀하고 있다.[11]

중국의 경제력과 세계적인 생산기지와 소비시장으로서의 지위는 중국 중심 지역경제통합을 주도할 수 있는 능력을 의미하며 향후 이에 적극적으로 나설 것으로 판단된다.[12]

2 한 · 중 경제의 상호의존도

중국경제가 급부상하는 한편 한국 역시 해외생산기지가 필요함에 따라 양국간 무역 투자 규모는 급속히 증가해왔다.

한국의 대중국 수출의존도는 1995년 7.3%에서 2007년에는 22.1%로 증가하였다. 실제로 2005년 양국간 무역규모는 1천억달러를 초과하였으며 중국은 한국의 최대 수출시장인 동시에 두 번째 수입대상국으로, 한국은 중국의 네 번째 수출시장인 동시에 두 번째 수입대상국으로 부상하였다. 2012년에 한국과 중국의 교역규모는 2,000억달러로 증가할 것으로 추정된다.

제조업 분야에서의 대중국 투자는 실행 기준으로 2005년 한해에 26억달러, 2007년 말 현재 누계 총액 225억달러를 기록함으로써 중국은 한국의 최대 해외직접투자 대상국으로, 한국은 중국의 네 번째 투자유치국이 되었다.

국가들 간의 경제의 상호의존도가 클수록 더욱 긴밀한 경제협력이 요구되는 국가들 간의 RTA구성이 경제통합의 이익을 크게 한다는 점에서 상당한 수준의 경제의 상호의

---

10) 2007년 중국의 수입 총액은 9,562.6억달러에 이른다: *supra* note 7.

11) 중국의 제11차 5개년 계획(2006~2010년)의 주요 골격은 성장방식의 전환, 기술혁신을 통한 산업구조의 고도화, 개방정책의 지속적 추진을 통한 고도성장과 지역간 균형발전, 환경친화적이고 자원절약적 성장정책으로 대외무역과 관련해서는 무역수지 흑자 축소를 통한 적정 수준의 외환보유고 보유, 위안화의 적절한 평가절상, 에너지 확보 등을 달성하겠다는 목표아래 단순 가공무역방식을 지양하는 것 등이다: 이문형 & 정민태 & 김석진, 중국의 제11차 5개년 계획의 산업정책 방향과 시사점, 산업연구원, (2005년) 참조.

12) 동아시아 국가들의 경제발전단계의 형태를 기러기형(flying geese)으로 표시할 경우 1990년대 중반까지 중국은 기러기 후미 대열에 위치했고 세계경제와의 교류도 제한적이었기 때문에 피동적인 지역경제협력 전략을 전개했으나 아시아 금융위기에 성공적으로 대응한 후, 특히 WTO가입을 계기로 지역경제협력을 기러기 선두 대열에서 추진하고 있다: 蔡宏明, 中國大陸合縱連橫台商定位何處?, 貿易雜誌 Vol. 138 (2003, 12, 16), pp. 10-7: Hyun-jun Cho, China' s Political-Economic Approach toward FTAs with East Asian Nationa and Its Implications for Korea, Journal of International Economic Studies Vol. 8 (1), (June, 2004), pp. 39-40에서 재인용.

존도는 RTA의 가장 중요한 요건이라 할 수 있다. 따라서 한·중 양국간 경제의 상호의존도의 계속적 증가는 한·중을 포함한 동북아 지역경제통합의 한 조건의 충족을 의미한다. 또한 중국은 지역경제통합에 적극적이다. 한국의 입장에서도 중국은 일본과 함께 아시아 최대의 경제권이며 상호 경제적 의존도가 매우 높은 교역 상대국이라는 점에서 주요 FTA후보국이 아닐 수 없다.

특히 2003년 7월, 한·중 양국 정상 '전면적 협력동반자 관계'의 구체적 실현을 위해 경제통상분야 중장기 상호협력 방안을 모색키로 합의하고 2004년 양국 정부·연구기관·업계로 구성된 공동연구팀이 '한·중 경제통상협력 비전 공동연구'를 수행하였고,[13] 2005년부터 한·중 FTA 추진에 대한 산관학(産官學) 공동연구가 진행되어 왔으나 한국은 향후 한·중FTA 체결에 따른 한국의 농수산업 종사자들이 입을 경제적 피해 등 중국과의 FTA의 효과에 대한 확신이 부족하여 다소 주저하고 있는 상황이라고 할 수 있다. 한·중 FTA 체결 한국의 농수산업 및 경쟁력이 약한 산업의 구조조정 비용에 대한 면밀한 분석이 필요한 시점이라고 할 수 있다.

3 중국의 지역경제통합 정책

1 중국의 FTA 추진 상황

탈 냉전이후 중국은 동남아 지역조직에 참여를 확대하고 있다. 1991년 중국이 ASEAN에 자문적 회원국(consultative partner)으로 참여한 이래 1994, ASEAN 지역포럼에서 안보문제를 논의하겠다고 선언하였다.[14] 이후 중국은 ASEAN 회의에 참석하여 안보상 협력과 남중국해 해상에서 발생하는 분쟁에 대한 규정을 만드는데 협력하여 ASEAN회원국들과 신뢰를 구축해왔다.[15] 1997년 중국이 ASEAN+1의 형태로 ASEAN과의 유대를 공고히

---

13) 한·중 경제통상협력 비젼 공동연구 보고서 (05.11월 정상회담시 대외발표)는 2012년 양국간 추정 교역액을 2,000억달러로 제시하였고 양국의 투자관련 법규 및 정책의 투명성 제고, 지적재산권 보호 등을 주장하였다. 동(同)보고서 상 한·중간의 17개 중점 협력추진사업은:
1) 무역·투자협력 분야: ① 통상분쟁의 예방·축소, ② 전자무역 활성화, ③ 통관절차 간소화, ④ 법규 및 정책의 투명성 제고, ⑤ 투자환경 측면의 장애 해소 및 양국간 상호투자 촉진
2) 경제협력 분야: ⑥ 차세대 정보통신기술(ICT), ⑦ 2008 북경 올림픽 정보시스템 구축, ⑧ 유통-물류, ⑨ 서부대개발, ⑩ 중국 화력, 원자력 발전소 건설, ⑪ 동북 노후공업기지 진흥 사업, ⑫ 자동차, ⑬ 철강, ⑭ 북경-상해 고속철도 건설관리 사업, ⑮ 환경기술 공동개발, ⑯ 미래 첨단기술(NT/BT) ⑰ 농업투자 및 기술이다.

14) ASEAN Regional Forum, Ministry of Foreign Affairs of the People's Republic of China, (Aug. 5, 2002), at http://www.fmprc.gov.cn/eng/wjb/zzjg/gjs/gjzzyhy/2612/t15313.htm.

15) Jusuk Wanandi, China and Asia Pacific Regionalism, *in* The Rise of China and a Changing East Asian Order (Kokubun Ryosei & Wang Jisi eds., 2004), p.44-45.

하자 일본과 한국이 이에 곧 가세하여 ASEAN+3 형태의 틀을 만들어 동아시아의 국제문제를 논의해오고 있다.[16)]

2002년 중국은 영토와 관할권 분쟁을 평화적으로 해결하기 위한 ASEAN의 우호협력조약(Treaty of Amity and Cooperation in Southeast Asia: TAC-SEA)에 가입하였는데,[17)] 이는 남중국해 해상의 중국 도서들과 필리핀이나 베트남과의 영토문제에 초점을 맞춘 것이다.[18)] 게다가 2003년 10월 중국과 ASEAN은 "평화와 번영에 관한 공동선언"을 채택하여 경제, 정책, 안보에서의 협력을 더욱 공고히 하기로 하였다.[19)]

특히 2001년 중국은 "Shanghai 5,"[20)] 즉 Shanghai Cooperation Organization (SCO)을 조직하였는데 SCO는 군사 분야에서의 신뢰구축과 국경지역에서의 군사력 감축[21)]은 물론 무기밀수와 마약거래 종교적 극단주의의 위협에도 공동 대응을 표방하고 있다.[22)] SCO는 또한 경제협력과 에너지와 무역에도 초점이 맞추어져 있고 SCO 회원국들과 FTA 설립에도 합의한 바 있다.

중국은 2003년 홍콩 및 마카오와 FTA에 상응하는 일종의 지역무역협정인 경제협력강화협정(Closer Economic Partnership Arrangement: CEPA)을 체결하면서 FTA의 체결을 추진하기 시작하였다.[23)] 중국 최초의 대외 무역자유화 조치이자 자유무역협정인 CEPA는 홍콩과 중국의 공동 경제발전과 다른 나라 및 지역과의 경제적 유대 강화를 추구한다.[24)] CEPA는 홍콩과 중국사이의 무역 관세를 2004년과 2006년 사이에 축소하여 완전히 철폐

---

16) Hugh De Santis, The Dragon and the Tigers: China and Asian Regionalism, World Policy Journal. (Summer, 2005) p.27-28.

17) Declaration on the Conduct of Parties in the South China Sea art. 4, Brunei-Cambodia-P.R.C.-Indon.-Laos-Myan.-Phil.-Sing.-Thail.-Vietnam, (Nov. 4, 2002), *at* http://www.aseansec.org/13163.htm.

18) Hugh De Santis, supra note 19, p.24.

19) See Joint Declaration of the Heads of State/Government of the Association of Southeast Asian Nations and the People's Republic of China on Strategic Partnership for Peace and Prosperity, Brunei-Cambodia-P.R.C.-Indon.-Laos-Myan.-Phil.-Sing.-Thail.-Vietnam, (Oct. 8, 2003), *at* http:// www.aseansec.org/15265.htm. 이미 언급한 바 이 공동선언에 앞서 중국과 ASEAN은 비 전통적 안보 분야에서의 협력에 관한 공동선언을 채택한 바 있다: Joint Declaration of ASEAN and China on Cooperation in the Field of Non-Traditional Security Issues, art II(1) (Nov 4, 2002), *at* http://www.aseansec.org/13186.htm.

20) SCO 회원국은 중국, 러시아, 카자흐스탄, 키르기스스탄, 타지키스탄, 우즈베키스탄이다.

21) Declaration on Establishment of Shanghai Cooperation Organization art. 6, P.R.C.-Kaz.-Kyrg.-Russ.-Taj.-Uzb., Jun. 15, 2001, http://www.sectsco.org/news_detail.asp?id=88&LanguageID=2.

22) Five-Nation Joint Statement Stresses Further Cooperation in Regional Security, People's Daily Online, (Aug. 26, 1999). *at* http://english.peopledaily.com.cn/.

23) China to advance bilateral, regional free trade negotiation, China View, (Sept. 15, 2006), *at* http://news.xinhuanet.com/english/2006-09/15/content_5097127.htm.

24) Mainland and Hong Kong Closer Economic Partnership Arrangement, *Preamble*, P.R.C.-H.K., Jun. 29, 2003, http://www.tid.gov.hk/english/cepa/legaltext/fulltext.html.

하기로 하였고 반덤핑 조치를 폐지하기로 하였다. 특히 홍콩은 주요 국제금융의 허브로서 중국에게 매우 중요하였다.[25] CEPA에 이어 중국은 2004년에는 ASEAN과, 2005년에는 칠레와, 2006년에는 파키스탄과, 2008년에는 뉴질랜드와 FTA를 체결하였다.

중국과 ASEAN의 FTA(China-ASEAN Free Trade Agreement: CAFTA)는 2001년 중국의 주룽지 총리가 제안하여 2002년 ASEAN국가들과 무역과 투자활성화를 내용으로 하는 기본 협정을 체결하게 된다.[26] 이 기본협정의 첫 번째 부속서로서 '상품무역협정' 이 2005년 발효하였는데 이는 저개발회원국에 대해서는 2015년까지 그 외 회원국에 대해서는 2010년까지 관세의 점진적 삭감을 요구하고 있다.[27] 또한 이 상품무역협정에서 중국은 ASEAN 여러 나라와 농산품의 관세 삭감에 합의하였고 중국이 모범적으로 관세를 삭감함으로써 중국의 대 ASEAN 농산물 수출은 31.2% 수입은 46.6% 증가하는 결과를 가져왔다. 이는 중국이 ASEAN국가들과의 신뢰 구축에 상당한 공을 들이고 있다는 점을 보여준다.[28] 2002년부터 CAFTA의 기본협정에 이어 2003년의 기본협정 개정 협약,[29] 2004년 분쟁해결기구,[30] 2007년 정보기술에 대한 행동 지침,[31] 2007년 서비스 무역협정[32]과 같은 부속서들이 추가되어 경제통합체제를 강화해오고 있다.

---

[25] 국영은행의 국제금융과 외환거래센터를 홍콩에 설치할 수 있도록 하고, 중국 본토의 보험회사와 사기업의 주식을 홍콩 증권거래소에 상장을 허용하며, 금융 규제를 위한 협력과 정보 공유 확대를 규정하고 있다: id. art. 13.

[26] Framework Agreement on Comprehensive Economic Co-operation Between the Association of Southeast Asian Nations and the People's Republic of China art. 1, Brunei-Cambodia-P.R.C.-Indon.-Laos-Myan.-Phil.-Sing.-Thail.-Vietnam, (Nov. 5, 2002), *at* http://www.aseansec.org/13196.htm.

[27] Agreement on Trade in Goods of the Framework Agreement on Comprehensive Economic Co-operation between the Association of Southeast Asian Nations and the People's Republic of China, Brunei-Cambodia-P.R.C.-Indon.-Laos-Myan.-Phil.-Sing.-Thail.-Vietnam, (Nov. 29, 2004), *at* http:// www.aseansec.org/16646.htm.

[28] Minister Bo Xilai Answering Questions of the Press on China-ASEAN FTA, PRC Ministry of Foreign Commerce, *at* http://boxilai2.mofcom.gov.cn/aarticle/speech/200608/20060802846310.html.

[29] Protocol to Amend the Framework Agreement on Comprehensive Economic Co-operation Between the Association of Southeast Asian Nations and the People's Republic of China, Brunei-Cambodia-P.R.C.-Indon.-Laos-Myan.-Phil.-Sing.-Thail.-Vietnam, (Oct. 6, 2003), *at* http://www.aseansec.org/15157.htm.

[30] Agreement on Dispute Settlement Mechanism of the Framework Agreement on Comprehensive Economic Co-operation Between the Association of Southeast Asian Nations and the People's Republic of China, Brunei-Cambodia-P.R.C.-Indon.-Laos-Myan.-Phil.-Sing.-Thail.-Vietnam, (Nov. 29, 2004), *at* http:// www.aseansec.org/16635.htm.

[31] Plan of Action to Implement the Beijing Declaration on ASEAN-China ICT Cooperative Partnership for Common Development, ASEAN-P.R.C., (Jan. 14, 2007), *at* http://www.aseansec.org/19283.htm.

[32] China and ASEAN Signed the Service Trade Agreement, Ministry of Commerce of the People's Republic of China, (Jan. 16, 2007), *at* http://english.mofcom.gov.cn/aarticle/subject/cameetings/lanmuc/200701/20070104275170.html.

이상과 같이 중국은 칠레를 제외하고는 중국 주변에 위치한 국가나 경제단위와 FTA를 체결하였고 중국과 FTA 협상중이거나 협상 예정에 있는 상대국이 인도, 한국, GCC(Gulf Cooperation Council)와 같이 역시 중국인접지역에 위치하고 있어 중국은 지리적 요소를 상당히 중시하는 것으로 판단된다. 인접 국가들을 중시하는 것은 FTA협정의 내용에서도 드러난다. 예컨대 CEPA는 무역 뿐만 아니라 금융활동, 투자 보호 등에 관한 매우 구체적인 규정들을 포함하고 있는 반면, 뉴질랜드와의 FTA협정은 상당한 부분에서 불분명하고 장래의 목표들을 나열해 놓는 것으로 평가된다.[33] 아울러 GCC(Gulf Cooperation Council)와의 FTA 추진은 GCC 6개국이 전 세계 45% 이상의 석유매장량을 보유하고 있다는 사실에 비춰볼 때 석유자원의 확보가 그 주된 추진 이유로 판단된다.[34]

다만 얼마 전부터 중국이 FTA 체결 협상을 시작한 남아프리카 관세동맹(Southern Africa Customs Union)과 FTA연구를 시작한 아이슬란드와는 지역적으로 다소 떨어져 있어 지리적 요소가 중국의 FTA 추진 전략의 절대적 중요한 요건이 아님을 보여준다.

2 중국의 FTA 추진 전략의 요약

중국의 FTA추진 전략은 크게 두 가지 방향으로 요약된다. 그 하나는 중국과 국경을 맞대거나 보다 넓게 인접한 국가들을 중심으로 추진되는 것이고 다른 하나는 에너지와 원자재 자원을 많이 보유한 국가들에 초점을 맞추어 추진하는 것이다.[35] 물론 이 두 가지 방향이 중복되는 경우도 있다.

지리적으로 중국과 인접한 국가들과의 FTA 체결에 주력하는 이유는 1) 중국이 제도적 지역경제통합기구 건설을 모색하고, 2) 이른바 '중화경제권'의 건설, 즉 중국이 주도하는 방식의 지역경제통합을 추진한다는 의도가 담겨 있다.

중국은 에너지자원 확보를 강조해왔는데, 특히 최근 원자재와 에너지난을 경험한 중국은 향후 에너지와 원자재 자원 확보가 더욱 중시되는 방향으로 FTA를 추진할 것으로 판단된다. 현재 산업시설을 충분히 가동할 수 있는 에너지 자원이 부족한 중국으로서는 에너지 자원의 안정적인 확보가 중국의 장기적인 경제성장을 뒷받침하는 데 필수적이다.

---

33) Agata Antkiewicz & John Whalley, China's New Regional Trade Agreements (Nat'l Bureau of Econ. Research, Working Paper No. 10992, 2004), *at* http://www.nber.org/papers/w10992.

34) 또한 SCO 국가들과 군사안보협력 이외에 경제협력관계를 적극적으로 추진하는 것도 이 국가들의 풍부한 에너지 매장량을 염두에 둔 것이라고 할 수 있다.

35) Long Guoqiang, China's Regional Economic Cooperation Policy, (July 22, 2005), *at* http://www.drcnet.com.cn/cn/DRCNet.Channel.Web/expert/showdoc.asp. 중국의 최근 원료가 수입품에서 차지하는 비율을 국가별로 보면 라오스 100%, 미얀마 95%, 뉴질랜드 85%, 인도네시아 66%, 칠레 99% 원유는 GCC국가와 베네수엘라로부터 100%로 계산된다: Gary Clyde Hufbauer & Yee Wong, Prospects for Regional Free Trade in Asia, (Inst. for Int'l Econ., Working Paper No. 05-12, 2005), *at* http://ssrn.com/abstract=830106.

현재까지 선진국과 체결한 FTA 대상국은 뉴질랜드가 유일하여 선진국보다는 개발도상국가와의 FTA에 주력하여 전통적으로 국제무대에서 중국이 취해오던 개발도상국가들의 대변자로서의 지위를 유지하려 할 것이다.

아울러 일반적인 FTA 체결의 목적인 해외시장 개척이나 선점, 국내 지역개발 촉진, 국내산업경쟁력 제고 등도 당연히 중국의 주요 FTA 추진 전략으로 보아야 함은 당연하다.

중국의 FTA 추진 방식은 기존의 RTA(ASEAN)와의 포괄적 FTA 협정과 무역상대국과의 양자 FTA 협정 방식 모두를 활용해 왔다는 점도 특징으로 꼽힐 수 있다.

4 중국의 동아시아 경제통합에 대한 입장

중국의 동아시아 경제통합에 대한 입장은 크게 ASEAN+3(한국, 중국, 일본)를 동아시아 지역경제통합의 이상적인 형태로 보며, 동북아 경제통합에 적극적이다.

중국이 FTA를 추진하는 목적으로는 교역과 투자의 확대 등 경제적 이유 외에도 중국 중심의 경제사회통합체를 구축하려는 목적이 있는 것으로 판단된다. 예컨대 SCO는 중국 주도의 고유 제도적 지역경제통합기구로 발전하고 있고 또한 경제협력 외에 안보 등의 문제를 포괄하고 있으며 주변국과의 신뢰와 협력관계 강화에 중점을 두고 있다.[36] 이러한 중국의 동아시아 정책은 일본이 취해온 방식과는 확연히 구별된다. 일본은 정부 개발원조(ODA)와 FDI로 일본 상품의 해외시장개척에 주력하여 왔고[37] 일본이 처음 추진한 일본 · 싱가포르 FTA 즉, 'Japan-Singapore Economic Partnership Agreement (JSEPA),'[38]에서 보듯 일본은 지리적 요소보다는 경제발전단계와 실리에 초점을 맞추고 있다.[39]

---

36) 중국 중심의 동아시아 경제사회통합체 건설이라는 중국의 통합 목표는 동아시에서의 미국과 미국의 벌린 팔로서의 일본의 영향력 증가에 대한 우려를 반영하고 있다: Qingjiang Kong, China's WTO Accession and the ASEAN-China Free Trade Area: The Perspective of a Chinese Lawyer, Journal of International Economic Law Vol. 7, (2004), p.844.

37) Glenn D. Hook, Japan's role in the East Asian political economy: An emerging region?, in The Political Economy of Japanese Globalization, (Glenn D. Hook & Hasegawa Harukiyo eds., 2001) p.49.

38) Lyou, Byung-Woon, *supra* note 2, p.296-297.

39) 한편 과거 미국과 EU를 일본의 주요 무역상대로 생각하고 아시아 국가들에 비중을 두지 않았던 일본이 1990년 중반 이후 동아시아를 주목하기 시작하였으며 현재는 동아시아 리더십을 놓고 중국과 주도권 경쟁을 벌이는 양상이다: *id*, p. 265; Juliana W. Chen, Achieving Supreme Excellence: How China is Using Agreements with ASEAN to Overcome Obstacles to Its Leadership in Asian Regional Economic Integration, Chicago Journal of International Law Vol. 7, (Winter 2007) pp. 664-5. 같은 맥락에서 일본은 중국의 입장을 거슬러 대만과의 관계 진작을 모색해왔다: Japan-China Row Turns to Taiwan, BBC News (Mar 9, 2006), *at* http://news.bbc.co.uk/2/hi/asia-pacific/4789072.stm 참조.

ASEAN에 처음부터 적극적이었던 중국은 이른바 중화경제권 형성 중국이 주도하는 방식의 지역경제통합을 추진하는 것으로 판단된다. ASEAN과의 FTA로 중화경제권내의 무역과 투자를 활성화시키고, 중국의 막대한 외환보유고와 홍콩의 금융 허브를 활용하여 역내 금융 및 무역결제시스템을 구축하여 위안화의 국제화폐화를 시도하며, ASEAN국가들과 정기적으로 개최하는 전람회(convention)를 통하여 역내 무역 및 투자 관련 상담 및 계약의 활성화를 도모하는 것 등이 이른바 중화경제권 중심의 지역경제통합방식이다.[40)]

요컨대 중국이 FTA를 추진하는 중요한 목적은 중화경제권이 중국 중심으로 통합되도록 동아시아 지역에 대한 중국의 영향력을 확대하는 것으로 볼 수 있고, 이는 다른 한편 일본이 동아시아지역의 통합을 주도하는 것을 중국이 견제하는 의미도 된다.

같은 맥락에서 중국은 ASEAN+3(한국, 중국, 일본)를 동아시아 지역경제통합의 이상적인 형태로 보고 있다.[41)] 중국이 WTO에 가입했던 2001년 무렵부터 중국은 ASEAN+3 FTA 체결의 효과로서 1) 무역 투자의 확대, 2) ASEAN을 중국 국내 포화상태의 산업의 제1의 투자 후보지로 판단하면서, 3) ASEAN과의 경제 기술협력을 통해 중국기업의 국제경쟁력을 강화시킬 수 있을 것으로 보았다.[42)] 또한 ASEAN국가들을 중국에게 보다 우호적으로 만들어 향후 대만문제 해결에 있어 중국에게 유리하게 작용할 것으로 보았다. 사실 중국은 중국과 외교관계에 있는 국가가 대만과 FTA를 체결할 경우 그 국가는 중국과 정치적으로 곤란해질 것이라고 경고하여 FTA에서 대만을 고립시키고 있다.[43)]

한편 2008년 11월 4일 중국과 대만은 경제와 우편 및 인적 교류의 전면적인 자유화를 의미하는 삼통(三通), 즉 통상(通商), 통우(通郵), 통항(通航) 실시에 합의하여 '1중(하나의 중국) 경제권' 통합을 한 단계 더 높혔다.[44)] 삼통으로 중국과 대만이 일일 생활권으로 연결되어 향후 5년간의 직접 경제효과만 1,000억 대만 달러(한화 약 4조원)에 이를 전망이다.

중국은 동북아 경제통합에서도 한국과 일본에 한 · 중 · 일 FTA를 제안하여 동북아 경제통합에서 일본보다 적극적 입장을 보이고 있으나,[45)] 현재는 한 · 중 · 일 FTA보다는 한국과의 양자간 FTA 체결에 주력하고 있는 것으로 판단된다.

---

40) 오승렬, '중화경제권' 형성의 새로운 양상과 특징, 중국학연구 Vol. 41 (2007), pp. 306-308.

41) ASEAN+3(한국, 중국, 일본)는 East Asian Economic Caucus의 내용과 거의 같다: Lyou, Byung-Woon, supra note 2, p. 258. (EAEC)는 말레지아 Mahathir총리가 제안하였던 East Asian Economic Grouping (EAEG)를 모태로 한다: *id.*

42) 閔庚植, 급속히 확대되는 중국–ASEAN 경제협력과 일본의 통상전략, 日本學報, Vol. 74 (1), (2008.2), p.266.

43 Nicholas Lardy & Daniel Rosen, Prospects for a US-Taiwan Free Trade Agreement (Inst. for Int'l Econ. 2004), pp. 44-45.

44) 조선일보, (2008, 11월 5일), p. 2.

45) 정인교 외, 한 · 중 · 일 FTA 추진당위성과 선행과제, (20003), p. 122.

5 중국을 고려한 한국의 동아시아 경제통합 추진방향

동아시아 경제통합문제는 동아시아의 현재와 미래의 경제적 상황에 대한 객관적 검토의 바탕위에 GATT 제XXIV조 등, WTO 규범상 요건의 충족[46]을 전제로 하여 산정되는 지역 통합의 이익, 즉 무역과 투자효과에 중점을 두고 다루어져야 한다. 다시 말해서 동아시아 경제통합은 통합이 가져올 경쟁강화와 산업의 구조조정 문제 등을 포함한 객관적 경제적 효과에 근거해서 논의되는 것이 바람직하다. 그러므로 중국과 일본의 헤지모니적 전략 등 정치적 요소에 너무 초점을 맞추거나 민감하게 반응하는 태도는 바람직하지 않다. 2003년의 동북아경제중심추진위원회 규정 제1조[47]도 한국의 동북아공동체 추진의 목적을 경제중심의 공동체 형성으로 규정하고 있다. 물론 양국의 전략에 대한 정확한 파악은 중요하겠지만 언론 등을 통해 보도된 내용들은 다분히 추측이나 잘못된 정보에 기인한다는 점을 고려해야 하고 혹 학자들의 주관에 치우칠 수 있다. 요컨대 정치논리보다는 경제적 상황에 근거한 보다 객관적이고 미래지향적 접근이 필요하다.

그러나 중국과 일본이 추구하는 경제적 전략에는 주목할 필요가 있다. 이미 언급한 바와 같이, 중국은 자원과 에너지 확보를 FTA 추진 전략으로 설정하고 있는데, 이러한 중국의 전략은 우리에게 자원 확보에 있어서 경쟁적 관계를 의미하기도 하고 또한 한국과 중국이 에너지 확보 등을 공동 목표로 하여 상호 협력관계를 구축할 수도 있다.[48]

동아시아 경제통합문제는 EU 등 기존의 경제통합 모델로부터 많은 경험적 교훈을 참조해야 한다. 이미 알려진 통합의 공식에도 주목해야 한다. 1) 더 높고 깊은 단계의 통합이 더 많은 효율성 증가를 가져오고, 2) 더 높고 깊은 단계의 통합을 위해서는 더 많은 통합요건들을 갖추어야 한다.[49] 따라서 중국과 한국의 동아시아 통합에 대한 각각의 입장도 기존 경제통합 모델로부터의 교훈을 바탕으로 조화되어야 한다.

특히 통합요건으로서 경제적 상호의존도와 통합에 따른 경제적 이익 외에 지역기구의 설치, 경제발전단계에 대한 고려, 지리적 요소 등이 검토되어야 한다. 예를 들면 과거 영국이 상당한 동질성이 있는 미국과 FTA를 체결하는 대신 결국 EC에 가입한 것은 지

---

[46] 특히 ① RTA 체약국 또는 가입국 간의 실질적인 모든 무역에서의 (관세) 장벽의 제거하고: GATT, art. XXIV (8)(b), ② 이러한 장벽의 제거는 합리적인 기간 내에 반드시 이루어져야 하며: GATT, art. XXIV (5)(c), 또한 ③ RTA구성 이전과 비교해서 역외 국가들에 대한 무역 장벽이 더 높아져서는 안 된다: GATT, art. XXIV (5)(b).

[47] 대통령령 제17955호.

[48] 예컨대 한국의 중요한 석유과 천연가스 공급원이 ASEAN국가들은 중국에게 중요한 에너지 공급원이다: Kwon Yul, Toward a Comprehensive Partnership: ASEAN-Korea Economic Cooperation, East Asian Review Vol. 16, (Winter 2004) at http://www.ieas.or.kr/vol16_4/16_4_5.pdf, pp. 85-86.

[49] Lyou, Byung-Woon, supra note 2, pp. 257-267.

리적 요소의 중요성을 보여주고 있고, 처음 FTA를 추진하는 일본은 경제발전단계가 서로 비슷한 싱가포르를 선택하여 FTA 체결로 인한 심각한 충격을 피하려 하였다.[50] 지리적 요소와 경제적 비중과 발전정도를 고려한다면 향후 동아시아 통합은 기본적으로 한반도를 중심으로 한국과 중국, 일본이 통합의 구심점이 되는 방식으로 이루어지도록 우리의 노력을 경주하여야 할 것이다.

향후 동아시아 통합이 단순 경제협력관계인지, FTA인지, 아니면 관세동맹(customs union) 등 한 차원 높은 경제통합인지를 구분할 필요가 있다. 한국과 중국, 일본이 주축이 될 동북아 통합은 관세동맹 등 통상의 지역협력체를 넘어서는 통합방식을 추구할 수도 있을 것이고, 나아가 처음부터 통화통합과 공동의 경제정책을 수행하는 명실상부한 경제공동체를 궁극적인 목표로 하여 지역경제통합을 추진할 수도 있을 것이다. 요컨대 지리적 요소와 경제 의존도 등을 고려할 때 동아시아 FTA는 느슨한 FTA 형태로 또한 ASEAN+6 등 보다 넓은 지역을 포섭하는 방식으로 추진하더라도 동북아 3개국은 처음부터 관세동맹 이상의 보다 진전된 통합단계를 추진하는 것도 시도해볼만 하다.

한편 현재의 경제적 비중과 미래의 상황에 대한 객관적 검토를 바탕으로 논의한다면 우리에게는 일본 보다 중국이 중요한 FTA협상의 대상이자 지역경제통합을 함께 추진할 파트너로 필자는 판단된다. 이점은 향후 이들 국가들과 FTA 체결 협상의 전략과 우선순위에서 충분히 고려되어야 한다.

동아시아 경제통합문제는 현재 체결되어 비준 단계에 있는 한국 · 미국 FTA와 체결교섭 중인 한국 · EU FTA와의 관계에서도 바라보아야 한다. 현재 EU와 NAFTA의 역내교역비율이 상당히 높고 점차 증가하는 추세에 주목해야 한다. 특히 값 싼 중국산 제품이 대량으로 이들 시장에 진입한 점을 고려하면 각각 65%, 45%를 초과하는 EU와 NAFTA의 역내교역비율은 매우 높은 것이다.

한국 · 미국, 한국 · EU FTA는 이러한 기존의 경제 블럭에 대한 접근 통로의 확보와 시장지분의 유지로서 매우 중요하다. 만일 한국 · 미국, 한국 · EU FTA 없이 중국과 FTA 등 동아시아 경제통합의 방향으로 나간다면 지역의존도 심화의 부작용이 초래될 수 있다. 지역의존도가 지나치게 심화되면 우리경제가 중국 경제 상황의 변화로부터 너무 많은 영향을 받을 수 있다. 한 · 미 FTA는 미국이 중국을 견제하는 의미도 내포하고 있다고 판단되는데 이는 중국으로 하여금 한국과의 FTA를 보다 적극적으로 추진하도록 하는 동기가 될 수 있다. 한국은 한 · 미, 한 · EU FTA를 발판으로 하여 중국과 한 차원 높은 FTA의 체결을 추진할 수도 있고 미국과 EU를 중국과 연결하는 교량역할을 할 수도 있을 것이다.

동아시아 경제통합문제는 통합의 정도와 통합의 순서를 고려하여 추진되어야 한다.

---

50) *Id.* pp. 293-301.

이미 언급한 바와 같이 세계가 EU, 미주, 동(북)아시아 3개의 경제블럭화내지 지역경제 요새화(regional economic fortress) 되는 것을 피하려면 중국과의 FTA는 한국 · 미국 FTA와 한국 · EU FTA가 발효한 뒤에 체결과 비준이 이루어지는 것이 바람직할 것이다.

동아시아 경제통합문제는 글로벌 과제를 함께 해결하는 방향으로 추진되어야 한다. 예컨대 현재 기후변화조약 틀에서 온실가스 감축이 세계적 관심사이다. 동아시아 경제통합이 중국 일본 등 국가와 온실가스 감축과 공동의 녹색성장을 위한 협력을 촉진하는 방향으로 추진되어야 한다. 사실 한 · 중 · 일은 미국, 인도, 호주 함께 '청정개발 및 기후에 관한 아태 파트너십(the Asia-Pacific Partnership on Clean Development and Climate: APP)'을 2005년 7월 창설하였다.[51] 전 세계 에너지의 50%를 사용하고 전 세계 배출 온실가스의 50%를 배출하는 이 6개국은 성장을 지속하면서도 온실가스의 배출을 줄이고 빈곤을 퇴치하며 에너지 안보를 높이기 위해서 청정에너지 기술의 개발이 필요하다는 인식하에 APP를 설립한 것이다. APP는 교토의정서(Kyoto Protocol)를 대체하기 위한 것이라기보다는 교토의정서에 부합하고 그 체제를 보완하기 위한 것으로 볼 수 있다.[52] 실천계획(Work Plan)의 실행을 위해 민 · 관 8개의 실무그룹이 구성되었는데, 한국이 재생 에너지 및 분산형 전원 실무그룹 등을 주도하고 있다. 이러한 지구환경문제에 동아시아 역내 국가들이 보다 긴밀하게 공동 대처하고 공동으로 녹색성장을 추진하는 방안을 동아시아 경제통합 논의 과정에서 나른 중요한 복표로서 검토되어야 한다.

지난 2008년 말부터 올해 초까지 2,000억달러 이상의 외환보유고에도 불구하고 세계 금융시장의 경색에 따른 달러화 공급부족의 어려움을 겪고 있는 한국은 물론 막대한 외환보유 비용을 부담하고 있는 중국과 일본으로서는 '동북아개발은행'이나 '아시아통화기금(AMF)' 같은 동(북)아시아 지역 국제 금융기관의 설립이 동아시아 통합의 또 다른 목적인 동시에 수단이 될 수 있다.[53]

6 결론

중국의 지역경제통합 정책은 인접한 국가들을 중심으로 추진하고 에너지와 원자재 자원

---

51) APP 홈페이지, http://asiapacificpartnership.org 참조.

52) *Id.* 특히 2009년 미국 민주당 집권으로 향후 미국이 교토의정서에 가입할 것으로 예상됨에 따라 APP가 좀 더 교토의정서의 체계를 동아시아 역내에 강화하는 역할 수행하게 될 것이다.

53) Walden Bello, Inviting Another Catastrophe, Far Eastern Economic Review Vol. 162, (Aug. 12, 1999) p. 42. 1999년 아시아 외환 위기 때 일본이 처음 제안한 아시아통화기금(Asian Monetary Fund: AMF)은 일본, 중국, 대만 등이 각각 1000억달러씩 투자하여 AMF를 설립하자는 것이었는데 결국 미국 재무부과 국제통화기금(IMF)은 이것이 IMF를 약화시킬 것이라는 반대에 직면하게 된다: *id.*

을 풍족하게 보유한 국가들에 초점이 맞추어져 있다. 한국은 중국의 인접국가로서 중국의 우선적 FTA 체결 대상국이다. 자원과 에너지 확보는 한국의 국가과제이기도 하다. 따라서 중국의 향후 FTA 체결이나 동아시아 경제통합 추진에서 자원과 에너지 확보를 공동의 목표로 하여 상호 협력관계를 구축하는 것이 중요하다.

중국의 동아시아 경제통합에 대한 입장은 크게 ASEAN+3(한국, 중국, 일본)를 동아시아 지역경제통합의 이상적인 형태로 보며, 동북아 경제통합에 매우 적극적이라는 점이다. 한국은 ASEAN에서 중국보다 영향력이 약하고 한국에게 ASEAN국가들은 중국과 일본에 비해 문화적 공통성도 약하다. 따라서 ASEAN과 나아가 동아시아 FTA는 낮은 단계의 FTA 수준으로 하고, 동아시아 경제통합에 중첩하여 보다 높은 단계의 동북아 경제통합을 추진하는 것이 바람직한 것으로 생각된다.

지리적 요소와 경제적 비중과 발전정도를 고려한다면 향후 동아시아 통합은 기본적으로 한반도를 중심으로 한국과 중국, 일본이 통합의 구심점이 되는 방식으로 이루어지는 것이 바람직하다.

또한 동아시아 경제통합문제는 세계 환경 문제 등 글로벌 과제를 함께 해결하는 방향으로 추진되어야 한다. 더 나아가 동아시아 금융 경색에 보다 신속하고 효율적으로 대응하기 위한 아시아통화기금(AMF)과 같은 지역 국제금융기관의 설립도 시급하다.

참고문헌 REFERENCES

閔庚植, 급속히 확대되는 중국–ASEAN 경제협력과 일본의 통상전략, 日本學報, Vol. 74 (1), (2008. 2).

오승렬, '중화경제권' 형성의 새로운 양상과 특징, 중국학연구 Vol. 41 (2007).

정인교 외, 한 · 중 · 일 FTA 추진당위성과 선행과제, (20003).

Glenn D. Hook, Japan's role in the East Asian political economy: An emerging region?, in The Political Economy of Japanese Globalization, (Glenn D. Hook & Hasegawa Harukiyo eds., 2001).

Kwon Yul, Toward a Comprehensive Partnership: ASEAN-Korea Economic Cooperation, East Asian Review Vol. 16, (Winter 2004) *at* http://www.ieas.or.kr/vol16_4/16_4_5.pdf.

Hugh De Santis, The Dragon and the Tigers: China and Asian Regionalism, World Policy Journal. (Summer, 2005).

Hyun-jun Cho, China's Political-Economic Approach toward FTAs with East Asian Nationa and Its Implications for Korea, Journal of International Economic Studies Vol. 8 (1), (June, 2004).

John H. Howard Jackson & William J. Davey & Kevin L. Sykes, Legal Problems of International Economic Relations (3d ed. 1995).

Jusuk Wanandi, China and Asia Pacific Regionalism, in The Rise of China and a Changing East Asian Order (Kokubun Ryosei & Wang Jisi eds., 2004).

Long Guoqiang, China's Regional Economic Cooperation Policy, (July 22, 2005), *at* http://www.drcnet.com.cn/cn/DRCNet.Channel.Web/expert/showdoc.asp.

Lyou, Byung-Woon, Building the Northeast Asian Community, Indiana Journal of GQingjiang Kong, China's WTO Accession and the ASEAN-China Free Trade Area: The Perspective of a Chinese Lawyer, Journal of International Economic Law Vol. 7, (2004)lobal Legal Studies, Vol. 11(2), (Summer, 2004).

CHAPTER 07

ASEAN의 입장과 정책

삼성경제연구소 박 번 순

1 서론

ASEAN은 1990년대 말 발생한 외환위기로 큰 타격을 받은 이후 경제성장과 안정을 위해 새로운 대외관계를 설정할 필요성을 인식하기 시작했다. 당시까지 ASEAN은 정치 및 안보 차원에서 미국, 일본, 한국 등 소위 대화국을 갖고 있었으나 경제적으로는 ASEAN 내부의 무역, 투자 협력강화를 강조하고 있었다. 태국에서 발생한 위기가 인도네시아 말레이시아 등으로 확산되면서 ASEAN은 1997년 12월 말레이시아 쿠알라룸푸르에서 ASEAN 창설 30주년 기념 정상회의를 개최하면서 한국, 중국, 일본의 정상을 초청하여 최초의 ASEAN+3 정상회의를 개최했다. 당초 ASEAN이 현재와 같은 ASEAN+3체제를 기대하지는 않았겠지만 중국과 일본 등 동북아 3국간의 경쟁과 신뢰부족을 이용해 ASEAN은 ASEAN+3 체제의 중심적인 역할을 하게 되었다.

ASEAN은 ASEAN+3 체제에 참여하면서 주요 경제협력국과 자유무역협정(FTA)을 추진하기 시작했다. 가장 먼저 FTA의 대상이 된 국가는 중국이었다. 중국은 WTO 가입 이후 세계 경제 편입을 강화하면서 ASEAN을 필요로 했고 ASEAN 역시 중국과의 협력을 통해 일본 및 미국을 자극할 수 있을 것이라고 생각했다. 또한 ASEAN 후발국은 중국이 주는 농산물의 관세인하 등 실질적인 혜택을 기대했던 것이다. 물론 ASEAN 내에서 싱가포르는 독자적으로 일본, 한국 등과 FTA를 체결하기 시작했는데, 이는 중국의 부상으로 싱가포르 경제의 지지기반인 ASEAN 경제의 침체를 두려워하여 ASEAN의 허브 이상의 역할을 모색하기 위한 것이었다. 따라서 싱가포르가 한국, 일본, 인도 등 다수의 국가와 FTA를 추진했을 때 이는 ASEAN의 FTA의 논리와는 다른 것이었다.

ASEAN · 중국의 FTA는 당연히 일본에 영향을 주었다. 특히 일본의 보수층에서는 중국의 ASEAN 진출에 대해서 우려를 했다. 일본은 중국과 달리 ASEAN 개별국가를 상대로 FTA를 체결했으나 한국마저 ASEAN · 한국 FTA를 체결하자 ASEAN · 일본 FTA를 체결하기로 했다. 뿐만 아니라 인도, 호주 · 뉴질랜드, 그리고 EU 등도 ASEAN에 관심을 보이기 시작했으며 비록 미얀마 문제로 인해 직접 FTA를 체결하기는 어렵지만, 미국 또한 ASEAN에 관심을 갖고 싱가포르, 태국, 말레이시아와의 FTA를 발효했거나 협상을 진행했다.

이런 점에서 ASEAN은 주요 교역대상국과 FTA를 체결하면서 FTA의 허브 역할을 추진하고 있다. ASEAN은 FTA를 통해 무역과 투자의 중심지가 되기를 희망하는 것이다. 이 장의 목적은 ASEAN이 동아시아 경제통합을 어떻게 보고 있는가? 즉 동아시아 경제통합을 찬성하고 있는가? ASEAN의 동아시아 통합에 대한 전략에 우리는 어떻게 대응해야 할 것인가를 찾아보는 것이다. 이를 위해서 2절에서 먼저 ASEAN 경제의 일반적 특성과 역내 협력에 대해서 살펴보고 3절에서는 ASEAN의 FTA정책을 지금까지 ASEAN이 체결하거나 협상을 완료한 FTA를 통해서 점검 해보며 4절에서는 이를 바탕으로 ASEAN의 입장을 정리해 본다.

2 ASEAN 경제의 특성

1 ASEAN 경제의 성장

ASEAN은 동남아시아 지역 10개국으로 구성되어 있다. ASEAN은 1967년 싱가포르, 말레이시아, 태국, 인도네시아, 필리핀 등 5개국이 창설했으나 이후 브루나이가 가입했고 1990년대 중반 인도차이나 4개국이 회원국이 되어 10개의 국가로 구성되어 있다. 그러나 ASEAN은 같은 동남아지역에 있으나 회원국간의 경제발전 단계나 규모는 상당히 다르다. 인도네시아의 인구가 2.2억명인데 비해 브루나이의 인구는 40만 명에 불과하다. GDP의 경우도 세계적 기준으로 중규모 경제국에서 최빈국까지 존재하고 있다. 라오스의 총 GDP는 2006년 현재 34억달러에 불과하여 다른 ASEAN 국가의 대기업의 연간 매출액 수준에도 미치지 못하고 있다. 싱가포르의 1인당 GNI는 30,000달러 수준에 이르고 있으나 캄보디아와 라오스의 1인당 GNI는 500달러 이하이다. 수출주도형 공업화를 통해 개방이 높은 싱가포르와 폐쇄국가인 미얀마가 공존하고 있다. 인구 460만 명의 싱가포르가 2006년 3,027억달러의 수출실적을 달성했지만 인구 5,770만 명의 미얀마의 수출실적은 불과 61억달러에 불과했다. 즉 경제 개방도에서도 엄청난 차이가 존재한다는 것이다. 사실 동남아는 지역적 근접성외에 정치적, 경제적으로 유사성이 극히 적은 지역이다.

선발 ASEAN 국가들은 60년대 이래 90년대 중반까지 건실한 성장을 지속했다. 이들은 세계경제의 자유화와 동서진영의 경쟁 속의 미국의 지원을 받아 경제성장을 시작했다.

표 7-1 동남아 주요국의 경제지표(2006)

	인구	면적(천 km^2)	GDP(ppp, 경상 억달러)	1인당 GNI (시장환율)	수출(억달러)
브루나이	0.4	5.3	189	26,930	83
캄보디아	14.4	181.0	230	490	41
인도네시아	224.9	1,811.6	7,708	1,420	1,180
라오스	5.9	236.8	117	500	10
말레이시아	27.2	330.1	3,280	5,620	1,736
미얀마	57.7	676.5	407(2004)	281	61
필리핀	88.6	300.1	2,720	1,390	493
싱가포르	4.6	0.7	2,072	28,730	3,027
태국	65.8	514.0	4,829	3,050	1,510
베트남	85.2	330.4	1,989	700	482
ASEAN 계	574.7	4,386.5	23,134	69,111	8,623
한국	48.5	99.7	11,132	17,690	3,715

자료: ADB, Key Indicators 2008

그 결과 1990년대에 이르면 정치적으로 불안정하고 경제사회적 구조의 개혁을 이루지 못한 필리핀을 제외한 싱가포르, 말레이시아, 태국, 인도네시아는 비록 정치발전은 이루지 못했지만 경제적으로는 성공한 국가들이 되었다. 특히 태국과 말레이시아는 한국, 대만, 홍콩, 싱가포르 등 아시아 4 소룡에 이은 새로운 아시아 제 5, 6의 龍으로 인식되었다.

선발 ASEAN의 경제성장은 단순히 1인당 소득의 증대에 그치지 않았다. 소득이 증가하면서 빈곤인구도 감소했다. 빈곤인구는 인도네시아에서 가장 급속히 감소했는데 예컨대 1975년 8,720만 명에 이르던 빈곤인구는 1995년 2,190만 명으로 20년 동안 65백만

표 7-2 동남아시아의 생활수준

	빈곤인구(백만명)			인두지수(%)			기대수명(출생시)		
	1975	1995	2005	1975	1995	2005	1970	1995	2005
중국	568.9	269.3	117.8	59.5*	22.2	9.0	61.7	69.4	72
인도네시아	87.2	21.9	13.6	64.3	11.4	6.0	47.9	63.7	68
말레이시아	2.1	<0.2	–	17.4	4.3	–	61.6	71.8	73.5
필리핀	15.4	17.6	9.1	35.7	25.5	10.8	57.2	66.5	72
태국	3.4	<0.5	1.2	8.1	<1.0	1.9	58.4	69.0	72

주: *는 1978년의 중국농촌지역만 대상으로 한 결과
자료: 세계은행

명 이상이 빈곤에서 벗어난 것이다. 말레이시아와 태국은 절대적 수준에서는 빈곤문제를 거의 해소했다. 영양상태의 개선과 보건위생 수준의 향상으로 기대수명도 대폭 늘어났다. 1970년 인도네시아의 신생아의 기대수명은 47.9세에 불과했으나 1995년에는 63.7세로 대폭 증가했다. 말레이시아, 필리핀, 태국 등의 기대수명도 적어도 10년 정도는 증가했다. 경제성장이 인간의 삶의 질을 개선시킨다는 평범한 진리를 ASEAN은 증명했던 것이고 이 때문에 세계은행은 선발 ASEAN 국가의 사례를 들어 동남아모델이라고 지칭했으며 한국, 일본, 대만의 사례보다는 더 개도국에 유용한 모델이라고 했다.

그러나 ASEAN은 90년대말 외환위기라는 경제위기를 경험하게 되었다. 동남아 각국의 경제성장률 둔화와 외환유동성 문제가 발생한 것이다. 동남아 경제위기의 근본 원인은 동남아 각국의 경제체질의 취약성이었다. ASEAN은 80~90년대에 성장과정에서 경제체질의 강화에는 실패했다. 즉 외국인투자를 통한 공업화를 추진하면서 기술과 자본을 외국에 의존함으로써 수입유발적 공업구조가 정착되었고, 위기의 단초를 제공한 태국은 GDP대비 7%대에 이르는 막대한 경상수지 적자를 기록하고 있었다. 경상수지 적자에도 불구하고 동남아국가들은 환율은 고정되어 있어 외화자금이 투기자금화 하는 현상이 벌어졌다.

중국의 국제무대 등장은 동남아경제위기의 한 원인이 되었다. 동남아와 중국은 동일하게 노동집약적인 산업을 중심으로 하여 미국 등에 수출하고 있으나 중국의 경쟁력이 동남아를 압도하게 되었다. 동남아의 수출은 정체되기 시작했으며 동시에 동남아의 주 수출제품의 가격이 하락하기 시작했다. 교역조건의 악화는 동아시아 전체가 수출주도형 공업화 전략을 통해 성장하면서 세계시장에서 경쟁을 했기 때문에 불가피한 것이었다. 동남아의 다국적기업들은 상대적으로 중저가의 제품을 수출했고 동남아의 토착기업인들은, 주로 화교기업인들이었는데 기존의 금융, 유통, 부동산 부문에서 공업화로 수요가 증가한 철강, 석유화학 등에 투자를 확대하기 시작했다. 이들의 상당수는 국제금융의 자유화를 이용하여 외채를 차입하게 되었고 환율이 폭등하면서 위기는 가중되었던 것이다.

동남아의 외환위기는 동남아 경제에 심대한 영향을 미쳤다. 금융 및 기업구조 조정과정에서 은행 및 기업의 상당수가 외국 자본으로 넘어갔고 투자부진이 계속되면서 동남아의 성장률은 대폭 하락했다. 투자부진으로 대부분의 국가들은 경상수지 흑자를 기록하게 되었으나 이는 동시에 경제의 역동성이 저하되었다는 것을 의미했다. 더욱이 내수가 침체하면서 외환위기 이후 동남아 국가들의 해외의존도는 더욱 높아져 외부환경에 더 많은 영향을 받게 되었다. 90년대 중반까지 급속도로 증가했던 달러기준 1인당 소득은 환율폭등으로 정체했고 외환위기에 직접 노출되었던 인도네시아 및 태국 등 동남아 선발국의 1인당 소득은 최근에야 외환위기 이전을 회복했다.

2 ASEAN 경제의 특성

ASEAN 경제의 특성 중 가장 먼저 지적할 수 있는 것은 외국인직접투자를 통한 수출주도형 성장이었다는 것이다. 1960년대 후반 싱가포르는 영국군의 철수에 따라 급증하는 실업문제를 해결하기 위해 외국인직접투자를 유치하기 시작했고 말레이시아 역시 경제성장 전략으로 개방을 강조했다. 이들은 초기에 IC 트랜지스터 등 반도체를 중심으로 한 전자산업이었고 미국의 반도체 업체들이 양국에 진출하여 현재 양국 반도체 산업의 기반을 닦았다.

태국, 인도네시아, 필리핀 등은 외국인직접투자를 무시하지는 않았으나 그렇다고 적극적으로 유치한 것은 아니었다. 대신 이들은 수입대체형 공업화에 관심을 가졌다. 인도네시아는 제철, 항공기 등 주요 기간산업에 대한 중화학 산업에 독자적 성장전략을 추진했다. 1차 석유위기를 거치면서 고유가의 수혜를 본 말레이시아도 인도네시아와 유사한 정책을 쓰기도 했다. 태국의 경우 수입대체 공업화에 따라 일본 전자, 자동차 업체들이 내수형 산업에 진출하여 태국 산업의 기초를 놓았다.

1980년대 전반 세계경제의 침체를 해결하기 위해 서방 선진국들과 일본은 1985년 플라자 합의를 만들어냈다. 이후 엔고에 직면한 일본의 수출기업들이 동남아로 진출하기 시작했다. 한국과 대만 기업들도 이어 동남아로 진출하면서 동남아는 본격적인 수출주도형 공업화에 나서게 되었다. ASEAN 국가들은 강력한 투자를 통해 생산능력을 확충해 왔다. 싱가포르가 가장 먼저 투자를 통한 성장을 시도했는데 1970년대 싱가포르의 투자율은 41.3%에 이르렀고 이 추세는 1980년대에도 계속되었다. 말레이시아, 태국, 인도네시아는 1970년대 보다는 80년대에 투자율이 훨씬 높아져 시기적으로 공업화를 늦게 추진했음을 알 수 있다. 싱가포르는 1970년대 투자가 저축보다 많아 해외저축을 이용했고 태국은 이미 1980년대에도 해외저축에 의존해야 했으며 말레이시아는 1990년대 전반에 투자율이 저축률보다 더 높았다. 특히 90년대 전반의 투자는 싱가포르와 필리핀을 제외하면 가장 높았던 것으로 나타나고 있어 이 시기가 동남아 경제의 역동성이 가장 높았던 시기였다.

한편 80년대 후반부터 90년대 전반까지 동남아는 모두 외국인투자를 적극적으로 유치하기 시작했다. 상대적으로 외국인직접투자에 소극적이었던 인도네시아도 마찬가지였다. 이 기간 국내투자에서 차지하는 외국인직접투자 비중은 인도네시아 7.6%, 말레이시아 43.7%, 필리핀 13.6% , 싱가포르 59.3% 그리고 태국 10.2% 등이었다. 외국인투자의 비중은 80년대 전반기에 비해 큰 폭으로 상승했는데 외국인직접투자가 상대적으로 제조업에 집중되고 국내투자는 전산업의 투자라는 점에서 실제 제조업 부문의 외국인직접투자 집중도는 훨씬 높아질 것이다.

표 7-3 ASEAN 주요국의 저축률과 투자율

(단위: %)

		1971~80	1981~90	1991~95	1996~2000	2001~05	2006
말레이시아	저축률	27.7	30.7	37.8	46.0	40.8	37.7
	투자율	23.7	28.3	39.4	32.2	22.5	20.7
인도네시아	저축률	27.4	31.0	32.4	28.1	29.9	30.8
	투자율	22.4	29.2	30.9	22.6	23.7	25.4
필리핀	저축률	25.1	20.0	16.3	17.1	13.5	13.1
	투자율	27.8	21.7	22.4	21.8	17.0	14.3
태국	저축률	22.4	27.6	35.8	34.3	30.9	31.8
	투자율	26.2	30.6	41.0	27.9	26.2	27.8
싱가포르	저축률	30.6	42.4	47.3	49.9	43.9	49.9
	투자율	41.3	41.6	35.6	34.2	20.7	20.0
베트남	저축률			14.6	22.2	28.8	32.4
	투자율			21.9	28.5	34.2	35.7
한국	저축률	23.0	32.1	36.4	35.7	32.3	30.8
	투자율	29.0	31.0	37.5	32.0	29.8	29.8

자료: 세계은행 DB

표 7-4 국내투자에서 외국인투자의 비중

(단위: %)

	1971~75	1976~80	1981~85	1986~90	1990~2000	2004	2005	2006
인도네시아	4.6	2.4	1.0	7.6	1.9	3.4	12.3	6.4
말레이시아	15.2	11.9	10.8	43.7	18.3	19.1	15.2	20.1
필리핀	1.0	0.9	0.7	13.6	8.8	4.9	12.6	14.1
싱가포르	15.0	16.6	17.4	59.3	36.2	77.5	57.6	79.5
태국	3.0	1.5	3.1	10.2	9.4	14.0	17.5	16.5
한국	1.9	0.4	0.5	1.9	2.2	4.5	3.0	1.9

자료: UNCTAD World Investment Report 다수호

동남아 경제의 다른 특성은 수출주도형 외국인투자로 나타난 높은 대외의존도이다. 외국인직접투자는 동남아국가에 투자재원의 부족 문제를 해결하는데 그치지 않고 기술부족 문제 및 수출시장 창출 등에 기여했다. 1980년대 후반 이후 인도네시아의 섬유, 의복, 신발은 중요한 수출산업으로 등장했고 말레이시아 및 태국의 전자산업도 중요한 수출산업이 되었다. 외국인직접투자의 수출 창출은 내수 중심의 토착기업에게도 수출 산업

의 진출 자극을 주었을 것이다.

수출이 증가하면서 선발 동남아 국가의 경제개방도는 높아졌다. 1990년 말레이시아와 싱가포르의 무역의존도는 이미 133.3% 및 307%로 상당히 높은 수준에 있었다. 이 시기 이후 태국, 필리핀 등의 무역의존도도 증가했고 2007년 모든 국가의 무역의존도가 1990년 및 1995년 수준에 비해 높아졌다. 2007년 한국의 무역의존도가 75.1%이었으나 싱가포르의 무역의존도는 거의 348%, 말레이시아의 그것은 173% 정도이다.

표 7-5 무역의존도(GDP 대비)

(단위:%)

	1990	1995	2000	2003	2005	2007
캄보디아	17.8	59.3	90.9	101.9	108.7	110.1
인도네시아	41.5	42.6	58.0	40.7	50.1	43.6
라오스	30.5	50.4	49.9	37.4	50.0	48.6
말레이시아	133.3	170.5	192.1	170.6	185.2	172.9
미얀마	5.6	2.5	1.1	0.4	–	–
필리핀	47.9	62.0	94.7	99.0	91.8	75.3
싱가포르	307.0	287.8	294.0	317.9	359.0	348.2
태국	65.7	75.7	107.0	109.2	129.6	119.3
베트남	79.7	65.6	96.6	114.8	130.8	157.3
한국	**51.1**	**50.3**	**65.0**	**61.3**	**68.9**	**75.1**

주: 2003년 이전 싱가포르의 무역 통계에는 인도네시아 교역이 포함되어 있지 않았다. 따라서 무역의존도가 과소평가되어 있다.
자료: ADB, Key Indicators 2008

한편 ASEAN의 해외의존도가 높기 때문에 수출성과에 따라 경제성장률이 결정된다. 즉 해외경제 여건이 ASEAN의 경제성과에 큰 영향을 미치는 것이다. 1997년의 외환위기는 하나의 예에 불과하다. 2001년 미국 IT버블 붕괴 시 싱가포르는 마이너스 성장을 했고 말레이시아 성장률 0.3%, 필리핀 1.8%, 태국 2.2% (한국 3.8%) 에 불과했다. 그럼에도 불구하고 외국인직접투자 중심의 대량생산제조업을 기반으로 한 ASEAN 경제구조는 단기 내에 변하지 않을 것이다.

마지막으로 지적할 수 있는 동남아 경제의 특성은 동남아가 자주적 기술역량을 구축하는데 실패했다는 것이다. 베트남 등 소위 CLMV국가들의 상황은 볼 필요 없이 선발 ASEAN 국가의 과학기술 관련 지표를 보면 동북아 국가에 비해 얼마나 지체되어 있는가를 쉽게 알 수 있다. 예컨대 국가 전체의 R&D 비용의 대 GDP비율을 보면 일본과 한국이 3% 이상이고 미국이 2.6% 그리고 중국이 1.4% 수준인데 비해 1인당 소득이 높으며 높은 과학기술 수준을 보인다는 싱가포르가 2.3%이고 말레이시아는 0.64%에 불과하다.

표 7-6 주요국가의 R&D 관련지표(2006)

	R&D 지출비율 (대 GDP)	국민1인당 R&D 지출(달러)	기업의 R&D 지출 (백만달러)	내국인의 특허등록건수
싱가포르	2.31	716	2,073	46
말레이시아	0.64	37.3	844	83
태국	0.24	7.7	198	60
인도네시아	–	–	–	16
필리핀	0.12	1.4	67	–
한국	3.22	592	22,110	59,355
일본	3.32	1,185	115,766	116,806
미국	2.61	1,135	241,809	82,910
중국	1.42	28.7	26,008	16,807

주: 내국인특허등록건수는 2004~2006년 기간 평균
자료: IMD, The World Competitiveness Yearbook 2008

더욱이 인도네시아와 필리핀은 0.1% 수준에 불과하다.

기업의 R&D지출 상황도 대동소이하다. 싱가포르 기업들의 연구개발비는 21억달러 수준에 불과한데 말레이시아는 이보다 훨씬 작은 8.4억달러 그리고 태국의 경우 약 2억 달러에 불과하다. 이에 비해 한국기업의 R&D지출은 221억달러로 싱가포르의 10배에 이르고 있다. 국민의 특허건수도 상황은 동일하다. 2004~2006년 기간 연평균 특허건수가 싱가포르의 경우 464건의 한국의 약 6만 건에 비해 극히 적다. 싱가포르를 제외한 다른 나라의 실적은 더욱 비참하다. 이러한 과학기술의 기반을 가지고는 ASEAN 경제가 독자적인 원천기술을 개발한다는 것은 거의 불가능하다고 할 수 있다.

ASEAN 국가들의 과학기술 수준의 낮은 이유는 ASEAN 국가의 경제발전 주도자가 다국적기업이었다는 데 있다. 다국적기업은 ASEAN에 저임의 노동력을 활용하기 위해 초기에 진출했으며 점차 현지의 시장이 확대되자 ASEAN 내수시장을 동시에 지향하게 되었다. 노동집약적 우회수출 산업의 경우 본국에서 경쟁력이 저하되기 때문에 이전한 것으로 본질적으로 ASEAN 현지에서 기술개발을 위한 노력을 할 필요가 없는 분야였다. ASEAN 내수시장을 지향하는 전자, 자동차 등의 경우 현지에서 R&D의 필요성이 있을 수 있으나 다국적기업의 R&D는 신제품의 개발 등 원천 기술을 개발하는 것이 아니라 현지의 시장에 적응하는 제품의 변경 등 현지 수요자의 기호를 반영하는 약간의 변형을 위한 수준에 그치고 있는 것이다.

ASEAN 국가가 실제로 경쟁력을 갖기 위해서는 다국적기업의 기술 이전을 현지 국민산업기구로 확산시킬 수 있는 기업가계층이 존재해야 하고 정부의 유효한 과학기술 정책이 필요하지만 ASEAN 경제에는 이러한 기업가계층이 취약하고 정부의 과학기술에 대

한 투자 및 교육의 수준 또한 낮다. ASEAN이 동북아나 기타 선진국의 생산기지 역할을 벗어나기는 적어도 가시적인 시간 내에는 어려울 것이다.

3 ASEAN의 FTA정책

1 ASEAN의 대외 경제관계

ASEAN의 대외 교역을 살펴보면 미국 및 일본 시장의 비중이 급속히 감소하고 대신 중국시장과 인도 및 대양시장의 비중은 빠른 속도로 증가하고 있다. 미국시장 비중은 1990년 19.4%이었으나 2007년에는 12.3%로 하락했고 일본 시장도 18.9%에서 10.0%로 하

표 7-7 ASEAN의 수출시장 추이

(단위: 억달러, %)

	1990	1995	2000	2003	2005	2007	증가율(연평균)	
							1990~2000	2000~2007
미국	280 (19.4)	598 (18.4)	810 (19.0)	751 (16.5)	940 (14.6)	1,093 (12.3)	11.2	4.4
한·중·일	348 (24.1)	653 (20.1)	894 (21.0)	1048 (23.0)	1589 (24.6)	2,169 (24.4)	9.9	13.5
(한국)	49 (3.4)	101 (3.1)	156 (3.7)	173 (3.8)	256 (4.0)	332 (3.7)	12.3	11.4
(일본)	273 (18.9)	464 (14.3)	574 (13.5)	566 (12.4)	726 (11.2)	886 (10.0)	7.7	6.4
(중국)	26 (1.8)	88 (2.7)	164 (3.8)	309 (6.8)	607 (9.4)	951 (10.7)	20.0	28.5
ASEAN	274 (19.0)	795 (24.5)	981 (23.0)	1168 (25.6)	1646 (25.5)	2,206 (24.8)	13.6	12.3
ASEAN+3	**621 (43.0)**	**1,448 (44.6)**	**1,875 (44.0)**	**2,216 (48.6)**	**3,235 (50.1)**	**4,375 (49.2)**	**11.7**	**12.9**
인도· 대양주	48 (3.3)	100 (3.1)	184 (4.3)	236 (5.2)	391 (6.1)	598 (6.7)	14.2	18.3
EAS	**670 (46.4)**	**1,548 (47.7)**	**2,059 (48.3)**	**2,452 (53.7)**	**3,626 (56.2)**	**4,973 (55.9)**	**11.9**	**13.4**
전체	1,444 (100.0)	3,244 (100.0)	4,266 (100.0)	4,564 (100.0)	6,454 (100.0)	8,896 (100.0)	11.4	11.1

자료: IMF 세계무역통계를 이용 필자 작성

락했다. 일본에 대해서 ASEAN이 여전히 자원을 수출하고 있다는 점에서 일본시장의 비중 감소는 놀라운 일이다. 이에 비해 중국시장의 경우 1990년 1.8%에서 10.7%로 일본의 비중보다 많아졌고 2008년이나 2009년 미국시장을 제치게 될 것으로 보인다.

인도 및 대양주의 수출도 빨리 증가하면서 ASEAN의 시장으로서 역할이 확대되고 있다. ASEAN의 대인도 및 대양주에 대한 수출은 1990년 48억달러로 3.3%에 불과했으나 391억달러로 6.1%가 되었고 2007년에는 598억달러에 6.7%까지 증가했다. 실제로 2000~2007년 기간 ASEAN의 대인도 수출은 68억달러에서 239억달러로 연 평균 19.7%가 증가했는데 이는 대중국 수출증가율 28.5%에는 미치지 못하지만 다른 지역에 비해서는 더 높았다.

한편 ASEAN 역내에 대한 수출은 2007년 2,206억달러로 동북아 3국에 대한 수출보다 더 많아 ASEAN 역내가 ASEAN의 가장 큰 시장이 되고 있다. 그러나 ASEAN 역내 수출 비중은 1995년 이후 거의 변함이 없다. 더욱이 ASEAN 역내 수출의 내용을 보면 말레이시아의 대싱가포르, 그리고 싱가포르의 주변국에 대한 중계무역의 역할에 크게 기대하고 있고 다른 역내 국가 간에는 교역이 그리 활발하지 않다. 예를 들면 싱가포르의 총수출의 31.8%가 2007년 역내로 수출되었고 말레이시아의 역내 수출도 25.7%로 양국의 역내 수출이 전체 역내 수출의 63.6%를 차지하고 있다.

한편 ASEAN의 수출 중에서 동아시아가 차지하는 비중은 50%를 넘는다. 즉 2007년 현재 ASEAN+3에 대한 수출이 4,375억달러로 전체의 49.2%를 차지하고 있다. 여기에 홍콩과 대만을 포함한다면 ASEAN의 대동아시아 수출비중은 55% 이상에 이를 것으로 보인다. ASEAN에게 동아시아 지역은 경제의 지속적인 성장에 가장 중요하다.

투자와 관련해서는 상술한 바와 같이 ASEAN은 다국적기업의 투자를 통해 성장했다. ASEAN에 대한 투자는 미국, EU, 일본, 아시아신흥공업국이 중심이다. 그러나 1980년대 중반 이후 ASEAN 경제를 특징짓는 대량생산 조립 제조업의 투자의 상당부분은 일본 및 아시아 신흥공업국의 투자라고 할 수 있고 ASEAN은 이러한 투자를 지속적으로 유치해야 한다. 1990년대 중국의 세계시장 편입은 동아시아 다국적기업에게 새로운 기회를 주었고 중국은 가장 중요한 투자지역으로 부상했다. 예컨대 1990년과 1991년의 경우 공업화를 추진하기 시작한 ASEAN 5(말레이시아, 태국, 인도네시아, 필리핀, 베트남)에 대한 외국인직접투자는 중국의 그것보다 많았다. 그러나 이후 중국이 유치한 외국인직접투자는 ASEAN 5국가의 유치금액을 크게 상회했고 외환위기와 함께 ASEAN에 대한 투자는 큰 폭으로 감소하기도 했다. 2001년 이후 ASEAN에 대한 투자가 증가했으나 WTO에 가입한 중국의 투자 매력도 때문에 양지역의 투자유치 격차는 축소되지 않고 있다.

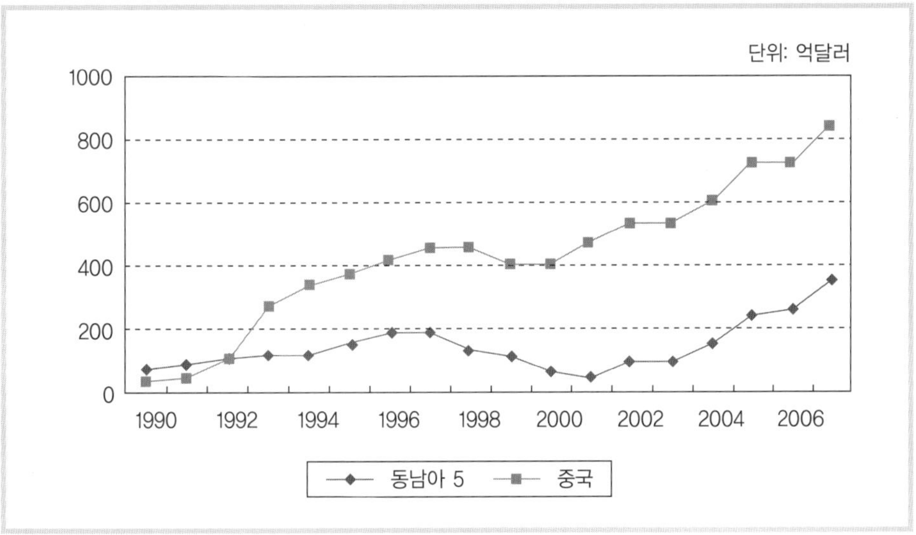

자료: UNCTAD, DB

그림 7-1 동남아 5국과 중국에 대한 직접투자 추이

이와 같은 무역에서 동아시아 지역의 중요성, 투자에서의 동아시아 내, 특히 중국과의 경쟁관계는 2000년 이후 ASEAN 경제가 대외협력에서 직면하는 가장 큰 특징이다. 여기에 WTO의 발족으로 인해 세계경제의 지역화가 중단되고 전세계적 자유화가 확산될 것으로 여겨졌으나 미국이 NAFTA를 발족하면서 이러한 기대는 달성되지 못했다. 오히려 세계적으로 FTA로 대표되는 지역주의가 득세하기 시작했는데, 이는 WTO가 뉴라운드-DDA의 발족 과정에서의 보여준 무능력 및 DDA의 협상 지연으로 더욱 확산되었고 ASEAN도 이러한 추세를 따르지 않을 수 없었다.

2 ASEAN의 FTA정책

1) ASEAN 자유무역지대(AFTA)

ASEAN의 FTA 정책의 출발점은 ASEAN의 대외지향적 경제구조이다. 이러한 경제구조는 외환위기와 중국의 부상에 의해 새로운 경제발전 모델—탁신노믹스—등의 논의에도 불구하고 더 고착되고 있다는 점은 위에서 본바와 같다. 따라서 ASEAN은 세계경제의 지역화 과정에서 생존하기 위해 불가피하게 FTA를 추진하게 된다.

ASEAN이 가장 먼저 시작한 FTA는 ASEAN 자유무역지대(AFTA)이다. ASEAN은 1992년 싱가포르에서 개최된 제 4차 정상회의에서 1993년부터 15년간에 걸쳐 역내 공산품 관세를 0~5%로 인하하기로 합의하면서 AFTA를 창설하기로 했다. 외국인직접투자를 유치하여 성장한 ASEAN이 UR협상의 타결과 동유럽의 개방에 따라 국제경쟁에 더욱 노출될 것을 우려하여 ASEAN을 하나의 시장으로 묶어 ASEAN 전체의 입지경쟁력을 제고하려는 목적으로 추진한 것이다. 당초 AFTA는 2008년을 목적으로 추진되었으나 세계경제의 지역주의가 심화되고 동아시아 내에서의 시장에 의한 경제통합이 강화되면서 기간을 단축하게 되었고 선발 6개국은 2003년 1월 1일부터 발효했다. 브루나이, 인도네시아, 말레이시아, 필리핀, 싱가포르, 태국 등 ASEAN 6개국은 44,062개 품목의 60%에 대한 수입관세를 철폐하고 대부분 나머지 품목에 대한 관세는 5%대로 인하했다. ASEAN 신규 회원국인 캄보디아, 라오스, 미얀마, 베트남은 2006~2008년까지 관세를 0~5%대로 인하할 계획이다.

AFTA는 공동특혜관세(CEPT)제도를 통해 특정품목이 관세인하 대상이 되면 전회원국이 모두 공동으로 관세를 인하하는 방식을 택했다. 또한 대상 품목 중의 일부를 신속관세인하(Fast Track) 제품으로 지정하여 관세를 인하했다. ASEAN의 원산지 규정은 역내부품사용비율 40%를 충족하면 역내산으로 인정하고 있다. 이 비율은 다소 낮아 보이지만 ASEAN의 낮은 기술 수준이나 역내 생산네트워크를 감안하면 일국에서 40% 이상을 충족하기는 어렵고 ASEAN 내 다수국가에 걸쳐 40%를 채울 수는 있을 것이다.

또 ASEAN 각국의 MFN 관세율은 이미 낮아진 상태이다. 태국의 평균 관세율은 1989년 41%에서 2000년 18%로, 인도네시아는 25%에서 8%로 인하되었다. 관세율이 낮기 때문에 수출업자들은 원산지 규정 혜택을 받기 위한 서류를 준비하기보다는 관세를 납부하고 만다. 또한 AFTA는 기술적 표준과 관세정차의 까다로움 등 비관세 장벽을 갖고 있다. 비관세장벽이 AFTA 역내 무역의 가장 큰 걸림돌로 지적되고 있음에도 불구하고 ASEAN 회원국간 비관세장벽 철폐에 대한 논의가 충분히 이루어지지 않고 있다.

이러한 문제로 인해 ASEAN의 무역 중에서 5%만이 특혜 관세를 이용한다는 주장도 있다(The economist, 2008.9.4). 따라서 AFTA는 역내 무역을 촉진한다는 목적에서 보면 큰 성과를 거두지 못했다고 할 수 있다. 1990년 ASEAN의 역내수출은 274억달러로 총 수출의 19.0%를 차지했으나 2007년에는 2,206억달러 24.8%로 증가하는데 그쳤다. ASEAN은 이미 1995년에 역내수출비율이 24.5%에 이르렀고 2003년에도 25.6%에 이르러 역내교역비율이 증가하지 않고 있다는 사실을 알 수 있다. 다른 한편으로 ASEAN이 AFTA를 추진해 왔음에도 불구하고 역내수출비중이 증가하지 않는 다는 것을 무역전환효과가 크지 않았다는 것을 의미하고 이는 ASEAN이 FTA의 부정적 효과를 최소화하고 개방성을 유지했다는 것을 의미하기도 한다.

2) ASEAN · 동북아 국가의 FTA

ASEAN은 외환위기를 경험하고 이후 전개되는 ASEAN+3 체제에서 중심적인 역할을 하면서 먼저 동북아 3국과의 FTA에 관심을 갖기 시작했다. 동남아가 ASEAN의 이름으로 역외국가와 FTA를 추진한 대상은 중국이었다. ASEAN · 중국 FTA는 2002년 ASEAN · 중국

정상회의에서 협력에 대한 기본골격(Framework Agreement)을 마련함으로써 시작되었다. 양측은 여기서 FTA를 추진하기로 하고 이 때 이미 주요 농산물 8개 분야에 대한 관세철폐를 합의했다. 즉 중국과 ASEAN은 공산품 자유화에 앞서 2005년 중 농림수산품 8개 분야(HS 1-08)에 대한 관세를 철폐하기로 했으며 이 중 일부 품목을 제외한 600여 품목이 조기관세인하 대상이 되었다. 특히 중국은 캄보디아, 라오스, 베트남, 미얀마산 농산물 297개 품목에 대해 2004년 7월부터 관세를 인하하기로 했다. 실질적으로 ASEAN내의 농업국가이자 빈곤국가인 이들에게 실질적인 혜택을 보게 함으로써 FTA의 동력을 끌어내기 위한 것이었다. ASEAN과 중국은 2004년 11월에 상품분야의 협상을 타결하고 2005년 7월부터 FTA를 공식 발효하여 공산품의 관세인하를 시작해 ASEAN 선발국과 중국은 2010년에 FTA를 완성하기로 했다.

ASEAN이 중국과 FTA를 체결하기로 한 가장 중요한 이유는 중국이 주는 기회이다. 중국이 개방을 시작하면서 ASEAN 내의 화교자본이 중국에 진출하여 제조업이나 서비스업에 투자를 하고 있었으며 중국경제의 잠재력이 현재화하기 시작했기 때문이다, 특히 중국이 WTO에 가입하면서 적극적으로 ASEAN에 구애를 하기 시작했다. ASEAN은 중국의 급속한 부상으로 세계시장에서 구축될 것인가 아니면 중국을 유효하게 활용하여 경제성장을 지속할 것인가의 기로에 서게 되었던 것이다. 이미 동남아의 외환위기가 90년대 중반 중국 위안화 환율 현실화에 어느 정도 연유한다는 평가도 있었다.

ASEAN은 적어도 그 때까지의 대량생산 조립 제조업을 가지고는 중국과 경쟁할 수 없다는 사실을 알았으며 중국과의 보완 방법을 찾기로 한 것이다. 당시 인도네시아, 필리핀, 말레이시아 등은 중국과의 FTA에 대해서 회의적이었으나 싱가포르, 태국 및 인도차이나 국가들의 찬성을 거부할 수 없었다.

중국 · ASEAN FTA는 크게 농산물에 대한 조기자유화, 공산품 일반 분야, 그리고 공산품의 민감분야로 구분할 수 있다. 조기인하 품목에 대해서는 상품 양허 발효전에 조기관세인하를 하기로 하고 관세율이 15% 이상인 품목에 대해서는 2004년까지 10%로 그리고 2005년에는 5%로 인하하고 2006년에는 철폐하기로 했다. 중국 · ASEAN FTA에서는 민감품목의 수를 중국 및 ASEAN 6국에 대해서는 최대 400개 및 총수입의 10% 이내로 하고 ASEAN 후발국의 경우 최대 500개로 인정하기로 했다. 민감품목은 일반 민감품목과 초민감 품목으로 구분했는데 초민감품목은 중국과 ASEAN 6은 민감품목 전체 수의 40% 이내 혹은 HS 6단위 기준 100개 이내 중 적은 것을 적용하기로 했고, 후발국의 경우 역시 40% 이내나 품목수 150개 이내에서 적은 편을 택하기로 했다.

민감품목에 대해서 선발국은 2012년 1월까지 20% 이내로 인하하고 2018년까지 0~5%로 인하하기로 했다. 후발국의 경우 2015년 1월까지 20% 이내로 인하하며 2020년까지 0~5%로 인하하기로 했다. 초민감품목의 경우 선발국은 2015년, 후발국은 2018년까지 관세를 50% 이하로 인하하기로 했다.

표 7-8 중국 · ASEAN FTA의 민감품목 분류와 관세인하 일정(협상타결시점 기준)

국가	분류상한선		관세인하 일정	
	민감품목 상한선	초민감품목 상한선	일반민감품목	초민감품목
중국 · ASEAN6	HS 6 단위 기준 400개 이내 및 총수입의 10% 이내	민감품목 전체 40% 이내 혹은 100개 이내	2012년 1월: 20%로 2018년 1월: 0~5%로	2015년 1월: 50% 이하로
베트남	HS 6 단위 기준 400개 이내 총수입액 상한 차후결정	추후 결정	2015년 1월: 추후결정 2020년 1월: 0~5%	2018년 1월: 50% 이하
캄보디아, 라오스, 미얀마	HS 6 단위 기준 400개 이내	민감품목 전체 40% 이내 혹은 150개 이내	2015년 1월: 20% 2020년 1월: 0~5%	

자료: ASEAN사무국

ASEAN은 한국과도 2003년 협력을 위한 기본협정에 서명하고 2005년 2월 제 1차 FTA 협상을 시작했다. 2005년 12월 한 · ASEAN정상회의에서 양측의 경제협력에 관한 기본협정(framework Agreement)에 서명하고 2006년 8월에는 한 · ASEAN FTA의 상품무역협상을 타결했다. 2007년 4월 한국의 국회가 상품무역협정을 비준하였고 2008년 11월부터 캄보디아가 협정을 발효시킴으로써 태국을 제외한 9개국이 모두 상품무역협정을 발효시켰다. 양측은 2007년 11월 한 · ASEAN 서비스협정에 서명했고 현재는 투자협정에 관한 협상을 진행하고 있다.

한 · ASEAN FTA의 상품부문 협정은 ASEAN국가의 발전단계에 따라 상품의 관세철폐 완료시기에 차등을 두기로 했다. 즉 산업발전 정도가 낮은 베트남, 미얀마, 캄보디아, 라오스의 관세인하에 대해서는 선진 ASEAN 6국에 비해 기간을 더 주기로 했다. 관

표 7-9 한국 · ASEAN 6의 관세철폐 스케줄: 일반품목군

X = MFN 실행관세율	한 · ASEAN 6의 FTA 특혜관세(해당연도 1월 1일 기준)				
	2006	2007	2008	2009	2010
X ≥ 20%	20	13	10	5	0
15% ≥X < 20%	15	10	8	5	0
10% ≥X < 15%	10	8	5	3	0
5% < X < 10%	5	5	3	0	0
X ≥5%	관세인상금지			0	0

주: 인도네시아와 필리핀에 대해서는 일부에 대해서 2012년까지 철폐를 허용한다.
자료: 외통부

세인하 및 철폐에 대해서는 일반품목군과 민감폼목으로 구분하고 품목 수 90% 및 수입액 90% 이상의 일반 품목에 대해서 2010년까지 관세를 철폐하기로 했다.

FTA의 실질적인 내용은 민감품목이 어느 정도 되는가에 달려 있다. 민감품목군은 일반민감품목군과 초민감품목군으로 구분된다. 한국과 ASEAN은 민감품목이 전체 관세품목의 10%를 초과할 수 없고 상대국으로부터 총수입의 10%를 초과할 수 없도록 함으로써 실질적인 개방을 확대하려고 했다. 다만 CLMV국가에 대해서는 민감품목의 상한선을 베트남은 수입액의 25%까지 허용하고 다른 3국에 대해서는 수입액 제한을 두지 않도록 했다. 초민감품목의 경우 한국과 ASEAN 6의 경우 HS 6단위에서 200개 혹은 각국이 선택한 HS 단위 모든 관세품목수의 3%로 제한하며 상대국으로부터의 총수입의 3%를 넘을 수 없도록 했다. 여기서도 CLMV국가는 수입액 규제 없이 관세품목수의 3% 이내에서 초민감품목을 결정할 수 있도록 하여 보호막을 좀 더 유지할 수 있도록 했다. 일반민감 품목의 관세율은 ASEAN 6이 2012년까지 20%로 인하하고, 2016년까지 0~5%로 인하하며 초민감 품목의 경우 5개 범주로 구분하여 대상국은 필요에 따라 최대 40개 품목까지 양허를 제외하도록 했다.

표 7-10 한국 · ASEAN 민감품목 분류와 관세인하 일정

국가	분류상한선		관세인하 일정	
	민감품목 상한선	초민감품목 상한선	일반민감품목	초민감품목
중국 · ASEAN 6	모든 관세품목의 10%, 총수입의 10%	HS 6단위 200개 혹은 당사국이 선택한 HS 단위의 모든 관세품목수의 3%, 그리고 총수입액의 3%	2012년 1월: 20%로 2016년 1월: 0~5%로	2018년 1월: 50% 이하
베트남	모든 관세품목의 10%, 총수입액 25%	HS 6단위 200개 혹은 당사국이 선택한 HS 단위의 모든 관세품목수의 3%	2017년 1월: 20% 2021년 1월: 0~5%	
캄보디아, 라오스, 미얀마	모든 관세품목의 10%	HS 6단위 200개 혹은 당사국이 선택한 HS 단위의 모든 관세품목수의 3%	2020년 1월: 20% 2024년 1월: 0~5%	

자료: 외통부

ASEAN · 일본 FTA는 2003년 일본과 ASEAN의 협력을 위한 기본골격에 서명하면서 시작되었다. ASEAN 각국은 이미 일본과 독자적으로 FTA를 추진하고 있었는데 이미

싱가포르 · 일본 FTA는 2002년 11월 발효되었고, 말레이시아, 태국, 필리핀도 일본과 2004년 초에 교섭을 개시했다. 실제로 일본 측의 입장에서는 이미 오랫동안 ASEAN내에서 경제활동을 했기 때문에 적어도 비농산물 부문에서는 ASEAN 각국은 일본의 부품과 중간재를 사용하고 있었다. 따라서 상당히 높은 수준의 개방이 가능했다. 일본도 이를 고려하여 개별국가들과의 FTA 를 선호했을 것이다.

그러나 중국과 한국이 ASEAN과 FTA를 추진하자 일본도 ASEAN 전체와 FTA를 체결할 필요성을 느끼게 되었다. 그 결과 2005년 4월 양측은 협상을 개시하여 2007년 11월에 협상을 완료했고 2008년 4월 ASEAN 회원국과 일본은 서명을 완료했다. 일본의 입장에서는 ASEAN · 일본의 FTA는 일본 최초의 다자간 경제연계협정(EPA)이다. ASEAN 선발 6개국은 대일 수입 총액 및 품목수의 90%에 대해 10년 내에 관세를 철폐하고 10%의 민감품목은 관세인하에서 제외하기로 했다. 일본은 금액기준 93%에 대해 관세를 철폐하되 90%는 즉시 관세를 철폐하기로 했으며 2%는 5년 내에 그리고 1%는 10년 내에 철폐하기로 했으며 나머지 7%에 대해서는 관세인하에서 제외하기로 했다. ASEAN과 일본은 양허기준을 품목수가 아닌 무역액 기준으로 했는데 이는 일본의 민감 부문이 농수산물 부분이 무역액은 적되 품목은 많기 때문인 것으로 보인다. 일본 · ASEAN은 2008년 12월부터 발효되었다. ASEAN · 일본 FTA는 ASEAN 각국의 경제 수준 및 개방 정도에 따라 다른 양허일정을 합의했다. 베트남의 경우 15년 내에 90%에 대해 관세를 철폐하기로 했고 캄보디아, 라오스 그리고 미얀마는 18년 내에 85%의 제품에 대해 관세를 인하하기로 했다.

ASEAN은 한국, 중국, 일본과의 FTA에서 몇 가지 특징을 보여준다. 첫째는 ASEAN 후발국의 자유화일정에 대해서는 차별을 둔 것이다. 이는 ASEAN이 AFTA에서도 채택한 것으로서 동북아 3국에도 그 원칙은 적용되었다. 이는 현실적으로 후발국이 동북아 3국과 같은 수준으로 관세를 인하할 수 없다는 점이 작용하고 있다. 원산지 규정에서는 대체로 세 번 변경방식을 인정하고 있으며 현지부품사용비율은 일반적으로 40%를 적용하기로 했다. 대신 ASEAN은 누적원산지 규칙을 받아들였다. 이는 어떠한 생산품이 체결국A에서 생산될 경우 생산에 사용된 체결국B의 원재료를 체결국A의 원재료로 간주하는 것을 ASEAN+1의 FTA 역내에서 적용함으로써 역내 전체 생산 네트워크 강화하자는 것이다.

실제적으로 이러한 누적원산지 규칙은 ASEAN역내에 생산네트워크를 광범위하게 보유하고 있는 일본에 유리할 것이다. 예컨대 일본의 플랫패널 TV를 보면 일본에서 부품의 부가가치가 60% 이상이어서 이를 ASEAN내에서 조립할 때, 즉 ASEAN의 추가 부가가치 창출이 40% 미만일 때 개별국가와의 FTA에서 일본은 플랫패널을 조립국에 수출할 때 무관세를 받게 되지만 최종 플랫패널을 다른 ASEAN 국가에 수출할 때는 일반적인 MFN관세를 부담해야 한다. 그러나 ASEAN · 일본 FTA에서는 40% 미만이 ASEAN 특정국에서 창출되어도 다른 ASEAN국에 수출할 때 이미 일본에서 창출한 부가가치와 ASEAN 조립국에서 추가한 부가가치를 누적으로 인정하기 때문에 무관세의 대상이 된다는 것이다.

3) 기타지역

ASEAN은 인도와의 FTA협상을 2008년 하반기에 완료했다. ASEAN과 인도는 2003년의 "포괄적 경제협력을 위한 프레임웍 협정"에서 2005년 6월까지 상품교역 협상 종료, 2011년까지 관세인하 완료에 합의했지만 협상이 지연되면서 FTA 시행 시기를 2007년 1월로 잠정적으로 연기한 바 있었다. 그러나 인도 국내의 이해관계자들이 FTA에 대해 반대했는데 특히 ASEAN에 비해서 경쟁력이 취약한 농업부문이 적극 반대했다. 협상타결이 지연되기를 수번 하여 결국 2008년 8월 초에 최종 타결되어 12월에 방콕에서 열릴 인도 · ASEAN 정상회의에서 서명되고 2009년에 발효될 것이라고 한다. 인도는 이미 싱가포르와 포괄적경제협력협정(CECA)을 체결했고 태국과는 현재 HS 6단위 기준 82개 품목에 대해 조기자유화 조치를 시행 중이다. 이제 인도 · ASEAN FTA가 발효하면 인도와 ASEAN의 협력관계는 전면적으로 발전할 것이다.

ASEAN · 인도의 FTA 협상을 보면 양측의 경제협력관계의 전반적 특성을 볼 수 있다. 인도와 ASEAN은 당초 2005년 6월까지 FTA의 상품교역 협상을 종료하고 2011년까지 관세인하를 완료하기로 합의했다. 그러나 협상이 지연되면서 FTA 시행 시기를 2007년 1월로 잠정적으로 연기한 바 있었고 그것도 지켜지지 않아 이제 빨라야 2009년 1월 시행될 예정이다. 양측 모두에게 FTA가 절박하지 않았던 것이다. 또한 협상과정에서 ASEAN은 공세적이었고 인도는 수세적이었다. 인도는 당초 1,000개 이상의 예외품목을 주장하여 ASEAN을 당혹하게 했는데 협상이 진행되면서 비록 예외품목의 수가 줄기는 했으나 많은 품목을 예외품목으로 두고 있다. 이는 ASEAN이 인도에 비해 더 경쟁력이 높다는 것을 의미한다.

ASEAN은 또한 호주 · 뉴질랜드와 FTA를 타결했다. 호주 · 뉴질랜드는 1983년 경제긴밀화관계협정(CER: Closer Economic Relations)을 체결하여 자유무역을 실시하고 있다. 2004년 ASEAN과 CER은 양측의 FTA를 체결하기로 합의했고 2005년부터 협상을 진행하기로 했다.

ASEAN은 또한 EU와 FTA협상을 추진하고 있다. ASEAN과 유럽연합(EU)은 양 블록간 자유무역협정(FTA) 체결을 위한 기본협정 TREATI(Trade-Regional EU-Asean Trade Initiative)를 체결했다.

4 ASEAN의 동아시아 통합에 대한 시각

1 ASEAN 대외경제정책의 의의

현재 ASEAN의 대외경제관계의 특징에서 ASEAN의 대외경제정책의 의의를 도출해 낼 수 있다.

첫째, ASEAN은 대외지향적 수출주도형 공업화가 당분간 불가피하다. 이미 ASEAN의 대외의존도는 과도하게 높고 이는 경제의 안정을 해친 역할을 하기도 한다. 그러나 ASEAN이 현재의 경제구조를 단기간에 내수 중심형으로 전환시킬 수는 없다. ASEAN 각국 경제의 내수 규모가 작을 뿐만 아니라 이미 생산능력은 수출을 지속하지 않으면 안 될 처지에 있는 것이다. ASEAN이 역내 무역을 대폭 확충하여 대외 의존도를 줄일 수 있기 위해서는 인도네시아, 필리핀, 베트남, 미얀마 등 인구는 크되 소득이 낮은 국가의 역할이 필요하다.

그러나 현재 ASEAN의 대외무역구조는 급속히 변하고 있다. 중국시장이 ASEAN의 상품을 흡수하면서 중국은 동남아 경제에 가장 중요한 성장기여 요인으로 등장했다. 중국의 경제성장으로 동남아 국가의 대중국 수출이 증가했다. 1차 상품 수출국의 대중국 수출이 증가했고 중국의 산업발전으로 동남아와의 산업분업이 진전되었다. 다국적기업들이 동남아와 서플라이 체인을 형성하기에 이른 것이다.

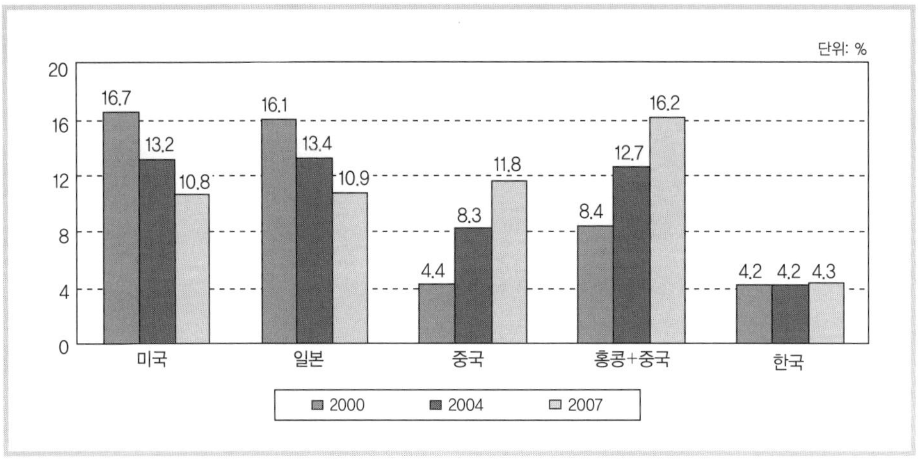

자료: 무역협회 DB를 이용 작성

그림 7-2 ASEAN 6개국의 대외 교역 비중 추이

동남아의 대중국 수출총액은 대미 수출 총액보다 적지만 수출증대에서 중국의 기여율은 미국보다 많다. 2002~2007년 기간 동남아의 수출증대는 중국 19.0%, 미국 7.1% 일본 6.5%로 중국의 역할이 크다. 필리핀은 대미 수출 감소, 신규증가분의 67%가 중국시장에 기인하고 있다. 필리핀의 대중국 수출의 50% 이상이 반도체 관련 제품이다. 중국을 중심으로 형성되는 아시아 생산네트워크가 ASEAN의 무역에 크게 영향을 미치고 있는 것이다. 향후 ASEAN과 중국의 무역이 어떻게 전개될 것인가는 ASEAN 경제의 진로를 결정할 것이다.

둘째, 외국인직접 투자 역시 지속적으로 필요할 것이다. ASEAN이 비록 다국적기업의 투자 때문에 자주적인 기술역량 구조를 갖추지는 못했으나 다국적기업의 투자는 그래도 필요하다. 기술을 자국내 산업구조 내에 흡수하지는 못하지만 다국적기업의 투자는 기술을 이전하는 효과를 낳는다. 이 점에서 ASEAN에게 일본 기업의 투자는 중요하다. 일본은 기술과 자본을 갖고 있다. 이미 ASEAN에 진출한 일본 기업들은 광범위한 ASEAN의 산업 기반을 형성하고 있다. 따라서 ASEAN이 일본을 무시할 수 없다. 특히 중국과 경쟁할 수 있는 말레이시아, 태국, 인도네시아, 필리핀 등 4개국에 대한 일본의 직접투자는 1998년 이전까지 중국보다 많았고 외환위기 기간에는 혼조를 보였으나 2001년 이후 즉 2002년부터는 대중국 투자가 대ASEAN 투자를 훨씬 상회하게 되었다. ASEAN은 일본기업의 투자를 더욱 유치해야 한다. 다행히도 최근 수년간 ASEAN에 대한 일본 기업의 투자가 복귀하고 있다.

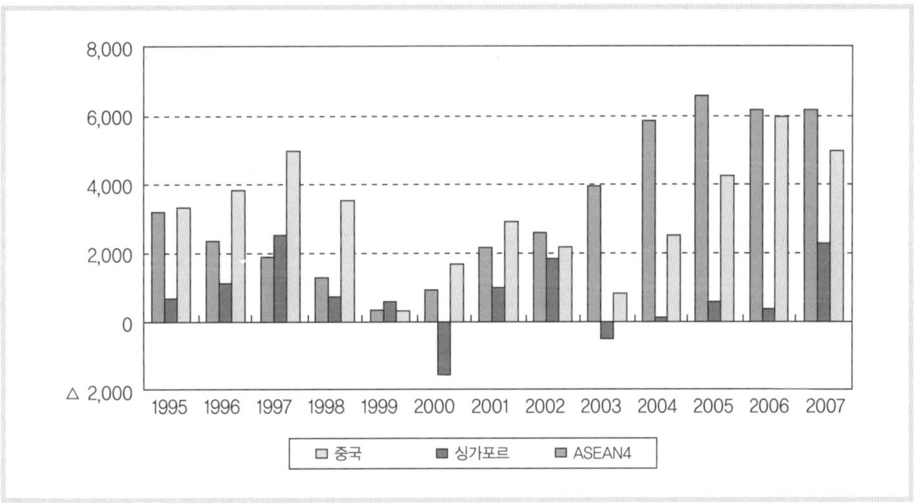

자료: 일본 JETRO

그림 7-3 일본의 동아시아 직접투자 추이

셋째, 가장 중요한 것은 어느 한 국가의 과도한 영향력에 지배되지 않는 것이다. 현재 ASEAN에게 미국, 일본, 중국은 비슷하게 영향을 미치고 있다. ASEAN의 수출에서 미국과 일본 시장의 주요성은 감소하고 있는 대신 중국의 비중은 증가하고 있다. 그러나 ASEAN은 여전히 일본에 대해 부품 중간재, 소재, 자본재 부문에서 막대한 무역수지 적자를 기록하고 있다. 투자에서 중국이 아직 일본과 미국을 제치고 ASEAN에 영향을 미치지는 못하고 있다. 비록 중국의 대외직접투자가 급속히 증가하고 있지만 궁극적으로 중국의 영향력은 증가할 것이다. ASEAN이 중국에 어떻게 독립할 수 있는가는 ASEAN이 갖는 중대한 과제가 된다.

2 동아시아 통합에 대한 시각

ASEAN은 1990년대 중반 인도차이나 4국을 회원으로 가입시켰다. 국제사회의 비난을 받고 있는 미얀마에 대해서는 건설적 개입(constructive engagement)이 문제 해결에 도움이 될 것이라는 주장을 하고 서방의 반대에도 불구하고 회원으로 가입시킨 것이다. 그러나 지난 10여년 동안 미얀마의 군부독재 문제는 ASEAN의 가장 큰 두통거리였다. 그러나 단결을 강조해야 하는 ASEAN은 미얀마 문제에 대해 아무런 조치도 취하지 못하고 있는 것이다.

ASEAN의 의사결정 과정에 대한 나타나는 현상, 특징을 ASEAN방식이라고 한다. 보통 내정불간섭, 주권존중, 합의와 협의 등을 일컫는다. ASEAN 방식은 ASEAN 협력의 한계를 나타내는 것이기도 하다. 즉 논쟁적인 이슈에 대해 의도적으로 이를 회피하고 원칙과 규칙 보다는 비공식적인 협상과 협의를 통해 합의를 도출하는 형식을 갖게 된다. 이러한 약점 때문에 보다 원칙과 규율을 도입하기 위한 주장도 많았다.

ASEAN은 현재 2015년까지 ASEAN을 EU 형태의 단일 시장으로 만들 계획이다. 상품, 서비스, 투자 및 숙련인력의 자유로운 이동을 가능하게 하겠다는 것이다. 이를 위해 ASEAN은 2007년 11월 ASEAN 창설 40주년을 맞아 ASEAN헌장을 채택했고 이 과정에서 ASEAN방식을 탈피하기 위한 방안을 다각도로 협의한 바 있다. 그러나 2007년 11월 ASEAN정상이 서명한 ASEAN 헌장은 기존의 ASEAN방식이 거의 그대로 살아남았다. ASEAN 헌장을 중비한 저명인사그룹은 최대한 회원 축출을 포함한 재제를 의견으로 내놓았고 합의 대신 투표에 의해 문제를 해결하는 방식을 도입하도록 했으나 정상들은 수용하지 않았다.

이러한 취약점에도 불구하고 ASEAN은 지금 한국, 중국, 일본, 인도, CER과 FTA를 체결했다. ASEAN은 실제로 수출의 50% 이상을 특혜무역으로 하게 될 것이다. ASEAN은 또한 EU와도 FTA 협상을 진행하고 있다. 이는 ASEAN이 주요 교역대상국과 모두 FTA를 추진한다는 것을 의미한다. 실제로 ASEAN을 이런 전략을 통해 공동체의 이익을 극대화하려 할 것이다.

여기에서 동아시아 통합에 있어 ASEAN은 지속적으로 주도자(driving force)가 되고 한중일은 일종의 수단으로 활용하려 할 것이다. 따라서 ASEAN은 다음과 같은 전략을 취할 것으로 보인다.

첫째, 동아시아 통합이 너무 순조로워 동북아의 영향력이 확대되는 것을 원치 않을 것이다. 이와 관련해서 ASEAN은 중국과 일본에 등거리 전략을 계속 사용할 것이다. 한국에 대해서는 필요에 따라서 중국과 일본에 동등하게 대우하면서 경제적 이익을 취하려 할 것이고 때로는 일본과 중국의 중재자 역할을 인정하는 태도를 취하려 할 것이다.

ASEAN에게 동북아 3국의 독자적인 단결과 통합은 득이 될 것이 없을 것이다. 따라서 동북아 3국의 갈등 문제에 대해서는 방관적 자세를 유지할 것이다.

특히 ASEAN+3 중심의 통합이 중국 중심으로 진행된다면 이를 환영하려 하지는 않을 것이다. 일본이 소외되는 과정에서 실질적인 경제적 이득의 감소뿐만 아니라 중국의 경제적 패권에 대해 두려워하기 때문이다. 특히 베트남, 인도네시아 등은 중국의 주도적 역할을 환영하지 않을 것이다. 이 점에서 ASEAN+1 체제는 ASEAN이 지속적으로 유지하고 싶은 구도가 될 것이다.

둘째는 동아시아, 즉 ASEAN+3의 통합에 대해 때로는 ASEAN+6를 활용하려고 할 것이다. 여기에 외부적으로 미국은 여전히 ASEAN에게 중요한 파트너이다. 미국은 싱가포르, 태국, 말레이시아와 FTA를 추진하면서 인도를 포함하여 동아시아에서 중국의 지배에 대항하는 견제세력으로 활용할 계획이다. 인도는 ASEAN의 지원을 받아 중국의 팽창을 우려한 미국, 일본 등과 동의하여 동아시아 정상회의에 참여했다. 중국이 주도하는 ASEAN+3와 일본이 주도하는 ASEAN+6를 적절히 활용함으로써 이익을 극대화하려 할 것이다.

셋째는 ASEAN의 단결을 지속적으로 강조할 것이다. ASEAN은 2015년까지 CLMV 국가를 포함하는 완전한 AFTA를 완성하고 2015년까지는 ASEAN공동체(ASEAN economic community)를 완성한나는 계획을 세워두고 있다. 그러나 ASEAN은 하나의 ASEAN이 아니다. ASEAN은 경제적으로 다른 주요국에 비해 취약할 뿐 아니라 내부의 정체성도 취약하다. 이 점에서 ASEAN은 지속적으로 ASEAN의 결속과 통합이 먼저라는 인식을 하고 있다. 이 점에서 ASEAN은 ASEAN의 개발격차를 줄일 때까지 동아시아 통합에 대해 적극적이지 않을 것이고 이를 이용하여 동북아의 지원을 요구할 것이다.

인도네시아 무역부장관 마리 팡에스투의 견해

저명한 경제학자로서 인도네시아 무역부장관인 마리 팡에스투(Mari Pangestu)는 2006년 IMF/IBRD 연차 총회(2006년 9월)에서 발표한 에세이에서 아시아의 미래를 전망하면서 성장의 엔진으로서는 중국, 인도, ASEAN이 3개의 지주(pole)가 되어야 한다고 주장했다. 또한 지역통합과 관련해서는 3개의 원칙, 즉 개방적 지역주의(open regionalism), 무역자유화보다는 지역공동체 건설 우선, ASEAN이 동아시아 지역화의 중심이어야 한다는 원칙을 제시하고 있다.

Mari pangestu, Visions of East Asia: Three Engines for a Way Forward(2006.9)

5 대응

ASEAN은 작은 경제규모, 발전 격차, 미얀마 등의 아킬레스 건의 존재 등을 가리기 위해 대외적인 문제에서 결속을 강조하지 않을 수 없다. ASEAN 헌장은 ASEAN의 모토로 one vision, one identity, one community를 강조하고 있다. 당초 1997년 쿠알라룸푸르에서 채택한 ASEAN Vision 2020에서 2020년까지 ASEAN 공동체를 만들기로 했으나 이를 2015년으로 앞당기기로 한 것이다. ASEAN이 동아시아 통합에서 ASEAN을 가이드로 인정하는 체제를 계속 유지하고자 한다면 동아시아 공동체는 2015년 이후에나 본격적으로 논의될 수 있을 것이다. 즉 ASEAN이 현재의 전략을 고수하는 한 ASEAN을 앞세워 동아시아를 통합한다는 방법이 실제로 유효하지 않을 가능성이 크다는 것을 의미한다.

문제는 ASEAN이 이러한 전략을 잘 알고 있음에도 불구하고 그리고 ASEAN 경제의 취약점을 알고 있음에도 중국과 일본은 경쟁국을 견제하기 위해서 ASEAN은 동아시아 경제통합의 중심이라는 인정을 하고 있는 것이다. 한국의 입장은 중국과 일본에 비해서는 경제적인 약자의 입장에 있다. 따라서 현실적으로 양국과 ASEAN을 압도해서 동아시아 통합을 주도하기는 어렵다.

그러나 반드시 수동적인 자세에 머물 필요는 없다. ASEAN+3체제의 발전 과정에서 우리는 상당한 영향력을 행사했다. 그 핵심은 우리가 중개자 역할을 할 수 있고 아이디어를 갖고 있었기 때문이다. 즉 우리는 하드파워는 없을지라도 소프트파워를 갖고 있다. 이 점을 활용해야 한다.

첫째, 동북아에서 평화와 협력의 중개자 역할을 해야 한다. 한국은 중국과 일본의 가운데 위치하고 잇다. 지리적으로 경세적으로 문화적으로 그리고 역사적으로 중국과 일본의 중간자 역할을 할 수 있다. 양국과의 우호적인 관계를 유지하기 위한 다양한 노력을 기울여야 한다.

둘째, ASEAN 외교를 강화해야 한다. ASEAN이 이익 극대화를 한다고 해도 회원국의 생각이 일치하는 것은 아니다. ASEAN+3 체제나 ASEAN+6 체제에 대한 선호는 자국이 처한 상황에 따라 다른 것이다. 인도와의 교역에서 상당한 이익을 보고 있으며 호주와도 FTA를 체결한 싱가포르, 태국 등은 ASEAN+6 체제가 나쁘지 않다고 판단할 것이다. 따라서 ASEAN에게 시장에 의한 동아시아의 통합이 보다 큰 이익을 가져올 수 있다는 점을 설명할 수 있어야 한다.

한편 현재 ASEAN의 정치적 리더십이 공백 상태이다. 과거 이광요, 수하르토, 마하티르로 연결되던 ASEAN의 리더십을 이은 2세대 리더십이 확실하게 자리 잡고 있는 것은 아닌 것 같다. 태국의 탁신 수상이 리더십 공백을 메우기 위해 독자적인 경제철학을 전개하거나 중동국가까지를 포괄하는 국제회의 '아시아협력대화 외교장관회의'(ACD)를 주창하여 창설하기도 했다. 그러나 탁신은 정치적으로 파산당했다. 현재 ASEANASEAN에서 국가적으로도 정치적 안정을 이루고 있는 국가는 인도네시아 정도이다. 인도네시아는 수카르노 시절에 세계적 비동맹 체제를 만드는데 기여했고 수하르토 시절에는 중국과 대립각을 세우기도 했다. ASEAN 내 영향력 확보를 위해 중국의 견해에 동조할 가능성은 크지 않다. 이런 상황에 따라 우리는 ASEAN 개별국가와의 협력을 강화하면서 외교력을 키워야 한다.

셋째, 인적교류를 확대해야 한다. 이 점에서 ASEAN에 진출한 한인사회의 활용방법의 문제이다. 현지 진출한 한인사회는 사실상 건전하게 사업활동을 하여 뿌리를 내리기도 했으나 사실은 성공한 자본가들도 과거의 자신의 행적에 대해 자랑스럽게 드러내 놓지 못할 사람이나 분야도 많다. 그러나 이들을 건전하게 조직하고 현지와의 관계를 발전시켜 나가야 한다.

PART 03

동아시아 경제통합에서 부각될 수 있는 이슈

CHAPTER 08

동아시아 FTA와 농업부문의 과제

한국농촌경제연구원 선임연구위원 최 세 균

1 서론

동아시아 지역의 경제협력은 여러 가지 형태로 논의되고 있다. 예를 들면, 동아시아 FTA, 동아시아 경제공동체, 동아시아 공동체 등이 대표적인 형태이다. 이러한 분류는 통합의 단계 또는 수준의 차이를 나타내는 것으로 궁극적인 지역 통합의 목표를 공동체에 둔다면 FTA, 경제공동체 등은 공동체 형성을 위한 하나의 과정으로 볼 수 있다.

동아시아 경제협력체 창설은 EU와 NAFTA 확대에 비해 통합의 정도, 협상기간 등에 있어서 불리한 입장이나 세계 경제의 흐름과 동아시아 국가들의 적극적인 FTA 체결 의지 등을 고려할 때 역내 역학관계를 조정할 수 있는 지도력이 발휘될 경우 다양한 형태로 발전될 가능성이 높다. 발전 가능성은 EU와 같은 수준 높은 통합, 다자간 협의체로의 발전 등이다. 아시아 지역에는 현재 APEC, ASEAN+3, ASEAN지역포럼, ASEM 등이 이미 존재하고 있으나 실질적인 경제통합 논의 기구로서의 역할은 미약하다. 일본 경제산업성은 동아시아 FTA 추진 계획을 발표한 바 있고(2006년 4월) ASEAN+3 정상회의 등에서 우리나라는 물론 다른 국가들도 동아시아 FTA를 제안한 바 있다. 따라서 동아시아의 경제통합을 위한 논의는 보다 활성화 될 것으로 전망된다.

동아시아 지역협력과 관련된 논의는 일본이 선두에 있다고 볼 수 있다. 일본은 대동아공영권 구상 등 아시아 지역에서 패권을 행사하고자 시도하였으며, 최근에는 동아시아 공동체 담론을 중심으로 한 연구가 활발히 진행되고 있다. 와세다 대학 히라노 겐이치로 교수는 연구자 120명 규모의 동아시아 공동체 프로젝트를 지난 5년간 진행해오고 있다(조선일보, 2008. 2. 11).

중국과 미국도 동아시아 공동체에 큰 관심을 나타내고 있다. 중국은 2020년까지 소강사회의 건설과 동시에 대동아시아의 꿈을 실천하고자 하고 있으며, 미국은 기존 아시아지역에서의 군사적, 외교적 영향력을 바탕으로 동아시아 공동체 논의에 미국의 이익을 반영하고자 하고 있다.

따라서 동아시아 경제통합을 둘러싼 다양한 논의를 종합 · 분석하고 우리나라의 대응 전략을 수립할 필요가 있다. 특히 동아시아 FTA 추진에 있어서 핵심적인 역할을 담당할 농업부문에 대한 분석과 역할 정립이 요구된다. 동아시아 지역협력과 관련하여 중국과 일본이 제휴할 경우 우리나라는 주변국으로 남게 될 가능성이 높다. 따라서 우리나라는 동아시아 지역협력과 관련하여 보다 적극적인 역할이 요구되며, 농업부문에 있어서도 조정자의 역할을 할 수 있도록 준비하는 것이 필요하다.

동아시아 지역의 FTA 등 경제통합에서 가장 큰 걸림돌이 되는 것 가운데 하나는 농업문제이다. 한국과 일본의 농업부문은 대표적인 취약산업으로 분류되며 양국은 모두 농업부문의 시장개방에 소극적인 반면 중국과 동남아 국가들은 제조업 분야의 취약점을 농업부문에서 보완하고자 할 것이며, 한국과 일본의 농산물 시장 개방에 깊은 관심을 나타낼 가능성이 높다.

여기서는 동아시아 공동체 형성의 기초가 되는 FTA 협상에 대비하여 역내 농산물 교역 유형 및 국가별, 품목별 경쟁력 등을 분석하고 이를 바탕으로 동아시아 FTA의 농업부문에 대한 영향을 국가별로 추정하고자 한다. 이러한 분석 결과를 기초로 동아시아 공동체 형성의 초기 단계인 FTA 체결을 위한 농업부문의 과제와 우리의 대응 방안을 제시하고자 한다.

2 역내 농산물 교역

1 농산물 교역 추이

2005년 기준 ASEAN의 농산물 수출입 규모는 612억달러(수출 372억달러, 수입 240억달러)로 동아시아 국가들 가운데 농산물 교역 규모가 가장 크다. 일본의 농산물 교역 규모는 446억달러이며, 이 가운데 수입이 424억달러로 동아시아 국가들 가운데 수출과 수입의 불균형이 가장 심하다. 중국의 농산물 교역 규모는 414억달러로 일본과 비슷한 수준이다. 2000년 중국의 농산물 교역 규모는 일본의 56% 수준에 불과하였다. 한국의 농산물 교역 규모는 126억달러이다.

2000~2005년 연평균 농산물 교역 증가율은 중국 19.8%, ASEAN 13.1%, 한국 8.6%, 일본 4.1% 등으로 중국과 ASEAN이 국제 시장은 물론 동아시아 역내 시장에서 차지하는 비중은 증가하고 있다. 일본과 한국은 농산물 무역수지에서 만성적인 적자를 나타내고 있으며, 2005년 적자 규모는 일본 402억달러, 한국 76억달러이다. 중국과 ASEAN

은 농산물 무역수지 흑자를 나타내고 있으며, 그 규모는 중국 28억달러, ASEAN 132억달러 수준이다(표 8-1 참조).

2000~2005년 평균으로 볼 때 동아시아 국가들 가운데 역내 농산물 교역 의존도가 가장 높은 나라는 한국으로 수출의 55%, 수입의 24%를 역내에 의존하고 있다. 다음으로 역내 의존도가 높은 나라는 중국으로 수출의 52%, 수입의 7%를 역내에 의존하고 있다. 한국은 주로 일본에 대한 농산물 수출이 많고, 중국은 한국과 일본에 대한 수출 비중이 높기 때문에 중국과 한국의 역내 농산물 수출 의존도가 수입에 비해 높게 나타나고 있다. ASEAN과 일본의 역내 농산물 교역 의존도는 한국이나 중국에 비해 매우 낮다. 일본의 역내 농산물 교역 의존도는 수출 17%, 수입 18% 수준이다. ASEAN의 역내 농산물 교역 의존도는 수출 12%, 수입 8%로 일본보다 낮다.

한국의 역내 농산물 수출 의존도는 감소하고 수입 의존도는 증가하는 추세에 있다. 한국의 역내 수출 의존도 감소는 대일본 수출 비중의 감소 때문이다. 한국의 대일본 농산물 수출 비중은 2000년 52%에서 2005년 36%로 크게 감소하여 대중국 수출 비중 증가(6% 포인트)에도 불구하고 전체적인 감소를 타나냈다. 한국의 역내 수입 비중 증가는 중국과 ASEAN에 대한 비중이 높아졌기 때문이다. 한국은 역내 국가 가운데 대중국 농산물 교역의존도를 심화시켜 나가고 있다. 대중국 농산물 수출 의존도는 2000년 3.7%에서 2005년 9.3%로 2.5배 높아졌다. 대중국 농산물 수입 의존도도 같은 기간에 14.5%에서 17.4%로 증가하였다. 한국의 ASEAN에 대한 농산물 교역 의존도는 수출의 경우 6% 수준으로 큰 변화가 없으나 수입은 점차 증가하는 추세이다.

중국의 역내 수출 비중은 2000년 55.5%에서 2005년 48.9%로 감소하였으나 수입 비중은 5.4%에서 8.7%로 증가하였다. 중국의 역내 수출 비중 감소는 주로 일본에 대한 수출 비중의 감소 때문이다. 중국의 역내 수입 비중 증가는 ASEAN으로부터의 수입이 증가였기 때문이다. 중국의 대일본 농산물 수출 비중은 2000년 35.3%에서 2005년 29.8%로 감소하였으나 2000~2005년 기간에 평균 30%를 상회할 정도로 여전히 비중이 높다. 중국의 대한국 및 대일본 농산물 수입 비중은 0.4% 수준으로 매우 낮다. 그러나 대한국 수입 비중은 증가하는 추세이고 대일본 수입 비중은 감소하는 특징을 보이고 있다. 중국의 대ASEAN 농산물 수입 비중은 2000년 4.5%에서 2005년 7.8%로 증가하였다. 중국의 역내 교역 의존도는 수출이 52%(2000~2005년 평균)인 것에 비해 수입은 7.4%로 수출과 수입의 차이가 큰 것이 특징이다.

일본의 동아시아 역내 농산물 교역 비중은 감소 추세를 나타내고 있다. 2000년 수출과 수입 역내 의존도는 각각 21%와 20%에서 2005년에는 17% 수준으로 감소하였다. 일본의 한국과 ASEAN에 대한 교역 비중은 매우 낮다. 특히 일본의 ASEAN에 대한 농산물 수출과 수입 비중은 각각 0.1%에 지나지 않는다. 일본의 대한국 수출 비중은 10% 수준으로 일본 농산물 수출에 있어서 한국이 중국(7.7%)보다 중요하다. 일본의 대중국 수입

표 8-1 동아시아 국가 간 농산물 교역비중

(단위: %)

국가	시장	교역	2000	2001	2002	2003	2004	2005	평균
한국	ASEAN	수출액	6.5	7.9	6.6	6.2	5.8	6.5	6.6
		수입액	6.7	6.5	6.8	7.6	7.4	7.5	7.1
	일본	수출액	51.8	44.6	40.2	39.3	39.5	36.4	41.9
		수입액	2.4	2.1	2.1	2.1	1.9	1.7	2.1
	중국	수출액	3.7	4.3	5.9	7.2	8.1	9.3	6.4
		수입액	14.5	10.1	14.9	18.7	11.4	17.4	14.5
	합계	수출액	61.9	56.8	52.7	52.7	53.4	52.2	54.9
		수입액	23.6	18.7	23.8	28.3	20.7	26.7	23.6
중국	ASEAN	수출액	10.3	9.3	12.3	12.0	10.2	10.1	10.7
		수입액	4.5	5.1	6.4	7.4	8.1	7.8	6.6
	한국	수출액	9.9	7.3	9.5	10.7	7.1	9.0	8.9
		수입액	0.3	0.3	0.4	0.5	0.4	0.5	0.4
	일본	수출액	35.3	36.4	31.4	28.4	32.7	29.8	32.3
		수입액	0.6	0.5	0.4	0.4	0.4	0.4	0.4
	합계	수출액	55.5	53.0	53.3	51.2	50.0	48.9	51.9
		수입액	5.4	5.9	7.3	8.2	8.8	8.7	7.4
일본	ASEAN	수출액	0.1	0.1	0.1	0.1	0.1	0.1	0.1
		수입액	0.1	0.1	0.1	0.1	0.1	0.1	0.1
	한국	수출액	12.2	7.0	9.7	10.9	11.0	9.2	10.0
		수입액	2.6	2.4	2.2	2.2	2.2	2.1	2.3
	중국	수출액	8.7	4.3	5.7	6.4	7.6	7.7	6.8
		수입액	17.3	17.7	17.4	14.7	13.8	14.9	16.0
	합계	수출액	21.1	11.4	15.6	17.4	18.7	17.0	16.9
		수입액	20.0	20.2	19.8	17.0	16.1	17.1	18.4
ASEAN	한국	수출액	2.7	2.9	2.6	2.6	2.6	2.3	2.6
		수입액	0.6	0.7	0.6	0.6	0.5	0.6	0.6
	중국	수출액	5.8	6.7	8.1	11.0	13.6	12.0	9.5
		수입액	6.5	5.9	8.6	9.2	7.2	7.8	7.5
	일본	수출액	0.2	0.2	0.2	0.2	0.1	0.1	0.2
		수입액	0.0	0.0	0.0	0.0	0.0	0.0	0.0
	합계	수출액	8.7	9.8	10.9	13.7	16.3	14.5	12.3
		수입액	7.1	6.6	9.3	9.8	7.8	8.3	8.1

자료: 한국무역협회(http://stat.kita.net)

비중은 15% 수준이다. 일본의 대한국 농산물 수출 및 수입 의존도는 감소하고 있으며, 중국에 대한 수입 의존도도 감소하고 있다.

일본은 세계 제 1위의 농산물 순수입국으로 역내 농산물 교역, 특히 수입 시장으로서의 역할이 중요하나 역내 농산물 수입 의존도는 감소하는 추세이다. 이러한 원인 가운데 하나는 역내 국가들이 증가하는 일본의 농산물 수입수요 가운데 곡물과 축산물에 대한 수출 잠재력이 낮기 때문이다. 일본의 대한국 및 대중국 수입 비중은 각각 2%, 16% 수준이며 점차 감소하고 있다. 일본의 동아시아 역내 농산물 교역 대상은 주로 한국과 중국으로 볼 수 있다.

표 8-2 동아시아 국가 간 농산물 교역액

(단위: 백만달러)

국가	시장	교역	2000	2001	2002	2003	2004	2005	평균
한국	ASEAN	수출액	121	151	128	134	138	164	139
		수입액	569	607	627	753	850	866	712
	일본	수출액	973	851	785	847	941	917	886
		수입액	207	198	193	207	218	200	204
	중국	수출액	70	82	116	156	194	234	142
		수입액	1,243	938	1,383	1,854	1,307	1,998	1,454
중국	ASEAN	수출액	1,292	1,192	1,793	2,082	1,870	2,222	1,742
		수입액	1,292	1,192	1,793	2,082	1,870	2,222	1,742
	한국	수출액	1,243	938	1,383	1,854	1,307	1,998	1,454
		수입액	70	82	116	156	194	234	142
	일본	수출액	4,440	4,689	4,561	4,924	6,030	6,591	5,206
		수입액	147	121	114	121	151	168	137
일본	ASEAN	수출액	2	3	3	3	2	2	3
		수입액	39	44	48	48	47	52	46
	한국	수출액	207	198	193	207	218	200	204
		수입액	973	851	785	847	941	917	886
	중국	수출액	147	121	114	121	151	168	137
		수입액	4,440	4,689	4,561	4,924	6,030	6,591	5,206
ASEAN	한국	수출액	569	607	627	753	850	866	712
		수입액	121	151	128	134	138	164	139
	중국	수출액	1,162	1,356	1,685	2,488	3,517	3,444	2,275
		수입액	1,292	1,192	1,793	2,082	1,870	2,222	1,742
	일본	수출액	39	44	48	48	47	52	46
		수입액	2	3	3	3	2	2	3

자료: 한국무역협회(http://stat.kita.net).

ASEAN의 역내 농산물 교역 비중은 수출 14.5%(2005년 기준), 수입 8.3%로 매우 낮다. ASEAN은 중국에 대한 농산물 교역 의존도를 심화시켜 나가고 있으나 한국 및 일본과의 교역은 미미한 수준이다. ASEAN의 대일본 농산물 교역 비중은 0.1% 수준이다. ASEAN의 대한국 농산물 교역도 비중이 높지 않다. 그러나 ASEAN의 대중국 농산물 교역 비중은 수출 12%, 수입 7.8%로 비교적 높고 증가하는 추세이다. 2000~2005년 기간 ASEAN의 연평균 대중국 수출 비중은 9.5%, 수입 비중은 7.5%이다. ASEAN의 대한국 농산물 수출 비중은 3%를 넘지 않으나 안정적인 추세를 유지하고 있다. 대한국 수입 비중은 1%에도 미치지 못한다.

2 품목별 교역

1) 한국

한국은 곡물의 순수입국으로 수출 실적은 거의 없으나 수입 규모는 매우 크다. 한국이 동아시아 지역에서 수입하는 곡물은 쌀, 밀, 대두, 옥수수 등이다. 쌀은 ASEAN과 중국으로부터 수입되고, 옥수수와 대두는 주로 중국으로부터 수입된다. 한국이 ASEAN과 중국으로부터 수입한 쌀은 2000~2005년 기간에 각각 연평균 5백만달러와 3천만달러 수준이다. 2000~2005년 기간에 한국이 중국으로부터 수입한 밀과 대두는 각각 연평균 4,100만달러와 1,100만달러 규모이다. 한국의 대중국 옥수수 수입 규모는 3억달러에서 9억달러까지 연도별로 변화가 크다.

과일은 식물검역 조치로 인해 교역이 매우 제한적으로 이루어지고 있다. 한국이 동아시아 국가로 수출하는 과일은 사과, 배, 감귤 정도이나 교역 규모는 크지 않다. 사과와 배는 주로 ASEAN 국가로 수출되고 있으며 수출 규모는 사과 30만달러, 배 167만달러(2000~2005년 평균)에 불과하다. 일본으로 수출되는 과일은 사과, 배, 감귤 등이며, 수출 규모는 사과 30만달러, 배 40만달러, 감귤 150만달러 수준이다. 사과, 배, 감귤, 포도, 복숭아 등 한국의 5대 과일 동아시아 역내 수입 실적은 거의 없다. 그러나 바나나의 대ASEAN 수입 규모는 2000~2005년 기간에 연평균 8,500만달러이다. 한국의 대ASEAN 바나나 수입은 2000년 7,300만달러에서 2005년 1억 1,500만달러로 증가하였다.

한국의 동아시아 지역에 대한 주요 채소류(고추, 마늘, 양파) 교역은 대중국 수입이 주를 이루고 있다. 수출이 이루어지고 있는 품목은 고추로 주로 일본으로 수출되고 있다. 한국의 대중국 고추, 마늘, 양파 수입은 2000~2005년 기간에 각각 연평균 1,700만달러, 600만달러, 300만달러 수준이다.

육류 가운데 쇠고기의 역내 교역은 미미한 실정이다. 한국은 닭고기와 돼지고기를 일본으로 수출하고 있으며, 그 규모는 2000~2005년 기간에 각각 연평균 1억 1천만달러와 200만달러이다. 대ASEAN 돼지고기는 수출 규모는 연평균 500만달러 수준이다. 닭고기는 ASEAN과 중국으로부터 각각 연평균 2,800만달러와 400만 정도 수입되고 있다.

표 8-3 한국의 품목별 동아시아 역내 농산물 교역액

(단위: 천달러)

국가	품목	시장	교역	2000	2001	2002	2003	2004	2005	평균
한국	쌀	ASEAN	수출액	–	7	–	–	–	79	14
			수입액	9,076	3,749	–	4,666	11,968	3,755	5,536
		일본	수출액	1	8	2	–	–	–	2
			수입액	1	11	8	–	–	–	3
		중국	수출액	3	5	3	3	1	–	3
			수입액	37,014	18,337	21,727	36,027	37,636	33,453	30,699
	보리	ASEAN	수출액	–	–	–	–	–	–	–
			수입액	–	–	–	–	–	–	–
		일본	수출액	–	–	–	–	–	–	–
			수입액	–	–	–	–	–	–	–
		중국	수출액	–	–	–	–	–	–	–
			수입액	38	30	–	294	377	613	225
	밀	ASEAN	수출액	–	–	–	–	–	–	–
			수입액	–	47	434	–	–	1,031	252
		일본	수출액	–	–	–	–	–	–	–
			수입액	–	–	–	–	–	–	–
		중국	수출액	284	–	–	–	3	–	48
			수입액	4	37,495	58,400	94,259	56,578	626	41,227
	대두	ASEAN	수출액	3	–	1	–	–	–	1
			수입액	–	–	–	–	–	–	–
		일본	수출액	7	–	–	23	28	4	10
			수입액	27	26	17	40	16	12	23
		중국	수출액	109	67	48	88	107	8	71
			수입액	8,447	8,514	8,309	9,459	14,075	20,457	11,544
	감자	ASEAN	수출액	–	–	–	–	9	–	2
			수입액	–	–	–	–	–	–	–
		일본	수출액	–	–	–	–	–	–	–
			수입액	345	148	343	–	–	–	139
		중국	수출액	6	–	–	21	1	–	5
			수입액	–	–	–	–	–	–	–

(계속)

표 8-3 한국의 품목별 동아시아 역내 농산물 교역액 (계속)

(단위: 천달러)

국가	품목	시장	교역	2000	2001	2002	2003	2004	2005	평균
한국	옥수수	ASEAN	수출액	–	–	–	–	15	–	3
			수입액	315	893	–	1,000	62,084	62	10,726
		일본	수출액	9	6	3	9	12	75	19
			수입액	–	78	–	–	–	–	13
		중국	수출액	–	–	–	4	8	–	2
			수입액	659,816	298,771	636,764	907,698	238,645	819,787	593,580
	사과	ASEAN	수출액	1,058	618	38	160	20	6	317
			수입액	–	–	–	–	–	–	–
		일본	수출액	378	1,226	3	–	165	55	305
			수입액	8	135	11	–	–	–	26
		중국	수출액	4	45	–	–	–	–	8
			수입액	–	–	–	–	–	–	–
	배	ASEAN	수출액	1,933	1,973	2,490	1,869	931	840	1,673
			수입액	–	–	–	–	–	–	–
		일본	수출액	626	772	321	59	499	306	431
			수입액	8	33	28	–	–	–	12
		중국	수출액	4	141	97	37	8	–	48
			수입액	–	–	–	–	–	–	–
	포도	ASEAN	수출액	8	55	59	72	112	94	67
			수입액	–	–	–	–	–	–	–
		일본	수출액	56	9	–	2	1	11	13
			수입액	–	–	–	–	–	–	–
		중국	수출액	2	2	2	8	3	–	3
			수입액	–	–	–	–	–	–	–
	감귤	ASEAN	수출액	67	119	93	84	380	287	172
			수입액	–	7	–	–	–	–	1
		일본	수출액	3,935	3,357	621	334	386	78	1,452
			수입액	1	2	–	–	–	–	1
		중국	수출액	–	6	–	105	8	–	20
			수입액	–	–	–	–	–	–	–

(계속)

표 8-3 한국의 품목별 동아시아 역내 농산물 교역액 (계속)

(단위: 천달러)

국가	품목	시장	교역	2000	2001	2002	2003	2004	2005	평균
한국	오렌지	ASEAN	수출액	–	17	2	–	25	–	7
			수입액	–	–	–	–	–	–	–
		일본	수출액	178	209	37	–	–	–	71
			수입액	–	–	–	–	–	–	–
		중국	수출액	–	–	–	–	–	–	–
			수입액	–	35	36	23	28	104	38
	복숭아	ASEAN	수출액	4	11	37	3	3	4	10
			수입액	–	–	–	–	–	–	–
		일본	수출액	10	220	23	1	79	21	59
			수입액	–	–	–	–	–	–	–
		중국	수출액	–	2	3	–	–	–	1
			수입액	–	–	–	–	–	–	–
	바나나	ASEAN	수출액	–	–	–	–	26	–	4
			수입액	73,082	69,993	78,196	90,681	86,650	114,596	85,533
		일본	수출액	–	–	–	–	–	–	–
			수입액	–	19	–	–	–	–	3
		중국	수출액	–	–	–	–	–	–	–
			수입액	–	–	–	–	–	13	2
	고추	ASEAN	수출액	375	127	50	58	83	374	178
			수입액	–	1	32	12	25	26	16
		일본	수출액	4,638	2,937	2,583	3,405	3,821	4,365	3,625
			수입액	192	109	91	105	130	62	115
		중국	수출액	55	127	290	29	64	341	151
			수입액	10,367	13,960	12,066	17,095	29,451	17,786	16,788
	마늘	ASEAN	수출액	–	2,606	186	–	–	28	470
			수입액	–	–	–	–	–	–	–
		일본	수출액	8	1	9	8	31	35	15
			수입액	1	–	–	–	–	–	0
		중국	수출액	–	7	61	6	124	12	35
			수입액	111	8,135	6,996	3,889	9,786	7,931	6,141

(계속)

표 8-3 한국의 품목별 동아시아 역내 농산물 교역액 (계속)

(단위: 천달러)

국가	품목	시장	교역	2000	2001	2002	2003	2004	2005	평균
한국	양파	ASEAN	수출액	–	83	104	–	–	–	31
			수입액	–	–	–	607	4	99	118
		일본	수출액	387	448	9	–	–	6	142
			수입액	–	–	–	–	–	–	–
		중국	수출액	8	–	–	–	5	7	3
			수입액	313	1,333	25	8,452	3,537	4,890	3,092
	쇠고기	ASEAN	수출액	1	–	–	–	–	–	0
			수입액	–	–	69	42	–	9	20
		일본	수출액	86	–	–	–	–	–	14
			수입액	148	206	–	17	–	–	62
		중국	수출액	–	–	–	–	2	–	0
			수입액	92	86	–	13	–	55	41
	돼지고기	ASEAN	수출액	986	11,790	4,405	6,647	3,986	2,276	5,015
			수입액	–	–	–	–	–	–	–
		일본	수출액	62,871	13	–	161	3,659	83	11,131
			수입액	5,530	–	170	–	534	–	1,039
		중국	수출액	–	–	–	–	–	–	–
			수입액	116	30	–	–	–	107	42
	닭고기	ASEAN	수출액	–	–	–	–	–	27	5
			수입액	20,257	40,385	41,771	56,336	10,525	35	28,218
		일본	수출액	367	1,461	3,819	2,596	608	4,277	2,188
			수입액	–	18	–	–	–	190	35
		중국	수출액	301	250	240	201	–	27	170
			수입액	6,153	10,243	1,880	3,973	959	21	3,872

자료: 한국무역협회(http://stat.kita.net), FAOSTAT((http://faostat.fao.org)

1) 중국

중국은 곡물 가운데 쌀, 밀, 대두, 옥수수를 주로 동아시아 국가에 수출하고 있다. 중국의 쌀 수출은 ASEAN에 4,700만달러, 한국에 2,600만달러, 일본에 3,800만달러 규모로 이루어지고 있다. 밀은 ASEAN과 한국에 각각 4,000만달러와 3,900만달러 정도 수출된다. 대두는 일본에 가장 많이 수출되고(6,500만달러), 한국과 ASEAN에도 수출된다. 곡물 가운데 수출규모가 가장 큰 것은 옥수수로 한국에 5억 5천만달러, ASEAN에 2억 6천만달러 규모로 수출된다. 수입 규모는 수출에 비해 크지 않다. 다만 쌀은 수출보다 수입이 많고 주로 ASEAN에서 수입된다(1억 3,900만달러).

중국의 과일류 수입 실적은 미미하다. ASEAN으로부터 바나나 수입이 5,800만달러 정도 이루어지고 있다. 그러나 중국의 과일류 수출은 사과, 포도, 감귤, 오렌지, 복숭아 등 다양하게 이루어지고 있다. ASEAN에 대한 사과 수출 규모는 9,500만달러를 넘고 있다. ASEAN에 대한 포도, 감귤, 오렌지 수출 실적은 각각 200만달러, 100만달러, 200만달러 수준이다. 그러나 배 수출 실적은 미미하다.

중국의 역내 채소류 교역은 수출 중심으로 이루어지고 있다. 중국의 고추, 마늘 수출은 ASEAN, 한국, 일본 등으로 고르게 이루어지고 있다. 중국의 고추 수출은 ASEAN에 3,300만달러, 한국에 2,000만달러, 일본에 1,600만달러 수준으로 이루어지고 있다. 마늘은 ASEAN으로 1억 1600만달러, 한국으로 1,500만달러, 일본으로 2,600만달러 정도 수출된다. 양파의 대일본 수출은 4,000만달러, 대한국 수출은 300만달러이다.

쇠고기의 역내 교역은 미미한 실정이다. 중국의 돼지고기 대ASEAN 수출은 1,800만달러 규모이다. 중국의 닭고기 수출은 일본시장을 중심으로 이루어지고 있으나 ASEAN과 한국으로도 수출된다. 닭고기 수출 규모는 대일본 1억 8,300만달러, 대한국 400만달러, 대ASEAN 1,900만달러이다.

3) 일본

일본은 대량의 곡물 수입국으로 수출 실적은 거의 없다. 일본이 동아시아 지역에서 수입하는 곡물은 쌀, 밀, 대두, 옥수수 등이며, 보리와 감자의 수입 실적은 미미하다. 쌀은 ASEAN과 중국으로부터 수입되고, 밀, 옥수수, 대두는 주로 중국으로부터 수입된다. 일본이 ASEAN과 중국으로부터 수입한 쌀은 2000~2005년 기간에 각각 연평균 4,600만달러와 3억 4,100만달러 수준이다. 2000~2005년 기간에 일본이 중국으로부터 수입한 밀과 대두는 각각 연평균 2,100만달러와 7,400만달러이다. 일본의 대중국 옥수수 수입 규모는 8,000만달러이다.

일본의 동아시아 역내 과일류 교역은 ASEAN으로부터 수입하는 바나나(연평균 1억 4,300만달러)와 한국에서 수입하는 감귤(연평균 170만달러), 그리고 ASEAN에 대한 사과 수출(연평균 100만달러) 정도이다.

일본의 동아시아 지역에 대한 주요 채소류(고추, 마늘, 양파) 교역은 대중국 수입이 주를 이루고 있다. 일본의 동아시아 역내 시장에 대한 채소류 수출 실적은 미미하다. 일본의 대중국 고추, 마늘, 양파 수입은 2000~2005년 기간에 각각 연평균 1,900만달러, 2,000만달러, 3,300만달러 수준이다. 일본이 한국에서 수입하는 고추는 연간 300만달러 규모이다.

육류 가운데 쇠고기의 역내 교역은 미미한 실정이다. 일본은 닭고기와 돼지고기를 한국으로부터 수입하고 있으며, 그 규모는 2000~2005년 기간에 각각 연평균 1,400만달러와

200만달러 수준이다. 대ASEAN 닭고기 수입 규모는 연평균 2억 1,300만달러에 이른다.

4) ASEAN

ASEAN은 곡물 가운데 쌀은 주로 수출하고, 밀, 대두, 감자, 옥수수는 수입하고 있다. ASEAN의 쌀 수출은 한국에 550만달러, 일본에 4,600만달러, 중국에 1억 3,900만달러 규모로 이루어지고 있다. 중국으로부터의 쌀 수입 규모도 연간 4,700만달러에 이른다. ASEAN의 대중국 밀, 감자, 옥수수 수입 규모는 각각 4,000만달러, 1,500만달러, 2억 6,000만달러이다.

ASEAN은 사과, 배, 포도, 감귤, 오렌지, 복숭아 등 다양한 온대성 과일을 동아시아 역내 국가로부터 수입하는 반면 바나나 등 열대 과일을 수출하고 있다.

ASEAN의 역내 채소류 교역은 고추와 마늘의 수입을 중심으로 이루어지고 있다. 중국으로부터의 수입이 주를 이루고 있으며, 대중국 수입 규모는 고추 3,300만달러, 마늘 8,500만달러이다. ASEAN의 채소류 수출 실적은 미미하다.

ASEAN은 동아시아 국가 가운데 한국과 중국으로부터 돼지고기를 수입하고 있다. 닭고기는 역내에서 수출과 수입이 동시에 일어나고 있으며, 한국과 일본으로는 주로 수출을 하고 중국에서는 주로 수입하는 형태를 띠고 있다.

3 역내 농산물 경쟁력 분석

쌀의 가격경쟁력은 중국이 가장 높게 나타났으나 ASEAN의 경우 국가별로 가격차이가 크기 때문에 태국, 미얀마, 베트남 등 중국보다 경쟁력이 높은 국가도 있다. 역내 시장점유율은 중국이 ASEAN에 비해 높으나 국제시장에서의 경쟁력을 나타내는 현시비교우위(RCA) 지수는 ASEAN이 중국보다 높다. 역내 국가별 시장에서의 비교우위지수 분석에 의하면 ASEAN은 중국과 일본 시장에서 경쟁력이 높고, 중국은 한국 시장에서 경쟁력이 높은 것으로 나타났다. ASEAN과 중국은 역내에서 장립종과 중 · 단립종으로 분리된 시장을 분점하고 있는 것으로 보인다. 시장개방으로 한국과 일본 시장이 개방될 경우 중 · 단립종 시장에서는 중국이 ASEAN보다 경쟁력이 높을 것으로 예상된다.

보리의 가격경쟁력은 중국이 가장 높게 나타났으나 동아시아 역내는 물론 세계 시장에서의 경쟁력을 갖추지는 못한 것으로 분석되었다. 중국의 보리 수출 실적은 거의 없는 상태이다. 중국을 제외한 동아시아 국가들의 보리 경쟁력은 중국보다 낮다. 중국은 한국과 ASEAN 시장에 밀을 수출하고 있으며, 시장 점유율은 낮지만 경쟁력이 높은 것으로 나타났다. 중국의 밀 경쟁력은 국제 시장에서는 낮지만 동아시아 지역 내에서는 높다고 평가할 수 있다.

대두의 경우 동아시아 역내에서 ASEAN의 가격경쟁력이 가장 높지만 ASEAN의 수출 잠재력은 낮은 것으로 평가할 수 있다. 반면 중국은 대두에 있어서 ASEAN에 비해 가격 경쟁력은 낮지만 한국과 일본 시장에서의 시장 점유율과 비교우위 지수로 볼 때 경쟁력이 있는 것으로 평가할 수 있다. 감자는 식물검역법에 의한 교역 규제가 많은 품목으로 동아시아 역내 교역이 활발하지 못하다. 동아시아 국가들 가운데 감자의 경쟁력을 가지고 있는 국가는 중국이며, ASEAN 시장에서의 경쟁력이 높게 나타났다. 동아시아 국가들 가운데 옥수수의 국제 경쟁력이 있는 국가는 중국뿐이다. 중국은 역내 국가들 가운데 옥수수의 가격경쟁력이 가장 높으며, 한국과 ASEAN 시장에 대한 점유율이 50% 이상이다. 비교우위 지수로 평가할 때에도 국제시장에 대한 경쟁력은 물론 한국과 ASEAN 시장에서 경쟁력이 있는 것으로 분석되었다.

과일은 식물검역 등 비관세 장벽이 높은 품목이다. 따라서 동아시아 역내 국가들 가운데 교역이 가능한 국가는 매우 제한되어 있다. 온대성 과일의 경우 한국, 일본, 중국 등 동북아 국가는 ASEAN으로 수출이 가능한 경우가 많고 열대성 과일의 경우 ASEAN이 동북아 국가로 수출이 가능한 경우가 많다. 그러나 동북아 국가 간의 온대성 과일 교역은 한국과 일본은 상호 허용되는 경우가 많으나 중국과의 교역은 제한되는 경우가 많다. 생산 및 검역 등 제도적 여건에 따라 온대성 과일은 동북아 국가들이 ASEAN 시장에서 경쟁력을 가지며 열대성 과일은 ASEAN 국가들이 동북아 시장에서 경쟁력을 갖는다. 중국은 온대성 과일의 가격경쟁력이 한국과 일본보다 높으나 한국과 일본으로의 수출이 제한되어 있어 잠재적 경쟁력에 머무르는 상황이다. 국제시장에서의 경쟁력을 갖는 품목은 한국과 중국의 배, 중국의 사과를 제외하고는 거의 없는 것으로 평가된다. ASEAN의 바나나도 RCA 지수는 1 이하이다.

고추의 가격 경쟁력은 ASEAN이 중국보다 높으나 시장 점유율 및 비교우위 지수 등을 종합적으로 평가할 경우 중국이 ASEAN보다 앞서는 것으로 평가할 수 있다. 중국은 한국과 ASEAN 시장에서 경쟁력이 높고, 한국은 일본 시장에서 경쟁력이 있다. ASEAN은 일본 시장에서 경쟁력이 높다. 마늘과 양파의 국제 경쟁력이 높은 역내 국가는 중국이다.

쇠고기의 역내 교역은 거의 전무한 실정으로 경쟁력을 판단할 수 있는 자료는 가격경쟁력 정도에 불과하다. 쇠고기의 가격경쟁력이 가장 높은 역내 국가는 중국이다. 그러나 중국이 쇠고기를 역내 국가에 수출하기 위해서는 위생조건을 충족시켜야 한다. 한국과 중국은 역내에서 돼지고기의 경쟁력을 확보하고 있다. 특히 한국은 일본 및 ASEAN 시장에서 높은 경쟁력을 가지고 있다. 중국은 가격경쟁력에서 한국보다 2배 이상의 경쟁력을 가지고 있으나 위생조건에 의한 교역 제한 문제를 해결해야 한다. 닭고기의 경쟁력은 ASEAN이 중국보다 높다. ASEAN은 특히 일본 닭고기 시장에서 높은 경쟁력을 확보하고 있다.

표 8-4 동아시아 국가의 주요 품목별 경쟁력 비교

품목	국가	가격 경쟁력 (원/kg)	시장점유율(%)				RCA
			한국	중국	일본	ASEAN	
쌀	한국	1,966		63.7	0.0	10.9	0.002
	중국	330	0.0		0.0	42.2	1.135
	일본	2,993	0.0	15.7		17.0	0.362
	ASEAN	451	0.0	6.5	0.2		5.126
보리	한국	1,194		1.8	0.0	0.0	0.000
	중국	170	0.0		0.1	0.0	0.002
	일본	381	0.0	0.0		0.0	0.000
	ASEAN	521	0.0	0.0	0.0		0.002
밀	한국	966		7.0	0.0	0.0	0.000
	중국	179	0.0		0.0	0.0	0.095
	일본	434	0.0	0.2		0.0	0.000
	ASEAN	395	0.0	2.5	0.0		0.003
대두	한국	3,236		3.1	0.0	0.0	0.000
	중국	428	0.0		0.0	0.0	0.156
	일본	5,133	0.0	5.3		0.0	0.015
	ASEAN	337	0.0	0.5	0.0		0.010
감자	한국	710		0.0	3.7	0.0	0.001
	중국	115	13.7		0.0	0.0	0.194
	일본	1,230	0.0	74.9		0.0	0.002
	ASEAN	221	0.0	29.7	0.0		0.086
옥수수	한국	1,317		56.5	0.0	0.8	0.000
	중국	158	0.0		0.0	0.0	1.922
	일본	–	0.0	3.3		0.1	0.000
	ASEAN	189	0.0	52.6	0.0		0.113
사과	한국	3,350		0.0	50.0	0.0	0.082
	중국	393	0.0		0.1	0.1	1.074
	일본	4,514	14.2	0.0		0.0	0.117
	ASEAN	809	0.2	54.4	0.0		0.034
배	한국	2,154		0.0	17.3	0.0	1.039
	중국	231	0.0		25.3	0.0	1.092
	일본	2,530	100	0.0		0.0	0.092
	ASEAN	2,260	2.4	0.0	0.0		0.047

(계속)

표 8-4 동아시아 국가의 주요 품목별 경쟁력 비교 (계속)

품목	국가	가격 경쟁력 (원/kg)	시장점유율(%)				RCA
			한국	중국	일본	ASEAN	
포도	한국	3,065		0.0	0.0	0.0	0.004
	중국	–	0.0		0.0	0.1	0.022
	일본	11,177	0.0	0.0		0.0	0.004
	ASEAN	1,084	0.1	2.6	0.0		0.029
감귤	한국	1,367		0.0	0.0	5.8	0.117
	중국	332	0.0		0.8	0.0	0.638
	일본	2,753	10.8	0.0		0.0	0.041
	ASEAN	514	0.3	2.2	0.1		0.023
오렌지	한국	–		0.0	0.0	0.0	0.016
	중국	990	0.0		0.0	0.1	0.044
	일본	–	0.0	0.0		0.0	0.000
	ASEAN	732	0.0	3.1	0.0		0.028
복숭아	한국	–		0.0	0.0	0.0	0.007
	중국	–	0.0		1.0	32.2	0.048
	일본	–	25.4	0.0		0.0	0.024
	ASEAN	–	0.3	16.5	0.0		0.004
바나나	한국	–		0.0	0.0	99.5	0.005
	중국	475	0.0		0.0	59.4	0.021
	일본	–	0.0	0.6		27.1	0.000
	ASEAN	123	0.0	0.0	0.0		0.899
건고추	한국	7,373		97.0	0.8	0.1	0.482
	중국	1,344	11.9		23.1	10.4	4.107
	일본	–	10.4	62.1		2.2	0.020
	ASEAN	570	0.3	45.2	0.2		0.662
마늘	한국	1,818		99.7	0.0	0.0	0.050
	중국	288	0.0		35.5	0.0	9.302
	일본	16,670	0.0	99.2		0.0	0.005
	ASEAN	834	0.5	74.7	0.0		0.355
양파	한국	540		57.8	0.0	0.9	0.105
	중국	125	0.6		0.0	0.0	5.535
	일본	990	0.1	41.6		0.0	0.046
	ASEAN	458	0.0	0.0	0.0		1.087

(계속)

표 8-4 동아시아 국가의 주요 품목별 경쟁력 비교 (계속)

품목	국가	가격 경쟁력 (원/kg)	시장점유율(%)				RCA
			한국	중국	일본	ASEAN	
쇠고기	한국	9,429		0.0	0.0	0.0	0.001
	중국	1,868	0.0		0.0	0.0	0.160
	일본	26,892	0.0	0.0		0.0	0.017
	ASEAN	2,437	0.0	0.3	2.4		0.002
돼지고기	한국	2,956		0.0	0.4	0.0	0.073
	중국	1,334	0.0		0.0	0.0	0.273
	일본	5,957	0.0	0.0		0.0	0.001
	ASEAN	3,924	3.8	13.2	0.0		0.041
닭고기	한국	2,286		5.1	0.0	35.1	0.016
	중국	1,069	0.0		0.1	0.5	1.932
	일본	2,473	0.3	0.0		26.3	0.005
	ASEAN	1,416	0.0	12.1	0.0		0.804

주: 가격경쟁력은 도매가격기준 2000~2006년 평균이며, RCA, CAC, CAI는 2000~05년 평균임

4 농산물 시장개방 영향 분석

1 추정 모형[1)]

동아시아 FTA의 영향을 추정할 수 있는 모형은 여러 가지가 있을 수 있다. 대표적인 모형으로 크게 일반균형모형과 계량경제모형으로 나누어 볼 수 있다. 이 연구에서는 일반균형모형을 사용하였다. 일반균형모형으로는 분석 대상국가와 품목의 수가 많은 점을 고려하여 국제적으로 많이 이용되고 있는 GTAP(Global Trade Analysis Project)을 선택하였다. GTAP 모형은 이용의 편의성과 장기간 여러 연구자들에 의해 사용된 검증된 모형이라는 점도 모형 선정에서 고려되었다.

2 정책실험

정책실험을 위해 87개 국가로 이루어진 원자료를 5개 국가 또는 지역으로 분류하였다(한국, 중국, 일본, ASEAN, 기타). ASEAN은 인도네시아, 말레이시아, 필리핀, 태국, 싱가포르, 베트남, 기타 동남아 국가가 포함된다. 상품 분류는 지역의 다양성, 시장개방 정책실

---

1) GEMPACK User Documentation(Release 8.0) GPD-1부터 GPD-8 참조.

험을 위한 대상 국가들 간 기존의 농산물 교역의 한계(교역 실적이 미미하거나 전무한 품목이 많음), 정책실험의 목적이 시장개방의 경제적 파급효과에 대한 방향성 검토와 교역 유형의 변화에 있는 점 등을 고려하여 단순화하였다. 원자료의 57개 부문은 농업 중심의 9개 부문으로 통합되었다. 농산물은 미작, 축산, 기타곡물, 채소와 과일, 기타 농산물(가공식품 포함) 등 5개 부문으로 통합되었으며, 그밖에 경제 전반을 포괄하기 위해 임업, 수산업, 제조업, 서비스 등이 모형에 포함되었다.[2)]

서비스를 제외한 모든 부문의 관세가 철폐되는 경우를 가정하여 정책실험을 실시하였다. 이 과정에서 데이터베이스에 나타난 관세율이 교역 상대국에 따라 다르게 적용되는 경우가 있는 것으로 나나났다. 이는 통관 및 관세 징수실적 자료를 기준으로 관세율을 계산하였기 때문으로 보인다. 그러나 이론적으로 ASEAN 회원국 가운데 일부를 제외한 대부분의 국가들 특히, 한국, 중국, 일본 등은 모두 WTO 회원국이기 때문에 상호 동일한 관세율을 부과해야 한다. 실제 통관 기준 관세율은 쿼터 이내 관세율과 쿼터 밖의 관세율에 큰 차이가 발생하고 일부 탄력관세가 부과된 경우가 있기 때문에 관세율에 차이가 발생할 수 있다. 이러한 현상은 시장개방 정책실험 결과에 부정적 영향을 미칠 가능성이 높다.

3 정책실험 결과

동아시아 FTA로 인한 역내 국가들 간의 관세철폐로 인한 국내총생산(GDP) 변화는 플러스로 나타나 역내 국가들에 긍정적인 효과를 가져다 줄 것으로 전망된다. GDP 변화율은 한국 2.68%, 일본 1.41%, 중국 0.46%, ASEAN 0.76% 등으로 나타났다. 동아시아 FTA가 한국의 경제 성장률에 가장 긍정적인 영향을 미칠 수 있다는 결과이다. 동아시아 FTA가 무역전환효과에 의해 역외 국가들의 경제에는 부정적인 영향을 미치는 것으로 나타났다.

Equivalent Variation(EV)로 평가된 소비자 잉여의 크기는 일본, 한국, 중국, ASEAN 순으로 나타났다. 금액으로 표시된 EV는 일본 100억달러, 한국 63억달러, 중국 42억달

표 8-5 동아시아 FTA로 인한 거시경제 변수의 변화

변수	한국	중국	일본	ASEAN	기타 국가
GDP(%)	2.68	0.46	1.41	0.76	−0.39
EV(백만$)	6,271	4,209	10,002	2,188	−11,072
무역수지 (백만$)	−2,030	−3,347	−4,139	−2,225	11,741
개인효용 (%)	1.66	0.40	0.28	0.40	−0.05

2) 축산을 육류와 기타 축산으로 분리하는 등 이 보고서에 사용된 것 이외의 부문분류 작업 및 정책실험을 시행하였으나 유사한 결과를 보인 경우가 많았다.

러, ASEAN 22억달러 수준이다. 개인 효용의 변화도 GDP의 경우와 유사하게 나타났다. 한국의 개인효용 변화가 1.66%로 가장 크고, 다음이 무역수지는 동아시아 역내 국가들은 모두 적자로 타나났다. 일본의 무역수지 적자가 41억달러로 가장 컸다.

농업부문은 동아시아 FTA 추진에 있어 역내 국가 간의 이해관계가 상충되는 대표적인 분야로 예상된다. 경쟁력이 약한 한국과 일본은 농업부문에 미칠 부정적 영향을 우려하고 중국과 ASEAN은 비농업분야의 경쟁력 취약점을 농업부문에서 보상받고자 할 가능성이 높기 때문이다. GTAP 모형을 이용한 동아시아 FTA 영향평가는 이러한 예상과 유사한 것으로 나타났다.

동아시아 FTA로 인한 생산 감소가 가장 크게 나타나는 나라는 일본으로 쌀, 축산, 채소 · 과일 등 모든 농업분야에서 생산이 감소할 것으로 추정되었다. 일본에서 특히 생산 감소가 큰 부문은 미작으로 9.8%(약 41억달러)에 달할 것으로 추정된다. 그밖에 부문별 생산 감소는 축산 1.5%(약 9억달러), 기타 곡물 1.9%(약 3억달러), 과일 · 채소 1.4%(3억달러), 기타 농산물 0.5%(약 12억달러) 등이다. 농업부문의 생산 감소 규모는 모두 68억달러에 이를 것으로 예상된다. 임업과 수산업에도 부정적 영향이 나타날 것으로 추정되었다.

한국은 가공식품 등 기타 농산물 분야의 생산 증가로 농업부문 전체적으로 긍정적인 영향이 나타날 것으로 추정되었다. 기타 농산물 분야를 제외하고는 축산업 생산이 3.8%(약 6억달러) 증가하고, 과일 · 채소는 영향이 거의 없는 것으로 나타났다. 현재 한국의 동아시아 역내 축산물과 가공식품 교역이 흑자를 나타내고 있기 때문으로 분석된다. 반면 쌀과 기타 곡물 분야는 부정적 영향이 클 것으로 전망된다. 쌀의 생산 감소는 7.6%(약 11억달러), 기타 곡물의 생산 감소는 12.1%(약 5억달러) 수준으로 추정된다. 임업은 부정적 영향을 받으나 수산업은 긍정적 영향을 나타낼 전망이다.

동아시아 FTA는 중국 농업에 긍정적 영향을 나타낼 것으로 추정되었다. 중국의 농업 생산은 쌀, 축산, 과일 · 채소 등 모든 분야에서 증가하는 것으로 나타났다. 기타 곡물과 쌀 등 곡물 산업의 생산 증가가 두드러진다. 기타 곡물 생산은 5.2%(약 16억달러), 쌀 생산은 0.8%(약 4억달러) 증가할 전망이다. 과일 · 채소 생산은 0.4%(약 5억달러) 증가하는 것으로 나타났다. 동아시아 FTA가 중국 축산업에 미치는 영향은 긍정적이지만 미미할 전망이다. 임업은 부정적 영향을 받지만 수산업은 긍정적 영향을 받을 전망이다.

ASEAN은 동아시아 FTA로 기타 곡물을 제외한 다른 농업분야는 모두 긍정적인 영향을 받을 것으로 추정되었다. 생산 증가는 쌀 0.3%(약 1억달러), 축산 1.3%(약 5억달러), 과일 · 채소 0.6%(약 1억달러), 기타 농산물 2.1%(약 16억달러) 등이다.

토지용역비는 동아시아 FTA 영향으로 농업부문에 부정적인 영향을 받을 것으로 전망되는 한국과 일본에서 하락하고, 긍정적 영향을 받을 것으로 전망되는 중국과 ASEAN에서 상승하는 것으로 나타났다. 토지용역비 하락 폭은 한국 19.1%, 일본 10.1%로 일본보다 한국에서 부정적 영향이 클 것으로 전망된다. 중국과 ASEAN의 토지용역비는 각각

4.4%, 2.0% 상승할 것으로 추정되었다. 노임과 자본용역비는 동아시아 역내 국가들 모두에서 상승할 것으로 전망된다.

표 8-6 동아시아 FTA가 역내 국가별 농업 생산에 미치는 영향

(단위: %)

부문	한국	중국	일본	ASEAN
미작	-7.6	0.8	-9.8	0.3
축산	3.8	0.1	-1.5	1.3
기타 곡물	-12.1	5.2	-1.9	-1.4
채소, 과일	0.0	0.4	-1.4	0.6
기타 농산물	5.9	0.7	-0.5	2.1
임업	-1.5	-0.4	-0.6	-0.5
수산업	0.7	0.3	-0.2	0.6

동아시아 FTA로 인한 한국의 쌀 수입은 중국으로부터 6,500만달러, ASEAN으로부터 1,700만달러 증가할 것으로 추정되었다. 중국과 ASEAN의 쌀 가격이 낮기 때문에 수입 물량 증가의 충격은 한국의 쌀 가격을 8.7% 정도 하락 시킬 수 있다는 것이 모형 추정의 결과이다. 축산물 수입은 1억 8천만달러 증가하고 주로 중국과 ASEAN으로부터 수입이 증가할 것으로 나타났다. 기타곡물은 중국으로부터 17억달러 정도 수입이 증가할 것으로 타나났으나 ASEAN으로부터의 수입 감소로 순증은 15억달러에 머물 것으로 전망된다. 과일 · 채소 수입은 1억 2천만달러 증가할 것으로 추정된다. 가공식품을 포함한 기타농산물은 수출과 수입이 모두 7억달러 이상 증가할 것으로 보인다.

중국은 동아시아 FTA로 모든 농산물 분야의 수출이 수입보다 크게 증가할 것으로 추정되었다. 쌀 수출은 2억 9천만달러 증가하고, 기타 곡물 수출은 19억달러 증가할 것으로 타나났다. 중국의 쌀 수출은 대일본 2억달러, 대한국 7천만달러 증가할 전망이다. 기타 곡물은 대한국 수출 증가가 17억달러로 한국이 가장 큰 수입 증가 국가가 될 전망이다. 축산물 수출은 8억달러 정도 증가할 것으로 예상되며, 주로 대일본 수출이 증가할 것으로 보인다. 과일 · 채소 수출은 4억 5천만달러 증가할 것으로 추정된다. 가공식품을 포함한 기타농산물은 수출은 15억달러 증가할 것으로 보인다.

동아시아 FTA로 인한 일본의 농산물 수입 증가는 모든 품목(부문)에 걸쳐 나타날 전망이다. 특히 기타 농산물과 축산물의 수입 증가가 클 것으로 보인다. 쌀 수입은 중국, ASEAN, 한국 등 모든 역내 국가로부터 증가할 것으로 예상되며, 그 규모는 3억 7천만달러에 달한다. 축산물 수입 증가는 11억달러 수준이며 주로 중국과 ASEAN으로부터 수입될 것으로 보인다. 일본의 경우 한국과 달리 기타 곡물의 역내 교역에는 큰 변화가 없을

표 8-7 동아시아 FTA로 인한 한국의 농산물 교역 변화

(단위: 백만달러)

부문	교역	중국	일본	ASEAN	합계
미작	수출	0	6	1	7
	수입	65	0	17	82
축산	수출	47	38	35	120
	수입	59	8	111	178
기타 곡물	수출	12	71	6	90
	수입	1,669	−19	−182	1,468
채소, 과일	수출	7	49	6	62
	수입	116	0	5	121
기타 농산물	수출	94	534	103	731
	수입	434	119	164	717
임업	수출	0	0	0	0
	수입	2	0	2	4
수산업	수출	1	5	0	6
	수입	27	16	1	44

표 8-8 동아시아 FTA로 인한 중국의 농산물 교역 변화

(단위: 백만달러)

부문	교역	한국	일본	ASEAN	계
미작	수출	65	203	22	290
	수입	0	0	3	4
축산	수출	59	666	75	800
	수입	47	50	234	331
기타 곡물	수출	1,669	111	122	1,902
	수입	12	3	385	400
채소, 과일	수출	116	266	69	450
	수입	7	1	133	141
기타 농산물	수출	434	684	359	1,478
	수입	94	143	435	672
임업	수출	2	2	1	4
	수입	0	0	2	2
수산업	수출	27	14	1	41
	수입	1	1	2	4

전망이다. 일본은 현재 대부분의 사료곡물을 아시아 지역 이외의 국가로부터 수입하고 있다. 이러한 일본의 기타 곡물 수입선은 큰 변화가 없을 것으로 보인다. 일본의 사료곡물에 대한 관세율이 낮기 때문에 동아시아 FTA가 일본의 사료곡물 수입선을 중국으로 전환시킬 가능성은 낮은 것으로 분석된다. 과일 · 채소의 수입 증가는 4억달러 정도로 크지 않으나 기타 농산물 수입은 31억달러에 달할 것으로 예상된다.

동아시아 FTA로 ASEAN은 중국과 마찬가지로 모든 농산물 분야의 수출이 수입보다 증가할 것으로 추정되었다. 쌀 수출은 1억 8천만달러 증가하고, 기타 곡물 수출은 1억 7천만달러 증가할 것으로 타나났다. 중국의 쌀 수출은 일본으로 1억 6천만달러, 한국으로 2천만달러 증가할 전망이다. 축산물 수출은 7억달러 정도 증가할 것으로 예상되며, 주로 일본과 중국에 대한 수출이 증가할 것으로 보인다. 과일 · 채소 수출은 2억 2천만달러 증가할 것으로 추정된다. 가공식품을 포함한 기타농산물은 수출은 25억달러 증가할 것으로 나타났다.

표 8-9 동아시아 FTA로 인한 일본의 농산물 교역 변화

(단위: 백만달러)

부문	교역	한국	중국	ASEAN	계
미작	수출	0.3	0	0.3	0.6
	수입	6	203	160	369
축산	수출	8	50	15	73
	수입	38	666	375	1,078
기타 곡물	수출	-19	3	11	-6
	수입	71	111	-29	153
채소, 과일	수출	0	1	2	3
	수입	49	266	80	395
기타 농산물	수출	119	143	157	419
	수입	534	684	1,859	3,077
임업	수출	0	0	0	0
	수입	0	2	-7	-4
수산업	수출	16	1	1	17
	수입	5	14	5	24

표 8-10 동아시아 FTA로 인한 ASEAN의 농산물 교역 변화

(단위: 백만달러)

부문	교역	한국	중국	일본	계
미작	수출	17	3	160	180
	수입	1	22	0	23
축산	수출	111	234	375	720
	수입	35	75	15	125
기타 곡물	수출	−182	385	−29	174
	수입	6	122	11	139
채소, 과일	수출	5	133	80	218
	수입	6	69	2	76
기타 농산물	수출	164	435	1,859	2,458
	수입	103	359	157	619
임업	수출	2	2	−7	−3
	수입	0	1	0	1
수산업	수출	1	2	5	8
	수입	0	1	1	2

5 경제통합을 위한 농업부문의 과제

동아시아 지역협력 또는 지역통합은 단계적으로 추진되어야 한다. 동아시아 경제통합의 외연은 ASEAN+3에 기초하여 점차 인도, 호주, 뉴질랜드 등으로 확대될 수 있을 것이다. 통합의 깊이는 국가연합, 공동체, 연방국가 등을 상정할 수 있으며 낮은 단계의 통합에서 시작하여 높은 단계로 발전시켜 나가는 방식을 취해야 한다. 통합의 최종 목표는 확실히 결정되어야 한다. 유럽의 경우 연방국가 수준의 지역통합을 지향한다는 합의가 있었다. 공동체는 부가가치 창출이 가능할 만큼 충분히 넓은 지역이어야 하지만, 깊은 협력이 어려울 만큼 넓어서는 안 된다. 공동체는 이익사회를 넘어선 공동사회로서 일시적 이해관계에 따른 전략적 동맹이 아니라 근본적 정체성과 가치지향을 공유하는 항구적 문화공동체이기 때문이다.

경제, 안보, 사회문화 등 분야를 구분하고 분야별로도 통합의 속도와 정도를 다르게 설정하는 것이 현실적이다. 경제부문은 상품, 서비스, 투자, 자본 등의 자유이동, 공정한 경제발전, 경제적 격차의 축소 등을 위한 자유무역지대 형성을 비롯한 긴밀한 협조체제 구축이 필요하다. 이러한 과정에서 이해관계에 따라 회원국 간에 갈등을 초래할 분야가 존재할 것이다. 잠재적으로 갈등을 초래할 수 있는 대표적인 분야로 농업부문을 들 수 있다. 갈등을 최소로 관리할 수 있는 방안을 강구하지 않고는 성공적인 지역통합을 이룰 수

없을 것이다. 여기서는 동아시아 지역통합 과정에서 해결해 나가야 할 농업부문의 중요한 이슈와 대응 방향에 대해 논의하고자 한다.

세계적인 지역주의 강화 움직임은 동아시아 지역의 결속 필요성을 더욱 증대시켜주고 있으며, 동아시아 국가들은 모두 이 지역에서 FTA를 적극적으로 추진하고 있다. 동아시아 FTA의 포괄범위와 수준은 동아시아공동체 구축의 기초라는 점을 인식하여 높은 수준의 FTA가 되도록 구상하여야 한다. 포괄범위는 상품, 서비스, 투자, 기술 및 경제협력 등 다양한 분야를 포괄하고 시장개방의 예외를 최소화함으로써 단일시장 형성의 장애를 최대한 제거해야 한다. 이러한 과정에서 농업부문 문제 해결이 중요한 과제로 등장할 것이다.

역내 국가들이 동아시아 FTA에 있어서 농업부문의 민감성을 충분히 고려할 수 있는 유연성을 발휘하고 사전적으로 협력기반을 구축한다면 동아시아 경제협력체의 탄생 가능성은 한층 높아질 것이다. 동아시아 지역에서 한국과 일본은 농업부문을 대표적인 취약산업으로 분류할 것이다. 한 · 일 양국은 시장개방 협상에서 농업부문을 민감하게 취급해오고 있다. 반면 중국과 ASEAN 국가들은 시장개방에 따른 비농업부문의 열세를 농업부문에서 보완하고자 할 것이다. 이는 보완적 관계에 의한 시장개방의 이득으로 작용할 수 있지만 협상을 어렵게 하는 요인이 될 가능성 또한 높다. 농산물 수입국의 민감성과 수출국의 관심부분을 어떻게 타협해 나갈 것인가 하는 문제는 비농업부문의 협상은 물론 협상 전체에 영향을 미치게 될 것이다.

농업이 동아시아 경제통합에 장애요인으로 작용하지 않기 위해서는 농업부문의 협력 등 적극적인 역할이 요구된다. 농업부문의 동아시아 경제통합에 대비하기 위해서는 역내 국가들이 다음과 같은 분야에 협력의 기초를 형성해야 할 것이다.

1 사전적 협력 심화 및 확대

1) 농산물 교역 원활화

동아시아 지역통합은 역내 양자간 FTA 관계가 완료된 이후 추진될 수도 있고, 중 · 일 FTA 등 양자간 FTA 추진이 단기적으로 어렵다고 판단되는 일부 국가 간의 FTA가 이루어지지 않은 상태에서 추진될 수도 있을 것이다. 동아시아 FTA가 역내 국가들의 양자간 FTA가 어느 정도 완성된 이후에 추진될 경우를 가정한다면, 농업부문은 일부 민감한 품목을 제외한 대부분의 품목에 있어서 추가적인 시장개방 부담은 미미할 것이다.

동아시아 지역통합의 목표는 자유무역지대 이상의 높은 수준의 통합에 두고 추진되어야 하며, 이러한 목표를 달성하기 위해서는 시장개방뿐만 아니라 위생 및 식물위생(Agreement on the Application of the Sanitary and Phytosanitary Measures: SPS) 조건을 충족시키기 어려운 신선 농산물은 관세철폐 이후에도 상당 기간 교역이 이루어지지 못할 것이다. 특히 신선한 상태의 축산물, 과일, 채소 등은 질병, 병해충, 위생 측면에서 수입이 제한되는 경우가 많을 것이다. 따라서 동아시아 FTA로 추가적인 시장개방이 요구되는 농산물이 대부분 민감품목일 것이지만 실제로 시장개방에 대한 보완대책이 적용될 품목은 매우 제한적일 가능성이 높다. 가장 큰 문제가 될 수 있는 농산물은 쌀이다. 과일은 역내 국가들 간의 산업내무역이 활성화를 통해 보완적 발전이 가능할 수 있을 것이다. 축산물은 중소가축 중심의 육류와 낙농품 교역의 경쟁이 심화될 가능성이 높고, 채소류는 중국이 가장 높은 경쟁력을 가지고 역내 시장을 확대함으로써 시장개방 과정에서 갈등을 초래할 것으로 예상되지만 이러한 문제는 동아시아 FTA 이전에 형성될 양자간 FTA 과정에서 대부분 해소될 가능성이 높다.

시장통합의 이익을 극대화하기 위해서는 농산물 교역 원활화와 산업 내 무역을 촉진시킬 수 있는 다양한 방안이 강구되어야 한다. 이러한 조치는 지역통합을 촉진시킬 수 있도록 FTA 등 시장통합 협상 이전에 핵심적인 분야를 중심으로 사전에 추진되는 것이 바람직하다.

2) 표준 및 규격의 조화

동아시아공동체 형성을 위해서는 역내 교역 의존도를 제고시켜야 한다는 공통된 인식을 가지는 것이 중요하다. 교역 원활화를 위해서는 교역원활화를 위한 기본 여건 조성이 우선되어야 한다. 즉, 다양한 비관세장벽으로 불리는 기술적 사항에 대하여 기준을 조화시키고 정보를 공유하는 것이 중요하다. 동아시아 국가들 사이에 동식물검역, 통관절차, 규격, 표시, 표준 등을 조화시키고 정보 교환을 원활히 함으로써 역내 교역 비중은 크게 높아질 것이다.

최근 FTA 협상에서 첨예하게 대립하는 분야는 표준품질인증에서 비롯되는 것이 많다. 우리나라와 미국 사이의 쇠고기 수입 문제도 품질인증과 관련된 것으로 볼 수 있다. 동아시아 국가들은 농산물 교역의 원활화를 위해 검역, 통관, 규격, 표시 등을 조화시키는 노력이 요구된다. 특히 비관세장벽이 높은 것으로 인식되는 일본과 기타 역내 국가들이 농산물 교역 원활화를 위한 공통의 규격을 확립해 나가는 일은 커다란 과제가 될 것이다.

역내 일부 국가의 통관절차, 기술 및 표준, 검사 · 검역(SPS), 상관습 및 유통체계 등에 있어서 시장접근이 매우 어려운 국가로 인식되고 있다. 수입과 관련된 일본의 강제적인 기술규정 관련 법률은 식품위생법, 식물방역법, 전기용품거래법 등 50여 가지에 달하고 있는 것으로 보고되고 있다. 품질을 표시하는 인증제도는 사실상의 강제표준으로 작용하는 경우가 많다. 민간이 운용하는 대표적인 인증제도로 일본공업규격(JIS), 일본농업규격(JAS), S 마크, G 마크 등이 있다. 농산물 수출업체에 대한 일본의 비관세장벽에 설문조사 결과(최세균 외, 2001)에서도 한국의 농산물 수출업체가 느끼는 가장 큰 비관세장벽은 동식물검역(또는 위생 · 식물위생), 보호 정책, 상 습관, 기술 장벽 등 다양한 것으로 나타났다.

3) 식품안전 시스템 구축

소해면상뇌증(Bovine Spongiform Encephalopathy, BSE) 발생은 세계적으로 식품안전에 관한 우려와 인식을 증폭시킨 계기가 되었다. BSE 이외에 최근 구제역, 조류 인플루엔자 등 가축질병의 확산, 유해 잔류물질 및 병원균에 의한 오염식품의 유통 및 피해 사례가 증가되면서 식품의 안전성 확보가 농정에서 중요한 과제로 등장하고 있다. 특히 최근 중국산 농산물의 안전성과 품질 문제에 대한 동아시아 역내 국가들은 물론 세계 각국의 관심이 높아지고 있다.

동아시아 FTA는 필연적으로 농산물 교역을 촉진시키고 여기에 따른 유해 식품 및 유해 병해충 유입 가능성도 증가할 것이다. 역내 국가들의 이러한 국민 건강 위협 요인, 유해 병해충 유입 및 유통질서 교란 등의 문제를 방지하고 이에 대한 우려를 불식시키기 위해서는 역내 식품안전 시스템의 적절한 관리 방안이 마련되어야 한다. 농업의 식량공급 기능에서 품질의 중요성이 증가하고 식품의 생산에서 소비에 이르기까지의 전 과정에 대해 농정 담당 기관의 관리 및 감시 기능의 확대가 요구되고 있다.

세계적으로 가축 질병의 예방 및 식품 안전성 확보를 위한 생산이력 시스템에 관심이 고조되고 있다. EU에서는 국가 내에서 뿐 아니라 국가간 육류 이동을 제어하기 위하여 EU 생산이력 시스템을 구축하여 시행하고 있고, EU와 미국 등을 주축으로 한 국제가축기록위원회(ICAR)는 가축개체식별 방법 및 기구에 대한 표준 제정에 노력하고 있다. 동아시아 경제통합에 대비하여 국가 간 육류 및 생축의 이동이 가능토록 생산이력시스템에 대한 표준 및 정보 교환 방안에 대한 논의가 필요하다.

그밖에 동식물검역(SPS), 국제식품규격위원회(Codex) 기준에 적합한 농산물 및 식품 생산 및 교역을 위한 협력이 요구된다. 생산 단계에서 소비에 이르기까지 식품 안전성과 관련된 위해 요인을 제어할 수 있는 체계를 확립하기 위해서는 생산, 저장, 가공, 유통 단계별 기술 개발 및 투자가 필요하다. 역내 국가 간의 적극적인 협력과 공통의 표시, 규격, 인증 등이 마련되지 않는 한 교역 원활화가 이루어지기 어렵다.

4) 국별 보완관계 발전

경제통합 추진은 구체적으로 회원국 사이의 이해 조정 및 보상의 교환을 내용으로 하는 협상이 성공적으로 이루어질 때만 가능하다. EU의 경우 가장 큰 과제는 프랑스와 독일의 이해 조정이었다. 제조업 분야의 경쟁력이 약한 프랑스가 공산품 시장개방을 양보한 대신 독일은 농산물 부문에서의 공동보호정책을 실시하는 비용부담을 받아들였다. 이와 같이 유럽은 시장 통합을 통해 제 각기 자신의 이익을 어느 정도 보장받을 수 있었기에 시장통합이 가능하였다. 그리고 시장 통합 중에서도 이해관계가 가장 첨예하게 대립되었던 농업 분야에서도 회원국 간 농업생산 분야의 보완관계가 있었다. 그 결과 북부 유럽은 곡물, 낙농, 육류를 공급할 수 있었고, 남부 유럽은 과일, 채소, 포도주 등에 특화가 가능하였다.

동아시아 국가가 상호 보완적 관계 속에서 역내 농산물 교역을 증진시켜 나갈 수 있다면 역내 경제협력 강화를 위한 지역무역협정 또는 지역공동체 형성 가능성은 그만큼 커질 것이다. 그러나 동아시아 국가들이 농산물 시장에서 상호 경쟁관계를 심화시켜 나간다면 지역공동체 형성은 그만큼 어려울 것이다. 상호 보완적 관계를 유지하면서 경제협력을 강화시켜 나가기 위해서는 국가별 농업분야의 보완관계를 유지 · 발전시켜 나가려는 노력이 필요하다.

동아시아 국가들은 경제 및 농업 발전 정도에서 차이가 크다. 생산요소의 부존 정도, 기술발전 정도, 농업의 발전 단계 등을 고려할 때 부존자원 집약도가 다르고 품목별 특화에 있어서도 보완관계를 발전시켜 나갈 수 있는 분야가 존재할 것이다. 동아시아 지역의 농업 구조조정은 상호 경쟁적 관계를 심화시키기보다 보완관계를 발전시키는 방향으로 진행되는 것이 바람직하다. 국가별 역할 조정 정도에 따라 경쟁 관계의 완화를 통한 동아시아 경제통합에의 기여도 기대할 수 있을 것이다.

예를 들면, 동북아 3국의 경우 중국은 역내 최대 농산물 수출국으로 역내 교역 및 경쟁 구조에 가장 큰 영향을 미치는 국가이다. 중국은 옥수수, 쌀 등 주요 곡물의 수출국이며 한국과 일본은 세계 최대 곡물 수입 지역 가운데 하나이다. 따라서 곡물 교역 분야에서 중국의 역할은 매우 중요하다. 중국이 곡물 공급 능력을 증대시켜 동북아 역내 곡물 자급도를 제고시킬 수 있다면 식량안보와 농산물 시장에 있어서 경쟁 구도 완화라는 긍정적 역할을 수행할 수 있을 것이다. 그러나 중국의 농업 구조조정은 곡물의 재배면적 감소는 물론 작물별 재배면적 구성비도 감소하고 있어 곡물 공급자로서의 역할이 감소할 것으로 전망된다. 반면 채소와 과일의 생산 면적 및 구성비는 증가하여 역내 교역의 경쟁관계는 심화될 전망이다. 중국이 곡물 공급자로서의 역할을 제고시킬 수 있도록 동북아 국가들의 협력이 요구된다. 이를 위해서는 수입국인 한국과 일본의 중국에 대한 배려(쿼터 물량 배정, 투자, 기술 협력 등)와 중국의 정책 조정 등이 필요하다.

일본의 대규모 농산물 수입시장은 증가하는 중국 농산물의 역내 완충지역 역할을 담당한다. 일본 시장에 대한 한국과 중국의 농산물 수출이 원활하게 이루어지도록 한다면 역내 식량안보 및 농업협력에도 도움이 될 것이다. 한국은 곡물 수입에 있어서 국제 시장에서 중요한 위치를 차지하고 있다. 한국은 기존에 수입 의존도가 높은 농산물의 대중국 수입에 관심을 가질 필요가 있다. 물론 교역은 상업적 고려가 최우선이므로 가격과 품질 등 중국 농산물의 경쟁력 제고가 우선되어야 할 것이다.

동남아 국가 간 신뢰는 지난 40여년에 가까운 역내 협력 및 제도적 발전 과정을 통해 많이 증진되었다. 그러나 동북아 국가 간에는 영토 및 역사 문제 등에서 보듯이 신뢰 구축에 많은 문제를 안고 있다. 일본의 리더십 부족과 중국의 경제력 부족 상황에서 양국은 패권경쟁을 보이고 있다. 한국은 이러한 역내 상황을 타개할 교량적, 중간자적 역할을 수행하고 있으며, 이러한 역할을 증진시켜 나갈 필요가 있다. 한국은 중국과 일본을 연계할 수 있는 특수한 지정학적 위치와 동아시아 지역 내에서 중위권 세력으로 독특한 전략적 지위를 점하고 있다.

농업부문에 있어서도 한국은 동북아 지역에서 수출입 국가의 중간적 위치를 차지한다. 한국은 일본으로 농산물을 수출하는 반면 중국으로부터 농산물을 수입하는 구조를 나타내고 있다. 한국은 ASEAN 국가로부터 신선 농산물을 수입하고 가공식품을 수출하는 분업적 구조를 나타내고 있다. 한국은 ASEAN 국가들에 대해 중국과 일본의 패권경쟁은 지역통합을 저해하는 요인이며, 한국이 완충적 역할을 수행할 수 있다는 점과 그러한 필요성을 강조해나감으로써 ASEAN이 한국과 전략적 제휴를 추구하도록 토대를 만들어 나가야 한다. 중국과 일본은 정치, 경제, 군사 측면은 물론 심리적으로도 위협 인식을 가지고 있는 ASEAN 국가들과의 전략적 제휴 가능성은 높으나 그동안 한국은 북한 및 한미동맹에 외교력을 집중하며 ASEAN에 대한 관심과 배려가 부족하였다.

5) 농업협력 사업의 강화

농업분야의 협력을 발전시켜 나가는 것은 농산물 시장개방 협상의 보완 및 상호 이해와 이익의 증진을 위해서 필요한 부분이다. 일본은 농업분야에 대한 경제협력을 제공하는 대가로 상품양허에서 ASEAN의 양보를 구할 수 있었던 것으로 분석되고 있다. 농업협력을 포함한 경제협력은 상품양허와 서로 교환될 수 있는 방향으로 이루어질 수 있을 것이다. 농업 및 농촌개발 협력 사업 시행은 농산물 교역 증대와 유사 효과를 나타낼 수 있기 때문이다.

기술 협력, 인적 교류, 유전자원 교류, 저장 · 가공 · 유통 시설에 대한 투자 등 단일 시장을 향한 기반을 공고히 하는 다양한 분야의 농업협력 사업을 전개할 필요가 있다. 역내 국가들의 유용한 유전자원 교환 및 활용도 고려해볼 점이다. 친환경 농법 관련 기술, 유통 및 가공 기술 등의 교류는 향후 증대될 농산물 무역에 있어서 위해요소 감축, 교역 원활화를 통한 경제통합 여건 조성 등에 기여할 것이다.

2 사후적 보완대책

동아시아 지역의 경제통합은 EU와 유사한 과정을 거쳐 형성될 가능성이 높다. 느슨한 형태의 지역경제 블록에서 시작하여 점차 통합의 정도를 높여 나가는 것이다. 느슨한 형태의 지역무역 협정인 FTA와 같은 형태에서 출발하여 국가연합, 공동시장, 연방국가(합중국) 등의 형태로 발전하는 것이다. 이는 결국 경쟁관계에 있는 산업의 이해관계 조정 여부에 따라 지향하는 지역경제통합의 수준과 성패가 결정될 것이다.

초기 단계의 FTA는 국가 간 상품 및 서비스 교역은 물론 투자, 기술이전 등 다양한 분야에 대한 논의와 협정체결을 통해 농업부문의 협력에 기여하게 될 것이다. FTA 체결 초기부터 농업부문의 정책을 공동으로 수행할 수 있는 정책의 틀을 형성할 필요성이 증가할 것이다. EU는 일찍이 농업 분야가 제조업, 서비스업과 달리 기후조건, 동식물 질병을 비롯해 통제하기 어려운 요인을 내포하고 있으므로 생산 및 수요의 균형 달성이 일반적인 재화보다는 훨씬 어렵다는 점을 인식하고 공동농업정책(Common Agricultural Policy, CAP)을 도입하게 된 것이다. 아시아공동체 형성에 있어서도 EU와 유사한 문제점에 직면할 가능성이 높다. 따라서 EU의 공동농업정책 도입 경험을 분석하여 동아시아 지역에 적합한 공동의 정책을 개발하는 것이 필요하다.

유럽 공동농업정책의 재정은 GDP 기준, 부가가치세 성격의 조세부담 방식, 농산물 수입 관세 등으로 조성되었다. 유럽 연합의 재정 가운데 농업 보조금은 축소되는 추세이나 1970년대 후반에는 유럽 공동체 재정의 70% 이상이 농업보증기금으로 사용되는 등 회원국 간 농업부문의 이해관계 조정에 많은 부분이 집행되고 있다. 동아시아 지역통합을 위해서도 유럽의 공동농업정책과 유사한 형태의 정책을 검토할 필요가 있다. 스즈키 노부히로(鈴木宣弘)는 한 · 중 · 일 3국이 공동농업정책을 도입할 경우 쌀에 대한 재정부담을 추정한 바 있다. 한 · 중 · 일의 재정부담 비율은 22 : 8 : 70이 되고, 보상액은 일본 4,708억 엔, 한국 1,013억 엔으로 추정하였다.[3] 중국 미작농가에 대한 보상은 필요하지 않은 것으로 나타났다.

그러나 동아시아 FTA에 따른 민감품목 시장개방과 그에 대한 보상체계를 도입할 경우 국제적 규범(WTO 등)에 위배될 수 있다. 유럽은 국제 규범에 맞춰 공동농업정책에 의한 보상을 축소해 왔다. 아시아 국가들이 새롭게 공동농업정책을 도입한다면 시장통합에 따른 국가별, 주요 품목별 이익과 피해를 추정하여 국가별 보상규모를 산정하여야 할 것이다. 그러나 국제 규범과의 조화를 고려할 때 생산 및 교역 비연계(De-coupled) 방식으로 농가별로 지원이 이루어지도록 할 필요가 있다.

참고문헌 REFERENCES

권율(2006). "동아시아 정상회의의 성과와 향후 과제". 수은해외경제 2006.1.

권율, 왕윤종, 정재완, 오쿠다 사토루(2005). 『ASEAN+3 협력체제의 성과와 정책과제』. 정채연구 05-16. 대외경제정책연구원.

김세원, 박명호, 김흥종(2006). 「동아시아 자유무역지역의 성공조건: 제도적 접근」. 지역연구시리즈 06-01. 대외경제정책연구원.

김영한(2004). "동아시아 FTA 형성을 위한 최적협상정책방향 연구". 「국제통상연구」 제9권 제2호.

박인원(2001). "동아시아 경제통합의 경제적 타당성 연구: CGE모형 분석". 「국제경제연구」 제7권 제2호.

이서원(2005). "동아시아 FTA의 효과적 추진전략." 「LG주간경제」 4월.

[3] 古塚秀, '일본에 있어서 농산물 무역의 전개와 일본농업,' WTO 체제하의 농산물무역의 신국면, 돗토리대학대학원연합농학연구과 일중한합동국제세미나 자료(2008. 1. 17.)에서 인용.

장기선, 윤수훈(2004). "동아시아 FTA의 실현가능성에 관한 연구."「외환국제금융리뷰」12월. 한국은행.

최세균 외(2007).「동아시아 FTA 대비 농업부문 연구(1/2차년도)」, R553, 한국농촌경제연구원.

최세균 외(2008).「동아시아 FTA 대비 농업부문 연구(2/2차년도)」, R572, 한국농촌경제연구원.

古塚秀(2008). '일본에 있어서 농산물 무역의 전개와 일본농업.' 일본 돗토리대학대학원농학연구과 일중한합동국제세미나 (1월 17일).

Kim Heungchong(2002). Has Traded Intensity in ASEAN+3 Really Increased?-Evidence from a Gravity Analysis. KIEP Working Paper 02-12. KIEP.

Lee Chang-Soo, Park Soon-Chan(2002). Formation of Regional Trading Blocs in East Asia and the Role of Japan and the U.S. KIEP Working Paper 01-03. KEIP.

Cheong InKyo(2002). East Asian Economic Integration: Recent Development of FTAs and Policy Implications. Policy Analyses 02-02. KIEP.

Suthiphand Chirathivat(2004). East Asia FTA: Economic Modalities, Prospects and Further Implication. Journal of Asian Economics.

CHAPTER 09

동아시아 무역원활화

홍익대학교 법과대학 류 병 운

1 서론

'무역원활화(trade facilitation)'는 국제 무역 상품의 이동에 필요한 무역 절차의 통일화 단순화로 거래 비용의 감소를 통한 국제무역의 효율성을 증가시키는 것이 목적이다.[1] 여기서의 무역절차는 관세 및 면허 절차를 포함한 수출입 절차와, 운송 양식들, 보험, 지급 수단들과 관련된다.

이 논문의 제II장에서는 무역원활화의 필요성과 국제적 논의현황에 대해 고찰하고, 이어 제 III장에서는 WTO 통일 원산지규정 통일화 추진과 내용을 살펴보고자 한다. 이를 바탕으로 하여 제 IV장에서 동아시아 역내 국가의 원산지규정 통일화 방안을 고민해 보기로 한다. 제 V장에서는 WTO/DDA에서의 무역원활화에 대한 협상 내용의 고려와 함께 통관규범 및 절차의 통일화와 간소화를 통한 동아시아 역내 무역원활화, Single Window 등 전자무역의 표준화 · 활성화 문제를 검토한다. 아울러 요즘 새로운 쟁점으로 부각되는, '1994 GATT 제VII조 적용에 관한 협정'의 적용을 받지 않는, 'Transfer Pricing'에 관한 통일적 기준을 마련하는 방안도 생각해본다. 그리고 제VI장에서 결론을 제시하고자 한다.

---

[1] WTO, Overview of Trade Facilitation Work in 2002, *at* http://www.wto.org/english/tratop_e/tradfa_e/tradfa_overview2002_e.htm.

2 무역원활화의 개념 및 이슈

1 무역원활화 필요성

이미 앞에서 언급한 바, 불필요한 서류절차, 투명성의 부족, 절차의 중복 등이 물품의 국경 간 이동에 가장 큰 장애가 되고 있고 교역 주체들과 행정기관 간의 협조체제 부재, 무역통관절차의 자동화 미비가 원활한 물품교역을 방해한다. UNCTAD에 따르면 상품무역의 통관절차에 평균 20~30개의 부품들이 포함되고, 이에 따라 약 40가지의 서류가 필요하며, 200여개의 데이터가 요구되고 있다는데 이 데이터 중 약 30가지는 30번 이상 반복적으로 요구되고 있으며, 이들 데이터 중 60~70%는 적어도 한번 씩 갱신이 필요한 것이라고 한다.[2] 이 무역절차에서의 중첩적 서류 요건, 관세절차의 지연, 불투명 · 불평등한 의무적 수입 규범과 요건 등의 세관 절차를 통일화 · 간소화한다면 무역 거래 비용을 약 15%감소시킬 수 있다.[3]

또한 무역절차에서 각 국의 행정기관의 관료주의(red tape)는 투명성을 결여시키고 특히 외국기업에게 불리하게 작용하는 경향도 존재한다. 이러한 통관 및 운송절차의 비효율성은 개발도상국의 세계경제 참여에 대한 장벽으로 작용할 수 있다.[4]

한편 무역 자유화로 각 국의 관세가 점차로 낮아지다 보니 통관비용이 기존관세 수준에 육박하거나 오히려 그를 능가하는 상황이 도래하게 되어 통관비용은 그 절차를 진행하는 데 필요한 비용만큼 혹은 그와 유사하게 징수할 것을 요구하는 GATT 제VIII조의 적용 및 구체화 문제도 야기된다.

또한 무역의 비용뿐만 아니라 최근의 비즈니스 추세에 의하면 신속하고도 예측 가능한 절차에 따라 상품이 적시(Just-In-Time)에 통관되는 것이 매우 중요하다.

2 WTO와 WCO에 의한 세계 무역원활화의 추진

무역원활화를 위한 노력은 세계무역기구(WTO)에 의해서 또한 세계관세기구(WCO), 유엔국제무역법위원회(UNCTRAL), 경제협력개발기구(OECD), 아시아태평양경제협력체

---

2) WTO, Cutting Red Tape at the Border, *at* http://www.wto.org/english/thewto_e/minist_e/min99_e/english/about_e/15facil_e.htm에서 재인용.

3) Zviad V. Guruli, What Is the Best Forum for Promoting Trade Facilitation?, Penn State *International* Law Review Vol. 21, (Fall 2002), p. 159.

4) WTO, Cutting Red Tape at the Border, *at* http://www.wto.org/english/thewto_e/minist_e/min99_e/english/about_e/15facil_e.htm.

(APEC)[5] 등 관련 국제기구들에 의해서 추진되어 왔는데 WTO와 WCO의 역할이 주목할 만하다.

WTO의 설립으로 회원국들의 통관관련 무역규범은 통일성과 확실성이 상당히 제고된 것은 사실이다. 먼저 GATT 제VII조의 상품가격평가의 일반적인 원칙 규범을 보충하는 '1994 GATT 제VII조 (관세평가) 적용에 관한 협정(Agreement on Implementation of Article VII of GATT 1994)' 은 GATT의 제VII조에 대한 주석으로 무역의 목적인 상품가격 평가가 공정하고 통일되고 중립적 기준에 따라 적절하게 이루어지도록 규정하고 있다. 수입상품의 가치의 평가는 절절한 관세 부과를 위한 기초인 것이다.[6] 'GATT 제VII조 적용에 관한 협정' 은 수입상품 가치를 평가함으로써 관세 또는 내국세 부과의 기초가 되는 상품가격이 자의적이거나 가공적으로 설정됨으로써 무역의 흐름을 방해하지 않도록 하고 있다.[7]

관세부과의 목적상 수입품이 만들어진 국가 또는 경제단위를 결정하기 위한 원산지 규정(Rules of Origin)이 국가나 지역무역협정(RTA)들 마다 다르고 매우 복잡하며 투명성마저 부족하여 국제무역자유화에 부담을 주고 있다. 특히 전반적인 세계무역량이 증가하는 가운데 다국적 기업의 증가와 세계화로 상품의 생산이 여러 나라에 걸쳐 이루어지는 경우가 증가하여 원산지를 판명하는 것이 점점 어려워지고 있는 상황이다. 복잡하고 투명성이 부족한 원산지규정들을 파악하고 대처하기 위하여 기업들은 막대한 비용을 지출하고 있으며 복잡한 원산지규정에 대한 오해와 무지로 손해를 보는 기업, 특히 중소기업도 다수 존재한다. 심지어는 복잡한 원산지규정 때문에 같은 국가나 같은 RTA에서도 세관에 따라 다른 기준을 적용하기도 한다. WTO 원산지 규정에 관한 협정(Agreement on Rules of Origin)은 ① 최혜국(MFN) 대우 관세 부과를 위한 전제로서의 통일 비차별 원산지 규정의 제정 작업과 ② 그 통일원산지 규정을 제정하기 전의 과도기에 적용될 투명성, 비차별, 행정적 결정의 검토와 같은 원칙들을 규정하고 있다.[8]

---

5) APEC의 무역원활화 행동계획(Action Plan): APEC 역내 무역원활화로 무역 비용의 실질적 절감을 위해 2002년 채택된 프로그램으로 APEC 회원국별 무역원활화를 위한 조치의 유형 및 예시를 제시하고 각 분야별 민관협력을 통하여 구체적 대안제시 등을 목표로 하고 있다: APEC, Toward The Shanghai Goal: Implementing the APEC Trade Facilitation Action Plan, a Report Prepared for the APEC Committee on Trade and Investment, (2002) 참조. 또한 APEC은 2005년 6월 3일 한국 제주에서 통상장관들이 RTA/FTA에서의 무역원활화에 합의한 바 있다: APEC, *at* http://www.apec.org/apec/news___media/2005_media_releases/030605_promotetradefacrtafta.html.

6) 관세평가는 또한 무역 통계나 양적 규제, 관세 징수 및 내국세 징수에서의 차별을 감시하는 데 있었서도 중요하다. WCO, WTO Valuation Agreement, *at* http://www.wcoomd.org/home_wco_topics_valoverviewboxes_agrvaluation.htm.

7) '1994 GATT 제VII조 (관세평가) 적용에 관한 협정' 전문(前文) 참조.

8) 이에 대해서는 제2장에서 자세히 다룬다.

'수입 면허 절차에 관한 협정(Agreement on Import Licensing Procedures)' 은 WTO 회원국이 수입 면허 절차를 유지하는 것은 허용하나 그 수입 면허 절차가 국제무역에 방해가 되지 않도록 할 의무를 부과하고 있다. 즉 수입 면허 절차에 관한 규정은 적용과 행정에서 공평해야 한다.[9] 또한 면허의 신청과 연장 양식과 절차는 가능한 한 간단해야 하고 약간의 서류 상 오기, 가격이나 양, 무게를 다소 다르게 기재한 경우 수입업자를 보호해야 한다고 규정하고 있다.

'선적전 검사 협정(Agreement on Preshipment Inspection)' 은 선적전 검사 회사의 서비스를 활용하는 WTO 회원국이 그 회사들을 규율하도록 하는 협정이다.[10] 동(同) 협정은 선적전 검사활동은 비차별적으로 수행되어야 하고, 내국민 대우 원칙이 준수되도록 하여야 하며, 수량 및 품질검사는 판매자와 구매자가 합의한 표준에 따라 수행되며 이러한 표준이 없는 경우에는 관련 국제표준이 적용되도록 해야 하고, 선적전 검사활동은 투명한 방법으로 수행되어야 하고, 검사과정에서 획득된 정보, 영업비밀이 보호되어야 함 등을 규정하고 있다.

또한 기술장벽협정(Agreement on Technical Barriers to Trade: TBT)은 포장, 표시 및 상표부착요건을 포함한 기술규정과 표준 그리고 기술규정 및 표준에의 적합 여부를 판정하는 절차가 국제무역에 불필요한 장애 즉 기술장벽이 되지 아니하도록 하는데 목적이 있다. 그리고 위생 및 식물위생협정(The Agreement on the Application of Sanitary and Phytosanitary Measures: SPS)이 도입된 목적은 각 국가들의 무역상품 통관 시 검역조치들이 외국의 경쟁자들을 배제하기 위한 일종의 '기술적 무역장벽' 으로 남용되어 국제무역에 장애가 되는 것을 방지하기 위한 것이다.

한편 무역원활화에 관한 기존의 협정들의 이행을 담보하고 그것을 구체화하고 확대하려는 WTO의 노력은 계속되고 있다. 1996년 싱가포르에서 열린 세계무역기구(WTO) 첫 각료회의에서 이른 바 '싱가포르 쟁점' 의 하나로 '무역원활화' 에 대한 항구적 실무그룹이 설치되었다.[11] '무역원활화' 를 포함한 '싱가포르 쟁점' 은 이후 DDA(Doha Development Agenda)협상과 WTO각료회의에서 EU, 한국, 일본 등에 의해서 강력히 추진된 반면 대부분의 개발도상국들은 이에 반대하거나 적극적이지 않았다.[12] 2001년

---

9) '수입 면허 절차에 관한 협정,' 제1조 3항.

10) 선적전 검사 협정, 제1조.

11) 제1차 WTO 각료회의에서 항구적 실무그룹이 설치가 결정된 '싱가포르 쟁점'에는 무역원활화 외에도 '정부조달에서의 투명성', '무역과 투자', '무역과 경쟁'이 있다.

12) Zviad V. Guruli, What Is the Best Forum for Promoting Trade Facilitation?, Penn State International Law Review Vol. 21, (Fall 2002), p. 159. 미국은 시장개방에는 적극적이나 다른 쟁점에 대해서는 미지근한 태도를 취하였다: *id.*

Doha각료선언에서는 향후 '싱가포르 쟁점'의 명확화와 구체화를 결의했었음에도 Cancún회의에서 이들 쟁점에 대한 협상은 결렬되었다. 다만 2004년에 타결된 '7월 패키지(July Package)', 즉 '기본 골격 합의'는 정부조달, 투자, 경쟁의 세 가지 쟁점은 접어두기로 하고 '무역원활화'에 관한 협상을 개시하기로 하였다. 현재까지의 협상은 새 무역원활화 제도의 범위와 의무들에 관한 것으로 아직 초기 단계를 벗어나지 못하고 있다.

현재 WTO의 '무역원활화' 범위는 GATT 제X조의 '국내의 무역에 관한 규제와 법령 및 절차의 투명성,' 제VIII조의 '수출입 관련 수수료,' 제V조의 '통관절차와 환적에 관한 의무'와 관련하여 상품 통과의 자유, 수수료, 양식(formalities), 행정에서의 투명성의 이행문제 등이 논의되고 있고[13] 개발도상국의 향후 후속 협정의 이행을 위해 필요한 기술적 지원과 능력의 제고에 대한 토론도 이루어지고 있다.[14] 무역원활화를 위한 새 제도의 의무화에 대해서는 EU와 미국은 책임이 부과되는 구체적인 규범적 제도를 선호하는 반면 개발도상국들은 정책의 융통성이 인정되는 선택적 가이드라인을 선호하고 있다. 이와 같이 WTO에서의 새 무역원활화에 대한 협상이 결실을 맺어 효과를 낳는 것은 아직 요원한 상황이다.

이상과 같은 WTO의 규범들의 등장으로 무역절차의 효율성이 한층 높아진 것은 사실이나 아직 상당한 영역의 통관절차 분야에서 세계무역의 공급 라인의 원활한 흐름을 방해하는 요소나 효율성을 높일 수 있는 여지는 많이 남아있다. 무역원활화에 관한 WTO의 기존의 규범에 따라 각 회원국들은 통관절차의 통일성, 확실성, 투명성을 제고를 위한 노력을 경주해야하는 것은 물론 향후의 무역원활화에 관한 협상도 한층 진작시켜야 한다.

세계관세기구(WCO)는 크게 두 가지 측면에서 국제 무역원활화에 기여하여 왔다. 그 하나는 세계 무역 상품의 대부분을 분류하는데 사용되는 '통일상품명및부호체계(International Convention on the Harmonized Commodity Description and Coding System)[이하 HS code]'의 제정과 개정으로 무역 상품 분류의 통일성 확보에 성공하였다는 점이다. 현재 세계 무역 상품의 98%가 HS code에 의하여 분류된다.[15]

다른 하나는 '통관절차의 단순화와 통일화에 대한 국제협정(International Convention on the Simplification and Harmonization of Customs procedures)' [이하 '교

---

13) 대체로 현재 무역원활화 협상 관련되는 WTO 규범은 GATT 제X조: 국내의 무역에 관한 규제와 법령 및 절차의 투명성, GATT 제VIII조의 수출입 관련 수수료, GATT 제V조의 통관절차와 환적에 관한 의무와 WTO TBT협정, SPS협정, 원산지 규정 협정 등이라고 할 수 있다.

14) Ian F. Fergusson, "World Trade Organization Negotiations: The Doha Development Agenda," Congressional Research Service, (2008 1 18) p. 17.

15) WCO, Overview: What is the Harmonized System (HS)? *at* http://www.wcoomd.org/home_wco_topics_hsoverviewboxes_hsoverview_hsharmonizedsystem.htm.

토협정(Kyoto Convention)']의 제정과 개정이다.

WCO의 주도하에 1973년에 제정된 '교토협정'은 세계 각국의 복잡한 통관절차를 간소화시키고 절차를 규범화하기 위한 조약으로 1974년 발효하였다. 이 '교토협정'은 1999년 개정되었는데 그 내용은 통관절차의 국제표준화, 자동화 시스템의 최대한 활용, 상품의 도착 전 정보 이용, 전자자금이체의 활용, 세관요건의 투명성 제고 등을 규정하였다.[16] 특히 '교토협정'의 중요한 개정 목적은 위험관리 및 심사통제 등의 과학적 기법의 활용과 통관절차에 정보통신기술 활용에 있다. 개정 '교토협정'은 '일반 부속서(General Annex)'와 10개의 '특정 부속서(Specific Annex)'로 되어있는데 가입국들이 일반 부속서의 '표준과 경과적 표준(Standards and Transitional Standards)'을 유보하는 것이 금지되어 있다. 그러나 개정 '교토협정'은 특정 부속서에 포함되어 있는 권고된 관행(Recommended Practices)에 대해서는 유보를 허용하고 있어 무역 절차의 세계적 통일화를 확보하는 메커니즘으로서의 한계를 드러내고 있다.[17] 또한 개정 교토협정은 이행을 강제할 메커니즘과 분쟁해결제도를 갖추지 못하고 있다.

개정 교토협정은 2006년 2월 발효되었고 2008년 9월 현재 미국, EU 국가들, 한국, 중국, 일본을 포함한 59개국이 가입하고 있다.[18] 그러나 아직 상당수의 동아시아의 역내 국가들은 개정 '교토협정'에 미가입 상태이다.[19] 따라서 동아시아 역내 국가들이 조속히 개정 '교토협정'에 가입하는 것이 급선무라고 하겠다.

3 동아시아 역내 국가들의 무역원활화 과제

세계적 차원의 무역원활화 상황을 고려할 때 동아시아 역내 국가들이 지역적 무역원활화를 통해 조속히 역내 무역의 효율성을 증가시키려는 노력이 경주되어야 한다. 동아시아의 역내 무역원활화와 가장 중요하게 관련되는 것은 역시 WTO에서 추진되고 있는 원산지 규정의 통일화와 동아시아 역내에서 WTO의 무역원활화관련 규정과 WCO 개정 교토협정의 동아시아 역내에서의 철저하고 전면적 이행 등 좁은 의미의 무역원활화, 즉 무

---

16) WCO, the Revised Kyoto Convention, *at* http://www.wcoomd.org/kybodycontent.htm 참조.

17) Zviad V. Guruli, What Is the Best Forum for Promoting Trade Facilitation?, Penn State International Law Review Vol. 21, (Fall 2002), p. 174.

18) WCO, 개정 '교토협정' 가입국가(2008년 9월 기준), *at* http://www.wcoomd.org/home_wco_topics_pfoverviewboxes_tools_and_instruments_pfconventions_instruments.htm. 개정 교토협정이 발효되기 위해서는 기존 1973년 '교토협정' 가입국 중 40개국 이상의 승인이 필요하였다: WCO, the Revised Kyoto Convention, *at* http://www.wcoomd.org/kybodycontent.htm 참조.

19) 동아시아 국가로서는 한국이 2003년 가입하였고 중국(2000년), 일본(2001년), 몽고(2006), 말레이시아(2008), 베트남(2008)이 가입하고 있다: WCO, 개정 '교토협정' 가입국가(2008년 9월 기준), *at* http://www.wcoomd.org/home_wco_topics_pfoverviewboxes_tools_and_instruments_pfconventions_instruments.htm.

역 통관 규범 및 절차의 통일화와 간소화로 요약될 수 있다.

다만 WTO가 통일 원산지 규정의 채택에 성공한다 하여도 이는 통일 비차별 원산지 규정으로 동아시아 역내 RTA의 원산지 규정의 복잡성에 대한 해결방안을 제시하는 것은 아니다. 사실 RTA가 성립되어 지역 무역자유화의 토대가 마련되어도 다시 복잡다기한 RTA의 원산지 규정이 그 지역 무역자유화를 방해하는 것이다. 따라서 동아시아 역내 국가들은 RTA의 원산지 규정을 포함하여 원산지 규정을 통일 또는 조화시켜야 하는 과제를 안고 있다. 또한 WTO DDA협상에서 큰 진척이 없는 무역원활화, 즉 무역 통관규범 및 절차의 통일화와 간소화를 동아시아 단위에서 선도적으로 추진할 필요가 있다. 동아시아 국가들은 역내 무역 통관절차의 효율성을 높이고 비용을 획기적으로 줄이기 위해 전자무역과 무역절차의 간소화, 통일화를 위한 국제표준 및 국제규범의 도입하는 데 함께 노력하여야 한다.

3 WTO 통일 원산지규정 통일화 추진과 내용

1 원산지규정의 개관

원산지규정이란 관세부과 등의 목적상 수입품이 만들어진 국가 또는 경제단위를 판단하는 일련의 기준들을 지정해놓은 규정을 말한다.[20]

이 원산지 규정은 관세의 부과, 무역통계, 위생검역 등과 같은 다양한 무역 정책을 위해 필요하다. 예를 들면 최혜국대우(Most Favored Nation: MFN) 규정을 적용하기 위하여 WTO 회원국으로부터의 수입품인가, 일반특혜관세(General System of Preference: GSP)를 적용하기 위하여 GSP 대상국으로부터의 수입품인가, 반반덤핑관세나 상계관세의 적용을 위하여 그 적용대상인 특정국가로부터의 수입품인가를 판단하기 위해서 필요하다. 일단 어떤 수입상품에 대한 원산지가 결정되면 수입국은 국가 또는 지역 고유의 특혜(trade preferences)와 규제를 부과하게 된다. 예컨대 FTA회원국 간의 무관세혜택이나 특정 국가에 대한 반덤핑관세나 상계관세의 부과 등이다.

원산지규정은 특혜원산지규정(preferential rules of origin)과 비(非)특혜원산지규정(non-preferential rules of origin)으로 구분할 수 있다. 특혜원산지규정은 모든 RTA들에서 수입관세 등을 부과함에 있어 여하한 특혜의 적용(any preference in respect of import duty or charges)과 역외 산 물품의 우회 수입 등 동(同) FTA에의 무임승차를 방지하기 위

---

[20] WTO Agreement on Rules of Origin art. 1. Lyou, Byung-Woon, Problems of the rules of Origin in the EU and the NAFTA: the Need to Expedite completion of WTO Work for Harmonization, 통상법률, Vol. 57, (2004), pp. 128-9 참조.

한 원산지규정들을 말한다.[21)] GSP나 UNCTAD체제하에서 개발도상국들 간의 특혜관세제도(the Global System of Trade Preference: GSTP)의 적용을 위한 원산지규정도 특혜원산지 규정의 일종이다.

비(非)특혜원산지규정은 반덤핑관세나 상계관세의 부과, 긴급수입제한의 대상국 제품의 지정 등과 같이 수입국의 무역규제조치의 대상을 파악하고, 정부조달이나 수출 통계, 위생검역 등과 같은 목적의 원산지 규정을 말한다.

원산지를 결정하는 기준은 크게 완전생산(goods wholly obtained)기준과 "마지막 실질적 변형이 일어난 곳(last substantial transformation)" 기준으로 나누어 볼 수 있다. 완전생산기준이란 어떤 국가 또는 FTA 등 RTA의 일방 또는 당사국들의 영역 내에서 전적으로 취득되거나 생산된 상품을 그 국가 또는 RTA의 원산지 지위로 인정하는 것을 말한다. 이러한 완전생산기준이 현재 체결되고 있는 FTA 등 RTA들에서 그 포섭범위를 점점 확대해 가는 추세에 있다.

"마지막 실질적 변형이 일어난 곳" 기준은 어떤 국가 또는 RTA의 일방 또는 당사국들의 영역 내에서 전적으로 취득되지 않거나 생산되지 않은 상품에 적용된다. 즉 생산이 둘 이상의 영역, 즉 국가 또는 RTA에 걸쳐서 이루어지거나 둘 이상의 영역과 관련된 상품은 "마지막 실질적 변형이 일어난 곳"의 국가 또는 RTA의 원산지 지위를 부여받게 된다.[22)]

"실질적 변형"을 판단하는 기준들은 세번변경기준(the criterion of change in tariff classification or the change in tariff heading method), 부가가치기준(the criterion of value content), 그리고 특정공정기준(the criterion of specific process)으로 나누어진다.[23)]

'세번변경기준' 에서 세번변경이란 관세분류상의 변화, 즉, 각 제품과 제품그룹에 대응하는, 특정 HS Code, 호(heading) 또는 소호(subheading) 변화를 의미한다. (즉, 관세율표상, 네 번째 단위의 숫자에서의 변화 또는 6번째 단위의 숫자(소호) 에서의 변화를 뜻한다.) 세번변경기준은 단순하고 예측가능성이 큰 반면 HS code의 분류체계와 내용을 숙지해야하는 어려움이 있다.

'부가가치기준' 이란 완제품의 전체가치 중에서 일정수준 이상의 부가가치가 창출된 국가나 RTA의 원산지 지위가 부여되는 것을 말한다. 이 기준은 상품분류의 변동이 없이 추가가공이나 추가부가가치가 창출된 경우에 적용할 수 있고 단순 공정이상의 요건을 요구할 수 있는 장점이 있으나 예측가능성이 부족하고 가격변화에 따라 부가가치가 변동한다는 어려움이 있다.

---

21) Lyou, Byung-Woon, *supra* note 30, pp. 128-289 참조.

22) WTO Agreement on Rules of Origin art. 9 (2) 참조.

23) Lyou, Byung-Woon, *supra* note 30, pp. 128-289 참조.

'특정가공공정기준' 은 상품의 제조공정 중 특정공정이 수행된 국가나 RTA에게 원산지 지위를 부여하는 것을 말한다. 이 기준은 첨단 기술제품을 대상으로 사용할 수 있는 장점이 있는 반면 기술의 발전에 따른 변경과 기술사항을 숙지해야 하는 어려움이 있다.

원산지규정은 기술적이고 중립적인 규범으로 경제적 통계나 상품의 표시를 위해서도 활용되나 특히 특혜원산지규정은 EU나 NAFTA등의 지역 장벽적 또는 차별적인 무역정책의 수단으로 이용되기도 한다.

2 원산지규정의 통일화 필요성

오늘날 전반적인 세계무역량이 증가하는 가운데 다국적 기업의 증가와 세계화로 상품의 생산이 여러 나라에 걸쳐 이루어지는 경우가 증가하여 원산지를 판명하는 것이 점점 어려워지고 있다. 따라서 공정하고 중립적인 원산지 판정기준들로 이루어진 통일원산지 규정을 관련 국제기구가 채택하고 이 통일원산지 규정을 관련 국가들이 준수하도록 하는 것이 매우 중요하다.

현재 국제무역에 적용되는 원산지규정들은 국가나 RTA마다 다양하며 상당히 복잡하고 투명성마저 부족하여 국제무역자유화에 상당한 부담이 되고 있다. 더구나 RTA의 특혜적 원산지 지위를 인정받기 위해서는 미리 복잡하고 다양한 원산지 규정을 연구해야 하는 부담이 있다. 또한 예를 들면 제3국에서 마지막 공정을 거쳤음에도 불구하고 반덤핑이나 상계관세 대상국의 생산으로 취급되는 규정, 국내산업의 보호를 위한 원산지 규정의 제정과 개정 및 해석의 변경, 매우 엄격한 정의와 적용으로 사실 상 특혜대상국이 특혜를 받지 못하는 경우 등 다분히 보호무역적 수단으로 이용되고 있어 원산지 규정에 따른 국제무역에서의 불확정 요소를 증가시키는 것이 사실이다.

이러한 현재의 원산지규정이 갖는 문제점 내지 비효율성은 국제적으로 통일된 원산지규정을 제정하여 이를 각 국가들이 자국의 원산지 규정으로 사용하게 함으로써 극복할 수 있다.

이러한 목적으로 WTO는 1995년부터 통일원산지규정을 제정하기 위한 작업(Harmonization Work Programe: HWP)을 진행해오고 있는 것이다. 그러나 WTO가 제정 작업을 벌이고 있는 통일원산지규정이 제정되더라도 이는 비(非)특혜원산지규정으로 수다한 RTA들의 다양한 특혜원산지 규정을 대체할 수 없는 한계가 있다. 더구나 원래 3년 시한(時限)이었던 WTO 통일원산지규정의 협상은 거듭된 협상 시한의 연장에도 불구하고 2009년 4월 현재까지 타결되지 못하고 있다. 다만 WTO 원산지 협정은 통일원산지규정이 채택되기 전까지의 과도기적 협정으로 원산지규정의 투명성 확보[24)]와 각국이 자

[24)] WTO Agreement on Rules of Origin art. 2 (f)

국의 원산지 규정을 무역정책 수단으로 하지 말 것[25] 등을 요구하고 있다.

3 현재 WTO 통일 원산지규정 협상 경과

WTO의 HWP작업은 WTO의 원산지규정위원회(Committee on Rules of Origin: CRO)와 원산지규정에 관한 기술위원회(Technical Committee on Rules of Origin: TCRO)와 세계관세기구(WCO)가 공동으로 WTO 설립협정 발효일 (1995년 1월 1일)이후 가능한 한 조속히 개시되어야 하며 개시 후 3년 이내에 완결하기로 되어 있었다.[26]

WTO 원산지규정협정 제9조 제1항은 통일 원산지규정의 제정에 관한 원칙들을 규정하고 있다. 그 중 중요한 것은 ① 원산지규정은 제품이 완전히 생산 또는 획득된 국가나, 제품이 2개국 이상에 걸쳐 생산된 경우 '최종적인 실질적 변형'이 이루어진 국가를 특정제품의 원산지로 판정하여야 하고, ② 원산지규정은 객관적이고 이해할 수 있고 예측 가능하여야 하며, ③ 원산지규정이 무역정책적 수단으로 사용되거나 국제무역을 제한하거나 왜곡시키는 효과를 초래해서도 안되고 원산지 지위를 인정하는데 지나치게 엄격한 요건을 부과하거나 제조 또는 가공과 관련 없는 특정요건을 요구해서는 안되고, ④ 원산지규정은 일관되고 통일적이며 공정하고 합리적인 방법으로 적용되어야 하며, ⑤ 원산지규정은 서로 모순되어서는 안되고, ⑥ 원산지규정은 적극적인 기준(Positive Standard)이어야 하나 소극적인 기준(Negative Standard)도 적극적인 기준을 명료하게 하기 위하여 사용될 수 있다는 것 등이다.

1998년 7월까지로 원래 3년 시한(時限)이었던 WTO 통일원산지규정의 협상은 거듭된 협상 시한의 연장에도 불구하고 방대한 작업량과 기술적 쟁점의 복잡성, 회원국 사이의 이해의 상충으로 현재까지 타결에 이르지 못하고 있다. 특히 EU와 미국이 원산지 규정을 자국의 산업보호 정책수단으로 사용할 수 있는 유인이 있는 한 이 협상에 적극적이지 않고 협상에 임하는 많은 국가들 역시 원산지 규정을 단순히 기술적이고 중립적인 기준으로 보는 것이 아니라 자국의 산업구조와 무역환경에 영향을 미칠 수 있다고 판단하고 있어 다양한 이해관계가 표출되고 있는 상황이다.

WCO는 기술적 검토 작업을 토대로 협정 초안을 작성하고 이 초안에 대한 구체적인 내용에 대한 각국의 이해는 WTO 내에서 양자 또는 다자협상 방식으로 합의점을 점차 늘려가는 협상 방식을 채택하고 있다. 2002년 6월까지 총 486개 쟁점사항 중 71.6%에 해당하는 348개 쟁점사항이 타결되었는데 2002년 7월에 CRO는 나머지 138개 미해결 쟁점을 94개 정책 쟁점과 44개 기술적 쟁점으로 분류하여, 전자는 WTO 일반이사회에

---

[25] *Id.*, art. 2 (c).

[26] *Id.*, art. 9 (1).

상정하고 후자는 CRO에서 계속 다루기로 하였다. 이에 따라 WTO 일반 이사회는 2006년 7월말까지 94개 핵심정책쟁점 (core policy issues)을 해결하기 위한 협상을 완료하기로 하였으며, TCRO는 2006년 12월 말까지 미해결된 기술적인 작업을 완료하기로 합의하였으나[27] 다시 기한을 지키지 못하였다. 현재 실무적으로 약 90% 이상의 기준들에 대한 합의를 도출하였으나 이해관계가 대립하는 민감한 내용들에 대해서는 정치적 타결에 기대하고 있는 실정이다.

4 미타결 12개 주요쟁점

통일원산규정의 전체적 구조는 정의(Definitions) 총칙(General Rules), 부록 1(Appendix 1: 완전 생산기준) 그리고 부록 2(Appendix 2: 실질적 변형기준)로 구성되어 있다.[28] WTO 일반이사회는 미타결 총 94개의 핵심정책쟁점 사항 중 12개 분야를 중요쟁점(critical issues)으로 구분하여 이에 집중하여 협상을 벌이고 있다. 12개 중요쟁점은 총칙 부분에서의 통일원산지 규정의 적용범위의 문제 외에 다음과 같은 11개의 품목별 쟁점 사항이다:

① 면직물을 염색하거나 날염직물을 만드는 경우 원산지가 염색 및 날염 공정 수행국인가, 직물 제주국인가 여부의 문제이다.

② 부품을 가지고 일반 기계류를 조립하는 경우 세번변경기준, 제조공정기준, 부가가치 기준의 적용여부이다.

③ 강판에 주석, 아연, 플라스틱으로 코팅하는 경우 원산지가 코팅공정 수행국인가, 강판 생산국인가 여부의 문제이다.

④ 커피 원두를 볶아 볶은 커피를 만드는 경우 원산지가 볶음공정 수행국인가 커피 원두 생산국인가 여부의 문제이다.

⑤ 엔진을 장착한 새시에 추가하여 완성차를 조립하는 경우 원산지가 조립국인가 엔진 장착국인가 여부의 문제이다.

⑥ 원당을 가지고 정제공정을 거쳐 정제 설탕을 만드는 경우 원산지는 공정수행국인가 원당 생산국인가 여부의 문제이다.

⑦ 동물의 도축공정과 관련하여 도축한 국가가 원산지인가 동물을 사육한 나라가 원산지인가 여부의 문제이다.

---

[27] Report of the Committee on Rules of Origin to the Council for Trade in Goods, WTO, G/L/747 (4 Oct. 2005).

[28] Overall Architecture, Intergrated Negotiation Text for the Harmonization Work Programme Overall Arthitecture, WTO, G/R/O/45/Rev.2 (25 June 2002).

⑧ 동물 비계에서 정제유를 생산하는 경우 원산지는 정제국인가 원료 생산국인가 여부의 문제이다.

⑨ 배타적경제적수역(EEZ)에서 잡은 수산물의 원산지가 연안국인가 선박기국인가 여부의 문제이다.

⑩ 외국 원유나 분유로써 만든 유제품의 경우 원산지는 유제품 생산국인가 원유 또는 분유 생산국인가 여부의 문제이다.

⑪ 가공 갑피(Formed upper)를 가지고 신발을 만드는 경우 원산지가 신발 조립국인가 가공갑피 가공국인가 여부의 문제이다.

4 동아시아 역내 국가의 원산지규정 통일화 방안

1 비(非)특혜원산지 규정

이 WTO 원산지규정 통일화 작업은 비(非)특혜원산지규정을 중심으로 이루어지고 있다. 따라서 WTO 통일원산지규정이 채택되고 이를 동아시아 역내 국가들이 자국의 비(非)특혜원산지규정으로 채택한다면 동아시아 역내국가의 원산지 규정 통일 문제는 비교적 간단하게 해결될 수 있다. 문제는 WTO 통일원산지규정의 채택이 계속 지연되는 점이다.

이 문제를 해결하기 위하여 현재까지 타결된 통일원산지기준들을 동아시아 역내국가들이 조기 시행하는 방안을 생각해 볼 수 있다. 이미 타결된 원산지 규정을 각국이 자국의 원산지규정으로 채택하고 아직 타결되지 않은 쟁점분야는 동아시아 역내 국가들의 재량으로 남겨놓는 방안과 미(未)타결된 부분에 대해서는 임시통일기준을 동아시아국가들이 합의하는 방안이 있을 수 있다. '최종적인 실질적 변형' 이 이루어진 국가를 특정제품의 원산지로 판정하여야 한다는 원칙하에 이상에서 거론한 WTO 통일 원산지규정 협상의 중요쟁점사항을 객관적이고 합리적으로 검토한다면 어렵지 않게 임시통일기준에 도달할 수 있을 것이다.

또한 WTO 통일원산지협상의 조속한 마무리를 위한 방안을 동아시아국가들이 공동으로 마련할 수도 있을 것이다.

비록 WTO 통일원산지규정이 시행되기 전까지 원산지규정에 대해서 분쟁이 많은 사항들 예컨대: ① 원료의 가치를 계산하는 기준; ② 세트 상품의 원산지 판정기준; ③ 대체재나 재료의 원산지 판정 규정; ④ 장식품이나 스페어 파트 및 공구의 원산지 판정 기준; ⑤ 선적이나 소매를 위한 포장에 대한 기준; ⑥ 중간재에 대한 기준; ⑦ 창작품에 대한 기준; ⑧ 원산지 입증 체계와 원산지 증명에 대한 예외 기준들에 대하여는 WTO 통일원산지규정의 타결내용과 상충되지 않는 범위에서 동아시아국가 만의 추가적 기준 내지 임시기준을 마련하는 방안도 생각해 볼 수 있다.

2 특혜원산지규정

특정 RTA의 어떤 회원국이 다른 회원국으로부터 수입되는 상품에 관세적 특혜를 부여하는 지위를 결정하거나 개발도상국가에 대한 GSP의 관세 혜택을 부여하기 위한 특혜원산지 규정들도 다양하고 복잡하며 투명성이 부족하여 이 원산지규정들을 파악하고 대처하기 위하여 무역관련 기업들은 상당한 비용과 노력을 부담할 수밖에 없음은 앞에서 언급하였다.

따라서 동아시아 국가가 회원국인 RTA의 특혜원산지규정 등의 통일 내지 표준화가 필요하다. GSP 부여를 위한 원산지규정의 통일은 동아시아 국가들의 협의로 비교적 용이하게 달성할 수도 있다.

그러나 개별국가들이 각국의 산업적 특성에 따라 협상을 통해 체결한 개별 RTA의 원산지규정은 제각각일 수밖에 없어 이를 통일화하는 것은 매우 어렵다.

동아시아 지역 RTA들의 원산지규정을 통일내지 표준화하는 방안으로는 모델 원산지규정을 제정하여 각 RTA들이 이를 수용하는 방식과 넓은 범위의 동아시아 경제통합체를 구성하고 그 원산지규정의 정립 방법 등을 생각해 볼 수 있을 것이다. 이러한 원산지 규정을 일종의 모델 규정으로 하여 동아시아 통합체의 성립 이전에도 역내 RTA들이 이를 사용할 수도 있을 것이다.

다만 이 문제는 동아시아 경제통합과 기존의 RTA들 관계와 기존의 RTA의 원산지규정의 개정까지 포함 원산지 규정의 통일 내지 표준화를 추진할 것인가 등의 문제가 제기될 것이다.

향후 동아시아 RTA들이 적용할 수 있는 모델 원산지규정을 만든다면 그 규정은 일반적인 원산지 규정 외에 항상 논란이 많은 ① 제3국이나 다른 역내에서 생산된 부품이 투입되어 생산된 제품에 대한 특혜적 시장 접근의 기준, ② 역내 원산지 지위를 얻기 위한 역내부가가치(Regional Value Content: RVC)계산방법, ③ 역내 상품으로 간주하기 위한 de minimis 규정과 기준, ④ "누적계산(accumulation)"의 기준;[29] ⑤ 수입업자가 특혜

---

[29] 비원산지 재료의 사용을 허용하는 방법의 하나인 "누적"계산(accumulation of origin)이란 일방 당사국의 영역을 원산지로 하는 상품이나 재료가 타방 당사국의 영역 내에서 상품의 생산에 결합되는 경우 그 상품이나 재료는 타방 당사국의 영역이 원산지인 것으로 간주되는 것을 의미한다. 이에 대하여 중간재 지정은 최종 상품의 RVC 비율 산출시 생산자가 그 상품에 사용된 재료를 중간재로 지정하는 것이 허용되는데, 이때 지정된 중간재가 역내산으로 인정되면 중간재료 전체 가격이 역내 부가가치로 계산되는 것으로 사실상 "누적"계산과 같은 효과가 나타난다. 따라서 중간재의 지정으로 말미암아 비원산지 재료가 일정한 가공요건을 충족함으로써 원산지 지위를 획득한 경우 당해 재료가 최종 상품 생산에 사용되면 동 재료는 모두 역내산으로 간주되는 이른바 상향적 누적원칙(roll-up principle)이 적용되게 된다. 상향적 누적원칙(roll-up principle)이란 하위의 비원산지 재료가 일단 원산지 지위를 취득하여 최종상품 생산에 사용된 경우 원산지 지위를 취득한 비원산 재료 100% 역내산으로 간주하는 것을 말한다.

관세를 주장할 수 있는 요건; ⑥ Integrated Sourcing Initiative(ISI),[30] 역외가공,[31] 유사누적 규정(diagonal accumulation) 등 원산지 확장 방식 등에 관한 객관적이고 투명한 내용을 정립하여야 할 것이다.

5 동아시아 역내 무역원활화 방안

1 WTO DDA 무역원활화 협상에 대한 검토

현재 WTO DDA 무역원활화에 관한 협상은 GATT 제X조, 제VIII조, 제V조에 한정하여 이루어지고 있다.[32]

GATT 제X조는 무역 절차에 관한 규제와 법령, 절차에 대한 투명성을 규정하고 있으며, 통관절차에서 피해를 입은 수출입업자의 이의 제기와 상소 절차를 규정하고 있다. 이 제X조를 이행하기 위해서는 무역 절차에 관련법규, 사법(司法)적 결정, 행정조치 등을 공개하고, 투명성을 확보함으로써 예측 가능성을 제고하여야 한다.[33] 이를 위해서 무역 절차에 관련법규를 공개하는 채널을 마련하고 그 법규가 공표되기 전에 집행되는 것을 금지하며, 개정 및 신설 법규의 집행에 앞서 합리적인 과도기간을 설정하여 충분한 사전 준비 기간을 부여해야 한다. 규제, 법령, 사법절차 및 행정조치가 공정하고 합리적인 방법으로 집행되고, 이를 보장하기 위해 통관절차에 대한 검토 및 상소절차를 운영하여야 한다.

GATT 제VIII조는 수출입관세 및 내국세 이외의 수출입 절차와 관련되어 징수하는 수수료는 실제 소요 비용과 거의 같아야 하며, 국내 산업 보호나 재정 보충의 목적으로 이용되어서는 안 된다고 규정하고 있다.[34] 또한 고의성이 없는 실수 및 경미한 절차 및 규제의 위반에 대하여 과도한 징벌이나 벌금을 징수할 수 없다. 특히 구비서류의 누락 또는 오기 사항으로서 쉽게 정정할 수 있는 경우는 단순한 경고사항에 속한다. 그러나 WTO회원국이 과징금의 축소와 수출입 절차 및 관련 수수료의 간소화의 필요성에 대해

---

30) 예컨대 미국-싱가포르 FTA Article 3.2:
1. Each Party shall provide that a good listed in Annex 3B is an originating good when imported into its territory from the territory of the other Party.
2. Within six months after entry into force of this Agreement, the Parties shall meet to explore the expansion of the product coverage of Annex 3B. The Parties shall consult regularly to review the operation of this Article and consider the addition of goods to Annex 3B.
미국-싱가포르 FTA Annex 3B에서는 전자제품, 기계류, 의료기기 등 266개 품목을 ISI 목록으로 열거하고 있다.

31) 한국-싱가포르 FTA 제4.4조는 "역외가공(outward processing)"을 규정하고 있다.

32) DDA 협상 기본골격(July Package), Annex D ¶ 1.

33) GATT 제X조 1항.

34) GATT 제VIII조 1항 (a).

인식해야 한다고 규정하면서도 회원국들의 수출입 절차 및 수수료의 간소화에 과한 의무를 명시하고 있지 않다.

GATT 제V조는 운송 수단의 종류 및 국적에 따른 차별을 금지하고, 형식적 절차의 간소화, 합리적 수수료 적용, 투명성 제고를 규정하고 있다. 환적, 입고, 하역, 운송방법의 변경 등을 불문하고, 해당회원국의 국경 밖에서 물품운송이 시작되어 동회원국의 국경 밖에서 끝나는 과정 중 일부에 해당할 때는 "통과운송"으로 간주하며[35] 운송수단의 국적, 원산지, 출발지, 입국지, 출국지 등에 관계없이 차별 대우를 금지하고, 통과화물은 세관시설을 통과해야 하지만 불필요하게 통관절차가 지연되거나 제한되는 행위는 금지되며,[36] 통과에 수반되는 행정적 경비 또는 제공된 용역의 비용에 상응하는, 교통조건을 고려한 합리적인 과징금만 부과해야 하고, 목적지까지 직접 운송되는 화물보다 통과화물에 대한 불리하거나 차별적 대우를 금지하고 있다.

GATT 제X조, 제VIII조, 제V조의 이행의 의무가 WTO 모든 회원국에 제한 없이 부과되어 이행된다면 무역원활화는 한층 제고될 것이다. 그러나 개발도상국들은 무역원활화 이행을 위한 시설 및 여건의 확보가 어려워 이에 반대하거나 선진국의 기술지원 및 능력배양사업을 강조하고 있다. 우리나라는 통관시스템의 전산화와 현대화를 바탕으로 무역원활화 사업에 매우 적극적이다.[37]

DDA 협상 기본골격(July Package)의 무역원활화에 관한 합의 주요 내용은 개발도상국 우대조항(Special & Different Treatment)의 원칙을 고려하여 개발도상국 및 최빈(最貧) 개발도상국의 양허 이행을 위한 선진국의 지원이 없거나, 이들 국가가 양허 이행 능력이 없는 경우 양허의 이행은 요구되지 않는다.[38]

최빈 개발도상국의 양허 의무는 자국의 개발 및 재정 수준, 행정 및 제도적 능력 수준 등에 맞을 경우에만 해당한다.

개도국 및 최빈 개발도상국에 대한 기술 지원과 능력 배양이 매우 중요함을 인식하고, 동(同) 국가들이 협상에서 최대한의 이익을 얻을 수 있도록 지원과 준비가 요구된다. 개발도상국 및 최빈 개발도상국의 무역원활화 이행에 소요되는 비용문제를 협상의 주요 안건으로 다루며 IMF, 세계은행 등 국제기구와의 협력을 통해 효율적 실천 방안을 마련한다. 아울러 기술지원과 능력배양을 좀더 효율적이며 실행 가능한 것이 되게 하고 일관

---

35) GATT 제V조 1항.

36) *Id.*, 3항.

37) Zviad V. Guruli, What Is the Best Forum for Promoting Trade Facilitation?, Penn State International Law Review Vol. 21, (Fall 2002), p. 159.

38) DDA 협상 기본골격(July Package), Annex D ¶ 2, 6.

성을 유지하기 위해 다른 국제기구와의 협력을 모색한다.

선진국과 개발도상국의 쟁점사항 중 하나였던 분쟁해결제도의 적용문제는 기본골격(July Package)에 언급되지 않았다. 선진국은 당초 의무불이행에 따른 제재를 분쟁해결제도를 통하여 해결할 것을 제안하였으나 개발도상국은 동 분야 논의에 분쟁해결을 포함할 경우 너무 무거운 의무가 부과된다며 반대하였다.[39]

2 전자무역의 표준화 및 활성화

정보 통신기술의 발전에 따른 인터넷과 디지털 통신의 전 세계적 이용이 가능해지고 이에 따라 기업들이 전자무역(e-trade)활용을 급속히 확대함으로써 국제비즈니스 상황에 대한 신속한 정보가 기업의 생존에 필수적인 시대가 도래하였다. 따라서 각국 정부는 글로벌 네트워크를 통한 전자무역의 기반 구축과 발전에 진력하고 있으며 이를 위한 국제 협력의 필요성을 절감하고 있다.

개정 '교토협정' 도 통관절차의 국제 표준화를 위하여 ① 표준화된 신고양식 사용, ② 국제적 표준을 사용하는 컴퓨터 프로그램의 도입, ③ 여행자 통관 시 복수통관제도의 도입, ④ 원산지 결정시 (마지막) 실질적 변형기준의 적용, ⑤ 통관 분쟁의 불복절차를 규정하고 있다.

정보 통신기술에서 국제적 우위를 갖고 있는 우리나라는 국내적으로는 u-Trade 플랫폼[40] 방식을 고도화할 필요가 있고 이러한 기반을 동아시아국가들 및 주요 무역상대국에까지 연계하여 확대할 필요가 있다. 특히 동아시아 전자무역 네트워크(Pan Asia EC Alliance: PAA)에 지도적 회원국으로 활동을 강화하고 이를 타 지역 전자무역 네트워크와 연결하여 글로벌 네트워크 확대 발전에 노력하여야 한다.[41]

전자무역의 표준화 활성화를 위한 전문요원 양성도 시급한 문제이다. 우리나라는 동아시아 국가들의 전자무역 시스템 구축사업을 지원할 수 있을 것이다. 동아시아 국가들의 전자무역활성화와 표준화를 위해서 한국이 이미 개발한 u-Trade 플랫폼 등의 표준화 및 서비스와 그 IT기술의 수출을 확대할 수도 있을 것이다.

3 통관절차 간소화

우리는 u-Trade 플랫폼 사업과 더불어, 수출입 통관 업무를 단일 입력장소에서 표준화된

---

39) WTO, Overview of Trade Facilitation Work in 2002, *at* http://www.wto.org/english/tratop_e/tradfa_e/tradfa_overview2002_e.htm.

40) 우리 정부는 2005 전용회선 방식의 고비용 구조인 VAN/EDI기반의 무역자동망을 글로벌 네트워크 방식인 u-Trade 플랫폼 방식으로 전환하여 왔다.

41) PAA 홈페이지, *at* http://www.paa.net/paaweb/paa/Contact.htm 참조.

정보가 한번 입력되는 방식으로 총괄 처리가 가능하게 하는, 즉 one-stop서비스와 절차의 간소화, 표준화를 의미하는, Single Window 사업을 발전시키고 확대하여 나가야 한다.[42] 현재 WCO에서는 표준전자데이터를 제공하기 위한 모델(Customs Data Model: CDM)을 제정하고 있고 미국, 일본, 호주 등도 이 과정에 적극 참여하고 있다.[43]

4 이전가격(Transfer Pricing)

다국적기업의 국제적 기업 내 거래, 즉 영업소가 동일한 국가에 있지 않은 모회사와 자회사 또는 자회사 상호간의 부품 · 완성품 · 서비스의 거래는 국제거래임에도 불구하고 국제시장을 경유하지 않고 기업 그룹 내의 거래(기업 내 무역)로서 취급될 때가 많다. 이들 기업 그룹 내의 거래는 시장가격과는 다른 다국적기업의 정책에 의해 가격이 결정될 수 있는데 이를 Transfer Pricing라고 한다. 이 Transfer Pricing은 일반 상품의 관세평가와 다른 점이 있음에도 불구하고 통일된 규범이나 기준 없이 관세평가가 이루어지는 실정이다.[44]

Transfer Pricing이 국가별 관세나 부가가치세(VAT) 소득세의 세율의 차이, 특히 세율이 낮은 국가(이른바 'tax heaven')를 이용해서 다국적 기업 전체의 조세 부담을 축소하려는 목적으로 이용되기도 하지만 기업 내 무역에 대한 자의적이고 일관성 없는 가격평가는 분명 국제무역의 흐름에 부담이 된다. 이중 과세되는 경우도 있고 이중으로 세금이 면제되는 경우도 있을 수 있다. 따라서 Transfer Pricing에 통일된 평가 방식이나 가격 기준의 설정이 필요하다. 현재 WCO와 OECD가 Transfer Pricing에 통일된 평가 방식이나 가격 기준을 도입하려고 노력하고 있다.[45]

---

42) "A single window is defined as a facility that allows parties involved in trade and transport to lodge standardized information and documents with a single entry point to fulfill all import, export, and transit related-related regulatory requirements:" the United Nations Economic Commission for Europe Recommendation on Establishing a Single Window (Recommendation 33, ECE/TRADE/352), *at* http://www.unece.org/cefact/recommendations/rec33/rec33_ecetrd352_e.pdf 참조.

43) WCO Framework of Standards To Secure and Facilitate Global Trade UNeDocs A cross-domain, *at* http://www.unece.org/trade/workshop/ malaysia_feb06/presentations/Framework_21feb06.ppt 578k 20/Feb/2006.

44) Richard Thompson Ainsworth, IT-APAS: Harmonizing Inconsistent Transfer Pricing Rules in Income Tax – Customs – VAT, *Rutgers Computer and Technology Law Journal* Vol. 34, (2007) pp. 1-2.

45) Kunio Mikuriya, Summary Remarks, Second Joint WCO/OECD Conference on Transfer Pricing and Customs Valuation, (May 23, 2007), http://www.wcoomd.org/speeches/?v=1&lid=1&cid=7&id=51.

6 결론

GATT 제VII조, 제X조, 제VIII조, 제V조 등에 따라 동아시아 개별국가들이 자국의 무역규범 및 정책의 투명성을 제고하여야 한다. 이와 관련하여 현재의 WTO 협상 중인 무역원활화 방안을 원국들이 조속히 타결 무역을 창출된 후생의 증가를 무역 절차 비용으로 소모시키는 것을 줄여야 한다. 한국도 대외무역법, 전자무역촉진법 등 관계법령을 전자무역활성, 국제무역규범의 표준화, 투명성 제고 차원에서 정비하여야 한다. 또한 협상국가들 간의 정보교류의 활성화, 협력과 공조체제도 강화하여야 한다.

무역원활화 목적을 위하여 동아시아 역내 국가들이 WTO, WCO, APEC 등에서의 전자무역과 무역절차 간소화 표준화를 위한 국제표준 및 국제규범의 도입에 적극 참여할 필요가 있다.

통관절차 등 무역절차상의 장벽(Trade Procedure Barriers: TPBs)들을 철폐해 나가고 모든 형태의 수송에 적합하고 안정적인 통관 시스템구축, 착오 없는 화물의 흐름, 안전의 확보, 관세절차의 효율성 제고와 국가 간의 협력체제를 구축하는 것이 필요하다.[46]

우리나라의 높은 대외무역의존도 등을 고려할 때 WTO 통일원산지 규정 타결이 가져올 이익이 크다. 따라서 협상의 조속한 타결을 위해 보다 적극적으로 협상력을 발휘할 때이다.

WTO 통일원산지에서 기(旣)타결된 내용을 동아시아 국가들이 자국의 원산지규정으로 채택하고 미(未)타결 쟁점분야는 각 국가들의 재량으로 남겨놓는 방안과 미(未)타결된 분야에 대해서는 임시통일기준을 동아시아국가들이 합의하여 적용할 수 있을 것이다. '최종적인 실질적 변형'을 미(未)타결 쟁점들에 합리적으로 적용한다면 어렵지 않게 임시통일기준에 도달할 수 있을 것이다.

향후 동아시아 경제통합체의 원산지규정에 대한 논의와 동아시아국가들 사이의 기존의 RTA상의 특혜원산지규정들에 대한 통일화 표준화 작업도 필요하다.

동아시아국가들이 TPBs를 철폐하고 모든 형태의 수송에 적합하고 안정적인 통관 시스템구축, 착오 없는 화물의 흐름, 안전의 확보, 관세절차의 효율성 제고와 국가 간의 협력체제를 구축하는 것이 필요하다. 이를 위해 동아시아 역내 대부분의 국가들이 조속히 개정 '교토협정'에 가입하는 것이 급선무라고 하겠다.

u-Trade 플랫폼 방식을 고도화할 필요가 있고 이러한 기반을 동아시아국가들 및 주요 무역상대국에까지 연계하여 확대해야 한다. 아울러 수출입 통관업무의 one-stop서비

---

46) WCO, Framework of Standards To Secure and Facilitate Global Trade UNeDocs A cross-domain, http://www.unece.org/trade/workshop/malaysia_feb06/presentations/Framework_21feb06.ppt 578k 20/Feb/2006.

스와 절차의 간소화, 표준화를 의미하는 Single Window 사업을 발전시키고 확대하여 나가야 한다. 이를 위해 전자무역과 무역절차 간소화 표준화를 위한 국제표준 및 국제규범의 도입에 적극 참여하고 국내법령들을 정비하며 기(旣) 개발된 우리의 u-Trade 플랫폼 등의 표준화 및 서비스와 그 IT기술의 수출 확대, 동아시아의 전자무역체결 구축지원 사업을 실시할 필요가 있다. 또한 무역규범의 표준화를 위한 전문요원의 양성이 시급하다.

참고문헌 REFERENCES

Zviad V. Guruli, What Is the Best Forum for Promoting Trade Facilitation?, *Penn State International Law Review* Vol. 21, (Fall 2002).

Ian F. Fergusson, "World Trade Organization Negotiations: The Doha Development Agenda," Congressional Research Service, (2008. 1. 18).

Lyou, Byung-Woon, Problems of the rules of Origin in the EU and the NAFTA: the Need to Expedite completion of WTO Work for Harmonization, 통상법률, Vol. 57, (2004).

Report of the Committee on Rules of Origin to the Council for Trade in Goods, WTO, G/L/747 (4 Oct. 2005).

Overall Architecture, Intergrated Negotiation Text for the Harmonization Work Programme Overall Arthitecture, WTO, G/R/O/45/Rev.2 (25 June 2002).

Walter Stocker, WCO Seminar on the Harmonization of Non-Preferential Rules of Origin, World Customs Organization, (2008).

Kunio Mikuriya, Summary Remarks, Second Joint WCO/OECD Conference on Transfer Pricing and Customs Valuation, (May 23, 2007).

Richard Thompson Ainsworth, IT-APAS: Harmonizing Inconsistent Transfer Pricing Rules in Income Tax – Customs – VAT, Rutgers *Computer and Technology Law Journal* Vol. 34, (2007).

CHAPTER 10

동아시아 경제통합과 한국의 대ASEAN 공적개발원조(ODA)

한국경제연구원 연구위원 송 원 근

1 서론

동아시아 지역 경제통합은 ASEAN 결성 및 ASEAN FTA, 그리고 한국, 중국, 일본과 ASEAN과의 FTA 추진과 더불어 다양한 방향으로 논의가 진행되고 있다. 기존의 한, 중, 일 3국과 ASEAN을 합친 ASEAN+3에서 최근에는 이에 더해 인도, 호주, 뉴질랜드까지 참여하는 ASEAN+6 체제가 제기되고 있다. 이와 같이 동아시아 경제통합 논의가 다양한 방향으로 진행되고 있는 것은 중국과 일본의 주도권 확보를 위한 경쟁과 동남아 국가들의 ASEAN을 중심으로 한 역외 확대 전략이 복합적으로 작용한 결과이다.

우리나라는 1998년 ASEAN+3 정상회의에서 동아시아 협력 방안을 논의하기 위한 '동아시아 비전그룹'(EAVG)의 설립을 제안한 것을 비롯하여 '동아시아 연구그룹'(EASG)도 제안하는 등 초기부터 동아시아 협력논의를 주도하였다. 그러나 우리나라의 이와 같은 동아시아 협력논의에 있어서의 초기의 주도적 역할은 참여정부 시절 동아시아 정책의 난맥으로 인해 FTA 등 지역경제통합이 빠르게 진행되는 상황에서 지속되지 못했다. 동아시아 지역(ASEAN+3)은 우리나라와 교역 비중이 높을 뿐만 아니라 우리 기업들의 투자처로서의 중요성도 높은 곳이다. 또한 장기적으로 동아시아 지역경제통합에 따른 우리나라의 경제적 이득도 막대할 것으로 예상되어 통합에 있어서 주도적 역할을 하는 것이 국가적 이익에도 부합한다고 할 수 있다.

동아시아 지역의 각국, 특히 일본과 중국이 자국의 주도권 확보를 위해 경쟁하고 있는 상황에서 우리나라의 역할을 실질적으로 확대하기 위해서는 역내 개발협력에의 기여를 통해 경제통합의 기반을 구축하는데 앞장서야 한다. 싱가포르나 브루나이와 같이 소득수준이 높은 국가들을 제외한 ASEAN 국가들에 대해 공적개발원조(ODA)의 규모 및 비중을 확대하는 것은 역내 개발협력을 통해 지역경제통합에서 우리나라의 역할을 제고하는 유용한 수단이다. 그러나 ASEAN에 대한 ODA의 규모 및 비중을 확대하는 방안은 우리나라 ODA 정책 및 체계의 재정립을 통해서만이 가능하다. 따라서 ASEAN에 대한 ODA 확대 필요성과 더불어 우리나라 ODA 체계에 대한 검토와 정책방향의 정립이 필요하다.

우리나라는 막대한 원조의 혜택을 통해 경제성장을 이룬 국가이다. 반면 최빈국 및 후발개도국에 대한 원조는 우리나라의 국제적 위치에 비해 아직 미흡한 수준이다. 따라서 국제사회에서의 책임을 다하고 그를 통해 국가적 신뢰도를 높이기 위해서는 ODA의 수준을 획기적으로 제고하는 노력이 반드시 필요하다. 그러나 우리나라의 ODA는 규모면에서도 선진국 수준에 크게 못 미칠 뿐만 아니라 시스템도 효율적인 체계를 갖추지 못하고 있다. 예를 들면 우리나라 양자간 ODA 사업의 주무부처는 외교부와 기획재정부로 이원화되어 있고, 이에 따라 무상 ODA는 외교부 산하 국제협력단(KOICA)이 시행하고 있는 반면 유상협력자금인 대외경제협력기금(EDCF)는 기획재정부가 수출입은행에 위탁, 집행되고 있다. 또한 무상 ODA인 기술협력사업은 KOICA 외에도 지식경제부 등 일부 정부부처 및 기관에서 분담해서 하고 있다. 이와 같은 ODA 사업 추진기관의 분산은 사업주관 및 운영관리에 있어서의 체계적인 공조를 어렵게 만들어 사업의 효율성을 감소시키고 있다. 따라서 ODA 규모의 확대와 더불어 효율적인 ODA 체계 구축이 필요하다.

동아시아 지역, 특히 ASEAN 국가들에 대한 ODA 확대는 우리나라 ODA 정책의 재정비, 즉 ODA 수준의 획기적 제고와 효율적인 ODA 체계 구축이라는 큰 틀 안에서 전략적으로 접근하여야 한다. 2010년 OECD 개발원조위원회(Development Assistance Committee: DAC) 가입을 목표로 하고 있는 우리나라는 향후 수년간 ODA 수준을 큰 폭으로 늘릴 것으로 예상된다.[1] 이를 위해 효율적인 ODA 지원 방안이 마련되어야 하고 원조사업 관리체계가 정비되어야 한다. 지금까지 우리나라는 ODA 체제가 분산되어 있어 개발협력사업 시스템도 사업간 시너지 효과를 거두지 못하고 비효율적으로 운영되어 왔다고 평가할 수 있다. 따라서 대외원조 전반을 총괄할 수 있는 ODA 시스템 구축이 필요하다.

동아시아 경제통합을 위한 개발협력 사업에서 우리나라의 역할을 제고하기 위해 ASEAN 국가들에 대한 ODA 규모 확대와 효과적인 지원전략의 수립이 필요하다. 그러나

---

1) OECD DAC 가입 조건은 총 원조 규모가 1억달러 이상이거나 국민총소득(GNI) 대비 0.2% 이상이어야 한다. 우리나라는 2007년 대외원조(ODA) 규모가 672백만달러로 GNI 대비 0.07%에 불과해 후자의 기준은 충족시키지 못하고 있으나 전자의 기준은 충족시키고 있다.

현재와 같은 ODA 시스템 하에서는 단순한 규모 확대만으로 동아시아 지역의 개발격차 해소에 기여한다는 목표를 효과적으로 달성하기 어렵다. 따라서 효율적인 ODA 시스템을 구축하는 것이 필수적이다.

본 논문에서는 동아시아 지역 경제통합을 위한 개발협력의 필요성과 한국과 일본의 대ASEAN 지원 현황 및 전략을 먼저 살펴본다. 또한 우리나라 ODA의 현황 및 전망을 통해 ODA 규모 증대 방안과 이에 적합한 ODA 시스템 구축 방안을 찾아본다. 대외원조정책의 목표 및 방향에 부합하는 ODA 규모 및 시스템을 토대로 ASEAN 국가들에 대한 최적의 원조 전략을 제시하는 것이 본 논문의 궁극적인 목표이다. ASEAN 국가들에 대한 최적의 원조 전략을 수립하는데 있어서 동아시아 지역 개발협력에서의 한국의 역할 제고와 더불어 수원국과의 상호 이익의 증대라는 목표가 고려되어야 한다. 따라서 본 논문에서는 대외원조정책의 목표 및 방향에 부합하는 ODA 규모 및 시스템에 근거함과 더불어 우리나라와 수원국의 상호 경제적 이익의 증대에도 기여하는 최적의 대ASEAN ODA 전략을 제시하고자 한다.

2 동아시아 경제통합에 있어서 개발협력의 중요성

1 동아시아 국가간 경제격차 현황

ASEAN+3 협력체제는 ASEAN 국가들과 함께 상대적으로 경제규모가 큰 한 · 중 · 일 등 동북아 국가들 간의 지역협력 및 경제통합을 지향하고 있다. 중국의 경우 1인당 국민소득을 기준으로 한 소득수준은 한국, 일본에 비해 매우 낮은 수준이나 경제규모면에서는 구매력기준(PPP) GDP가 미국에 이어 두 번째로 높은 국가로 동아시아 지역에서의 정치 · 경제적 영향력도 그에 걸맞게 커져가고 있다.[2)] 일본의 경우는 경제규모와 소득수준이 모두 선진거대경제권으로 분류할 수 있는 나라로 1980년대 이후 동남아시아 국가들과 중국 등에 대규모 투자를 통해 이들 국가와 수직적 생산네트워크를 형성하여 경제적으로 밀접한 관계를 유지하고 있다.

ASEAN 국가들의 경우 대부분의 국가가 교역의존도가 매우 높고 대외지향적 성장전략을 추진하고 있다. ASEAN 설립 당시 회원국들인 싱가포르, 필리핀, 말레이시아, 인도네시아, 태국 등 선발 ASEAN 국가들은 1980년대부터 수출주도형 공업화 전략 등 대외

---

2) 2006년 기준으로 중국의 구매력(PPP) 기준 GDP는 100,438억달러로 미국에 이어 세계 2위를 기록하고 있는 반면 구매력(PPP) 기준 1인당 GNI는 7,730달러로 209개국 중 102번째이다. 일본의 경우는 PPP 기준 GDP가 42,025억달러로 세계 4위이고 PPP 기준 1인당 GNI는 33,730달러로 209개국 중 21번째로 높다. 한국은 PPP 기준 GDP가 11,523억달러로 13번째로 높고, 1인당 GNI는 23,800달러로 44번째로 높다.

지향적 성장전략으로 높은 경제성장을 이룩하였다. 1990년대 후반 동아시아 외환위기로 인해 성장세가 조금 감소하였으나 여전히 높은 성장률을 기록하며 소득수준을 높여왔다고 할 수 있다. 1990년대 중반 이후 ASEAN에 가입한 베트남, 라오스, 캄보디아, 미얀마 등 후발 ASEAN 국가들은 시장경제로 전환한 이후 역시 높은 경제성장을 보이고 있으나 아직까지 경제규모나 소득수준의 측면에서 후발개도국 수준을 벗어나지 못하고 있다. 특히 후발 ASEAN 국가들인 CLMV(캄보디아, 라오스, 미얀마, 베트남)의 경우 1인당 국민총소득(GNI) 기준으로 최빈국 수준을 벗어나지 못하고 있다. 따라서 한국, 일본 등 동북아 국가들 및 선발 ASEAN 국가들과 CLMV의 경제격차는 상당히 높은 수준이고 이와 같은 격차의 존재는 국가간 시장의 통합을 저해하는 요인으로 작용하여 지역 경제통합의 효과를 반감시키게 된다. ASEAN 국가들 가운데 인도네시아, 필리핀 등의 국가들도 CLMV보다는 높은 수준이나 1인당 GNI가 2,000달러 미만으로 소득수준이 매우 낮은 국가들이라고 할 수 있다.

동아시아 지역의 개발격차 해소를 위한 노력은 ASEAN+3 정상회의가 정례화되면서 ASEAN+3 전체 차원에서 추진되기 시작하여 최빈개도국에 대한 특혜조치 확대, 자원 · 인프라 · IT · 인적자원 개발 등에 대한 지원과 협력, 빈곤퇴치 프로그램의 수립 등이 과제로 제안되었다. 그러나 아직까지 역내 후발개도국의 빈곤인구 비율은 30%에 달하고 있고 국가간 격차도 감소되지 않고 있다. 예를 들면 표 10-2에 나타난 구매력 기준(PPP) 1인당 GDP의 경우 1990년 싱가포르의 1인당 GDP는 미얀마를 제외할 때 가장 낮은 라오스의 약 24배 수준인 반면 2007년 싱가포르의 1인당 GDP는 가장 낮은 캄보디아의 약 28배 수준으로 오히려 소득격차가 더 확대되고 있음을 알 수 있다. 같은 기간 캄보디아와 라오스가 표 10-1에서 보는 바와 같은 높은 GDP 성장률을 기록하고 있었음을 감안하면 역내 경제격차는 쉽게 해소될 수 있는 문제가 아니라는 것을 파악할 수 있다. 신뢰도의 문제가 있어 적절한 예가 될 수 있을지는 의심이 가지만 미얀마의 1인당 GDP를 싱가포르와 비교하면 1990년 약 62배에서 2005년에는 약 45배로 감소하고 있다. 그러나 두 국가간 1인당 GDP 액수의 차이를 계산해보면 1990년 23,643 달러에서 2005년 42,371 달러로 두배 가까이 늘어났음을 알 수 있다.

이외 표 10-3과 표 10-4에 나타난 바와 같이 빈곤인구의 비중, 1일 1달러 이하 및 1일 2달러 이하로 생활하는 인구 비중 등의 지표에서도 CLMV 국가들의 경우 빈곤층의 비중이 매우 높음을 알 수 있다. 국가빈곤선(National Poverty Line) 이하의 인구가 캄보디아 35%, 라오스 33%, 베트남 28.9% 등으로 여타 ASEAN 국가들에 비해 월등히 높다. 1일 2달러 이하로 생활하는 인구 비중을 보면 캄보디아와 라오스의 경우 전체 인구의 70% 이상이고 베트남과 더불어 인도네시아와 필리핀도 50%에 육박해 빈곤문제가 심각한 국가들이라고 할 수 있다.

표 10-1 ASEAN국가의 GDP 성장률

(단위: %)

	말레이시아	싱가포르	인도네시아	태국	필리핀	미얀마	캄보디아	라오스	브루나이	베트남
1990	9.0	9.2	9.0	11.2	3.0	2.8		6.7	1.1	5.1
1991	9.5	6.6	8.9	8.6	−0.6	−0.7		4.1	3.1	6.0
1992	8.9	6.3	7.2	8.1	0.3	9.7		6.9	4.8	8.6
1993	9.9	11.7	7.3	8.3	2.1	6.0		5.9	0.3	8.1
1994	9.2	11.6	7.5	9.0	4.4	7.5	9.1	8.2	3.1	8.8
1995	9.8	8.2	8.4	9.2	4.7	6.9	6.4	7.0	4.5	9.5
1996	10.0	7.8	7.6	5.9	5.8	6.4	5.4	6.9	2.9	9.3
1997	7.3	8.3	4.7	−1.4	5.2	5.7	5.6	6.9	−1.5	8.2
1998	−7.4	−1.4	−13.1	−10.5	−0.6	5.9	5.0	4.0	−0.6	5.8
1999	6.1	7.2	0.8	4.4	3.4	10.9	11.9	7.3	3.1	4.8
2000	8.9	10.1	4.9	4.8	6.0	9.8	8.8	5.8	2.8	6.8
2001	0.3	−2.4	3.6	2.2	1.8	11.3	8.0	5.8	2.7	6.9
2002	4.1	4.2	4.5	5.3	4.4	12.0	6.5	5.9	3.9	7.1
2003	5.7	3.1	4.8	7.1	4.9	13.8	8.5	6.1	2.9	7.3
2004	6.8	8.8	5.0	6.3	6.4	3.0	10.0	6.4	0.5	7.8
2005	5.0	6.6	5.7	4.5	4.9	5.0	13.5	7.1	0.4	8.4
2006	5.9	9.4	5.5	5.1	5.4		10.8	7.6	5.1	8.2
2007	5.7	7.7	6.3	4.8	7.3		10.3	7.1		8.5

출처: WDI Online

인간개발지수(Human Development Index)[3]도 CLMV 국가들과 다른 ASEAN 국가들과의 격차를 잘 보여주고 있다. 표 10-5에 나타난 바와 같이 CLMV 국가들의 평균 인간개발지수는 2003년 기준으로 0.599인데 반해 여타 ASEAN 국가들의 평균 인간개발지수는 0.800으로 적지 않은 격차를 보이고 있다. 이는 단순히 GDP나 빈곤인구 비중과 같은 소득수준의 측면만이 아니라 인간의 행복이나 발전 정도를 기준으로 한 국가의 선진화수준의 측면에서도 ASEAN의 선발국과 후발가입국인 CLMV 간의 격차가 크게 나타나고 있음을 보여준다.

---

3) 인간개발지수(Human Development Index)는 국제연합개발계획(UNDP)이 매년 각국의 문자해독률, 평균수명, 1인당 실질국민소득 등을 토대로 인간개발 성취 정도, 즉 각국의 선진화정도를 평가하는 지수이다.

표 10-2 ASEAN국가의 1인당 GDP

(단위: 달러)

	말레이시아	싱가포르	인도네시아	태국	필리핀	미얀마	캄보디아	라오스	브루나이	베트남
1990	6,727	24,032	2,085	4,140	2,431	389		1,011	49,438	902
1991	7,173	24,888	2,233	4,440	2,361	381		1,022	49,573	936
1992	7,610	25,682	2,355	4,743	2,315	411		1,061	50,492	997
1993	8,153	27,979	2,487	5,076	2,311	430	727	1,092	49,257	1,056
1994	8,682	30,252	2,634	5,470	2,359	456	769	1,149	49,443	1,129
1995	9,297	31,739	2,816	5,908	2,415	481	795	1,199	50,309	1,214
1996	9,970	32,849	2,989	6,187	2,502	505	816	1,251	50,446	1,304
1997	10,432	34,415	3,087	6,034	2,557	527	841	1,307	48,481	1,389
1998	9,426	32,807	2,645	5,341	2,509	551	863	1,330	47,050	1,448
1999	9,768	34,890	2,631	5,521	2,540	604	946	1,339	47,337	1,498
2000	10,395	37,740	2,724	5,729	2,636	656	1,009	1,452	47,543	1,597
2001	10,209	35,855	2,786	5,803	2,627	723	1,069	1,509	47,711	1,684
2002	10,420	37,005	2,873	6,063	2,686	803	1,119	1,573	48,418	1,780
2003	10,803	38,725	2,970	6,449	2,760	906	1,193	1,643	48,694	1,883
2004	11,326	41,610	3,078	6,810	2,876	925	1,291	1,721	47,851	2,002
2005	11,678	43,334	3,209	7,069	2,956	963	1,440	1,814	46,991	2,143
2006	12,149	45,962	3,349	7,378	3,055		1,569	1,919	48,357	2,290
2007	12,631	47,488	3,519	7,682	3,219		1,701	2,020		2,454

출처: WDI Online

표 10-3 국가빈곤선(National Poverty Line) 이하 인구 비중

(단위: %)

국가	1999	2001	2002	2003	2004
브루나이					
캄보디아	35.9				35.0
인도네시아	23.4	18.4	18.2	17.4	16.7
라오스	38.6			33.0	
말레이시아	7.5		5.1		
미얀마		26.6			
필리핀	28.1	27.5		24.7	
싱가포르					
태국	15.9	13.0	9.8		
베트남	37.0		28.9		

출처: World Bank(2005), ASEAN Statistical Pocketbook(2006)

표 10-4 빈곤인구(1$/일, 2$/일) 비중

(단위: %)

국가	1$/일 이하 인구 비중	2$/일 이하 인구 비중
브루나이		
캄보디아	34.1	77.7
인도네시아	7.5	52.4
라오스	26.3	73.2
말레이시아		9.3
미얀마		22.9
필리핀	14.6	46.4
싱가포르		
태국		32.5
베트남		50.9

출처: ASEAN Statistical Pocketbook(2006)

표 10-5 ASEAN 국가의 인간개발지수(Human Development Index: HDI)

국가	1990	1995	2001	2002	2003
브루나이			0.872	0.867	0.866
캄보디아	0.512	0.540	0.556	0.568	0.571
인도네시아	0.623	0.662	0.682	0.692	0.697
라오스	0.449	0.485	0.525	0.534	0.545
말레이시아	0.720	0.759	0.790	0.793	0.796
미얀마			0.549	0.551	0.578
필리핀	0.719	0.735	0.751	0.753	0.758
싱가포르	0.821	0.859	0.884	0.902	0.907
태국	0.705	0.739	0.768	0.768	0.778
베트남	0.610	0.649	0.688	0.691	0.704

출처: World Bank(2005), ASEAN Statistical Pocketbook(2006)

2 경제격차 해소를 위한 개발협력 사업

ASEAN 역내 국가간의 개발격차가 완화되지 않으면 ASEAN의 단일시장화가 어려워지고 더 나아가 동아시아 지역 경제통합이라는 목표의 달성도 불가능해질 수 있다. 이와 같은 개발격차 해소의 필요성에 대한 인식의 공유 하에 ASEAN+3 차원에서 개발협력 사업이 진행되고 있다. 개발협력 사업은 역내 최빈개도국(CLMV)에 대한 직접적인 협력 및

표 10-6 ASEAN 프로젝트 추진 현황

구분	분야	프로젝트 현황						합계
		총자금을 확보한 프로젝트			부분자금을 확보한 프로젝트	자금 확보 진행중	자금 미확보	
		완료	실행중	계획중				
Ⅰ. 인프라	A. 교통	9	3					12
	B. 에너지	8	0				4	12
Ⅱ. 인적자원개발	A. 공공부문 능력배양	36	7	1		4	3	51
	B. 노동 및 고용	6	5		1			12
	C. 고등 교육	1	0			4	1	6
Ⅲ. 정보통신기술(ICT)		21	5		3		2	31
Ⅳ. 지역경제통합	A. 상품과 서비스 교역	10	6	2			1	19
	B. 세관	4	3			3	4	14
	C. 표준화	7	5				2	14
	D. 투자	1	1			2	2	6
Ⅴ. 관광사업		4	0	1	2		1	8
Ⅵ. 빈곤과 삶의 질		0	2				3	5
Ⅶ. 일반적 지원 프로젝트		9	0	1		2	1	13
합계		116	37	5	6	15	24	203

출처: ASEAN Secretariat(2008)

지원 확대와 더불어 'ASEAN 통합 이니셔티브'(Initiative for ASEAN Integration: IAI)나 '메콩강 유역 개발사업' 등 ASEAN 차원의 개발격차 해소를 위한 프로그램이 있다.

역내 최빈개도국(CLMV)에 대한 직접 지원은 이들 국가에 대해 일반특혜관세(Generalized System of Preferences: GSP) 지위와 특혜대우(Preferential Treatment)를 부여하고 있는 것이 대표적이다. 무역, 특히 수출을 통한 최빈개도국의 경제개발을 촉진시키기 위해 현재 한 · 중 · 일 동북아 3국과 기존 ASEAN 회원국들이 CLMV 국가들에 대해 일반특혜관세(GSP) 지위를 부여하고 있다. 이외에도 CLMV를 포함한 역내 저개발국에 대해 동북아 국가들이 공적개발원조(ODA)를 제공하고 있다.

ASEAN 차원의 개발격차 해소를 위한 프로그램으로는 대표적으로 'ASEAN 통합 이니셔티브'(IAI)가 있다. 2000년 ASEAN 정상회의에서 고촉동 당시 싱가포르 총리에 의해 제안된 IAI는 인프라 확충, 인적자원 개발, IT 육성, 지역경제통합 강화 등 4개 분야 관련 사업을 진행하고 있다. 2008년 5월 15일 현재 203개의 프로젝트가 완료되었거나 추진 중이다. 인프라 확충 24개, 인적자원 개발 69개, 정보통신기술 육성 31개, 그리고 지역

경제통합 강화 53개, 기타 26개로 구성되어 있다. 이 프로젝트에는 구체적으로 싱가포르-쿤밍 철도 연결(Singapore-Kunming Rail Link: SKRL)[4], ASEAN Highway Network, ICT 관련 사업, 메콩강유역 개발 등이 포함되어 있다.

IAI에 대한 지원은 ASEAN 6국, 즉, 브루나이, 말레이시아, 인도네시아, 싱가포르, 필리핀을 제외하면 2008년 현재 20,181,689 달러로 집계되고 있다. 일본이 689만달러로 가장 큰 금액을 지원하고 있고, 그 다음으로 한국 500만달러, 인도 310만달러, 노르웨이 152만달러, EU 111만달러의 순으로 지원하고 있다. 또한 국제기구에 의한 지원도 표 10-7에 나타난 바와 같이 유엔개발계획(UNDP), 국제노동기구(ILO), 세계은행 등도 IAI 프로젝트를 지원하고 있다.

'ASEAN 통합 이니셔티브' (IAI)가 개발격차 해소를 위해 CLMV 지역의 개발을 지원하는 프로그램이라면, 여기에 경제통합에 필요한 정치환경 조성 및 사회개발을 포함한 전략 및 프로젝트의 통합운용 및 조정 역할을 하는 것이 '비엔티엔 행동계획' (Vientiane

표 10-7 ASEAN 프로젝트에 대한 지원 현황

No.	Dialogue Partners & Development Agencies	프로젝트 수	공여자의 지원액수($)	지원자금의 비중 (%)
1	일본	35	6,893,487.65	34.1
2	한국	5	5,000,000	24.7
3	인도	4	3,102,666	15.3
4	노르웨이 (UNIDO)	2	1,528,502	7.5
5	유럽 연합	5	1,113,039	5.5
6	호주	3	999,240	4.9
7	덴마크	1	622,395	3.0
8	뉴질랜드	2	412,650	2.0
9	유엔개발계획 (UNDP)	2	264,710	1.3
10	중국	1	200,000	0.9
11	국제노동기구 (ILO)	1	16,000	0.08
12	세계 은행	1	29,000	0.1
	합계	**62**	**20,181,689.65**	**100.0**

출처: ASEAN Secretariat(2008)

4) SKRL 프로젝트는 ASEAN 역내 경제통합을 가속화하기 위한 중요 사업으로 중국의 쿤밍에서 베트남, 캄보디아, 태국, 말레이시아를 거쳐 싱가포르까지 이어지는 총 5,500 km의 철도망 건설 사업이다. 1995년 ASEAN 정상회의에서 말레이시아 마하티르 총리에 의해 최초로 제안되어 계획이 수립되었으나 1997년 경제위기로 무산되었다가 다시 추진되어 2015년까지 완공 계획이다. 비용은 총 23억달러가 들어갈 전망이다.

Action Programme 2005~2010: VAP)이다. IAI는 이와 같은 '비엔티엔 행동계획'(VAP)의 핵심 전략이다.[5)]

이라와디-챠오프라야-메콩 경제협력전략(Ayeyawady-Chao Phraya-Mekong Economic Cooperation Strategy: ACMECS)은 CLMV 중 베트남을 제외한 국가들과 태국을 가입국으로 하여 가입국간 개발격차 축소와 소득향상을 목적으로 2003년 결성되었다. 이후 2004년 베트남이 가입하였고, 2003년 12월 4개국 정상의 바간(Bagan) 회담에서 '바간선언'(Bagan Declaration)을 채택하였다. 바간선언을 통해 역내 무역·투자의 원활화, 인프라의 구축 등을 위한 46개의 공동 프로젝트와 224개의 양국간 프로젝트가 수립되었다. 바간선언은 2020년까지 경제통합을 목적으로 하는 ASEAN의 구상을 보완하는 의미가 있다.

3 동북아 국가의 대ASEAN 공적개발원조 현황 및 전략

1 한국의 대ASEAN 지원 현황 및 역할 증대 필요성

ASEAN의 개발격차 해소를 위해서는 ASEAN 국가들의 지원도 필요하지만 한국, 중국, 일본의 동북아 3국의 지원이 필수적이다. 1999년부터 ASEAN 국가들과 한·중·일 3국의 정상회의가 정례화되면서 한, 중, 일 3국은 ASEAN+3 협력체제 안에서 개발격차 해소를 위한 사업에 참여하고 있다. 표 10-7에 나타난 바와 같이 IAI에 대한 외부지원의 상당 부분을 한국과 일본이 담당하고 있다. 이는 한국과 일본이 IAI 등을 통해 ASEAN+3 체제의 역내 개발격차 해소를 위한 프로그램에 주도적으로 참여하고 있음을 보여준다. 중국의 경우도 IAI에 대한 기여와 더불어 메콩강유역개발사업 등 인도차이나 지역 경제개발을 통한 역내 개발격차 해소를 위한 프로그램에 적극적으로 참여하고 있다.

일본은 1980년대부터 동남아 국가들에 대한 직접투자의 확대와 더불어 ASEAN 국가들의 경제개발을 위한 사업에 대한 지원을 주도해왔다. 또한 일본은 OECD 개발원조위원회(DAC) 가입국 중에서 미국 다음으로 큰 ODA 공여국이다.[6)] 그러나 표 10-8에 나타나 있듯이 일본은 1990년대 장기간의 불황으로 인해 ODA를 전반적으로 축소시키게 되었고 이와 더불어 일본과 동남아 국가들간의 전통적인 지원과 수혜의 관계는 약화되었다고 볼 수 있다. 반면 중국의 경우는 동남아 지역에서의 영향력 확대를 위해 각종 개발

---

5) VAP는 2004년 11월 제10차 ASEAN 정상회의에서 ASEAN 통합계획의 일환으로 채택된 것으로 '하노이 행동계획'(Hanoi Plan of Action 1999~2004)의 후속조치 성격을 띠고 있다. (권율외(2005))

6) 2000~2004년 기간 동안 DAC 국가 전체의 ODA 중에서 미국의 비중은 25%이고 일본은 15%로 미국 다음으로 높다. OECD(2006) 참조.

협력사업에 대한 지원과 함께 전략적으로 선택된 국가에 대한 지원을 확대하고 있다. 이와 같은 중국의 전략에 대해 일본도 중점 지원 분야를 선정하여 특정 권역 중심으로 지원하는 등 대응에 나서고 있다. 따라서 ASEAN에 대한 지원에 있어서 일본과 중국간의 주도권을 잡기 위한 경쟁이 치열하다고 할 수 있다. 이런 상황에서 한, 중, 일 3국의 ASEAN에 대한 지원 현황 및 전략을 살펴보고 한국의 역할 증대를 위한 방안의 모색이 필요하다고 할 수 있다.

표 10-8 DAC 주요 공여국들의 ODA 변화 추이

(단위: 백만달러)

	1970~79	1980~89	1990~99	2000~04
미국	8,536	9,647	8,349	11,554
일본	3,318	5,830	8,012	7,037
프랑스	3,215	5,129	5,997	4,329
독일	3,014	4,453	4,490	3,732
영국	2,560	2,175	2,243	3,758
DAC 국가 전체	26,453	38,048	42,151	45,514

출처: OECD(2006)

한국의 ASEAN 국가들에 대한 공적개발원조(ODA)의 현황 및 추이는 표 10-9에 잘 나타나 있다. 국가별로 살펴보면 2006년 현재 인도네시아에 2,137만달러로 가장 많은 지원을 하고 있고, 그 다음 캄보디아, 베트남, 라오스, 미얀마, 그리고 필리핀의 순으로 지원을 하고 있다. 물론 인도네시아에 가장 많은 지원을 하고 있으나 ASEAN에 대한 ODA는 최빈개도국인 CLMV를 대상으로 하고 있다는 점이 특징이다. 전체 ODA에서 ASEAN에 대한 ODA는 표 10-10에 나타난 것처럼 최근 5년간 10.7~18.7%, 평균 15.7%의 비중을 차지하고 있다.

개발도상국에 대한 유상원조인 대외경제협력기금(Economic Development Cooperation Fund: EDCF)의 경우 표 10-11에서 보는 바와 같이 ASEAN 국가들에 대한 EDCF는 인도네시아, 베트남, 캄보디아, 미얀마, 필리핀, 라오스의 순으로 지원되고 있다. 대외경제협력기금(EDCF)은 ODA의 주요 목표인 국제적인 빈곤 퇴치와 더불어 지원을 통해 개도국 시장 진출을 강화하는 대외경제정책의 시너지 제고를 목표로 전략이 수립되고 있다. 따라서 대외경제정책의 시너지를 제고시킨다는 운용전략에 따라 경제, 외교 등 전분야에 걸쳐 우리나라와 협력 관계가 긴밀한 ASEAN 국가를 집중 지원하고 있다. 아시아 지역에 대해 2006년 현재 전체 EDCF의 61.2%가 지원되고 있고 2007~10년간의 중기운용전략계획상으로도 전체 지원액의 70% 수준을 아시아 지역에 집중 지원할 계획이

표 10-9 한국의 對ASEAN 국가별 ODA 지원현황

(단위: 백만달러)

	브루나이	캄보디아	인도네시아	라오스	말레이시아	미얀마	필리핀	싱가포르	태국	베트남
1990	0.02		0.58		0.05	0.02	0.13		0.22	0.04
1991			2.72	0.02	0.16	0.28	5.19		0.42	0.12
1992			7.27	0.01	0.13	0.21	2.14	0.01	0.58	0.44
1993		0	6.02	0.01	0.13	0.33	1	0.01	0.5	1.11
1994	0.02	0.01	1.72	0.02	0.16	6.28	0.82	0.01	0.44	2.37
1995	0.04		2.59	0.07	0.08	1.94	0.9		0.67	3.39
1996	0.01	0.22	2.35	0.41	0.11	0.88	8.18	0.01	1.2	7.26
1997	0.02	1.78	15.95	0.81	0.16	16.45	1.03		0.73	6.75
1998	0.05	0.3	19.74	0.22	0.08	13.3	0.59		0.83	11.62
1999	0.01	0.25	9.41	0.3	0.1	7.79	1.31		0.44	7.17
2000	0.02	0.66	3.87	0.6	0.27	0.84	3.28		0.71	16.03
2001	0.03	1.13	23.14	0.67	0.15	0.66	4.23		0.63	39.08
2002	0.02	22.71	14.67	1.47	0.19	7.45	7.41		0.94	23.59
2003	0.02	10.76	30.17	2.11	0.24	7.54	7.17		1.72	13.72
2004		23.88	18.6	3.64	0.35	3.87	9.35		2.35	34.44
2005		17.77	19.29	9.77	0.65	9.8	9.23		3.77	18.68
2006		13.84	21.37	13.55	1.11	10.34	8.9		2.22	13.72

자료: OECD-ODA, 한국국제협력단(stat.koica.go.kr)

표 10-10 한국의 對ASEAN ODA 지원 비중

(단위: 백만달러, %)

연도	전체	ASEAN	비중
2002	418.85	78.45	18.7
2003	506.50	73.45	14.5
2004	539.02	96.48	17.9
2005	834.36	88.96	10.7
2006	513.03	85.05	16.6

자료: OECD-ODA, 한국국제협력단(stat.koica.go.kr)

다. 특히 ASEAN의 인도네시아, 베트남 등은 최우선지원국가로 우리나라로부터 가장 많은 대외경제협력기금을 공여받고 있다.

현재까지 지원된 대외경제협력기금의 국가별 순위를 보면 총 38개국 가운데 ASEAN 국가들의 경우 인도네시아가 3위, 베트남이 4위, 캄보디아가 6위, 미얀마가 8위, 필리핀이

표 10-11 한국의 對ASEAN 대외경제협력기금(EDCF) 공여 현황-2007년

(단위: 백만원)

순위	국가	금액
1	인도네시아	166,880
2	베트남	132,726
3	캄보디아	98,903
4	미얀마	76,839
5	필리핀	48,249
6	라오스	22,586

출처: 한국수출입은행

표 10-12 한국의 對ASEAN ODA, EDCF 지원비중

	전체	ASEAN	비중(%)
ODA(백만달러)	513.03	85.05	16.6
EDCF(백만원)	1,773,179	546,183	30.8

주: ODA는 2006년, EDCF는 2007년 자료임

11위이고, ASEAN 국가들에 대한 지원이 전체 EDCF 집행금액의 30.8%를 차지하고 있다. 표 10-12에서와 같이 우리나라 ODA에서 ASEAN 국가가 차지하는 비중에 비해 대외경제협력기금에서의 ASEAN의 비중이 훨씬 높음을 알 수 있다. EDCF의 경우, 원조목적이 개도국의 경제개발 프로젝트에 차관을 제공하여 우리 기업의 진출을 지원하고 경제협력을 강화하는 것이다. 따라서 우리나라와 경제협력의 시너지 효과가 큰 ASEAN 국가들에 대한 EDCF 공여의 비중이 상대적으로 높은 이유라고 해석할 수 있다. ASEAN 각국에 대한 대외경제협력기금에 의한 주요 지원사업은 다음과 같다.

① 베트남: Thien-Tan 상수도 사업, 18번 국도 계량사업, Ba Ria 복합화력 발전설비 구매사업, 백신생산공장 건설사업, 하이퐁 고체폐기물 처리사업, 닌빈 고체폐기물 처리사업, 빈푹 고체폐기물 처리사업, 티엔탄 상수도사업, 투아이엔훼 종합병원 건립사업, GMS 남부해안 연결도로사업, 닥농성 종합병원 의료기자재 공급사업, 락지아 우회도로 건설사업, 호아빈 상수도 건설사업, 5개 지역 한베 직업기술대학 건립사업, 디지털 방송 인프라 확충사업

② 캄보디아: 행정전산망 구축사업, 직업훈련원 건립사업, 캄포트-트라팡로포 도로 개보수 사업, 크랑폰리강 수자원개발사업, 지방행정정보망 확충사업, 3번 국도 개보수사업

③ 라오스: 루앙프라방 지방국립대학교 설립사업, GMS 북부도로 개선사업, 라오스

메콩강변 종합관리사업, 라오스 SEA 게임 주경기장 연결도로 개선사업

④ 미얀마: 전화통신망 확충사업, 송배전망 확충사업, 양곤항 콘테이너 야적장 건설사업, 철도차량 구매사업, B형 간염 백신공장 건립사업, 전자정부 구축사업

⑤ 인도네시아: 파당시 우회도로 건설사업, 이동식 직업훈련사업, 실업교육개선사업, 마나도 우회도로 건설사업, 칼리만탄병원 개선사업, 병원폐수 처리시설 확충 사업, 동자바 지방병원 개선사업, 국가범죄정보센터 개발사업, 종합병원 개선사업, 바탐 전자정부 구축사업, 국가정보통신교육원 건립사업

⑥ 필리핀: 1차 전화망 확충 및 현대화사업, 민다나오 송전설비 확충사업, 루손 송전설비 확충사업, 라귄당간 공항개발사업, 남부마닐라 통근철도사업, GSO 도로확장 및 긴급준설사업

ASEAN 국가들에 대한 EDCF 지원사업의 내용을 보면 교통, 통신, 에너지 등 경제인프라 분야에 대한 지원과 교육, 보건, 공공행정 등 사회 인프라 분야에 대한 지원에 집중되어 있음을 알 수 있다. 특히, 최빈개도국이 아닌 인도네시아에 대해서는 교육, 보건 등 사회 인프라의 구축을 위한 지원이 많이 이루어지고 있음을 알 수 있다. 구체적으로 CLMV에 대한 EDCF 지원은 교통, 통신 등 경제 인프라 구축을 위한 지원의 비중이 큰 것과 대조적이다.

전반적으로 우리나라의 ASEAN 국가에 대한 공적개발원조(ODA)는 최빈개도국인 CLMV에 대해 주로 공여되고 있고, 이외에 인도네시아의 비중도 높은 편이다. ASEAN에 대한 ODA의 특징을 보면, ASEAN 국가들과의 경제협력 및 우리 기업의 시장진출 지원 등을 목적으로 한 EDCF의 비중이 높은 반면, EDCF의 경우도 사회 인프라의 구축을 위한 지원이 경제 인프라 지원과 큰 차이가 나지 않는다는 점이다. 원조와 경제성장과의 관계는 여러 연구결과 명확하지 않은 것으로 나타났으나, 일반적으로 교육 · 보건 등 사회적 인프라에 대한 원조에 비해 교통 · 통신 등 경제적 인프라 및 산업에 대한 직접 원조가 경제성장에 미치는 긍정적인 영향이 더 크다.[7)] 따라서 ASEAN 국가의 경제성장 및 소득수준 향상을 통한 개발격차 해소를 위해 우리나라의 ASEAN 국가에 대한 ODA에 있어서 경제 인프라 및 산업 활동에 대한 직접 지원의 비중을 높일 필요가 있다.

2 일본의 대ASEAN 지원 현황 및 전략

일본은 전통적으로 동남아시아 국가들에 대한 최대의 원조국으로서의 역할을 해왔다. 또

7) Clemens et. al (2004)에 따르면 교육 · 보건 · 환경보호 등 간접적 생산부문에 대한 원조는 경제성장에 장기적으로 긍정적이나 그 효과가 미미한 반면, 교통 · 통신 등 경제 인프라 건설이나 농업과 같이 직접적으로 경제활동을 지원하는 원조는 경제성장에 유의하게 긍정적인 영향을 미친다.

한 공적개발원조 등 경제협력을 통해 시장진출 및 직접투자를 확대하여 상호이익을 증대시켰을 뿐만 아니라 태국, 말레이시아 등 ASEAN의 선발개도국들의 경제성장에도 기여했다고 할 수 있다.[8] 일본의 이러한 경험은 공적개발원조(ODA)의 확대를 통해 개도국의 발전에 기여하고 경제협력을 통해 기업진출 확대 등 국가적 이익을 도모하려는 우리나라의 입장에서 매우 유용하다.

최근 중국경제의 급속한 성장과 함께 동남아시아에서의 중국의 영향력이 확대되고 있는 추세이다. 이러한 상황 변화에 따라 일본도 ASEAN에 대한 경제협력 활동에 있어 중국을 견제하는 전략을 사용하고 있다. 구체적으로 일본은 인도차이나 국가에 대한 지원에 있어서 중국의 남진정책이 구체화되고 중국이 개발혜택을 많이 얻을 가능성이 있는 GMS 프로그램같은 사업보다 인도차이나 반도의 동서연결이나 상징성이 높은 교량 건설, 소프트웨어 등에 지원을 집중하고 있다.[9]

일본의 ASEAN 국가에 대한 ODA 지원의 추이를 보면, 2000년 이후 CLMV 국가 가운데 미얀마와 라오스에 대한 지원은 감소하고 있는 반면 베트남에 대한 지원은 증가했음을 알 수 있다. 캄보디아에 대한 지원도 이전보다 증가했다고 볼 수 있다. 인도네시아에 대한 지원도 연도별로 차별성을 보이고 있으나 꾸준히 높은 수준을 유지하고 있다. 반면 말레이시아, 필리핀, 태국의 경우는 1990년대에 비해 지원이 상대적으로 감소했음을 표 10-13을 통해 알 수 있다. 일본의 ODA 지원에 있어 ASEAN 국가들 중 최빈개도국인 CLMV에 대한 지원 비중이 증대되고 선발개도국의 비중은 상대적으로 저하되고 있다. 그러나 규모면에서는 여전히 태국, 필리핀, 말레이시아, 인도네시아 등 일본과 수직적 생산네트워크를 형성하고 있는 선발개도국에 대한 ODA 지원이 압도적임을 알 수 있다. 이는 일본의 ODA 전략이 개도국의 빈곤 감축, 문맹 퇴치와 같은 사회적 문제보다는 경제성장이나 경제협력 등에 초점을 맞추고 있음을 보여준다.

일본의 ODA 정책이 빈곤감축보다는 경제성장에, 그리고 교육 · 환경 · 사회적 인프라보다는 경제적 · 물질적 인프라 구축에 더 높은 비중을 두고 있다는 것은 잘 알려진 사실이다. 표 10-14에서 보듯이 일본이 아시아 국가들에 공여하는 ODA의 지원형태별 비중을 보면 교육, 보건 등 사회 인프라 지원 비중이 24.4%인 반면 경제 인프라 및 생산 지원의 비중이 각각 49%, 7.6%에 이른다. 이는 OECD 개발원조위원회(DAC) 소속 국가들

[8] 일본 외무성은 ODA 정책의 이념, 목적, 원칙 및 방침을 담은 '政府開發援助大綱' (ODA Charter)에서 ASEAN을 중점지원 지역으로 명백하게 규정하고 있다. '大綱' 에서는 아시아 지역이 일본의 안전과 번영에 미치는 영향이 막대함을 지적하고, 특히 ASEAN을 포함한 동아시아 지역의 경우 경제적 상호의존도가 심화되고 있어 ODA가 지역 결속력을 강화시키고 지역간 불균등을 감소시켜 동아시아 지역경제의 통합에 기여할 것임을 강조하고 있다.

[9] 권율 외(2005).

표 10-13 일본의 對ASEAN 국가별 ODA 지원현황

(단위: 백만달러)

	브루나이	캄보디아	인도네시아	라오스	말레이시아	미얀마	필리핀	싱가포르	태국	베트남
1990	3.11	0.15	1131.88	19.11	471.15	61.32	770.09	14.34	503.12	1.31
1991	2.96	0.48	1382.53	22.44	326.54	84.52	507.04	18.43	515.37	7.1
1992	4.41	4.71	1696.51	26.79	293.26	72.07	1385.79	16.43	546.15	364.63
1993	4.52	61.34	1528.99	42.71	150.03	68.61	1044.41	18.4	523.69	21.56
1994	4.76	64.52	1334.34	62.43	164.6	133.81	835.67	13.56	590.06	90.44
1995	4.05	152.04	1425.28	101.1	255.51	167.38	839.99	13.53	907.11	182.12
1996		82.9	1461.87	59.74	276.42	117.9	756.83		860.18	131.17
1997		61.63	954.57	80.69	450.45	64.42	670.18		658.85	241.79
1998		81.4	1273.1	87.5	247.17	61.92	625.87		764.5	394.78
1999		50.87	2225.38	134.76	222.86	34.18	753.8		1140.67	687.07
2000		99.21	1142.33	117.29	138.28	51.78	741.65		994.95	931.22
2001		120.2	865.26	77.55	125.36	69.86	652.56		807.22	467.34
2002		99.4	631.59	92.11	168.84	65.27	679.8		709.21	390.55
2003		126.29	1149.79	86	204.28	43.08	939.22		592.62	513.59
2004		87.24	583.95	71.73	408.04	26.81	662.88		854.33	665.9
2005		101.47	1342.79	57.96	185.32	25.69	750.01		675.31	674.32
2006		107.09	1034.61	66.16	302.2	30.9	749.18		276.61	657.72

출처: OECD-ODA

의 경우 평균적으로 아시아 국가들에 대한 ODA 중 사회 인프라 지원 비중이 40%를 초과하고 경제 인프라 및 생산 지원의 비중이 40% 미만인 것과 대조적이다. 또한 아시아 국가들에 지원하는 세계은행, 아시아개발은행 등 다자기구의 사회 인프라 비중이 48%인 반면 경제 인프라의 비중이 18.6%에 불과한 것과도 대조적인 사실이다.

일본의 ODA는 경제성장 및 경제 인프라 구축에 더 높은 비중을 두고 있다. 이로 인해 일본은 자국의 경제적 이익을 위해 ODA를 이용하고 있다는 비난을 받고 있다. 그러나 다른 DAC 국가들의 경우도 명시적으로 표현하는 경우는 드물지만 ODA의 중요한 목적 중의 하나가 자국의 이익이다. 개도국 혹은 최빈국의 빈곤감축과 경제성장이 선진국의 안전과 번영에 득이 된다는 것은 누구나 동의할 것이다. 그러나 어떤 방식의 원조가 개도국의 빈곤감축과 경제성장에 기여할 것인가에 대해서는 이견이 있다. 원조와 경제성장의 관계에 관한 최근의 연구결과는 원조가 경제성장에 긍정적인 영향을 미친다는 증거를 찾기 어렵다는 것이다.[10] 그렇다면 공여국인 일본과 수원국인 ASEAN을 비롯한 아시아 지역 국가들의 관계만 고려하는 경우 경제 인프라 구축에 중점 지원한 일본의 원조전

표 10-14 대아시아 ODA의 지원형태별 비중-일본(2004년)

(단위: %)

구분	비중
Social	**24.4**
Education	11.9
of which: Basic education	0.6
Health	5.2
of which: Basic health	0.6
Population and reproductive health	0.1
Water supply and sanitation	3.8
Government and civil society	1.3
Other social infrastr. and services	2.1
Economic	**49.0**
Transport, communications	28.0
Energy	20.7
Banking, Business and other services	0.3
Production	**7.4**
Agriculture, forestry and fishing	4.2
Industry, mining, and construction	2.5
Trade and tourism	0.7
Multisector	**3.3**
General programme aid	**1.9**
Debt	**3.7**
Emergency	**8.2**
Others	**2.0**
Total	**100**
Food aid(emergency and development aid)	0.1

출처: OECD(2006)

[10] Burnside and Dollar(2000)는 실증분석을 통해 원조가 일반적으로 경제성장에 긍정적 영향을 주지는 못했으나 좋은 정책을 시행하고 있는 국가에 대한 원조는 그 나라의 경제성장에 긍정적임을 보였다. 반면 Easterly, Levine and Roodman(2003)은 Burnside and Dollar(2000)의 1970~1993년 자료를 1970~1997년으로 확장하여 동일한 모형으로 분석한 결과 원조가 좋은 정책 환경 아래에서 경제성장에 기여한다는 명제가 확인되지 않음을 보였다. Rajan and Subramanian(2005)은 원조가 수원국 실질환율의 평가절상을 가져와 노동집약적 산업, 수출산업에 부정적인 영향을 미치고 제조업 성장을 제약함을 보였다.

략이 수원국의 경제성장에 긍정적이었다는 평가도 가능하다. 왜냐하면 다른 DAC 국가들의 원조를 상대적으로 많이 받은 개도국들에 비해 일본으로부터 경제적 인프라에 대한 원조와 투자를 집중적으로 받았던 ASEAN의 태국, 말레이시아 등이 높은 경제성장세를 보이며 선발개도국으로 진입했기 때문이다.

4 한국의 공적개발원조 현황 및 시스템 개선 방안

1 한국의 공적개발원조(ODA) 현황

한국의 공적개발원조는 1987년 '대외경제협력법'의 제정, 실시와 함께 시작되었다고 할 수 있다. 이 법에 의해 대외협력기금(EDCF)이 설립되어 개발도상국에 차관을 공여할 수 있게 되었다. 또한 1991년 한국국제협력단(Korea International Cooperation Agency: KOICA)이 설립되어 개발도상국에 대한 무상원조를 공여하게 되었다. 한국은 고도성장 과정에서 막대한 원조혜택을 입었던 국가로 저개발국 및 최빈국에 대해 우리 경제수준에 적합한 원조를 지원함으로써 국제사회에서 책임 있는 국가로서의 역할에 대한 기대에 부응해야 한다. 한국은 공적개발원조를 지난 수년간 획기적으로 늘려왔으나 아직까지 양적·질적으로 미미한 수준이다.

ODA에는 수원국에 직접 원조하는 양자 원조(bilateral aid)와 국제기구를 통한 다자원조가 있다. 양자 원조에는 증여 형태의 무상원조와 차관 형태의 유상원조가 있다. 표 10-15에서 보면 우리나라의 ODA는 최근 10년간 예외적인 경우를 제외하고 양자원조 위주로 원조가 이루어져 왔으며, 특히 무상원조의 비중이 높아졌음을 알 수 있다. 지속적으로 증가해오던 ODA 규모가 2006년 급감한 것은 2005년도의 예외적인 증가요인이었던 세계은행 국제개발협회(IDA) 및 미주개발은행(IDB)에 대한 출연·출자금 증가가 소멸한 것이 주요인이다.[11] 또한 무상원조도 이라크 전쟁 및 동남아시아 자연재해라는 일시적 증가요인이 소멸되면서 감소된 것도 2006년 ODA 감소요인 중의 하나이다.

GNI 대비 ODA 규모는 2005년을 제외하고는 0.05%~0.07% 수준에 머물고 있다. 이는 DAC 회원국 평균인 0.28%~0.33%의 1/5 수준에 불과하다. 또한 표 10-16에 나타난 바와 같이 우리나라와 소득수준이 유사한 국가들과 비교해도 우리나라의 ODA 규모가 상대적으로 낮은 수준임을 알 수 있다. 1인당 GNI가 $17,000~$25,000 수준인 포르투갈, 그리스, 뉴질랜드, 스페인의 경우 GNI 대비 ODA 규모가 모두 0.20% 이상이었고, 1인당 ODA 공여액도 우리나라가 15 달러 수준인데 반해 이들 국가는 35~73달러 수준

[11] 2007년도 우리나라 ODA 실적은 672백만달러로 2006년에 비해 47.6%(217백만달러) 증가했다. 이러한 증가의 원인은 역시 세계은행 국제개발협회(IDA) 재원보충(82백만달러)에 따른 다자원조의 급증에 있다.

표 10-15 연도별 ODA 공여실적(순지출기준)

(단위: 백만달러)

구분	1998	1999	2000	2001	2002	2003	2004	2005	2006
ODA	182.7	317.5	212.1	264.7	278.8	365.9	423.3	752.3	455.2
– 양자원조	124.7	131.4	131.2	171.5	206.8	245.2	330.8	463.3	376.1
· 무상원조	37.2	39.0	47.8	53.0	66.7	145.5	212.1	318.0	258.9
· 유상원조(EDCF)	87.5	92.4	83.4	118.6	140.1	99.7	118.7	145.3	117.1
– 다자원조	58.0	186.1	80.9	93.1	72.0	120.7	92.6	289.0	79.2
ODA/GNI(%)	0.05	0.07	0.04	0.06	0.05	0.06	0.06	0.10	0.05
1인당 ODA(달러)	3.95	6.81	4.51	5.59	5.85	7.65	8.80	15.58	9.43

출처: 재경부, 외교부

으로 큰 격차가 있음을 알 수 있다.[12)]

지금까지 살펴 본 바와 같이 우리나라의 ODA 규모는 국제적 위상에 맞는 수준이 아니다. 따라서 지금보다 ODA 규모를 확대하는 것이 필요하고 정부도 이와 같은 필요성을 인식하여 ODA/GNI 목표를 2009년 0.1%, 2015년 0.25%로 설정하였다. 또한 이 목표를 달성하기 위해 구체적인 ODA 확대방안을 수립하고 있다.

표 10-16 우리나라와 소득수준이 유사한 국가들의 ODA(2005년)

(단위: 백만달러)

	GNI (10억달러)	인구 (백만명)	1인당 GNI (달러)	ODA (백만달러)	GNI 대비 ODA (%)	1인당 ODA 공여액(달러)	교역의존도[1)] (%)
한국	786.8	48.8	16,128.7	743.6	0.09	15.2	67.6
포르투갈	177.8	10.3	17,195.3	367.3	0.21	35.5	54.3
그리스	224.0	11.1	20,194.4	535.0	0.24	48.2	31.6
뉴질랜드	101.1	4.1	24,709.6	273.9	0.27	67.0	30.2
스페인	1,086.5	43.2	24,143.6	3,122.9	0.29	72.3	41.4
DAC 평균	1,476.0	37.2	39,711.2	4,839.1	0.33	130.2	–

주: 1) GDP대비 교역액

출처: 한국은행, 경제통계시스템, DAC Online Database,
Http://stats.oecd.org/wbos/default.aspx?DatasetCode=TABLE1,
European Commission(2006. 8), *External and intra European Union Trade.*

12) 비교 시기인 2005년은 우리나라의 ODA 규모가 이례적으로 높았던 시기로 GNI 대비 ODA 규모나 1인당 ODA 공여액도 평년 수준보다 훨씬 높았다고 할 수 있다. 이를 감안하면 우리나라와 소득수준이 유사한 국가들의 ODA 규모 격차는 더욱 확대될 것으로 보인다.

2 한국의 공적개발원조(ODA) 추진 시스템 현황 및 개선방안

우리나라의 공적개발원조(ODA) 정책은 앞에서 지적한 ODA 규모의 확대와 더불어 비효율적이고 분산된 ODA 운용 및 관리 체계의 획기적 개선이 필요하다. 원조 형태별, 지원 수단별로 분산된 ODA 시스템의 효율성 문제는 지속적으로 제기되어 왔고, 다양한 원조 수단간 혹은 사업간 연계성 부족도 시급히 해결해야 할 과제로 대두되어 왔다. 물론 이와 같은 시스템의 문제의 뿌리는 우리나라 ODA 정책의 근본적인 문제점으로 공적개발원조 추진방향에 대한 총괄적 가이드라인을 제시해주는 기본적인 정책이 확립되어 있지 않다는 점이다. ODA 20년의 역사에도 불구하고 우리나라는 ODA에 대한 기본 정책 문서가 없다. ODA 관련 법률은 '대외경제협력기금법'과 같이 관련 사업목적만을 제시하고 있을 뿐이다. 따라서 '대외원조법'과 같은 ODA 정책을 총괄하는 관련 기본법의 제정이 필요하다고 할 수 있다.

'대외원조법'과 같은 ODA 기본법의 제정은 효율적인 ODA 시스템 구축과 그에 따른 효과적인 개발원조의 집행의 출발점은 될 수 있으나 궁극적인 해결 방안은 아니다. 예산 제약 하에서 집행되는 ODA의 효과를 극대화하기 위해서는 전략적 우선순위에 따라 지원국가를 선정하여 중점적으로 지원하는 방식과 더불어 유상과 무상, 기술협력과 자금협력 등 다양한 원조수단을 전체적으로 포괄하는 원조시스템 마련이 시급하다.

우리나라의 ODA 체계는 다음 그림 10-1에서 보듯이 분권화된 체제로 되어 있고 종합적인 계획을 수립하는 단일 기관이 존재하지 않는다. 무상원조인 무상자금협력과 기술협력은 외교통상부 산하 KOICA에서 시행하고 있고, 유상원조인 EDCF는 기획재정부가 수출입은행에 위탁해서 집행하고 있다. 다자원조의 경우 국제금융기관에 대한 출자는 기획재정부가, 국제기구 분담금 출연은 외교통상부가 담당하고 있다. 무상원조의 경우 자금협력은 KOICA에서 전담하고 있으나 기술협력은 KOICA와 더불어 지식경제부 등 일부 부처에서 소관별로 분담해서 시행하고 있다.

분권화된 ODA 체계로 인한 종합적인 계획수립의 부재, 부처간 정책조정 부재 등의 문제점들이 지적되어 왔다. 또한 최근 정부의 거의 모든 부처가 대외원조사업을 추진함에 따라 부처간 업무 및 정책조정의 필요성이 증대되었다. 이러한 문제점을 해소하기 위해 2006년 국무총리를 위원장으로 하는 '국제개발협력위원회'가 설치되어 대외원조 관련 계획 및 정책방향의 심의 · 조정, 대외원조 추진실적에 대한 정책평가 등 유 · 무상 원조에 대한 통합심의기구의 역할을 하고 있다. '국제개발협력위원회'는 국무총리를 위원장으로 해서, 15개 부처 장관, KOICA 총재, 한국수출입은행장, 민간위원 6인 등 총 25인으로 구성되어 있는 민관합동위원회이다. 그러나 '국제개발협력위원회'는 ODA 정책을 총괄하는 실무기관이라기 보다는 정책 조정 및 협의를 위한 심의기구라는 한계를 가지고 있다.[13] 따라서 대외원조정책을 효율적으로 추진할 수 있는 원조기관으로서의 역할을 '국제개발협력위원회'로부터 기대하기는 어렵다.

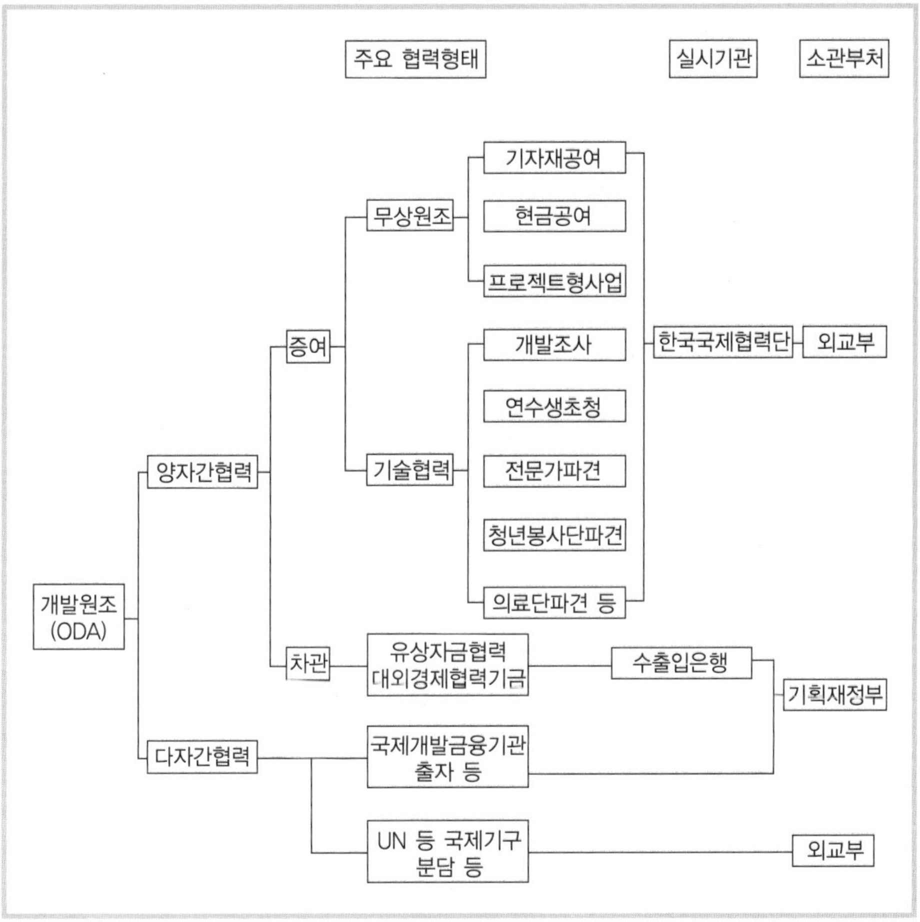

그림 10-1 우리나라 ODA의 체계와 주요기관

'국제개발협력위원회'와 같은 원조정책의 부처간 조정 및 협의를 위한 심의기구에서 한 걸음 더 나아가 대외원조정책의 일관성과 효율성을 확보하기 위해 ODA 정책과 시행을 전체적으로 관리하는 원조기관이 필요하다. 선진국의 경우를 보아도 다양한 지원수단 및 형태에 따라 관리 및 집행기관이 분권화된 체계를 이루고 있다. 그러나 원조정책의 수립 및 기능을 총괄하는 기관이 존재하거나 혹은 한 부처를 중심으로 한 일원화된 원조체제를 갖추고 있다. 예를 들면 미국의 경우 약 50여개의 정부 부처, 관련 기관이 각각의

---

13) '국제개발협력 실무위원회'가 위원회 내에 설치되어 위원회의 활동을 지원하고 실무적인 업무를 수행하고 있다. 실무위원회는 국무조정실 기획차장을 위원장으로 하고 정부의 16개 부처 실·국장과 KOICA 이사, 한국수출입은행 본부장, 민간위원 3인 등 총 22명으로 구성되어 있다. 이와 같은 구성에서 나타난 바와 같이 실무위원회 역시 총괄적인 원조 실무기관이 아닌 관련 부처간 정책 조정 및 협의를 위한 기구라고 할 수 있다.

실용적 목적에 따라 원조를 수행하는 다원화된 분권체제이나 국무성이 정책 가이드라인을 제시해주고 있고 USAID(United States Agency for International Development)가 주된 양자간 원조 시행기관으로서의 역할을 하고 있다.

ODA 규모와 ODA/GNI 비율, 그리고 비구속적(untied) 원조의 비중[14] 등 ODA의 모든 측면에서 선진공여국으로 평가받고 있는 북구 유럽의 국가들도 일원화된 원조체계를 갖추고 있다. 스웨덴의 경우 원조정책의 수립은 외교부(Ministry of Foreign Affairs)에서, 그리고 원조의 시행은 스웨덴 국제개발협력청(Swedish International Development Cooperation Agency: SIDA)에서 담당하고 있다. 덴마크의 경우도 원조 일원화 체제로 외교부(Ministry of Foreign Affairs: MFA)가 ODA 정책과 시행을 전체적으로 관리함과 동시에 외교 및 무역정책을 함께 주관하여 대외정책 차원의 일관성과 효율성을 확보하고 있다.

일본의 경우 우리나라와 비슷하게 다수의 관련 부처와 기관이 대외원조에 관련되어 있고 이를 유상 원조와 무상 원조를 분리하여 운영해왔다. 무상원조는 외무성과 일본국제협력기구(JICA)가 담당하였고 유상 원조는 재무성과 해외경제협력자금(Overseas Economic Co-operation Fund: OECF), 그리고 일본수출입은행이 담당하고 있었다. 따라서 일본은 DAC 회원국 중 가장 복잡하게 분권화된 원조체제라는 평가를 받아왔고 정책조정에 어려움을 겪어왔다. 1999년 OECF와 일본수출입은행이 일본국제협력은행(JBIC)으로 통합되었고 최근에는 원조기관 통폐합 단행을 통해 JICA를 중심으로 원조담당기관의 일원화와 ODA 정책기능 강화를 추진하고 있다.

선진공여국들의 예에서 보듯이 효과적인 ODA 지원과 ODA 시스템의 효율성을 높이기 위해서 ODA 기본법의 제정, 일원화된 ODA 체제가 필요함을 알 수 있다. ODA 기본법으로 정부에서 검토하고 있는 '대외원조법'(가칭)은 빠른 시일 내에 추진할 필요가 있다. 기본법을 통해 원조의 철학, 목적 및 추진체계가 정립되어야 ODA가 일관성 있는 효과를 거둘 수 있다. 기본법의 부재와 더불어 일원화된 ODA 시스템이 갖춰져 있지 않아 ODA 사업의 시너지 효과가 부족하고 또한 유상원조와 무상원조 간에 그리고 무상 증여 사업간에 연계성 부족으로 수원국의 경제성장, 수원국과의 경제협력 증진 등에 효과적으로 기여하지 못한 면이 있다. 따라서 앞에서 예시한 선진공여국들과 같은 일원적인 ODA 시스템을 갖출 필요가 있다.

정부는 '국제개발협력위원회'에서 유 · 무상 원조를 통합하는 'ODA 중기전략'을 통

---

[14] 2007년 기준으로 ODA 규모에 있어 스웨덴은 8위, 노르웨이 11위, 그리고 덴마크는 12위로 개도국에 대해 많은 원조를 제공하고 있다. 또한 ODA/GNI 비율이 스웨덴은 0.93%, 노르웨이 0.95%, 그리고 덴마크는 0.81%로 DAC 평균 0.28%보다 훨씬 높음을 알 수 있다. 양자간 원조에 있어서 비구속적 원조의 비율이 덴마크 95.3%, 노르웨이 99.8%, 그리고 스웨덴은 100%를 기록하고 있다.

해 ODA 추진과 관련한 목표와 방향성을 제시하고 지역별, 분야별 추진전략을 수립하여 ODA의 효율성 제고 및 정책일관성을 추구하고 있다. 그러나 '국제개발협력위원회'와 같은 심의기구를 통해서는 부처간, 특히 무상원조를 담당하는 외교통상부와 유상차관을 관리하는 기획재정부간의 정책 조정을 넘어서는 총괄적인 역할을 기대하기는 어렵다. 물론 개도국에 대한 각종 원조사업이 개도국 정부, 국제기구, 기업 등 민간부문과의 네트워크 형성을 통해 이루어져야 하므로 부처별, 기관별 사업의 분권화는 오히려 효율적이라고 할 수 있다. 그러나 분권화된 개별 원조사업들이 국가 전체의 대외원조정책과 일관성 있게 진행되어야 하고, 또한 사업간의 연계성을 강화하여 ODA의 효율성을 제고시켜야 한다. 그러기 위해서는 ODA 추진 계획의 수립부터 최종 집행에 이르기까지 총괄적으로 관리, 운용하는 기관이 있어야 한다. 정부에서 구상하고 있는 '대외원조 정책위원회'(가칭)도 국무총리를 위원장으로 하는 원조정책의 총괄 조정 장치라는 점에서 원조정책의 총괄보다는 부처간 조정의 역할을 할 가능성이 높다.

따라서 ODA의 효율성 제고 및 정책일관성을 위해서는 외교 및 통상정책을 주관하는 외교통상부가 ODA 정책과 시행을 전체적으로 관리하는 것이 바람직하다. 그렇게 함으로써 대외정책 차원의 일관성과 효율성을 확보할 수 있기 때문이다. 구체적으로 ODA 정책 및 원조계획의 수립 등에 있어서 외교통상부가 총괄, 관리하는 역할을 담당하고, 원조의 시행은 KOICA를 중심으로 행해지는 것이 원조의 효율성, 그리고 정책일관성을 위해서 바람직하다.

이외에도 ODA 관리 시스템과 관련하여 ODA에 대한 평가 시스템의 개선이 필요하다. 현재 ODA 평가는 원조 시행기관별로 개별 사업에 대한 평가가 이루어지고 있다. 즉, KOICA나 EDCF의 경우 프로젝트 중심의 개별사업에 대해 외부 및 내부 평가를 실시하고 있으나 유 · 무상 원조를 포괄하는 종합적인 평가는 부재한 상황이다. 따라서 프로젝트 중심의 개별사업에 대한 평가는 실시기관이 수행하고, 정책 및 부문별 프로그램에 대한 평가는 일원화된 ODA 체제의 수립과 더불어 원조정책과 프로그램 전반에 대한 평가제도를 도입할 필요가 있다. 평가방식은 외부전문가들이 참여하는 제3자 평가, 외부기관 및 전문가, 정부부처가 포함된 합동평가 등 ODA 정책 및 계획, 프로그램을 효과적으로 평가할 수 있는 다양한 방식이 동원될 수 있을 것이다.

5 동아시아 경제통합 촉진과 국가이익을 위한 ODA 전략

1 동아시아 개발격차 해소에 효과적인 ODA 확대전략

우리나라는 2010년 OECD 개발원조위원회(DAC) 가입을 목표로 하고 있어 향후 수년간 ODA 수준을 큰 폭으로 늘릴 것으로 예상된다. 구체적으로 ODA/GNI 비율에 있어서

2009년 0.1%, 2015년 0.25% 달성을 목표로 하고 있다. 따라서 ODA 규모의 획기적 증대를 예상할 수 있으나 앞에서 살펴본 바와 같이 현재와 같은 시스템으로는 ODA 규모 증대의 효과를 거두기 어렵다고 할 수 있다. 따라서 ODA 기본법의 제정, ODA 정책과 시행을 전체적으로 관리하는 기구 혹은 부처의 정립 등 효율적인 ODA 시스템의 구축과 더불어 중장기적인 원조확대계획을 수립해야 한다.

동아시아 지역의 경제통합을 촉진시키는 것은 성장성이 높은 동아시아 시장의 규모를 확대하고 시장통합을 촉진하여 지역 내의 교역과 생산을 증대시키는데 기여할 것이다. 이와 같은 동아시아 지역 내의 교역과 생산의 증대 및 시장규모의 확대는 새로운 시장 및 투자 기회의 제공을 통해 우리 경제의 성장 및 후생 증대에 기여할 것이다. 동아시아, 특히 ASEAN 지역의 개발격차를 해소하는 것은 동아시아 경제통합 성공의 필요조건 중의 하나이다. 따라서 ASEAN 지역의 개발격차 해소를 위해 원조 규모를 확대하는 것은 동아시아 경제통합에 기여하는 것이고 이를 통해 우리나라의 경제적 이익도 증대시킬 수 있는 방안이 된다. 그러므로 우리나라 ODA 규모를 확대함에 있어서 ASEAN 지역의 개발격차 해소를 위한 ODA 증대는 개도국의 빈곤감축 및 경제성장이라는 목적과 더불어 우리나라의 경제적 이익을 위해서도 필수적으로 고려해야 할 사항이다.

앞의 표 10-10, 표 10-12 등에 나타난 바와 같이 우리나라 ODA 중 ASEAN에 대한 원조 비중은 15~16% 수준에 불과하다. 반면 일본의 경우 1997년부터 이라크 전쟁 발발 이후 중동과 아프리카 지역에 대한 원조가 급증하기 전까지 ASEAN에 대한 원조 비중이 평균 28.5%에 달하고 가장 높았던 해에는 그 비중이 37.3%에 달했다.[15] 일본의 ODA 정책에서 ASEAN에 지역적 우선순위를 두고 있기 때문에 ASEAN에 대한 원조비중이 높은 것이 사실이다. 그러나 일본이 DAC 국가 양자간 원조의 13%를 담당하고 있고 미국 다음으로 큰 원조공여국이라는 사실을 감안하면 ASEAN에 대한 ODA 지원은 막대한 수준이라는 것을 알 수 있다.

동아시아 지역 경제통합에서 우리나라의 역할 증대를 위해서는 ASEAN에 대한 ODA 규모와 그 비중을 지금보다 더 높여야 한다. ASEAN에 대해 막대한 규모의 원조를 하는 일본과 지역에서의 영향력을 높여가는 중국의 주도권 경쟁 상황에서 현재와 같은 수준의 ODA 규모로는 개발격차 해소에도 도움을 주지 못하고 경제통합 과정에서의 영향력 행사도 어렵다고 볼 수 있다. 따라서 ASEAN 개별 국가에 대한 ODA 지원전략은 개별 국가의 수요 및 특성에 맞게 수립되어야 하지만 ODA 규모 확대에 있어서 ASEAN 지역에 대해서는 중점지원 지역으로 선정하여 비중을 확대할 필요가 있다.

[15] 일본 외무성에서 발간한 연도별「ODA 백서」에 나온 통계를 인용함.

분야별 지원에 있어서 우리나라는 현재도 교육 · 보건 · 행정 등 사회 인프라의 비중이 높다. 정부에서 발표한 'ODA 중기전략(2008~2010)' 에서도 우리의 비교우위 분야인 인적자원개발(교육 · 훈련), 보건의료, 행정제도, 농촌개발 및 해양수산, 산업인프라 및 에너지, 환경보호 분야 등을 중점 지원분야로 규정하고 있다. 그러나 이와 같은 사회 인프라 중심의 원조는 수원국의 경제성장에 대한 긍정적인 영향이 미미하다. 따라서 ASEAN의 개발격차 해소에 기여하고 궁극적으로 동아시아 지역 경제통합에 기여하기 위해서는 ASEAN 국가에 대한 원조에 있어서 교통 · 통신 등 경제 인프라 및 산업 생산에 대한 직접 원조의 비중을 높여야 할 것이다.

지원형태별 원조에 있어서는 2010년 OECD 개발원조위원회(DAC) 가입을 목표로 하고 있는 상황에서 구속적(tied) 원조[16] 중심으로 구성된 무상 원조를 비구속적(untied) 원조의 비중을 높이는 방향으로 개선해야만 한다.[17] 특히 최빈국에 대한 양자간 원조에서 비구속적 원조의 비중을 확대시켜야 한다. 따라서 ASEAN 국가들에 대한 원조에 있어서도 최빈국을 중심으로 비구속적(untied) 원조 위주로 지원형태를 변화시켜야만 한다. 우리나라는 OECD DAC 가입을 위해 무상원조 규모 확대와 동시에 무상원조의 비구속성화 계획을 수립, 추진하고 있다. 따라서 향후 ODA의 확대는 무상원조, 특히 비구속적 원조의 확대를 중심으로 이루어질 것으로 전망되고, 이는 최빈국에 대한 원조 비중이 증대될 것임을 말해준다. ASEAN에 대한 ODA 확대 방안도 최빈국에 대한 비구속적 원조의 증대로 나타나야 함을 알 수 있다.

개발원조의 언타이드화를 DAC에서 권고한 이유는 원조의 효과성을 높이기 위함이다. 즉, 비구속적 원조의 경우는 공개적이고 경쟁적인 조달을 통해 원조사업의 목적을 가장 잘 달성할 수 있는 업체를 선택할 수 있으므로 원조효과성이 증대된다. 이와 같은 언타이드화의 목적을 달성하기 위해서는 공여국의 국제경쟁입찰시스템 혹은 수원국의 조달시스템이 잘 갖춰져 있어야 한다. 따라서 우리나라가 최빈국에 대한 무상원조의 비구속성화를 확대하기 위해서는 외교통상부와 KOICA의 국제입찰 및 수원국 현지조달 등 조달업무에 대한 체제 개선이 있어야 한다. 구체적으로 외교통상부와 KOICA는 조달업무의 관리 · 감독을 담당하고, 구체적인 업무는 전문적인 조달대행기관을 선정하여 업무의 효율성을 확보하는 것이 바람직하다고 할 수 있다.

---

16) 수원국이 조달하는 수입물자 혹은 용역의 조달처를 공여국 등으로 한정하는 경우를 구속적(tied) 원조라 하고, 그런 제한이 없는 경우를 비구속적(untied) 원조라고 한다. OECD DAC는 선진국들의 구속적 원조가 세계무역질서의 왜곡 등 구속적 원조의 비효율성과 최빈국 원조 의존성을 야기하고 있는 것에 대한 대응으로 최빈국에 대한 개발원조의 untied화를 권고 및 결의하였다.

17) DAC 회원국의 양자 원조에서 비구속적(untied) 원조가 차지하는 비중은 2005년 기준으로 평균 91.8%인 반면, 우리나라는 구속적(tied) 원조가 차지하는 비중이 81.4%이고 비구속적(untied) 원조의 비중은 2.6%에 불과하다.

동아시아 경제통합의 필요조건인 개발격차의 해소에 있어서 우리나라의 역할 제고를 위해서는 ASEAN에 대한 ODA의 규모와 비중을 확대해야 한다. 분야별 지원에 있어서는 개도국 경제성장에의 기여도가 큰 경제 인프라 및 산업 생산에 대한 직접지원의 비중을 높여야 한다. 또한 OECD DAC에 가입을 앞둔 상황에서 우리나라 ODA 확대 방향은 최빈국에 대한 비구속적 원조의 증대로 나타나야 하고, 따라서 ASEAN에 대한 ODA 확대도 최빈국인 CLMV에 대한 비구속적 원조를 확대하는 전략을 채택해야 할 것이다.

2 ASEAN과의 경제협력 및 생산네트워크 형성에 기여하는 ODA 전략

ODA의 목적은 개도국의 경제성장 및 빈곤감축에 기여하는 것이지만 한편으로 공여국과 수원국 상호의 이익을 도모하는 것이 바람직하다고 할 수 있다. 우리나라와 ASEAN 지역은 지리적 근접성, 시장 및 투자 잠재력의 측면에서 개발협력에 따른 상호간 경제적 이익이 상대적으로 클 것으로 전망된다. 따라서 ASEAN 국가들에 대한 개발원조를 확대함에 있어서 ASEAN과의 경제협력을 제고하고 우리나라의 향후 경제적 이익의 제고에도 도움이 되는 전략이 필요하다고 할 수 있다.

ASEAN에 대한 ODA 확대에 있어서 가장 중요한 점은 ASEAN 국가들 중 어느 나라를 중점지원국으로 선정하느냐 하는 것이다. 우리나라 ODA 정책의 방향 및 여건, 그리고 ASEAN의 개발격차 해소를 통한 동아시아 경제통합에의 기여 등을 고려할 때, 최빈국에 대해 경제 인프라 위주의 비구속성 원조를 확대하는 전략이 가장 좋은 방안이라고 할 수 있다. 이러한 전략이 최적의 전략이 될 수 있는지를 확인하기 위해서는 과연 ASEAN

표 10-17 한국의 對말레이시아 산업별 무역

(단위: 천달러)

산업	2006년			2007년		
	수입액	수출액	무역수지	수입액	수출액	무역수지
1차산품	1,506,895	31,349	−1,475,546	1,787,878	39,612	−1,748,266
석유 · 석탄류	3,304,729	129,604	−3,175,125	4,131,804	13,372	−4,118,432
고무	155,290	23,383	−131,907	175,853	38,579	−137,274
철강	35,678	350,785	315,107	57,155	395,159	338,004
동	44,768	92,839	48,071	46,742	101,584	54,842
기계	382,853	929,043	546,190	256,996	927,608	670,612
전기전자	1,969,800	1,680,066	−289,734	2,175,211	2,366,306	191,095
자동차	6,402	505,167	498,765	7,579	259,649	252,070
정밀기기	116,522	113,168	−3,354	127,701	312,521	184,820

출처: 무역협회

표 10-18 한국의 對인도네시아 산업별 무역

(단위: 천달러)

산업	2006년			2007년		
	수입액	수출액	무역수지	수입액	수출액	무역수지
1차산품	3,865,550	68,432	−3,797,118	3,902,905	76,103	−3,826,802
석유 · 석탄류	5,652,051	1,278,415	−4,373,636	5,492,394	1,501,922	−3,990,472
고무	188,096	94,579	−93,517	211,626	107,548	−104,078
철강	120,525	269,484	148,959	206,013	324,417	118,404
동	32,358	126,368	94,010	36,787	185,123	148,336
기계	76,576	397,157	320,581	74,287	389,071	314,784
전기전자	254,558	569,997	315,439	298,595	745,431	446,836
자동차	1,050	42,301	41,251	1,575	107,377	105,802
정밀기기	4,390	104,937	100,547	8,463	113,362	104,899

출처: 무역협회

표 10-19 한국의 對태국 산업별 무역

(단위: 천달러)

산업	2006년			2007년		
	수입액	수출액	무역수지	수입액	수출액	무역수지
1차산품	985,853	255,319	−730,534	893,509	205,925	−687,584
석유 · 석탄류	266,970	69,875	−197,095	313,814	33,479	−280,335
고무	423,319	45,816	−377,503	417,564	41,924	−375,640
철강	44,523	632,972	588,449	74,304	821,767	747,463
동	69,417	180,976	111,559	68,435	150,558	82,123
기계	375,339	477,770	102,431	428,901	534,654	105,753
전기전자	1,094,169	1,078,181	−15,988	1,351,223	934,323	−416,900
자동차	15,296	107,340	92,044	18,989	190,707	171,718
정밀기기	25,362	145,487	120,125	27,987	174,121	146,134

출처: 무역협회

의 최빈국 혹은 최빈국인 동시에 산업화 초기 단계인 국가들에 대한 중점적인 지원이 이들 국가의 경제성장과 동시에 우리나라의 수출 및 기업진출 확대 등 경제적 이익에도 부합하는지 확인해볼 필요가 있다. 우리나라의 수출 및 기업진출 확대 가능성이 높은 국가는 큰 시장을 보유한 국가를 상정할 수 있으나 최빈국 혹은 초기 산업화 단계의 최빈국이 규모가 큰 시장을 보유하는 경우는 드물다. 그러나 산업 구조면에서 우리나라와 개발협

표 10-20 한국의 對필리핀 산업별 무역

(단위: 천달러)

산업	2006년			2007년		
	수입액	수출액	무역수지	수입액	수출액	무역수지
1차산품	350,769	79,067	-271,702	404,548	103,288	-301,260
석유 · 석탄류	4	420,747	420,743	8,479	690,127	681,648
고무	11,784	14,554	2,770	11,423	20,211	8,788
철강	34,365	138,340	103,975	42,632	199,404	156,772
동	252,458	124,466	-127,992	305,068	169,928	-135,140
기계	164,110	206,931	42,821	162,356	335,699	173,343
전기전자	1,243,316	1,952,802	709,486	1,312,239	1,729,554	417,315
자동차	6,104	116,591	110,487	8,230	180,600	172,370
정밀기기	24,548	19,328	-5,220	61,812	29,609	-32,203

출처: 무역협회

표 10-21 한국의 對베트남 산업별 무역

(단위: 천달러)

산업	2006년			2007년		
	수입액	수출액	무역수지	수입액	수출액	무역수지
1차산품	429,115	47,406	-381,709	666,501	65,515	-600,986
석유 · 석탄류	46,511	527,477	480,966	197,576	1,294,326	1,096,750
고무	52,360	35,228	-17,132	69,031	56,087	-12,944
철강	4,447	189,563	185,116	17,270	272,098	254,828
동	578	83,777	83,199	366	104,996	104,630
기계	20,811	383,643	362,832	37,462	544,273	506,811
전기전자	60,766	430,380	369,614	113,946	458,709	344,763
자동차	609	161,308	160,699	1,295	455,179	453,884
정밀기기	2,625	18,778	16,153	7,139	29,773	22,634

출처: 무역협회

력을 통해 수직적 생산네트워크 형성이 가능하다면 향후 그 나라의 경제성장과 더불어 우리의 수출 및 기업진출이 활발하게 나타나 경제적 이익을 가져다 줄 수 있을 것이다.

여기서는 ASEAN 국가들과 우리나라의 산업별 무역수지를 근거로 수직적 생산네트워크 형성의 가능성을 살펴보고 이를 토대로 중점 지원국 선정의 적절성 여부를 점검해 본다. 일차적으로 국가를 선정함에 있어서 싱가포르, 브루나이와 같이 고소득 국가는 제외하였고 교역데이터가 분석에 충분하지 않은 캄보디아, 라오스, 그리고 미얀마도 제외하였다. 무역수지를 살펴볼 산업으로는 풍부한 원자재 보유 여부를 보기 위해 1차산품, 석유 · 석탄류, 고무, 동 등과 함께 우리나라가 경쟁력을 보유하고 있는 철강, 기계, 전기전자, 자동차, 정밀기기 산업을 선정하였다. 우리나라가 경쟁력을 보유하고 있는 산업에서의 무역수지는 그 흑자 규모가 클수록 향후 수직적 생산네트워크 형성에 따른 산업내 무역이 증대할 가능성이 높은 것으로 판단기준을 정했다. 반면 원자재 부문은 무역수지 적자 여부와 그 규모가 클수록 풍부한 원자재 보유국으로 개발협력 수준이 높아질수록 우리나라에 많은 경제적 이익을 가져다 줄 수 있는 국가로 판단기준을 정했다.

앞의 표 10-17~21에서 보면 이와 같은 기준이 부합해 개발협력을 통해 우리나라와 수직적 생산네트워크 형성 등을 통해 상호간에 많은 경제적 이익을 얻을 수 있는 국가로 인도네시아, 베트남을 들 수 있다. 이들 국가들은 풍부한 1차산품의 보유로 경제협력을 통한 원자재 확보에도 도움이 될 것으로 예상될 뿐만 아니라 결정적으로 철강, 기계, 전기전자, 자동차, 정밀기기 산업 등에서 우리나라가 높은 무역수지 흑자를 보이고 있다. 따라서 개발협력을 통해 이들 산업에서의 수직적 생산네트워크가 형성되면 산업내 무역의 증대로 양국의 경제적 이익의 증대에 크게 기여할 것으로 예상할 수 있다. 그러나 말레이시아, 태국 등의 경우는 원자재 부문에서 경제협력을 통해 우리나라가 많은 경제적 이익을 얻을 것으로 전망되나 기계, 전기전자, 정밀기기 산업 등 제조업의 경우 현재도 우리나라와 산업내 무역이 많은 것으로 나타났다. 이는 이들 국가에 이미 FDI에 의해 일본 등 선진국과 수직적 생산네트워크를 형성하고 있음을 말해준다. 따라서 산업화 초기의 최빈국 혹은 최빈개도국으로 분류되는 인도네시아와 베트남이 수직적 생산네트워크 형성에 의한 경제적 이익이 높을 전망이라는 관점에서 ASEAN 국가 중 우리나라 ODA의 중점 지원국가로 선정되는 것이 바람직하다고 볼 수 있다.

인도네시아와 베트남은 현재 중점지원국가로 선정되어 ASEAN 국가들 중 우리나라가 가장 많은 유 · 무상 원조를 하고 있는 나라이다. 또한 이외에 캄보디아, 라오스, 미얀마의 경우는 산업구조면에서 인도네시아나 베트남과 유사한 것으로 볼 수 있으나 교역량이 현저히 낮다는 점에서 약간의 차별성을 둘 필요가 있다. 교역데이터와 같은 기초자료가 부족하다는 점은 이들 국가들이 아직 수직적 분업구조의 형성을 기대할 수 있는 수준의 제도적 기반을 갖추지 못하고 있음을 의미한다. 따라서 향후 최빈국에 대한 비구속성 원조를 확대시켜야 하는 상황에서 CLM(캄보디아, 라오스, 미얀마)에 대해서는 이와 같은 기본적인 수준의 제도적 기반을 갖추기 위한 원조에 초점을 맞추고 인도네시아와 베트남에 대해서는 경제 인프라 구축을 위한 원조로 수직적 생산네트워크의 형성에 기여할 수 있는 차별적 전략을 수립하는 것이 바람직할 것으로 판단된다.

표 10-22 한국의 對ASEAN 산업별 무역수지

(단위: 천달러)

산업 \ 국가	ASEAN	말레이시아	인도네시아	태국	필리핀	베트남
2006년						
1차산품	−7,520,790	−1,475,546	−3,797,118	−730,534	−271,702	−381,709
석유 · 석탄류	−7,024,021	−3,175,125	−4,373,636	−197,095	420,743	480,966
고무	−598,523	−131,907	−93,517	−377,503	2,770	−17,132
철강	1,589,485	315,107	148,959	588,449	103,975	185,116
동	225,666	48,071	94,010	111,559	−127,992	83,199
기계	1,814,136	546,190	320,581	102,431	42,821	362,832
전기전자	1,984,646	−289,734	315,439	−15,988	709,486	369,614
자동차	1,111,781	498,765	41,251	92,044	110,487	160,699
정밀기기	224,124	−3,354	100,547	120,125	−5,220	16,153
2007년						
1차산품	−7,857,244	−1,748,266	−3,826,802	−687,584	−301,260	−600,986
석유 · 석탄류	−6,096,439	−4,118,432	−3,990,472	−280,335	681,648	1,096,750
고무	−601,172	−137,274	−104,078	−375,640	8,788	−12,944
철강	1,937,881	338,004	118,404	747,463	156,772	254,828
동	223,901	54,842	148,336	82,123	−135,140	104,630
기계	1,860,715	670,612	314,784	105,753	173,343	506,811
전기전자	1,180,894	191,095	446,836	−416,900	417,315	344,763
자동차	1,379,563	252,070	105,802	171,718	172,370	453,884
정밀기기	362,623	184,820	104,899	146,134	−32,203	22,634

출처: 무역협회

6 결론

동아시아는 시장의 성장 잠재력이 매우 높아 향후 시장의 규모 확대와 더불어 세계경제에서 차지하는 비중도 크게 높아질 것으로 예상된다. 그러나 이와 같은 전망은 동아시아 역내 교역 및 투자 자유화의 제도화를 통해 지역경제의 통합이 이루어진다는 전제 조건 하에 그 가능성이 더욱 높아진다. 한 · 중 · 일 동북아 3국과 ASEAN을 포함한 동아시아 경제통합에 있어서 가장 큰 걸림돌 중의 하나는 역내 국가들간의 높은 경제적 격차이다.

따라서 역내의 개발격차를 해소하는 것은 동아시아 경제통합을 통해 세계경제에서의 지역의 위상을 높이고 실질적으로 역내 국가들의 지속적인 경제발전을 이루는 데에도 기여할 것이다.

우리나라가 동아시아 경제통합의 과정에서 역할을 제고하기 위해서는 역내 개발격차의 해소를 위한 개발협력에 기여하는 것이 바람직하다. 따라서 ASEAN 국가들에 대한 공적개발원조(ODA)의 규모 및 비중을 확대해야 한다. 현재 우리나라 전체 ODA 중 ASEAN이 차지하는 비중은 15~18% 수준이고, 유상원조인 대외경제협력기금(EDCF)에서 ASEAN의 비중은 30% 수준이다. ASEAN에 대한 ODA의 특징을 보면 최빈개도국인 CLMV에 대해 주로 공여되고 있고, 이외에 인도네시아의 비중도 높은 편이다. 또한 사회 인프라의 구축을 위한 지원이 경제 인프라 지원보다 비중이 높다는 점이 특징이다. 원조와 경제성장과의 관계는 명확한 결론을 얻기 어려우나 일반적으로 교육 · 보건 등 사회적 인프라에 대한 원조에 비해 교통 · 통신 등 경제적 인프라 및 산업에 대한 직접 원조가 경제성장에 미치는 긍정적인 영향이 높은 것으로 알려져 있다. 이는 일본의 동남아시아 국가들에 대한 원조와 직접투자에 따른 경제성장 견인을 통해서도 간접적으로 확인할 수 있다. 따라서 우리나라의 ASEAN에 대한 ODA에서도 경제 인프라 지원의 비중을 높일 필요가 있다.

우리나라의 ASEAN에 대한 ODA 규모 및 비중의 확대를 위해서는 먼저 ODA 체계에 대한 검토와 정책방향의 정립이 필요하다. 우리나라의 ODA/GNI 수준은 DAC 회원국 평균의 1/5에 불과하고 소득수준이 유사한 국가들과 비교해도 매우 낮은 수준이다. 따라서 국제사회에서의 책임 완수와 신뢰도 제고를 위해 ODA 수준을 획기적으로 높여야 한다. ODA 규모 확대와 더불어 비효율적인 ODA 시스템의 획기적 개선이 필요하다. 현재의 비효율적인 시스템 하에서는 ODA 규모 확대에 따른 효과가 나타나기 어렵기 때문이다. 본고에서는 ODA 정책을 총괄하는 '대외원조법' 과 같은 관련 기본법의 제정과 함께 대외원조정책의 일관성과 효율성을 확보하기 위해 ODA 정책과 사업을 전체적으로 관리하는 원조기관의 필요성을 제시했다. 2006년 설치된 '국제개발협력위원회' 는 부처간 정책 조정 및 협의를 위한 심의기구라는 한계를 가지고 있어 총괄적인 기관의 역할을 기대하기 어렵다. 따라서 ODA의 효율성 제고 및 정책일관성을 위해서는 외교 및 통상정책을 주관하는 외교통상부가 ODA의 정책과 시행을 전체적으로 관리하는 것이 바람직하고 총괄적인 원조기관의 설치도 이런 방향으로 추진해야 할 것이다.

동아시아 경제통합 과정에서의 역할 제고를 위한 ASEAN에 대한 ODA 규모와 비중의 확대에 있어서 분야별 지원의 경우는 개도국 경제성장에의 기여도가 큰 경제 인프라 및 산업.생산에 대한 직접지원의 비중을 높이는 전략을 채택해야 한다. 또한 OECD DAC 가입을 앞둔 상황에서 우리나라 ODA 확대 방향은 최빈국에 대한 비구속적(untied) 무상원조의 증대로 나타나야 한다. 따라서 ASEAN에 대한 ODA 확대도 최빈국인

CLMV와 산업화 초기 단계의 인도네시아 등에 대한 비구속적 원조를 확대하는 전략을 채택해야 할 것이다. 이와 같은 전략이 이들 국가의 경제성장과 동시에 우리나라의 경제적 이익에도 부합하는지를 ASEAN 국가들과 우리나라와의 산업별 무역수지를 근거로 확인해보았다. 산업별 무역수지 현황을 살펴본 결과 인도네시아, 베트남 등이 개발협력을 통해 우리나라와 수직적 생산네트워크 형성 가능성이 높아 상호간에 많은 경제적 이익을 얻을 수 있는 국가로 판단된다. 따라서 이들 국가에 대해서는 경제 인프라 구축을 위한 원조로 수직적 생산네트워크의 형성에 기여할 수 있는 전략을 수립하는 것이 바람직하다. 한편 최빈국에 대한 비구속성 원조 확대라는 기본 전략 속에서 ASEAN의 다른 최빈국, 즉 캄보디아, 라오스, 미얀마에 대해서는 기본적인 수준의 제도적 기반을 마련하기 위한 원조에 초점을 맞추어야 할 것으로 보인다.

참고문헌 REFERENCES

권율 외(2006), 「우리나라 대외원조정책의 선진화방안-국제개발협력 패러다임의 변화와 한국 ODA의 개혁과제」, 대외경제정책연구원

권율 외(2007), 「국제사회의 언타이드 원조동향과 우리나라 무상원조의 언타이드 방안」, 대외경제정책연구원 용역보고서

기획재정부, http://www.mosf.go.kr

김흥종 외(2007), 『한국의 주요국별 · 지역별 중장기 통상전략』, 대외경제정책연구원

외교통상부, 「외교통상부 ODAKOREA」, http://www.odakorea.go.kr

한국국제협력단, http://www.koica.go.kr

한국무역협회, 『무역통계』, http://www.kita.net

한국수출입은행, http://www.koreaexim.go.kr

한국은행, 『한국은행 경제통계시스템』, http://ecos.bok.or.kr

Alesina, A. and D. Dollar(2000), "Who Gives Foreign Aid to Whom and Why?." Journal of Economic Growth, 5, pp.33-63.

ASEAN Secretariat(2008),「Status Update of the IAI Work Plan(2002-2008)」

ASEAN Secretariat(2006),「ASEAN Statistical Pocketbook 2006」

Burnside, C. and D. Dollar(2000), "Aid, Policies, and Growth" American Economic Review, 90(4), pp.847-868.

Clemens, M.A., S. Radelet, and R. Bhavnani(2004), "Counting Chickens when they hatch: The Short Term Effect of Aid on Growth," Working Paper No.44, Center for Global Development.

Easterly, William(2003), "Can Foreign Aid Buy Growth?", Journal of Economic Perspectives, 17(3), pp.23-48.

European Commission(2006),「External and Intra European Union Trade」

Government of Japan(2003),「Japan' s Official Development Assistance Charter」, Ministry of Foreign Affairs.

OECD(2007),「Promoting Pro-Poor Growth, policy guidance for donors」

OECD(2006),「Development Aid at a Glance」

OECD-DAC Online Database, http://www.oecd.org/dac/stats

Rajan, R.G., and A. Subramanian(2005), "What Undermines Aid' s Impact on Growth?", NBER Working Paper 11657.

Sunaga, Kazuo(2004), "The Reshaping of Japan' s Official Development Assistance(ODA) Charter," FASID Discussion Paper on Development Assistance No.3

World Bank(2005),「World Development Indicators 2005」

WDI(World Development Indicators) Online

CHAPTER 11

동아시아 경제통합: ASEAN+3 vs ASEAN+6

삼성경제연구소 박 번 순

1 서론

동아시아는 1997년 외환위기 이후 ASEAN+3 체제를 발족시켜 역내 협력을 강화해 왔나. ASEAN+3 체제는 협력을 강화하기 위해 역내의 중지를 모은 동아시아 비전그룹(EAVG) 및 동아시아스터디그룹(EASG) 활동을 중심으로 장단기 협력사업을 발굴하여 단기 프로그램에 대해서는 2003년부터 추진을 해 왔다. ASEAN+3은 중장기 협력사업으로 동아시아정상회의(EAS)를 추진하기로 한 바 있다. 기존 ASEAN+3이 ASEAN이 중심이 되어 각각 한국, 중국, 일본이 참가하는 체제라는 점에서 EAS 체제는 ASEAN+3의 13개 국가가 동등한 자격을 갖고 협력하자는 것이었다.

문제는 EAS의 실현이 ASEAN+3의 자연스런 전환이어야 함에도 불구하고 중국을 견제하기 위한 일본과 동아시아 문제에 발을 걸치고자 하는 미국 그리고 동아시아의 고도성장 기회를 활용하고자 하는 인도의 암묵적인 협력을 통해 인도, 호주, 뉴질랜드가 참여하는 ASEAN+6의 EAS가 되었다는 것이다. 따라서 기존의 ASEAN+3 체제는 박수를 받으면서 퇴장했어야 함에도 불구하고 여전히 존재하고 있으며 EAS가 다소 어정쩡한 모습으로 병존하고 있는 것이다.

그렇다면 우리에게는 어떤 협력체가 더 바람직할까 하는 문제가 대두된다. 사실 ASEAN+3 체제는 한국의 외교적 이니셔티브에 의해 성장했다고 해도 과언이 아니다. 1997년 외환위기와 함께 제1차 정상회의가 열렸고 그 다음해 2차 정상회의가 열렸으나 이 정상회의를 계속할 수 있는 콘텐츠가 필요했다. 한국은 EAVG와 EASG를 주도적으로 설립 운영함으로써 이 콘텐츠를 만드는 주역을 맡았던 것이다.

이 점에서 현재 ASEAN+3 체제는 한국 외교가 거둔 중요한 업적이었다. 향후에도 우리는 동아시아가 장기적으로 공동체로 발전하는데 중요한 역할을 해야 할 책임도 있으며 동시에 그러한 역할을 수행 할 기본 조건도 갖추고 있다고 본다. 중요한 점은 ASEAN+3 혹은 ASEAN+6 중 어느 체제가 우리에게 더 많은 이익을 주고, 동아시아 체제의 협력을 공고화하며, 동아시아 경제의 이익에 부합하느냐를 결정하고 이의 협력 강화를 추진해 가야 한다는 것이다.

이 장에서는 한국이 ASEAN+3 혹은 ASEAN+6 어느 것에 정책적 우선순위를 두어야 하는 가에 대한 검토를 하기로 한다. 한국은 수출주도형 성장전략을 통해 발전했지만 현재 동아시아는 가장 중요한 경제협력 대상지역이다. 따라서 동아시아의 발전은 한국의 발전에 긴요하다. 2절에서는 한국의 입장에서 동아시아의 협력 필요성을 검토하고 3절에서는 동아시아에서 전개되는 대외경제협력 관계의 변화를 살펴보기로 한다. 4절에서는 ASEAN+3 및 ASEAN+6가 가져올 수 있는 잠재적 이익에 대해서 설명하며 어느 것이 실현가능성이 높은가에 대해서 검토한다. 그리고 5절은 우리가 추진해야 할 정책적 입장을 제시하기로 한다.

2 한국의 동아시아 지역협력의 필요성

한국은 대외 지향적 성장전략을 추진하면서 다자체제의 혜택을 가장 크게 받은 국가이다. 그러나 WTO와 APEC이 전 세계적 혹은 아시아태평양지역의 무역 투자 자유화를 실현시키지 못하고 '규범의 창조자' 로서의 역할에도 한계가 있는 가운데 세계경제에서 지역주의(FTA)가 확산되면서 한국만이 불안전한 다자체제를 지지하기는 곤란한 상황이 되었다.

한편 한국의 대외경제 협력에서 동아시아는 가장 중요한 지역이다. 지난 1997년의 외환위기에서 경험했듯이 한국은 동아시아의 일원으로, 동아시아 경제의 여건 변화는 한국에 직접적인 영향을 미친다. 동아시아(ASEAN+3 및 대만 홍콩)에 대한 한국의 수출은 2007년 현재 1,788억달러로 총수출 3,715억달러의 48.1%를 차지하고 있다. 여기에 인도 및 대양주를 포함한 지역에 대한 수출은 1,854억달러로 총수출의 49.9%를 차지해 한국 총수출의 절반을 동아시아 지역에 수출하고 있는 셈이다.

동아시아의 비중이 지난 10여 년 동안 크게 변한 것은 아니다. 1995년 ASEAN+6 지역에 대한 수출비중은 47.9%에 이르렀고 동아시아 지역에 대한 수출은 47.0%에 이르고 있었기 때문이다. 2000년의 ASEAN+6의 45.9%에 비해 보면 크게 증가했다고 보기는 어렵다. 그러나 그 내용에서는 상당한 변화가 있었다. 바로 중국에 대한 수출의존도가 급격히 증가했다는 점이다. 중국에 대한 수출의존도는 1995년 7.3%에 불과했으나 2007년에는 22.1%로 증가해 놀라운 성장속도를 보여주었다. 대중국 수출비중의 증가는 동아시아 다른 지역의 수출의존도를 축소시키면서 진행되었는데 일본의 경우 1995년 13.6%에서 2007년 7.1%로 감소했고 ASEAN의 경우 14.4%에서 10.4%로 역시 하락했다. 중국에 대한 수출의존도 증가는 동아시아 다른 국가의 비중에만 영향을 미친 것은 아니다. 미국 의존도 또한 1995년 19.3%에서 2007년 12.3%로 줄어들었다.

표 11-1 한국의 대동아시아 수출

(단위: 백만달러, %)

	1995	2000	2005	2007
중국	9,144(7.3)	18,455(10.7)	61,915(21.8)	81,995(22.1)
대만+홍콩	14,564(11.6)	18,735(10.9)	26,394(9.3)	31,681(8.5)
일본	17,049(13.6)	20,466(11.9)	24,027(8.4)	26,370(7.1)
ASEAN	17,979(14.4)	20,134(11.7)	27,432(9.6)	38,749(10.4)
인도	1,126(0.9)	1,326(0.8)	4,598(1.6)	6,600(1.8)
계	59,862(47.9)	79,116(45.9)	144,366(50.8)	185,395(49.9)
미국	24,131(19.3)	37,611(21.8)	41,343(14.5)	45,766(12.3)
총수출	125,058(100.0)	172,268(100.0)	284,419(100.0)	371,489(100.0)

자료: 무역협회 및 수출입은행

수입의 경우도 동아시아는 중요한 지역이다. 인도를 포함한 아시아로부터의 수입은 2007년 1,691억달러로 총수입의 47.4%를 차지하고 있다. 수출에 비해 수입은 1995년 40.2%에서 2005년 48.0% 등 비중이 지속적으로 증가했음을 볼 수 있다. 한국의 수입구조를 보면 원유 등 1차 상품과 자본재 등의 수입이 많다. 따라서 1차상품은 중동의존도가 높았고 제조업 생산에 필요한 자본재 및 부품 등은 대일의존도가 높았다. 그러나 1990년대초 중국과 국교가 정상화 된 이후 대중국 수입이 급속히 증가했다. 1995년 총수입의 5.5%에 불과하던 대중국 수입 비중은 2007년 17.7%까지 증가해 일본의 그것을 상회하게 되었다. 중국으로부터의 수입은 초기에는 임가공제품이 중심이었으나 점차 중저가의 공산품으로 확산되었고 이제는 부품과 중간재의 수입도 급증하고 있다.

ASEAN에 대한 수입은 1차 상품과 반도체 등 전자부품이 많다. 말레이시아, 인도네시아, 베트남 등에서는 원유 및 천연가스 기타 1차 상품의 비중이 상대적으로 높다. 총수입에서 ASEAN의 비중은 1995년 7.5%에서 2007년에는 9.3%로 증가했다. 인도의 경우 2007년 46억달러의 상품을 수입했는데 총수입의 1.3%에 불과하다. 그러나 1995년 약 8억달러 0.6%에 비하면 큰 폭으로 증가한 것이다.

한편 동아시아는 한국의 주요한 투자지역이다. 2007년 누계 기준으로 우리나라의 총해외투자 중 ASEAN+6 지역의 비중은 45.7%를 차지하고 있다. 이 중에 중국에 대한 투자는 잔고기준 24.6%로 가장 많으며 ASEAN이 11.9%로 그 다음을 차지하고 있다. ASEAN

표 11-2 한국의 대동아시아 수입

(단위: 백만달러, %)

	1995	2000	2005	2007
중국	7,401(5.5)	12,799(8.0)	38,648(14.8)	63,028(17.7)
대만+홍콩	3,402(2.5)	5,962(3.7)	10,093(3.9)	12,109(3.4)
일본	32,606(24.1)	31,828(19.8)	48,403(18.5)	56,250(15.8)
ASEAN	10,137(7.5)	18,173(11.3)	26,064(10.0)	33,110(9.3)
인도	798(0.6)	985(0.6)	2,112(0.8)	4,624(1.3)
계	54,344(40.2)	69,747(43.5)	125,320(48.0)	169,121(47.4)
미국	30,404(22.5)	29,242(18.2)	30,586(11.7)	37,219(10.4)
총수출	135,119(100.0)	160,481(100.0)	261,238(100.0)	356,846(100.0)

자료: 무역협회

중에서는 베트남에 대한 투자가 가장 많으며, 인도네시아, 싱가포르 등도 주요한 투자국이다. 인도에 대한 투자는 2007년말 누계로 약 13억달러에 이르는데 이는 한국 총해외투자의 1.4%에 불과하다. 대인도 투자는 베트남, 인도네시아, 싱가포르에 대한 투자보다도 적다. 일본에 대한 직접투자는 활발하지 않은데 이는 한국기업의 대 ASEAN+6 투자가 주로 한국의 높은 생산비를 고려하여 인건비가 저렴한 지역으로 투자를 하기 때문이다.

동아시아 지역에 대한 투자는 미국 등 선진국에 비해서 상대적으로 제조업 중심이라는 특징을 갖고 있기도 하다. 제조업 분야에서 중국에 대한 투자는 2007년 말 현재 225

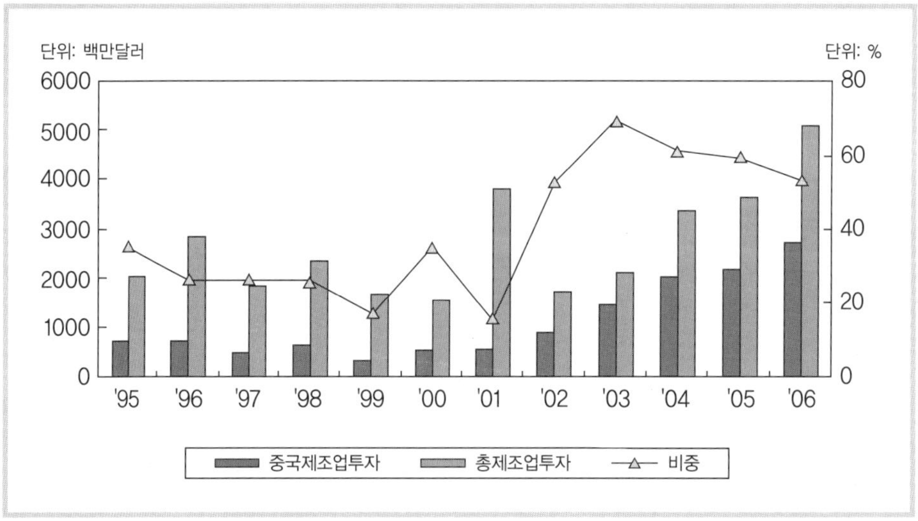

자료: 한국수출입은행

그림 11-1 한국 제조업의 대중국 투자 의존도

억달러로 한국 총 해외 제조업 투자의 452억달러의 40.2%를 차지하고 있다. 제조업의 대인도 투자는 11.2억달러로 전체 제조업 투자의 2.5% 수준이다.

현재 우리의 대동아시아 경제협력은 이미 우리 경제에 중요하지만 미래에는 더욱 중요해질 것이다. 향후 세계경제구조는 필연적으로 미국중심 구조가 약화될 것이다. 미국은 오랫동안 과잉소비를 해 왔으며 최근의 금융위기에서 보듯이 경제구조에 상당한 취약점을 갖고 있다. 따라서 금융위기 이후 일본과 중국 등 동아시아 지역이 세계경제에서 차지하는 역할은 더욱 증가할 것이다. 그렇게 된다면 한국의 동아시아 협력 관계는 향후 더욱 확대될 것이고 그만큼 더 동아시아 협력체가 필요하다고 하겠다.

3 동아시아 지역협력체 목표

1 동아시아 경제의 대외 협력 구조변화

동아시아는 1960년대 이후 고투자와 수출주도형 공업화라는 전략을 채택하여 세계시장을 이용해 경제성장을 이루었다. 동아시아는 공업화를 통해 일본–아시아신흥공업국–선발 ASEAN–중국 등의 순서로 성장했으며 이는 흔히 안행형 성장이라고 지칭되고 있다. 안행형 패턴을 따른 동아시아의 공업화는 대량생산제조업을 특징으로 하고 이들은 생산제품을 미국 및 유럽 시장에 수출했다. 이와 같은 역내 선진국의 후발국에 대한 투자, 기술이전, 부품의 공급으로 후발국은 최종재를 조립하고 이를 역외국에 수출하는 모델은 1990년대 전반 중국이 본격적으로 세계시장에 등장할 때까지는 성공적이었다.

그러나 중국의 등장은 기존의 순차적인 발전에 큰 타격이 되었다. 대규모 생산능력을 가진 중국과 기존 선발 동아시아 국가들과 산업구조가 중첩되면서 상호경쟁이 심화되었다. 동아시아의 생산자는 대량생산 제조상품에 대한 가격결정력을 갖지 못하고 선진국의 수입업자가 가격을 결정하게 되었다. 그 결과 동아시아의 교역조건은 악화되는 합성의 오류 현상이 등장했다. 일본에 이어 소위 수출주도형 성장을 하면서 동아시아의 삶의 수준은 높아졌지만 실제 교역조건의 악화로 인해 '정당한 몫' 만큼은 올라가지 못하는 현상이 나타난 것이다.

실제로 동아시아의 세계시장 점유율 및 미국시장의 점유율 추이를 보면 동아시아의 역외시장에 대한 수출주도형 성장전략은 이미 90년대 중반에 한계에 달했음을 알 수 있다. 1970년 동아시아의 세계시장 점유율은 10.4%이었고, 1995년 26.0%까지 증가했지만 이후 큰 변화를 보이지 않고 있다. 대신 2004년 이후 그 비중이 약간 증가했다. 동아시아의 미국시장 점유율 역시 1995년 39.6%로 가장 높아졌고 2007년에는 34.2%로 감소했던 것이다.

표 11-3 세계 수출에서 차지하는 지역별 비중 추이(1995~2007)

(단위: %)

	동아시아		일본		NIEs		동남아 5		중국	
	세계	미국	세계	미국	세계	미국	세계	미국	세계	미국
1970	10.4	22.0	6.7	14.7	2.3	4.8	1.4	2.6	–	–
1980	14.8	24.7	7.1	12.8	4.2	7.2	2.6	4.3	1.0	0.5
1985	19.5	35.0	9.5	20.0	6.1	10.8	2.4	3.1	1.5	1.2
1990	21.1	36.8	8.5	18.1	8.0	12.1	2.7	3.5	1.9	3.1
1995	26.0	39.6	8.7	16.6	10.5	11.0	3.9	5.8	2.9	6.1
2000	26.1	34.9	7.5	12.0	10.3	9.2	4.4	5.5	3.9	8.2
2003	25.6	34.0	6.3	9.4	9.4	7.4	4.1	5.1	5.8	12.1
2004	26.6	34.2	6.2	8.8	9.4	7.2	4.2	4.8	6.8	13.4
2006	26.9	34.3	5.4	8.0	9.3	5.9	4.1	4.9	8.1	15.5
2007	27.1	34.2	5.2	7.4	9.0	5.7	4.1	4.6	8.8	16.5
2008. 8	n.a	31.0	n.a	6.7	n.a	5.0	n.a	4.3	n.a	15.0

주: NIES는 한국, 대만, 홍콩, 싱가포르이며 동남아 5국은 말레이시아, 태국, 인도네시아, 필리핀, 베트남
자료: 무역협회, 대만총람 88년판(1970~1985년 대만의 대미국수출자료)

동아시아의 기존 발전모델은 한계에 이르렀지만 2000년대 이후는 새로운 기회가 생겼다. 바로 중국이 주는 기회인 것이다. 중국은 고도성장을 통해 동북아로부터는 자본재, 부품, 중간재를 수입하고 동남아로 부터는 1차 상품을 수입한다. 전통적인 미국시장에 대한 수출은 2000년 한국의 경우 21.9%, 일본은 30.1%이었으나 2007년에는 각각 12.4% 및 20.4%로 대폭 감소했다. 대신 대중국 수출은 한국이 2000년 10.7%로 미국수출비중의 약 절반에 불과했으나 2007년에는 26.2%로 증가해 대미 수출을 훨씬 능가하게 되었다. 일본의 경우 이 기간 대중국 수출은 6.3%에서 15.3%로 비록 대미 수출비중보다는 아직 낮지만 대폭 증가했다. ASEAN 6국의 경우 2007년 대미수출은 12.2%로 대중국 수출비중 10.8%보다 약간 높은데 2000년의 경우 3.9% 및 18.9%에 비해서는 대폭 높아지거나 낮아졌다.

동아시아의 세계시장 점유율이 2003년 25.6%에서 2007년 27.1%까지 증가한 것은 시사적이다. 이는 미국시장 점유율의 하락에도 불구하고 나타난 현상으로 바로 동아시아 내에서의 수입수요가 증가하고 있기 때문이다. 즉 중국이 단지 부품 및 중간재 수입을 하고 이를 가공한 후 역외로 수출하는 데 그치지 않고 소비재의 수입도 증가하고 있음을 말한다. 지금 동아시아의 대외 경제관계는 대미의존도 감소와 대중국의존도 증가로 전환되고 있고 동아시아가 시장에 의해 통합되고 있다는 것이다.

한편 동아시아의 아직도 높은 대미의존도는 향후에 더 낮아질 것이다. 지금까지 동아

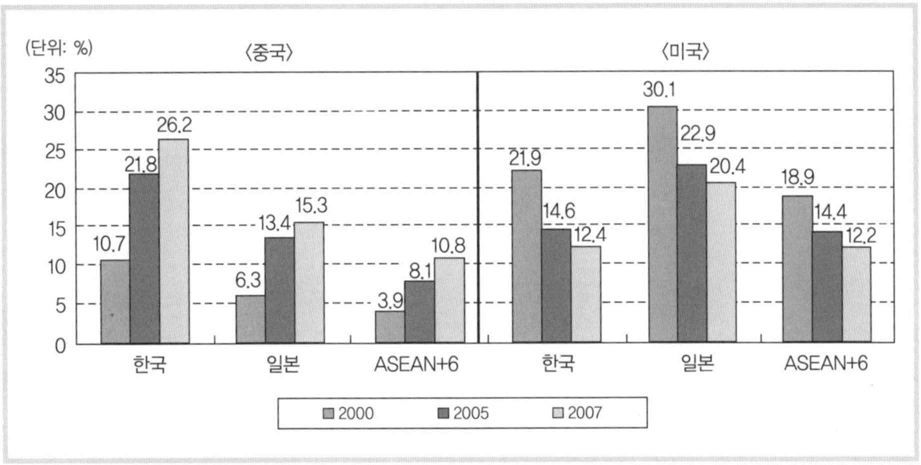

자료: 무역협회 DB를 이용 작성

그림 11-2 아시아의 대중국 및 대미국 수출비중 추이

시아는 미국에 무역수지 흑자를 기록했고 미국은 적정 이상의 무역수지 적자를 기록했음에도 동아시아에서 환류되는 달러를 이용해 과잉소비를 했던 것이다. 이러한 글로벌 불균형은 현재 비국 금융위기의 먼 원인이라고 할 수 있고 미국이 다시 경기를 회복한다고 해도 수입은 과거와 같이 증가하지는 않을 가능성이 있다. 그렇다면 동아시아는 새로운 시장을 만들어야 한다.

2 동아시아 지역협력체의 기본 골격

동아시아 차원에서 최초로 제기된 지역협력체는 1990년대 초 말레이시아 마하티르 수상에 의해 제안된 동아시아경제그룹(EAEG)이라고 할 수 있다. 1989년 발족한 미국, 캐나다, 호주, 뉴질랜드 등을 포괄하는 아시아태평양경제협력(APEC)의 진행에 대한 동아시아 차원의 협력체가 필요하다는 생각에서 마하티르는 EAEG를 제창했다. APEC은 처음 호주의 발의로 시작되었지만 UR이 진전을 하지 못하자 미국은 UR협상을 진전시킬 압력수단으로 APEC을 유효하게 이용하기 시작했다. 당초 경제각료회의로 출발한 APEC은 미국이 의장국을 맡은 1991년 처음으로 정상회의로 격상했다.

이러한 미국 주도의 아시아 태평양 협력에 대한 일종의 반발로 등장한 것이 EAEG였던 것이다. 마하티르 수상은 1990년 12월 중국의 이붕 수상과의 면담에서 당시 ASEAN 6개국과 한중일, 대만, 홍콩을 포함한 12개국이 동아시아 경제그룹을 형성할 것을 제안했다. 그러나 EAEG는 ASEAN 내부에서도 합의가 되지 못했고 한국과 일본이 동조하지 않으면서 추진 동력을 얻지 못했다. 말레이시아는 ASEAN과의 협의를 통해 EAEG를 완화한 EAEC(East Asia Economic Caucus)를 주장했지만 역시 성공하지 못했다.

이후 동아시아가 하나의 그룹을 형성한 것이 바로 ASEAN+3였다. 외환이기 이후 발족한 ASEAN+3 체제는 각국긔 전문가가 참여하는 동아시아 비전그룹(EAVG)를 구성해 동아시아의 미래 비전 작업을 의뢰했고 비전그룹은 평화, 번영, 진보를 추구하는 기반으로 동아시아공동체(East Asia Community)를 비전으로 제시하고 6개 분야의 협력강화를 위한 권고 및 협력 조치를 제안했다. 6개 분야는 경제, 금융, 정치안보, 환경에너지, 사회문화교육, 제도 등이었다. EAVG를 이어 받은 동아시아스터디그룹(EASG)은 장단기 EAVG 보고서를 기반으로 27개의 협력 프로그램을 발굴했는데 이 중 중장기 협력사업은 동아시아 공동체를 실현해 가는 가장 기본적인 프로그램이 되고 있다.

그러나 ASEAN+3는 공식적으로 제도화 되지 않은 실체가 없는 조직에 불과하다. 따라서 동아시아가 미래 협력체를 보다 굳건히 강화해 가기 위해서는 비전과 이를 달성하기 위한 수단이 필요하고 이들은 동아시아내의 기능별 협력을 통해서 이루어져야 한다. 실제로 비전그룹 보고서는 공동체가 어떤 형태여야 하는가에 대해서는 제시하지 않았다. 동아시아 공동체는 이러한 장기프로젝트를 실천시킴으로써 가능할 것이다. 동아시아자유무역지대는 경제통합체의 낮은 단계이지만 여기에 동아시아 투자지대를 부가한다면 적어도 상품과 자본의 완전한 자유이동이 되는 셈이다. 여기에 지역 내 금융협력기구와 환율공조체제가 역내의 통화단위를 만들어낼 수 있다면 이는 금융공동체의 실현이라고 할 수 있다. 여기에 제도적으로 동아시아정상회의를 통해 역내의 규율을 설정하고 실행해 간다면 높은 수준의 공동체 역할을 할 수 있다는 것이다.

표 11-4 EASG에서 제안된 중장기 협력 사업

분야	구체 내용	비고
경제 협력	동아시아 자유무역지대설립	장기목표
	중소기업에 의한 투자확대	중기목표
	동아시아 투자지대 설립	장기목표 - ASEAN투자지대(AIA) 확대를 통해 달성
금융 협력	지역내 금융기구	추가연구조치
	역내 환율 공조체제 추진	추가 연구조치
환경에너지협력	역내해양 환경 협력 증진	장기조치
	에너지정책, 전략 및 이행 계획수립	추가연구조치
사회, 문화, 교육협력	정책 자문 및 공조를 위한 NGO와의 협력	추가 연구조치
제도적 협력	동아시아정상회의 창설	장기조치 - ASEAN+3 정상회의를 전환

자료: Final Report of the East Asia Study Group, 2002. November

3 동아시아 지역협력체 논의의 진화: ASEAN+3와 ASEAN+6

동남아에서 1997년 발생한 외환위기가 동아시아 전역으로 확산되는 기미를 보이는 가운데 창설 30주년을 맞은 ASEAN은 한중일 3국 정상을 초청해 제 1차 ASEAN+3 정상회의를 개최했다. 동남아의 위기가 한국까지 상륙하면서 동아시아 국가의 협력 필요성에 대한 공감이 형성되었던 것이다. 이후 ASEAN+3 체제가 가동하기 시작했는데 외환위기가 ASEAN+3 체제, 즉 동아시아 협력체를 낳았던 것이다. 1998년 12월 베트남 하노이에서 열린 제2차 정상회의에서 한국의 김대중 대통령이 동아시아비전그룹(EAVG)의 설립을 제안하면서 ASEAN+3 체제는 하나의 지역협력체로서 동아시아의 미래에 대한 진지한 고민을 시작했다.

EAVG는 1999년 10월 발족하여 이후 2년 동안 비전보고서를 만들었고, 2001년 부르나이 정상회의에서 EAVG 보고서가 채택되었다. 이 비전보고서를 기반으로 부루나이 회의에서 한국은 동아시아정상회의(EAS), 동아시아 포럼(EAF), 동아시아 자유무역지대(EAFTA)의 창설을 제안했다. 한편 2000년 싱가포르 정상상회의에서 다시 김대중대통령은 EAVG에서 상정한 분야별 협력사업을 발굴하기 위해 각국의 관료로 구성되는 동아시아스터디그룹(EASG)을 제안했다. EASG는 2001년 3월 정식으로 발족하여 2001년 7월 산하실무그룹을 구성했으며 2002년 11월 캄보디아 ASEAN+3 정상회의에 단기 17개, 장기 9개의 협력사업을 담은 최종보고서를 제출했다.

ASEAN+3 체제는 다양한 협력사업을 전개하고 있으나 경제적으로 가장 중요한 분야는 금융통화 및 무역투자 협력이다. EAVG와 관계없이 ASEAN+3 체제는 1999년 11월 마닐라에서 개최된 제3차 정상회담에서 동아시아 차원의 포괄적인 금융협력을 강화해 나갈 것을 주요 내용으로 하는 공동성명을 채택했다. 이후 2000년 5월 태국 창마이에서 개최된 제33차 아시아개발은행(ADB) 총회기간 중 열린 2차 ASEAN+3 재무장관회의에서 '치앙마이 이니셔티브' (Chiang Mai Initiative: CMI)를 구체화하였다. CMI는 기존의 ASEAN 스왑협정을 모든 ASEAN 회원국으로 확장하고, ASEAN 국가들과 한 · 중 · 일 사이에 양자간 스왑협정 네트워크를 결성한다는 것이었다.

CMI는 역내 중앙은행 간 통화스왑(Swap, Bilateral Swap Arrangement 또는 BSA)을 체결하여 체결국가가 위기를 맞게 되면 자국통화와 국제통화(달러 등)를 일정 시점에서 결정된 환율로 차입하고 계약기간 경과 후 다시 상환하는 것이다. CMI는 시간 경과에 따라 참여국들이 증가했고 규모도 증대되었다. 2006년 5월 ASEAN+3 재무장관회의에서는 CMI체제를 양적, 질적으로 확충하여 지원 실효성을 제고하기로 했다. 기존 상호자금지원 규모 395억달러(05년)를 750억달러로 확충하기로 합의했고, 2008년 5월 현재 그 규모는 800억달러로 증가했다. 그 동안 CMI의 발전 방향에 대해서는 다각도로 논의가 있었는데 ("Post-CMI"), 2006년 ASEAN+3 재무장관 회의에서 양자간 자금지원체제를 공동의 단일펀드로 발전시키기로 합의("CMI의 다자화")했다. 이어 2008년 5월에는 그동안 체결된 스왑규모 800억달러를 기금으로 전환하기로 하고 한중일 3국이 80% ASEAN이 20%로 하는 분담비율을 확정했다.

한편 무역 투자 부문에서는 다수의 FTA가 체결되면서 무역과 투자의 장벽을 완화하고 있다. 쌍무적 차원에서는 싱가포르가 한국, 중국, 일본과 FTA를 체결했거나 서명을 완료하는 등 대부분의 국가가 관심을 갖고 있다. 나아가 ASEAN은 한국, 중국, 일본에 대해 ASEAN+1 형태의 FTA를 체결했거나 협상을 완료했다.

2004년 11월 ASEAN+3 정상회의에서는 연구그룹을 구성해 EAFTA의 타당성을 연구를 하기로 했고 이 연구는 2006년 7월 종료되었다. 연구진은 무역 투자뿐만 아니라 서비스, 투자 및 경쟁정책 등을 포함하는 FTA 설립을 제안했다. 2009년에 공식적인 협상을 시작해 2011년 완료하고 2016년까지는 EAFTA 창설이 바람직하다고 연구진은 평가했다.

표 11-5 동아시아 주요국의 역내 FTA 추진 현황(2008년 10월 현재)

	체결 및 발효	연구 및 협상
한국	싱가포르(발효) ASEAN(상품분야 발효, 2007. 6)	일본(6차 협상, 2004. 11) ASEANE(서비스 무역협정 서명, 2007. 11) 중국(5차 산관학 공동연구, 2008. 6)
중국	홍콩(발효) ASEAN(발효)	싱가포르(협상 타결 및 서명,2008. 10) 한국(5차 산관학 공동연구, 2008. 6)
일본	싱가포르(발효, 2001. 11), 말레이시아(발효, 2006. 7), 태국(발효, 2007. 11), 부르네이(발효, 2008. 7), 인도네시아(발효, 2008. 7), 필리핀(발효예정, 2008. 11) ASEAN(서명, 2008. 4)	한국(6차 협상, 2004. 11) 베트남(9차 협상, 2008. 9)
ASEAN	중국(발효),한국(상품분야 발효, 2007. 6), 일본(서명, 2008. 4)	한국(서비스 무역협정 서명, 2007. 11)

자료: 각종 보도자료 및 각국 정부 발표에서 취합

한편 ASEAN+3 체제가 순조롭게 발전하는 과정에서 이를 대신하는 ASEAN+6 체제를 확립해야 한다는 주장이 제기되었다. 즉 기존의 ASEAN+3체제에 인도, 호주, 뉴질랜드를 포함하는 ASEAN+6 체제를 장기적으로 공동체로 발전시켜야 한다는 것이었다. 당사자인 인도, 호주, 뉴질랜드의 적극적인 참여 의지뿐만 아니라 기존 ASEAN+3 체제 내 국가들 중 일부가 이를 환영했다. 가장 대표적인 국가가 바로 일본이다.

ASEAN+6 체제에 대한 일본의 적극적인 찬성은 동아시아가 중국에 압도적인 영향을 받으면서 일본의 입지가 약화될 것이라는 우려 때문이다. 중국은 1990년대 말 이후 급속히 성장했고 2001년에는 WTO에 가입해 제2의 개방을 추진했다. 이미 중국은 다국적기업의 투자유치를 통해 수출주도형 성장을 하면서 세계시장에서 동아시아 경쟁국의 시장을 잠식해 왔다. 그러나 동시에 중국은 동아시아로부터의 수입을 증대시키면서 동아시아에게 기회를 제공하고 있다. 2002년만 해도 일본은 중국보다 동아시아로부터 더 많은 수입을 했으나 시간이 지나면서 상황읍 급격히 변했다. 동아시아의 대중수출이 증가하면서 중국의 대동아시아(ASEAN+3+홍콩) 수입은 2007년 3,592억달러로 일본의 대동아시아 수입 2,432억달러에 비해 거의 50% 정도 더 많다.

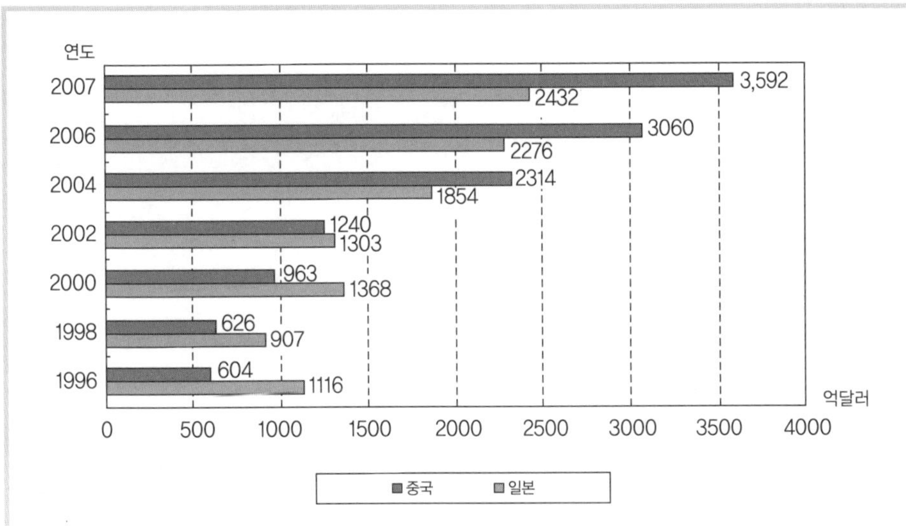

자료: IMF 세계무역통계

그림 11-3 일본과 중국의 동아시아 수입 추이

일본은 1960년대 이후 동아시아의 지역 성장을 선도해 왔다고 자부심을 갖고 있었으나 중국의 동아시아에서의 영향력 확대는 일본에게 큰 도전이었다. 특히 일본은 자국이 구체적인 행동을 옮기기 이전에 중국이 ASEAN과 FTA 협상을 시작하자 상당한 충격에 빠졌다. 여기에 중국이 EASG에 장기 협력 사업으로 규정해 놓은 EAS의 1차 회의를 개최하겠다고 제안하고 ASEAN의 일부국가가 이에 동조하자 일본은 ASEAN+3 체제 중심의 동아시아 통합이 중국의 영향력 하에 놓일 것을 우려하게 된 것이다. 이에 일본은 EAS 창설을 둘러싼 논의 과정에서 인도, 호주, 뉴질랜드의 참여를 주장했다. 이로 인해 당초 ASEAN 중심의 ASEAN+3 체제를 13개국이 동일한 지분으로 참여하는 EAS로 전환하려는 당초의 목표는 변질된 ASEAN+6 체제로서의 EAS가 발족한 것이다.

또한 일본은 ASEAN+3 체제의 또 다른 지주가 될 수 있는 EAFTA에 대해서도 2006년 8월 ASEAN+6 국가의 FTA 협력을 목적으로 한 '동아시아 포괄적 경제동반자관계

(Comprehensive Economic Partnership in EAST ASIA: CEPEA)'를 제안했다. CEPEA는 무역투자의 자유화와 시스템 원활화를 추진한다는 것이다. 동시에 일본은 CEPEA의 설립과 작동을 지지하며 역내의 발전격차를 해소하기 위한 'ASEAN 및 동아시아경제연구소(Economic Research Institute for ASEAN and East Asia: ERIA)'를 창설하고 10년에 걸쳐 100억엔을 출연하겠다고 제안했다. 일본은 ERIA를 통해서 동아시아 경제통합의 주도자로서 ASEAN의 역할을 지원한다는 것이었다. 따라서 ERIA는 ASEAN사무국과 긴밀히 협력하게 된다.

한편 ASEAN+6의 한 당사자로 떠 오른 인도는 현실적으로 동아시아를 필요로 하고 있다. 과거 냉전 시대에 인도는 서방과 구소련에 등거리 외교를 했으나 구소련의 몰락 이후에는 서방과의 경제관계를 강화했다. 그러나 서방과의 경제관계는 인도가 향후 어떠한 전략으로 개방과 성장을 추진할 것인가에 대한 장기적 비전을 갖지 않은 상태에서 진행되어 왔다. 인도가 노동력과 자원을 고려할 때 제조업 중심의 경제발전 전략이 불가피하다면, 동아시아와의 산업분업을 촉진해야 한다.

인도의 대외무역에서 차지하는 동아시아의 비중이 급속히 증가하고 있고 특히 대중국 무역의존도는 2007/08 회계연도의 경우 9.3%로서 미국의 8.9%를 상회하고 있다. 2000/01년 기간의 대중국의존도가 2.5% 대미의존도가 13.3%에 달했던 점에 비추면 짧은 시간에 엄청난 변화가 일어났고 향후에도 중국의존도는 미국의존도의 감소와 함께 추세로 나타날 것이다. 제조업을 육성해야 하는 인도에게 동아시아는 비록 후발국으로서의

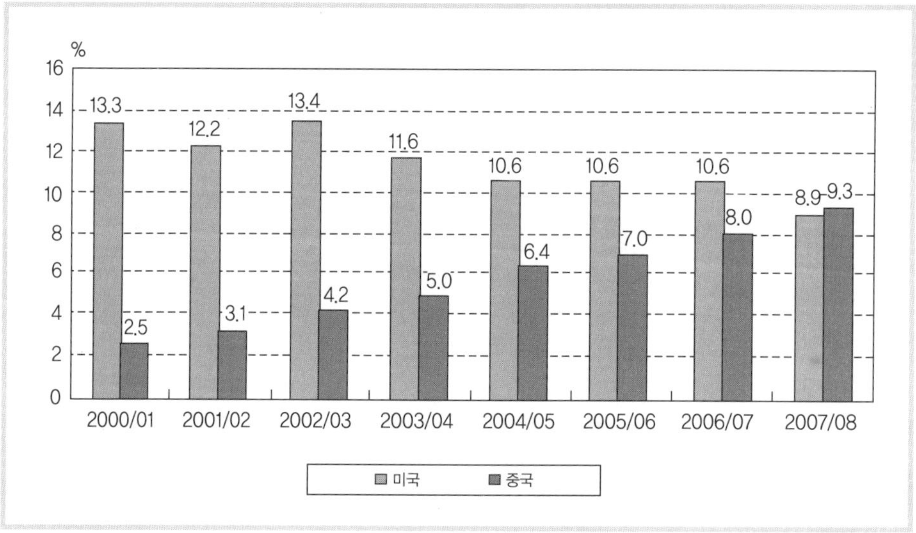

자료: 인도 무역당국

그림 11-4 인도의 대미국 및 대중국 무역의존도 추이

부담은 있지만 일종의 앨도라도와 같은 것이다. 인도는 기회를 포착하기 위해 싱가포르와 FTA를 체결했고 태국과는 82개 품목에 대해서 조기무역자유화를 실천하면서 전면적인 FTA 협상을 하기로 했다. 더 나아가 한국, 일본, 중국에 이어 ASEAN과도 FTA를 추진하기로 했다.

4 ASEAN+3 및 ASEAN+6의 평가

1 ASEAN+3 및 ASEAN+6의 경제적 의의

한국의 대 ASEAN+3 및 ASEAN+6에 대한 입장을 정리하기 위해서는 양 조직이 한국경제와 어떤 관계를 갖고 있는가를 분석할 필요가 있다. 다음의 표는 ASEAN+3 및 ASEAN+6의 경제규모를 정리한 것이다. 먼저 인도 및 대양주를 포함한 아시아 지역이 이미 세계 3극 체제의 하나로서 부족함이 없다는 것이다. ASEAN+3의 인구는 20.6억 명으로 세계전체 인구의 31.5%를 차지하고 있고 ASEAN+6의 인구는 그보다 훨씬 많아 세계전체의 48.8%에 이르고 있다. ASEAN+3의 2006년 시장 환율 GDP는 8조 9,281억 달러로 세계전체의 18.7%이며 인도 및 대양주의 GDP 1조7,000억달러, 세계전체의 3.6%를 포함한 ASEAN+6의 규모는 세계의 22.3%에 이른다. 시장 환율에 의한 GDP가 미국보다 더 적으나 구매력평가를 기분으로 하면 ASEAN+3는 세계전체의 28.6% 및 35.8%로 증가한다. 이는 미국이나 유럽에 비해서 훨씬 큰 것이다. ASEAN+3만 해도 수출입 규모에 있어서는 유럽에 비해서는 적지만 미국에 비해서는 훨씬 크다.

ASEAN+3와 ASEAN+6을 비교해보면 인구를 제외하고는 인도 및 대양주의 비중이 크지 않다. 시장환율에 의한 GDP가 3.6%에 불과하고 수출입의 경우 각각 2.2% 및 2.8%로서 ASEAN+3에 추가적인+3의 부가효과는 별로 크지 않다. 그러나 인도 및 대양주의 역할이나 중요성을 무시해서는 안 된다. 먼저 잠재적인 시장의 크기가 되는 인구에서 인도대양주는 세계 전체의 17.4%에 이르고 있다. 인도의 성장이 지속된다면 10억 이상의 인구는 거대한 소비시장을 형성하게 되며 동시에 동아시아 체제에 대규모의 신규노동력을 공급하는 역할을 담당하게 될 것이다. 인도는 세계 소비시장을 바꿀 수도 있다. 실제로 인도의 구매력평가에 의한 GDP는 2006년 4.1%에 이른다. 2006년 구매력평가에 의한 세계경제성장률은 5.4%였는데 인도의 성장률은 9% 이상이었다. 즉 인도는 구매력평가에 의한 세계경제 성장에 2006년 9% 이상의 기여를 한 것으로 평가할 수 있다.

인구구조에서도 장기적으로 인도는 중국보다 더 높은 성장잠재력을 갖고 있다. 생산가능인구(15~64세)는 2005년 중국과 인도에서 각각 9.3억 명 및 7억 명이지만 중국의 경우 5년 기간 단위로 볼 때 2015년에 9.98억 명으로 가장 많아졌다가 이후 감소하게 된다. 인도의 경우 생산가능 인구는 2030년까지 지속적으로 증가하여 현재 2억 명 이상 중

표 11-6 ASEAN+3와 ASEAN+6의 경제력 비교(2006)

(단위: %, 억달러, 백만명)

	인구	GDP		수출	수입	외환보유고
		시장환율	구매력평가			
한국	49	8,772	10,652	3,255	3,094	2,391
중국	1,314	25,542	105,182	9,689	7,915	10,801
대만	23	3,555	6,719	2,238	2,030	2,708
홍콩	7	1,887	2,490	3,227	3,358	1,332
일본	128	44,636	40,692	6,499	5,796	8,953
ASEAN	567	10,331	29,631	7,700	6,849	3,688
ASEAN+3	**2,058 (31.5)**	**89,281 (18.7)**	**186,157 (28.6)**	**27,143 (22.5)**	**25,481 (20.5)**	**25,833 (55.8)**
인도	**1,110**	**8,545**	**39,422**	**1,228**	**1,850**	**1,777**
대양주	**25**	**8,455**	**7,698**	**1,347**	**1,601**	**691**
인도대양주계	**1,135 (17.4)**	**17,000 (3.6)**	**47,120 (7.2)**	**2,575 (2.2)**	**3,451 (2.8)**	**2,468 (5.3)**
ASEAN+6	**3,193 (48.8)**	**106,281 (22.3)**	**233,277 (35.8)**	**27,143 (22.5)**	**23,654 (19.1)**	**28,301 (61.1)**
미국	**299 (4.5)**	**132,621 (27.8)**	**129,393 (19.9)**	**10,383 (8.6)**	**19,194 (15.5)**	**661 (1.4)**
EU	**489 (7.5)**	**142,059 (29.7)**	**129,540 (19.9)**	**45,325 (37.5)**	**47,486 (38.3)**	**6,564 (14.2)**
전체	**6,540**	**477,666**	**651,169**	**120,830**	**124,130**	**46,299**

주: GNI에는 ASEAN의 미얀마와 브루나이를 제외한 통계
자료: 세계은행, IMF

국에 비해서 작지만 2025년경이 되면 거의 유사해지고 2030년에는 더 많아진다.

더욱 중요한 것은 생산가능인구가 어느 정도의 비생산가능인구를 부담해야 하는 가이다. 비생산가능인구의 생산가능인구 대비비율은 2005년 현재 중국이 41.3%, 인도가 61.1%이다. 인도의 생산가능인구의 부담이 중국보다 훨씬 높다는 것이다. 그러나 중국의 경우 역시 2015년을 경계로 이 비율이 증가하지만 인도는 계속 하락하게 된다. 이러한 상황은 양국의 저축과 투자에 중대한 영향을 미치게 된다. 현재 낮은 인도의 저축률은 증가할 것이고 중국의 저축률은 감소할 것이다. 양국의 부양부담이 비슷해지는 시기는 2025년경이 될 것이다. 인도는 이 시기가 되면 중국보다 더 높은 성장률을 기록할 가능성이 있다. 이를 고려하면 당장은 인도가 동아시아 공동체에 경제적으로 기여하는 바가 크지는 않을지라도 장기적으로 인도를 무시하고 아시아경제를 이야기하고 아시아 공동

표 11-7 중국과 인도의 연령별 인구전망

(단위: 백만명)

		2005	2010	2015	2020	2025	2030
중국	총인구(A)	1,313	1,352	1,389	1,421	1,446	1,458
	0~14(B)	284	265	257	260	260	252
	15~64(C)	929	974	998	991	989	970
	65~(D)	100	113	134	170	197	236
	C/A(%)	70.8	72.0	71.9	69.7	68.4	66.5
	(B + D)/C(%)	41.3	38.8	39.2	43.4	46.2	50.1
인도	총인구(A)	1,134	1,220	1,303	1,379	1,447	1,506
	0~14(B)	374	375	373	369	359	344
	15~64(C)	704	780	855	917	976	1,029
	65~(D)	56	65	75	93	112	133
	C/A(%)	62.1	63.9	65.6	66.5	67.4	68.3
	(B + D)/C(%)	61.1	56.4	52.4	50.4	48.3	46.4

주: UN의 인구전망은 3개의 시나리오를 상정하고 있으나 여기서는 중간치를 선택
자료: UN, World Population Prospects: The 2006 Revision(Population Database)

체를 논의하기는 어려울 것으로 보인다. 따라서 장기적으로 인도를 포함하여 보다 거대한 경제지역을 만들 수 있다면 한국에게도 도움이 될 것이다.

한편 ASEAN+3가 EAFTA를 추진하고 ASEAN+6가 CEPEA를 추진한다면 어떤 경제적 효과를 낳을 것인가? 무역자유화의 이득은 대상지역이 넓을수록 무역창출의 효과는 커지고 무역전환의 효과는 적어진다. 현재 동아시아에서 논의되고 있는 FTA 중에서도 ASEAN+6가 전세계 혹은 개별국가에 가장 큰 이익을 가져올 것은 분명하다. 예컨대 ASEAN+6의 소득창출효과를 보면 2017년까지 한국은 새로 514억달러의 소득이 창출될 것인데 비해 ASEAN+3는 494억달러의 추가적인 소득이 창출될 것이다. 이는 다른 역내 국가도 동일하다.

2 지역협력체로서 발전 가능성 평가

산술적인 의미에서 ASEAN+6가 ASEAN+3에 비해 더 많은 이익을 가져올 것임은 분명하다. 문제는 그러한 이익이 실제로 ASEAN+3가 창출하는 이익에 비해 특별한 차이가 아니라는 것이다. 현실적으로 ASEAN+3의 추진에 비해 ASEAN+6의 추진은 훨씬 많은 시간과 비용을 필요로 할 것이며 경우에 따라서는 과거 20년간 보여준 APEC의 역내무역자유화와 같은 구호로만 그치고 진전은 없는 상태가 계속될 가능성이 있다.

현실적으로 기존 ASEAN+3가 시장에 의해 통합되어 있는 반면 인도와 ASEAN+3

표 11-8 동아시아 내 FTA별 소득창출 효과(2017년까지)

(단위: 2017년 불변 억달러, %)

		한국	중국	일본	ASEAN	미국	EU	전 세계
ASEAN+한국	소득금액	109	−24	−13	81	3	3	142
	증가율	1.37	0.07	0.03	0.68	0.0	0.0	0.03
ASEAN+중국	소득금액	−54	191	−40	442	77	129	820
	증가율	−0.67	0.58	−0.08	3.72	0.05	0.11	0.17
ASEAN+일본	소득금액	−18	−45	249	288	−8	9	451
	증가율	−0.23	−0.14	0.51	2.43	−0.01	0.01	0.09
ASEAN+3	소득금액	494	415	748	622	−50	68	2,139
	증가율	6.19	1.26	1.54	5.23	−0.03	0.06	0.45
ASEAN+6	소득금액	514	436	771	672	−89	18	2,598
	증가율	6.43	1.33	1.59	5.66	−0.06	0.02	0.54

자료: Kawai Masahiro and Wignaraja Ganeshan, "ASEAN+3 or ASEAN+6: Which Way Forward?", September 2007, ADB Institute Discussion Paper No.77.

의 통합 정도는 극히 미약하다. 동아시아는 1960년대 이후 역내 기업의 직접투자가 증가하여 생산네트워크가 확산되고 성장을 유발하는 윈-윈 상태가 발생했다. 선진국의 사양산업이 후발국으로 이전하여 후발국의 수출이 증가하고 경제가 성장한 것이다. 이러한 발전 과정에서 가장 중요한 역할을 한 산업이 전자산업이다. 1980년대부터는 전자산업을 중심으로 동아시아 내에서 생산분절화에 의한 생산공유(production sharing) 현상이 발생했으며 동아시아 생산네트워크 형성과 산업분업은 역내의 투자와 교역의 발생으로 나타났다. 실제로 동아시아 역내에서 교역되는 상당부분이 부품과 중간재이다. 이러한 교역은 동북아 국가들이 동남아에 투자를 하면서 나타났으나 점차 중국으로 생산네트워크가 확장되면서 중국과의 교역이 증가하고 있다. 일본의 대동아시아 수출은 전체의 46%에 이르고 있다. 비록 수출시장은 2위이지만 중국은 미국을 제치고 제 1위의 교역대상국이 되었다. 한국에게도 중국은 수출입 모두 최대의 시장이다. 한편 인도의 경우 2007년 일본의 교역 중에서 대인도 비중은 수출 0.9%, 수입 0.7%로 중국 15.3% 및 수입 20.6%에 비하면 비교가 무색해질 정도이다. 이는 한국의 경우도 동일하다.

ASEAN도 동아시아 분업구조 속에서 중요한 역할을 하고 있다. 경제규모가 작은 부루네이, 미얀마, 캄보디아, 라오스를 제외한 ASEAN 6개국의 대외 교역구조를 보면 이미 중국은 제 1위의 교역대상국이 되었고 홍콩을 포함하면 훨씬 더 높아진다, 한국은 4.2% 수준을 보이고 있다. 최근 인도에 대한 교역이 증가하고 있으나 그 비중은 2007년 현재 2.3%에 불과하여 한국의 절반을 약간 상회할 뿐이다.

인도의 통계를 보면 ASEAN은 중요한 교역대상국이다. 동남아 10개국에 대한 수출

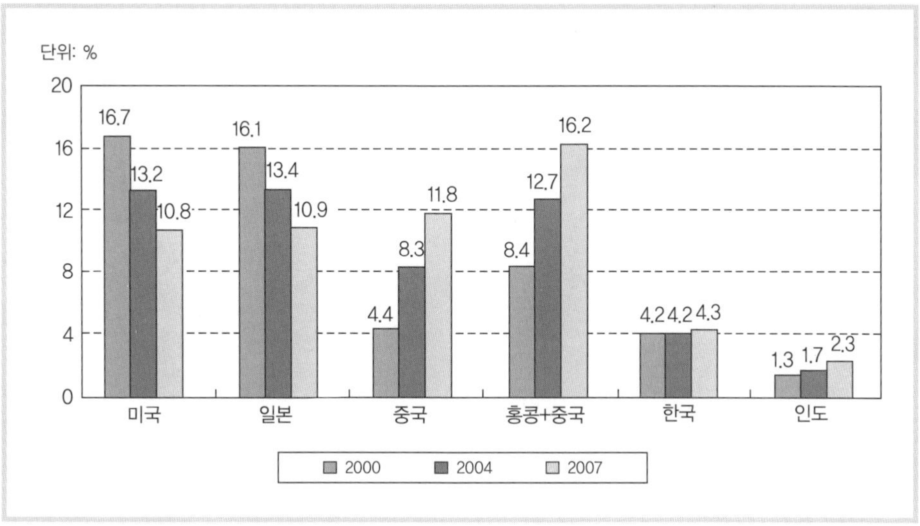

자료: 무역협회

그림 11-5 ASEAN 6국의 지역별 교역비중 추이

은 2006/07년 126억달러로 전체의 10.0% 수입은 181억달러로 전체의 9.7%를 차지하고 있다. 인도의 대동남아 최대 수출 품목은 석유제품(HS 2단위 기준)이며 2006/07년 기간 수출액은 42억달러로 전체 수출의 33.3%에 이른다. 2위 품목 역시 유기화학물로서 석유제품과 관계가 있다. 동제품 및 철강, 알루미늄, 보석 및 귀금속 등 인도의 천연자원과 관련된 상품, 여기에 기계류 및 전자산업(HS 84 및 85)이 중요한 수출상품이다. 전체적으로 인도의 대동남아 수출은 1차 원료 가공품인데 이는 양측의 경제협력 관계가 아직은 뿌리가 약하고 동시에 인도의 산업발전 수준이 높지 않음을 설명하고 있다.

인도의 대동남아 최대수입제품 역시 유류제품이다. 유류제품 수입은 2002/03년 1.4억달러에 불과했으나 2006/07년에는 52.3억달러로 급증했고 2007/08년 3개 분기 동안에도 50.5억달러를 수입해 총수입의 30.9%에 이르렀다. 2위와 3위는 각각 기계 및 전자산업으로 14.4%와 8.4%를 차지하고 있다. 인도의 전자 조립산업에 필요한 부품과 중간재가 중심이지만 총수입에서 차지하는 비중은 시간경과에 따라 오히려 감소하고 있다는 특징을 보여주고 있다. 주로 팜오일이 대부분을 차지하고 있는 동식물유 수입규모도 12.5억달러에 달하고 있는 등 인도의 수입에서도 천연자원 관련 상품이 다수의 상위 수입품목을 구성하고 있다.

인도 · 동남아의 교역은 아직 1차 상품 중심의 교역이며 기존 동아시아의 특징인 부품 및 중간재의 교역이 아니다. 따라서 현재 교역의 증가는 지속성에 문제가 있을 것이다. 예컨대 2006/07년의 인도의 대동남아 수입은 66.2%가 증가한 것이지만 유류제품을 제외하면 20%에 이르지 못한다. 물론 인도 · 동남아간의 전자산업에서의 산업분업이 동남

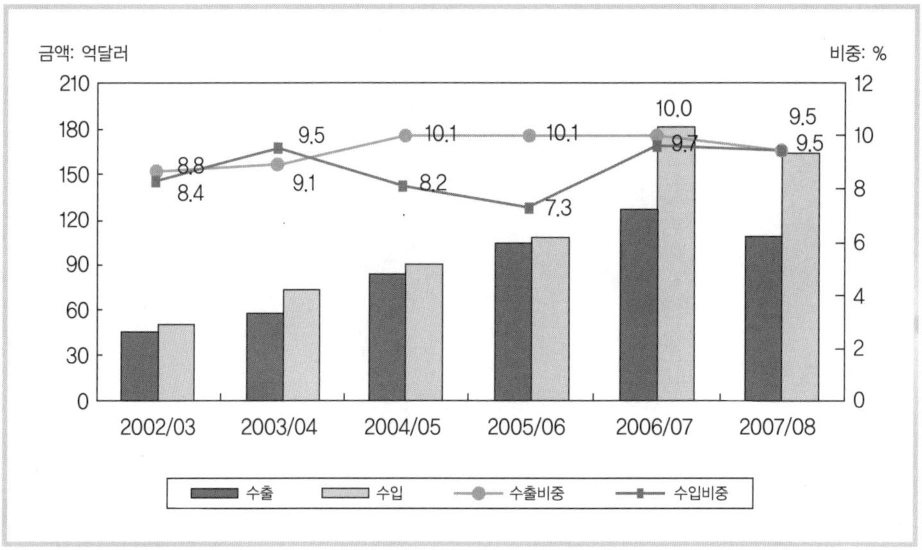

주: 2007/08년은 3개분기의 실적
자료: 인도무역당국

그림 11-6 인도의 대동남아 교역 규모 추이

아의 부품공급, 인도의 수입이라는 형태로 나타나고 있지만 이러한 산업분업이 인도의 성장에 따라 더욱 심화되고 있다고 보기는 어려운데 이 두개 부문의 상품의 수입비중이 오히려 감소하고 있기 때문이다. 한국, 중국, 일본, 동남아 등에서 보이는 수직적 분업에 의한 국가들의 생산 참여와는 달리 인도와 동남아간의 수직분업 현상은 아직 낮다.

인도와 아시아간의 수직분업이 개발되지 않은 가장 중요한 이유는 양 지역의 상호 투자가 적기 때문이다. 아시아 신흥공업국이 발전할 때 미국, 일본, EU등 선진국이 중심투자국이었지만 ASEAN의 발전 시는 신흥공업국과 일본이 중심 투자국이었다. 실제로 1992~2002년 기간 신흥공업국에 대한 제조업 투자는 일본이 선도했으며 ASEAN에 대한 투자는 일본 외에 새로 성장한 NICs도 중요한 투자국으로 부상했다. 그리고 중국에 대한 1990~2002년 기간의 투자의 55.5%가 아시안 신흥공업국의 투자였다. 즉 동아시아에서는 투자도 선발국에서 후발국으로 흐르는 일정한 흐름이 있었던 것이다. 동남아의 중심 제조업인 전자산업은 다국적 기업이 지배하고 있다. 싱가포르 및 말레이시아의 반도체, 말레이시아, 태국, 인도네시아의 가전산업 등은 서구 및 일본 기업의 가공 조립기지역할을 할 뿐이다. 다국적기업들의 동남아 자회사들이 주체적으로 인도에 투자하기는 어렵다.

예컨대 동아시아의 공업화에 가장 중요한 역할을 했던 일본기업의 투자는 최근 중국과 동남아에 집중하는 현상을 보인다. 1990년대 말 외환위기 이후 주춤했던 ASEAN에 대한 투자가 증가하고 중국에 대한 투자는 증가율은 주춤했으나 여전히 양으로는 가장 중요한 투자국이다. 2007년 대인도 투자가 15억달러로 2006년의 5억달러 수준에 비해서 대폭 증가했으나 이런 현상이 추세로 자리잡을 것인지는 분명하지 않다.

한편 인도에 대한 최근의 외국인직접투자가 급증하고 있다. 2006/07 회계연도의 외국인직접투자는 157억달러로 전년의 55억달러에 비해 3배 정도 증가했는데 이는 국제적으로 인도경제에 대한 높은 관심을 반영하고 있는 것이다. 그러나 인도에 대한 투자의 중심은 아직 서구국가이다. 동아시아 국가 중에서는 싱가포르가 인도에 상당한 규모의 투자를 하고 있으며 일본과 한국이 대기업의 투자가 이루어지고 있으나 아직 규모는 미미하다.

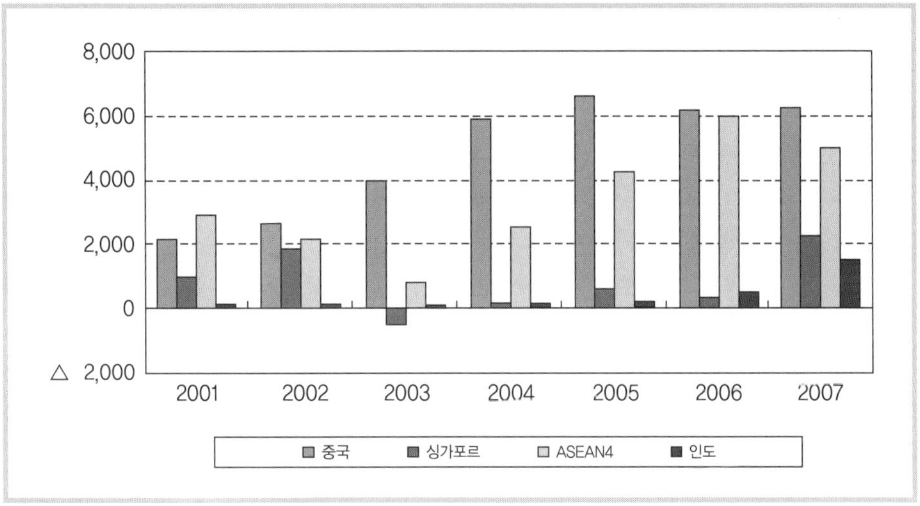

주: ASEAN4는 인도네시아, 말레이시아, 필리핀, 태국
자료: 일본 JETRO

그림 11-7 일본의 아시아 직접투자(국제수지 기준) 추이

투자협력에서도 ASEAN+3는 역내 투자를 통해 생산네트워크가 형성되어 있으나 인도 및 대양주에 대한 ASEAN+3 지역의 투자는 많지 않다. 인도 및 대양주 국가가 현재의 ASEAN+3 내의 무역 및 투자협력 수준이 되기 위해서는 10년 이상이 소요될 전망이다. 더구나 인도에 대한 투자는 아직 현지시장을 지향하는 투자이며, 모기업의 부품 및 중간재를 인도의 자회사에 수출하는 형태로 무역이 발생하고 있다. 동아시아에서 보이는 것과 같은, 다수의 국가가 생산에 참여하는 생산공유 현상은 아직 없다고 하겠다.

한편 다른 차원에서도 ASEAN+6의 조기 실현 가능성은 낮다. 먼저 호주, 인도, 뉴질랜드가 참여하면서 동아시아의 정체성 문제가 등장하고 있다. 기본적으로 동아시아는 동북아와 동남아로 구성된다. 이들은 오랫동안 하나의 아시아로 생각해 왔다. 예컨대 한국, 중국, 일본 등은 오랫동안 유교문화에 익숙해 있다. 동남아도 마찬가지이다. 일부 국가가 이슬람 문화를 수용하고 있지만 화교가 오랫동안 경제활동을 해 왔다. 서남아의 대표국가인 인도, 대양주에 위차하고 서구식 문화의 뿌리를 갖고 있는 호주 뉴질랜드가 역사적 문화적으로 동아시아로 통합되는 것은 쉽지 않을 것이다.

산업발전 수준의 격차도 문제이다. 인도의 제조업은 다른 동아시아 국가의 제조업 발전 수준에 크게 미치지 못하고 있다. 향후 인도는 제조업 육성이 불가피할 것이다. 경제통합의 효과는 근본적으로 비교우위 산업으로 자원의 재배분되는 과정을 통해 발생한다. 그러나 인도의 11억 인구가 제조업을 육성할 때 어느 일정 부분만 육성할 것이라고 보기는 어렵다. 현재의 중국과 같이 전방위적으로 제조업을 육성하려 할 것이다. 중국에 대한 경쟁의식이 중국의 하부 생산국가로 인도를 남겨두도록 인도인이 참을 것 같지는 않다. 이러한 요소는 동아시아 통합에 대한 인도의 발걸음을 무겁게 할 것이다. 이는 WTO/DDA 협상에서도 인도가 협상 진척에 가장 강력한 반대자 역할을 하고 잇다는 사실에서도 알 수 있다.

인도는 외형적으로 동아시아와의 통합을 바란다고 한다. ASEAN과 FTA를 체결하고 싱가포르 및 태국과도 개별 FTA를 체결했다. 또한 일본 및 한국과도 FTA를 체결하고 중국과도 공동연구를 진행했다. 그러나 인도의 산업발전 수준을 비추어볼 때 동아시아와 실질적인 수준의 FTA는 어려울 것이다. 인도 · ASEAN FTA에서는 상당한 품목을 민감품목으로 정했으며 가장 중요한 중국 · 인도 FTA에 대해서는 인도 정책당국자들은 공공연하게 가능하지 않다고 평가하고 있는 실정이다.

결론적으로 동아시아 경제공동체로서의 ASEAN+6는 정체성, 실현의 용이성에서 비현실적이어서 실현되기는 어려울 전망이다. 호주, 뉴질랜드, 인도가 동아시아로서의 정체성을 갖고 있지 않으며 실질적으로 동아시아와 이들 간의 경제협력 수준은 낮다. 동체 창설 과정에서 협력의 심화(deepening)에서 차후 확대(widening)를 지향하는 것이 가장 바람직하다고 하겠다.

5 정책 제언

1 단기적으로 ASEAN+3 체제 강화에 노력

실제로 ASEAN+3보다는 ASEAN+6에 기반한 공동체가 전체 이익을 크게 창출하게 되겠지만, 현실적으로 ASEAN+6가 공동체로서 발전할 가능성은 ASEAN+3보다 용이하지 않다는 문제가 있다. 대한상공회의소에서 2007년 11월 수도권에 있는 제조, 서비스 및 건설업 등 300개 회사를 대상으로 "주요국과의 FTA에 대한 기업의견 조사"를 실시한 결과에 의하면 한 · 미, 한 · EU FTA 이후 어느 국가와 FTA를 체결하기를 희망하는가에 대한 답은 한국 · 중국 FTA를 가장 우선적인 과제라고 평가하고 있다. 현재 인도와 FTA협상이 진행 중임에도 불구하고 선호 응답은 7.7%에 불과하여 기업들이 거의 관심이 없다는 사실을 반영하고 있다.

결국 현재의 경제협력정도, 발전단계, 그리고 기업의 관심, 공동체 발전으로서의 제도적 용이성 등을 고려할 때동아시아 경제공동체를 추진하기 위해서는 먼저 ASEAN+3가 중심이 되어야 한다. 현실적으로 동아시아와 인도의 경제협력 관계를 고려할 때 ASEAN+6에 기초한 경제공동체를 동시에 시작하는 것은 실익이 크지 않으나 무역투자 자유화가 훨씬 지체되며 협상비용이 더 많이 소요될 가능성이 크다.

표 11-9 한국기업의 대미국 · EU 이후 선호하는 FTA 추진 국가

국가		중국	일본	인도	러시아	남미	중동	캐나다	호주	계
전체		64.3	11.5	7.7	5.0	3.8	3.5	2.3	1.9	100.0
규모	대기업	60.5	11.0	8.3	7.3	4.6	3.7	3.7	0.9	100.0
	중소기업	67.0	11.9	7.3	3.3	3.3	3.3	1.3	2.6	100.0
업종	제조업	67.4	11.9	8.7	2.4	2.4	2.4	1.6	3.2	100.0
	서비스 · 건설	61.2	11.2	6.7	7.5	5.2	4.5	3.0	0.7	100.0
구분	수출기업	53.6	16.6	5.6	9.3	5.6	3.7	0.0	5.6	100.0
	내수기업	66.9	10.2	8.3	3.9	3.4	3.4	2.9	1.0	100.0

자료: 대한상공회의소

2 장기적으로 ASEAN+6 체제 수용

현 단계에서 ASEAN+6 체제는 결국 실질적인 성과를 만들어내지는 못하고 국제회의장이나 세미나의 좋은 주제발표거리만 될 가능성이 크다. 실질적으로 ASEAN+3 체제의 강화없는 ASEAN+6는 존재할 수 없고 설사 제도적인 틀을 만든다고 해도 경제적으로 실질적인 효과를 창출하지는 못할 것이다. 그럼에도 불구하고 장기적으로 ASEAN+6 체제가 성립하고 작동할 수 있도록 도와야 한다. 기본적으로 경제공동체의 크기는 크면 클수록 무역의 창출효과가 커질 것이기 때문이다.

2020년이 되면 인도의 생산가능인구는 9.2억 명으로 중국의 9.9억 명과 비슷해져 세계의 생산기지 역할을 담당할 수 있을 것이다. 이미 인구구조에서 지적했듯이 인도는 지속적으로 경제성장을 할 것으로 전망되어 2030년경에는 세계 3위의 경제대국으로 부상할 것으로 예상된다. 이 시기가 되면 인도는 중요한 소비기지가 될 수 있을 것이다. 그러나 인도를 포함하는 ASEAN+6는 EU가 점진적으로 발전해 온 것처럼 순차적으로 회원국을 확대하는 방향으로 발전해야 한다. 개방적 동아시아를 모토로 하되, 대양주 및 인도의 경우 ASEAN+3의 제도적 협력이 갖춰진 시점에서 포함시키는 것이다.

3 한국의 로드맵을 유지할 것

동아시아 공동체, 즉 단기(2020년)에는 ASEAN+3에 집중하고 장기적으로 ASEAN+6를

지향하는 전략을 수립하되 경제공동체의 근간을 이룰 프로그램에 대해서는 한국의 로드맵을 설정하고 가능하면 이를 달성하는 정책적 노력을 해야 할 것이다. 경제공동체의 2개의 지주는 자유무역지대와 아시아 통화기금(AMF)이라고 할 수 있다. EAFTA를 통해 동아시아의 역내무역을 창출하고 산업분업을 강화시키면서 경제통합이 진전되면 FTA를 관세동맹(Custom Union)으로 발전시켜 나갈 수 있는 것이다. 또한 AMF를 통해서 역내의 통화를 안정시키며 나아가 장기적으로 금융협력을 강화하여 공동통화의 사용을 추진함으로써 궁극적인 경제공동체에 도달할 수 있는 것이다.

1차로 끝난 ASEAN+3의 동아시아 자유무역지대(EAFTA) 연구결과에 의하면 EAFTA가 창설되면 ASEAN+3는 GDP가 1.18% 성장하고, 후생은 1,046억달러 증가하게 된다. EAFTA와 관련해서는 어떤 속도로 진행시킬 것인가와 어떤 방법으로 진행시킬 것인가를 고려해야 한다. 먼저 속도에서는 동아시아 자유무역지대(EAFTA)는 ASEAN+3를 중심으로 2010년경에 협상을 시작하고 2015년에 협상을 완료하는 것이 바람직할 것이다. 역내의 발전 격차를 고려할 때 2025년에는 EAFTA의 완전한 창설을 목표로 하는 것이 좋을 것이다.

여기에 대양주는 2015년, 인도는 2020년경에 EAFTA에 가입하기 위한 협상을 시작하는 것이 좋을 것이다. 물론 호주 및 뉴질랜드의 경우 경제발전 단계를 고려하면 2010년 협상에 참가할 수 있겠지만 ASEAN+3의 동력을 확보하는 차원에서 2015년 협상을 시작하는 것이 더 바람직할 것이다. EAFTA의 추진 방법은 각 ASEAN+1FTA들의 통합, ASEAN FTA(AFTA)와 동북아3국 FTA의 통합, 13개국의 개별 FTA들을 통합하는 방법 등 3가지 형태가 존재한다. 그러나 3개의 ASEAN+1FTA를 통합하기는 현실적으로 어렵고, ASEAN FTA + 동북아 FTA의 경우도 중국, 일본의 비협조 때문에 가능하지 않을 전망이다. 따라서 가장 현실적인 방법은 13개 국가가 동시에 추진하는 것이다.

표 11-10 동아시아 경제공동체 추진 일정 제안

		2010	2015	2020	2025	2030
EAFTA	ASEAN+3	협상 시작	협상완료		완전창설	관세동맹 완성
	대양주		EAFTA가입 협상시작	EAFTA가입		
	인도			EAFTA가입 협상시작	EAFTA가입	인도의 완전통합
아시아 통화기금	ASEAN+3	POST-CMI 구축		창설		* 공동통화 도입
	대양주		가입협상			
	인도			가입		

아시아통화기금(AMF)과 관련해서는 2010년까지는 POST-CMI 체제의 강화, 즉 다자화를 심화시키고 조기에 AMF를 창설하도록 한다. 아시아통화기급과는 별도로 동아시아의 환율안정을 위한 아시아통화단위(ACU)의 도입과 장기적으로 공동통화의 사용에 대해서 우리의 입장을 확실히 설정해야 한다. 동아시아에서도 계획해야 한다. 2030년이 되면 현재의 유로화와 같은 공동통화를 사용할 수 있어야 한다. 또 다른 ASEAN+3 차원의 협력 프로그램은 동아시아의 저개발국을 지원하고 동아시아 역내의 외환보유고를 역내에서 사용할 수 있도록 하기 위한 동아시아투자기금의 조성문제도 있다. 이 투자기금에 대해서는 이미 중국 등이 "아시아인프라투자펀드" 라는 형태로 창설을 추진하고 있다.

4 실천방향

ASEAN+3의 EAFTA를 공식적으로 추진하는 것도 사실상 일본과 중국의 협력이 없이는 쉽게 진전이 되지는 않을 것이다. 일본은 CEPEA를 제안해 놓고 있는 가운데 EAFTA의 진전을 반기지 않을 것이다. 오히려 일본 · ASEAN FTA의 심화에 노력할 것이고 이를 통해 ASEAN내에서의 영향력 유지를 주요한 목적으로 할 것이다. 이 과정에서 우리는 단기적으로 한중 FTA에 대해 적극적인 자세를 취하도록 한다. 한미 및 한 EU FTA이후 야기할 수 있는 부작용을 최소화하는 데 동이시아 FTA가 필요하다. 미국과 EU는 한국에 비해 더 높은 산업경쟁력을 가진 국가이다. 서비스 산업 경쟁력도 더 높다. 이론상 우리보다 기술수준이 더 높은 국가와 FTA를 체결하면 우리는 저부가가치, 낮은 기술 분야로 자원이 이동하게 될 것이다. 과거 한국의 산업은 기본적으로 비교우위론을 무시하고 국민전체가 노력하여 선진국에 버금가는 산업을 만들었다. 이제 유치산업에 대한 국가전략적 정책을 더 이상 사용하기 어려울 수 있다. 따라서 우리보다 발전 단계가 낮은 국가와 FTA를 체결해서 유치산업의 시장을 만들어야 한다.

동아시아 경제협력의 진전과정에서 우리의 입지를 확보하기 위해서는 동아시아 저개발국에 대한 개발원조를 확대해야 한다. 당분간 동아시아의 경제협력은 일본과 중국의 경쟁, 그 속에서 실리를 얻기 위한 ASEAN의 전략이 스며들면서 진전될 것이다. 과거 동아시아 협력 체제를 만들어 갈 때 우리나라는 '아이디어' 를 제공하면서 일정한 역할을 했으나 일단 협력체제가 가동하기 시작한 현재 그 역할이 어려워질 것이다. 따라서 동아시아의 경제발전에 실질적인 도움이 될 수 있는 분야를 발굴하고 지원함으로써 우리의 영향력을 유지 확대해야 할 것이다.

동아시아에 대한 이해를 확대해야 한다. 국내에서는 동아시아의 변화과정을 보다 더 면밀하며 동시에 장기적으로 추적할 수 있는 연구소를 설립하여 이를 국내 동아시아 연구인력의 허브로 삼을 필요가 있다. 현재 국내에서 동아시아 연구는 일본, 중국, 동남아 연구로 나뉘어 있으며 경제 분야에서는 인도 등 대양주 연구에 대한 인력 풀이 부족하다. 국가적 차원에서 동아시아의 국제경제관계를 연구하고 정책을 개발할 수 있는 허브가 필요하다.

CHAPTER 12

동아시아지역협력체와 국제정치경제적 의미

국가안보전략연구소 박 재 욱

1 서론

최근 세계경제는 2007년 2월부터 불거지기 시작한 미국발 금융위기의 후폭풍에 휩쓸려 중심을 잡지 못하고 뿌리 채 흔들리고 있다. 400여 년의 역사를 지닌 자본주의는 위기를 겪으면서 발전하고 진보해 왔다. 위기를 극복하는 과정에서 단점을 보완하고, 새로운 원동력을 찾아 발전하면서 사회주의와 폐쇄경제, 공산주의와 계획경제를 압도했으며, 지금까지 세계경제를 주도하면서 번성해 왔다. 그런 맥락에서 볼 때, 지금의 위기도 새로운 자본주의 시장경제의 도약을 위한 시련인지도 모른다. 그러나 다른 한편으로 우려되는 것은 역사적으로 경제위기 후에는 민족주의와 보호무역주의의 열풍이 거세게 몰아쳤다는 사실이다.[1]

이번에도 미국발 금융위기가 글로벌 경제위기로 확산되는 가운데 공교롭게도 자유무역보다는 보호무역정책을 표방해온 민주당의 오바마 후보가 제44대 미국 대통령에 당선되어 향후 세계무역질서가 보호무역주의로 바뀌지 않을까 우려하는 목소리가 없지 않

---

1) 1720년 영국에서 사우스 씨(South Sea)사 투기사건으로 불황이 유럽 전역으로 확산되고 배타적 민족주의가 고조되자, 영국 의회는 자국인의 직업 안정을 위해 인도산 면 수입을 금지하는 법을 제정한 바 있으며, 1873년 '장기 공황' 시 각국 정부가 경쟁적으로 자국 산업 보호정책을 표방한 결과, 침체가 1896년까지 20여년간 지속되었다. 그리고 1929년 미국의 대공황시에도 미국 의회가 2만여개 상품 수입관세를 인상하는 스무트 · 홀리 관세법을 제정하자, 영 · 불 · 독 · 이태리 등이 보복관세를 도입함으로써 전세계에 보호무역주의가 만연하였다.

다. 그 연장선상에서 이번 경제위기 후에는 지역통합 움직임이 더욱 활발해질 것으로 보인다.

실제로 동아시아지역에서는 1990년대 말 외환위기를 겪은 후 지역통합 움직임이 나타나기 시작했던 것이다. 물론 그 이전에도 동아시아에서는 1960년대에 결성된 동남아국가연합(ASEAN)을 비롯하여 70년대의 '아시아 · 태평양연대구상', 80년대의 아 · 태 경제협력체(APEC) 등 다양한 형태의 지역협력체가 결성되기도 했다. 그러나 이러한 지역협력체는 설립 목적이나 배경, 회원국의 범위나 성격 등을 볼 때, 동아시아의 지역협력체로 규정하기 어려운 측면이 있었다. 90년대 말 아시아 경제위기를 계기로 동아시아 역내에서는 지역협력체의 필요성에 대한 인식이 높아지기 시작했다. 그 결과 ASEAN+3(한국 · 중국 · 일본)체제가 발족하게 되었고, 최근에는 동아시아정상회의(EAS)까지 정기적으로 개최되기에 이르렀다.

동아시아지역은 역내 국가간 역사와 문화, 종교 등이 다양하고 경제적 격차가 크기 때문에 경제통합을 비롯하여 지역협력체가 형성되기 어려운 것으로 인식되어 왔다. 그러나 경제위기를 겪으면서 ASEAN+3와 EAS 등의 지역협력체가 결성되었다는 것은 획기적인 변화가 아닐 수 없다.

20세기 후반부터 동아시아권의 부상으로 세계경제 질서가 북미, 유럽, 동아시아를 축으로 하는 3극체제가 형성되고 있는 점을 고려할 때, 동아시아지역협력체의 결성이 지니는 국제정치경제적인 의미는 적지 않을 것이다.

따라서 본 연구는 동아시아지역협력체가 갖는 국제정치경제적인 의미를 짚어보고, 동아시아지역협력체의 발전을 위해 향후 극복해야 문제점과 과제를 우리나라의 역할과 함께 제시하는 데 목적이 있다. 이를 위해 제2절에서는 동아시아지역협력체 관련 구상과 논의 동향을 아시아 금융위기 이전과 이후로 나누어 살펴보고, 제3절에서는 그동안 동아시아지역협력체 추진 과정을 고찰한다. 제4절에서는 동아시아지역협력체의 국제정치경제적 의미를 ASEAN+3체제와 EAS를 중심으로 짚어보고, 마지막으로 제5절에서는 향후 과제를 한국의 역할과 함께 제시해 보기로 한다.

2 동아시아지역협력체 관련 논의 동향

1 아시아 금융위기 이전

1) 일본의 환태평양연대 구상

일본에서 동아시아라고 하는 틀이 지역협력 단위로 부상한 것은 2000년대 이후로, 1970년대 말부터 90년대까지는 환태평양(Pan-pacific) 및 아시아 · 태평양(Asia-Pacific)이라고

하는 동아시아 · 미주 · 오세아니아를 널리 포함하는 지역협력개념이었다.[2)]

1978년 12월 총리에 취임한 오히라 마사요시(大平正芳)는 '근대를 초월한 시대', 즉 '(경제시대를 초월한) 문화의 시대' 및 '지구사회의 시대'가 도래하고 있다는 시대 인식을 갖고 있었다. 그는 이러한 시대 인식을 바탕으로, 안으로는 '전원도시국가 구상'과 '가정기반의 충실', 바깥으로는 '총합적 안전보장'과 '환태평양연대 구상'의 비전을 내세우고 130명의 학자 · 문화인과 80명의 중견관료들로 구성된 9개 연구그룹에 대해 그러한 비전을 실천할 정책의 구체화를 요청했다. 그 중 오키타 사부로(大來佐武郎)를 의장으로 한 '환태평양연대 연구 그룹'은 다른 연구 그룹보다도 먼저 오히라 총리에게 최종보고서를 제출했는데, 이를 바탕으로 오히라 총리는 환태평양연대 구상을 적극적으로 제창하였다. 그러나 주변국들로부터 과거 일본제국주의가 침략전쟁의 대의명분으로 내세웠던 '대동아공영권'의 건설[3)]을 연상시킬 뿐만 아니라 역내 헤게모니를 장악하려는 의도가 숨어 있다는 의구심을 불러일으켰다. 그로 인해 환태평양연대구상은 당시 주변국들의 강력한 반발과 함께 오히라 총리가 1980년 6월 갑자기 사망하는 바람에 수면 밑으로 잠기게 되었다.

2) PECC와 APEC

1980년대 들어서면서 동아시아 역내에서는 경제협력을 위한 논의가 주류를 이루게 되었다. 1980년대 후반에 관 · 민 협력의 태평양경제협력회의(Pacific Economic Cooperation Council: PECC)가 창설되었으며, 정부 차원에서는 아시아 · 태평양경제협력체(APEC)가 발족하였다.

APEC는 기본적으로 경제협력을 주목적으로 하는 다각적 틀인데, 1993년 APEC 정상회의 성립 이후 중요한 정치적 기능도 하게 되었다. 최근 페루 리마에서 열린 제16차 APEC

---

2) 일본 재계의 일본경제조사협의회가 1962년 5월 '태평양경제협력의 방향'이라는 보고서를 발표하였고, 코지마(小島清) 교수는 1965년에 EEC의 창설에 대항하여 '태평양자유무역지역(PAFTA) 구상'을 제창한 데 이어 1980년에는 다시 '태평양무역개발기구(OPTAD)안'을 제안하였으며, 미키(三木) 외무장관은 1967년에 '아시아 · 태평양구상'을, 오히라(太平) 총리는 1978년 '환태평양연대구상'을 제창하는 등 일본의 정 · 재계와 학계에서는 일찍부터 지역통합에 많은 관심을 갖고 있었다: 자세한 내용은 Kiyoshi Kojima(1966), "A Pacific Economic Community and Asian Developing Countries," Hitotsubashi Journal of Economics, Vol.7, No.1, June, pp. 17~37 ; Kiyoshi Kojima(1968), "Japan's Interest in Pacific Trade Expansion: PAFTA Reconsidered," Hitotsubashi Journal of Economics, Vol.9, No.1, June, pp.1~31 ; Kiyoshi Kojima(1975), An Organization for Pacific Trade, Aid and Development: A Proposal, Australia-Japan Economic Relations Research Project Research Paper, Canberra Australian National University, September ; Pekka Korhonen(1998), Japan and Asia Pacific Integration: Pacific Romances 1968~1996, Sheffield Centre for Japanese Studies(London: Routledge) 등을 참조.

3) 일본제국주의가 내세운 대동아공영권 구상에 대해서는 小林英夫,『大東亞共榮圈の形成と崩壞』(東京 : お茶の水書房, 1975) 등을 참조하기 바란다.

정상회의에서는 지난 7월 결렬된 세계무역기구(WTO)가 주도하는 도하개발어젠더(DDA) 협상의 돌파구 마련과 보호무역 자제 등을 핵심으로 한 특별 공동성명을 발표하였다.[4)]

PECC나 APEC는 동아시아국가들이 회원국으로 참여하고 있으나, 지리적 범위로 볼 때 엄밀한 의미에서 동아시아 지역협력체 또는 경제공동체라고 할 수 없다.[5)]

아이러니컬하게도 동아시아국가들 간의 경제협의체라고 할 수 있는 틀은 1994년 싱가포르의 고촉동 수상이 제창하여 1996년에 발족한 아시아 · 유럽회의(Asia-Europe Meeting: ASEM)를 계기로 탄생하게 되었다. ASEM은 아시아와 유럽국가의 정상들이 한 자리에 모이는 장인데, 아시아측 멤버는 당시의 ASEAN 회원국과 한국, 일본, 중국이었는데, ASEAN+3은 이 ASEM을 계기로 형성되었다고 할 수 있다.

3) 마하티르 총리의 EAEG와 EAEC 구상

1990년대에 들어서면서 말레이시아의 마하티르 총리는 동아시아경제협의회(East Asia Economic Caucus: EAEC)와 동아시아경제그룹(East Asian Economic Group: EAEG) 등 동아시아를 중심으로 하는 공동체의 창설을 주창하였다. 당시 마하티르 총리는 GATT체제의 동요와 함께 UR협상이 농업보조금 문제를 놓고 미국과 서유럽국가들간의 의견 대립으로 교착상태를 보인 직후였던 1990년 12월 ASEAN 6개국과 인도차이나 3국(베트남, 라오스, 캄보디아), 미얀마, 그리고 한 · 중 · 일 · 홍콩 · 대만 등 동아시아국가들로만 구성된 EAEG의 창설을 제창한 바 있다. 이후 말레이시아는 이 제안에 대해 동아시아국가들만의 배타적 경제그룹 형성을 강력히 반대하는 미국의 입장과 호주, 뉴질랜드, 캐나다 등 역외국가들의 유보적 태도를 고려하여, 1991년 10월 ASEAN경제장관회의(AEM)를 통하여 EAEG 구상보다는 좀 느슨한 형태의 EAEC 구상을 새로 제안했던 것이다.[6)] 그러나 EAEG와 EAEC 구상의 핵심 내용은 구미제국의 아시아 지배에 대항하여 ASEAN+3을 축으로 동아시아국가들끼리 결속해야 한다는 것으로 큰 차이가 없었다. 이들 구상이 유럽의 EU와 북미의 NAFTA에 대응한 동아시아지역 경제협의체의 형성을 표방하고 있으나, 이들 구상 자체가 동아시아에 대한 서구세력, 즉 비아시아국가들의 영향력을 배제하려는 의도가 배경에 깔려 있었던 것이다. 또한 평소 제3세계 비동맹운동을 옹호하고 반서구주의를 표방했던 마하티르 총리의 정치철학과 함께 동 구상의 추진을 통해 ASEAN

---

4) APEC 정상들은 DDA 세부협정을 연내 결론짓기로 합의하고, 이를 위해 12월 스위스 제네바에서 DDA 관련국 장관회담을 개최하기로 하였으며, 향후 12개월 동안 새로운 무역장벽 설치를 자제하는 스탠드 스틸(Stand-Still) 결의를 포함하는 공동성명을 발표(08. 11. 23).

5) 박재욱, "일본의 동아시아경제공동체 추진전략과 시사점", 『국제문제연구』, 제6권 4호(국제문제조사연구소, 2006년 겨울), p.139.

6) EAEG와 EAEC 구상에 대해서는 배긍찬, 『동아시아 지역협력 추진 전망』, 정책연구 시리즈 ; 99~7(외교안보연구원, 2000. 5) 참조.

내 지도적 입지를 구축하려는 말레이시아의 전략적 의도도 내포되어 있었다.[7]

이러한 마하티르의 구상은 당시 참여 대상에서 배제된 미국과 호주 등의 강한 반발과 역내 국가들의 입장 차이로 빛을 보지 못했다. 당시 미국은 동아시아국가들만의 경제공동체의 형성이 갓 출범한 APEC에 방해가 된다는 이유로 강력하게 반발했는데, 일본도 미국의 눈치를 보면서 이 구상에 대해서 소극적인 태도를 보였다.

그러나 마하티르의 이 구상은 아시아 금융위기를 거치면서 오늘날의 동아시아경제공동체 형성을 위한 논의의 토대를 제공했다고 볼 수 있다.

2 아시아 금융위기 이후

1) ASEAN의 경제공동체(AEC) 창설 구상

ASEAN은 2003년 1월부터 ASEAN 자유무역지대(AFTA)를 출범[8]시킨 데 이어 2020년까지 상품과 자본 및 노동의 이동 등을 자유화하여 EU의 전신인 유럽경제공동체(EEC)와 유사한 ASEAN경제공동체(ASEAN Economic Community : AEC)의 창설을 추진했다.

ASEAN 10개국[9] 정상들은 2003년 10월 7일 인도네시아 발리에서 정치 · 안전보장, 경제, 사회 · 문화의 3분야에 걸쳐 새로운 지역공동체의 형성을 지향하는 발리협약II(Bali Concord II)를 채택했다. 새로운 ASEAN의 이념을 제시한 발리협약II는 2020년까지 역내 상품, 투자, 서비스, 인력 등의 이동을 자유화하는 AEC 창설 구상이 핵심이다.

2015년까지 AFTA의 완성을 목표로 추구해온 ASEAN이 AEC를 창설하려는 배경에는 국제적 위상 제고와 함께 급성장하고 있는 중국과 인도를 견제하려는 의도가 작용하고 있는 것으로 보인다. 발리협약II는 구체적으로 ASEAN 회원국간에 2004년 말까지 관세 비용과 절차를 규격화하고, 기술적인 규제를 통일하고, 2005년까지 비관세 장벽을 철폐하며, 자본 통제를 점진적으로 제거하는 한편, 지적 재산권을 강화하며, 무역 분쟁을 해소할 법적 제도를 완비한다는 것이다.

그리고 2005년까지 역내 무비자 여행을 실현하고 역외 여행객들에게 단일 ASEAN 비자를 발급하는 등 11개 핵심 분야에서 2010년까지 통합을 달성하도록 가속화할 것을 목표로 설정하였다. ASEAN 10개국 정상들은 2004년 11월 AEC 설립 목표를 달성하기 위한 구체적 행동계획인 '비엔티얀 액션 프로그램(VAP)'에 서명하였다.

---

7) EAEC 구상의 제안 배경에 대해서는 R. S. Milne & Diane K. Mauzy, *Malaysian Politics under Mahathir*(London: Routledge, 1999), pp. 128~130 참조.

8) AFTA가 2003년 1월 1일부터 발효하였으나, 비관세 장벽 제거 미비, 분쟁해결기구 부재, 과도한 역내 부품 사용 비율(최소 40%) 등 많은 문제점을 안고 있다.

9) ASEAN 10개국은 기존의 6개국(인도네시아, 말레이시아, 필리핀, 싱가포르, 태국, 브루나이)과 1999년 캄보디아를 마지막으로 신규 가입한 라오스, 미얀마, 베트남을 말한다.

2) 한국의 동북아 평화공동체 구상과 동아시아자유무역권 구상

우리나라의 김대중 대통령이 이니셔티브를 취해서 발족시킨「동아시아 비전 그룹」(EAVG)의 보고서는 2001년 11월의 ASEAN+3 정상회의에 제출, 승인을 받았다.[10)]

동 보고서는 57개 항목의 제언(그 중 주요 제언은 22개 항목) 가운데 APEC의 보고르선언에서 밝힌 선진국 2010년, 개도국 2020년까지의 자유화 목표를 상당히 앞당겨 실현하고, 동아시아자유무역권의 형성을 목표로 해야 한다는 점과 ASEAN+3 정상회의를「동아시아 정상회의」로 발전시켜 나간다는 것 등이 포함되어 있는 동아시아지역협력의 청사진이자 설계도라고 할 수 있다.

이 문서는 ASEAN+3의 협력에 대해 정책 수행의 구체적인 방안까지 제시한 최초의 공식 합의문서라는 데 큰 의의가 있다. 그러나 EAVG의 제언 가운데 정치적 결단이 필요한 것은 기본적으로 유보하거나 검토가 더 필요하다고 하는 식의 관료주의적인 색채가 짙은 감이 없지 않았다.

김대중 대통령의 뒤를 이은 노무현 대통령은 취임사(2003.2.25)에서 '평화와 번영의 동북아 시대'를 3대 국정목표의 하나로 설정하고, '동북아 평화 공동체' 추진 의사를 천명하였다. 노 대통령은 동북아 평화와 우리의 창의력, 세계 일류의 정보화를 기반으로 유럽연합(EU)과 같은 평화와 공생의 질서를 확립하겠다는 뜻을 밝히는 동시에, "동북아 시대는 경제에서 출발해 '번영의 공동체'를 이룩한 뒤 언젠가는 '평화의 공동체'로 발전할 것"이라고 중장기 과제인 '동북아 평화공동체 방안'을 설명하였다.

그리고 노 대통령은 2003년 10월 발리 ASEAN+3 정상회의에 참석, 기조 연설을 통해 "ASEAN+3가 동아시아 전체 협력의 틀로 꾸준히 발전하고 있다"고 평가하고, 동아시아의 협력 강화와 경제통합을 위한 협력 비전을 제시하였는데, 동아시아 협력 강화를 위해서는 2002년 정상회의에서 채택된 동아시아 연구그룹(EASG) 보고서를 성실히 이행함으로써 동아시아가 하나의 공동체라는 공감대를 넓혀 나가야 한다고 강조하였다. EASG는 동아시아지역의 정체성과 공동체 의식을 높이기 위한 26개 협력 조치를 담고 있다.

한국 정부는 이를 위한 구체적 노력의 일환으로 2003년 12월 서울에서 동아시아 포럼(East Asian Forum: EAF)의 창립 총회를 개최한 바 있는데, 동아시아의 경제통합 촉진을 위해 동아시아 각국과 FTA 체결을 모색해 나갈 것이며, 이는 궁극적으로 동아시아자유무역지대(EAFTA)로 가기 위한 디딤돌이 될 것이라는 기대를 표명하였다.

3) 중국의 동아시아 자유무역권 구상

주룽지(朱鎔基) 중국총리는 2002년 11월 캄보디아 프놈펜에서 열린 ASEAN+3 회의 후

---

10) EAVG는 1998년 베트남 ASEAN 정상회의에서 한국정부의 제안에 의해 ASEAN+3의 13개 회원국에서 각 2명씩 총26명의 전문가들로 구성되었다.

개최된 한 · 중 · 일 정상회의에서 3국간 FTA 타당성 조사를 제의하였다. 그리고 원 자바오 중국총리는 주룽지 전총리가 제창한 한 · 중 · 일 3국간 FTA 구상을 계승하는 한편, 2003. 10월 ASEAN+3 정상회의에서 '동아시아 자유무역권' 의 창설을 위한 사전조사를 제안하였다. 동아시아 자유무역권은 ASEAN 10개국과 한 · 중 · 일 3국을 합한 13개국의 시장을 통합하려는 구상으로서, 이 구상이 실현되면 동아시아에서 30억 명 인구 규모의 경제권이 형성되는 셈이다. 이와 함께 중국은 역내 싱크탱크 간의 제휴를 제안하는 등 동아시아경제의 일체화를 위해 적극적으로 관여할 자세를 표명하였다.

이처럼 중국이 FTA와 지역통합에 적극적인 자세를 보이게 된 배경에는 1997년 아시아 금융위기를 계기로 지역경제협력의 필요성을 절감하게 된 점, EU의 확대와 NAFTA의 출범 등 세계적 지역주의 확산에 대한 위기의식과 고립 우려 증대, WTO 가입으로 무역자유화에 대한 자신감 확보 등 여러 가지 요인이 복합적으로 작용한 것으로 보인다.[11]

4) 일본의 동아시아공동체 추진 구상

중국이 ASEAN과의 FTA 체결에 그치지 않고 동아시아 자유무역권의 설립까지 주도하려는 의도를 내비치자, 일본은 이러한 중국의 태도에 민감한 반응을 보이면서 동남아시아와의 관계 강화에 적극 나섰다. 고이즈미 총리는 2001년 1월 동남아제국을 순방하면서 싱가포르에서 매우 중요한 정책연설을 했는데, 거기서 그는 ASEAN+3의 틀을 최대한 활용해야 한다고 주장했다. 또 역외국과의 협력관계를 고려하면서 동아시아에 "함께 걷고 함께 나아가는 커뮤니티"의 구축을 지향하며, 그를 위해 「일 · ASEAN 포괄적 경제연대구상」을 제안하기도 했다. 그 후 고이즈미 일본총리는 중국이 2003년 10월 ASEAN+3 정상회의에서 '동아시아자유무역권' 의 설립을 위한 사전조사를 제안하자, 같은 해 12월 ASEAN 10개국 정상들을 도쿄로 초청하여 일 · ASEAN 특별정상회의를 열고, '동아시아공동체' 구상을 포함한 「도쿄선언」을 채택했다.[12]

동아시아공동체 구상은 한 · 중 · 일 3국과 ASEAN을 중심으로 한 지역연대구상으로서, 고이즈미 총리가 2002년 동남아 순방시 주창한 바 있는데, 일본은 도쿄선언에 대해 장래의 일 · ASEAN 관계를 규정하는 최초의 지침이라는 데 중요한 의미를 부여하였다.

한편 일본의 싱크탱크인 「일본국제포럼」[13]은 2003년 6월 동아시아경제공동체(ECEA)를 창설해야 한다는 구상을 제언하였다. 이는 단순한 동아시아의 FTA가 아닌 경

---

11) 박재욱, "일본과 중국의 FTA정책 비교 연구", 『국제문제연구』, 제7권 4호(국가안보전략연구소, 2007년 겨울), pp. 192~193).

12) 위의 논문, p. 177 참조.

13) 일본국제포럼은 일본의 재계 지도자, 정치가, 저명한 학자와 언론인 등 약 180명으로 구성된 정책위원회가 중심이 되어 매년 1~2건의 정책 제언을 작성 · 발표하고, 총리에게도 전달하고 있다.

제공동체를 창설해야 한다는 것이다. ECEA의 대상 국가는 한 · 중 · 일 3국과 ASEAN 외에 대만과 홍콩을 포함한 15개국(ASEAN+5)으로 구성하고, 이들 국가들이 2005년 'ECEA 선언'을 발표하며, 각 회원국들은 이를 비준하여 2007년 조약을 체결하여 출범시킨다는 구상이었다. 한국, 일본, 싱가포르 3개국이 2005년에 동아시아 FTA를 창설하여 ECEA의 출범을 선도하여 2015년까지 역내의 FTA를 전부 통합하여 관세동맹으로 확대하고, 2025년 동아시아의 단일통화 도입을 최종단계로 ECEA를 완성한다는 것이다.[14] 그 밖에 동 구상의 추진을 담당하기 위한 본부기구로서, '동아시아기구'의 상설 필요성을 제시하는 등 매우 구체적인 내용과 로드맵을 제시하였다.

2003년에는 ASEAN+3 정상회의 산하에 동아시아 역내 각국 · 지역의 '싱크탱크 네트워크(Network of East Asian Think-Tanks: NEAT)' 및 '동아시아 포럼(East Asia Forum: EAF)'이 설립되어, 동아시아를 기반으로 한 產 · 官 · 學 협동체제가 활성화하는 등 동아시아는 정부 차원과 민간 차원의 쌍방에서 광범위한 협력체제가 형성되어가고 있었다. 일본에서는 이에 호응하는 형태로 2004년 5월 싱크탱크, 지식인, 경제인의 대표로 구성된 정책 입안 조직기구로 '동아시아공동체평의회(The Council on East Asian Community: CEAC)'[15] 가 설립되었다. 동 평의회는 2004년 6월 14일 제1회 모임부터 2005년 3월 23일의 제8회 모임까지 약 10개월에 걸쳐 논의를 거듭한 끝에 2005년 8월 11일「동아시아공동체 구상의 現狀, 배경과 일본의 국가전략」이라는 정책보고서를 발표했다.[16]

학계에서는 와세다대학이 2005년 12월 '동아시아공동체의 다이내미즘(Dynamism of the EAC)'을 주제로 국제학술 심포지움을 3일간 개최한 바 있으며,[17] 언론계에서는 『日本經濟新聞』이 2006년 5월 12회째를 맞는 '아시아의 미래'에 관한 국제회의의 주제를 "아시아공동체로의 길-구상과 전망"으로 설정하였다. 이 자리에 참석한 나카소네 전 일본총리는 18개국(ASEAN과 한 · 중 · 일, 호주, 뉴질랜드, 인도, 러시아, 미국까지 포함)이 참여하는 '동아시아 경제협력기구'의 창설을 제안하였으며, 이에 대해 마하티르 전 말레이시아 총리는 "호주와 뉴질랜드는 동아시아공동체에 참여할 자격이 없다"고 주장하여[18] 동아시아경제공동체의 참가 범위에 대한 일본과 말레이시아의 견해 차이를 확연히 드러냈다.

---

14) 日本國際フォーラム´『東アジア經濟共同體構想と日本の役割』(JFIR 政策提言 No.23, 2003. 6) 참조.

15) 동아시아공동체평의회는 2004년 5월 동아시아공동체에 관해 본격적으로 연구하고, 일본의 전략적 대응 방안을 제시하기 위해 일본의 산 · 관 · 학계 인사들로 구성된 연구단체임(회장: 中曾根康弘 전 일본총리, 의장, 伊藤憲一 일본국제포럼 이사장).

16) 東アジア共同體評議會,『東アジア共同體構想の現狀, 背景と日本の國家戰略』(2005.8) 참조.

17) 라경수, "일본에서 열린 '동아시아공동체(EAC)'의 다이나미즘"(http://blog.empas.com/jdiy8589/11838667).

18)『日本經濟新聞』(2006. 5. 26).

한편 일본 정부는 금년 5월 신성장 전략의 핵심으로 추진하기 위한 '아시아 경제·환경공동체 구상'[19]을 발표하였다. 이 구상은 ASEAN+6(한·중·일·인도·호주·뉴질랜드)을 포함하는 광범위한 아시아지역에서 경제 및 환경을 축으로 하나의 공동체를 형성한다는 것이다. 이는 장기적으로 세계 최고 수준의 환경 관련 기술력을 배경으로 일본이 21세기 아시아 경제를 주도해 나가겠다는 전략의 일환이라고 할 수 있다.

3 동아시아지역협력체 추진 경위

1 ASEAN+3(한·중·일) 정상회의

1) 발족 배경

ASEAN+3 정상회의가 발족하게 된 배경은 첫째, 1996년 ASEM 출범을 통해 고도로 통합된 EU와 협상해야 했던 동아시아국가들이 처음으로 지역적 정체성(regional identity)에 대한 도전을 강하게 받게 되었다는 점이다. 둘째는 1997년 동아시아 금융위기에 대한 역내국가들간 공동 대응의 필요성을 절감하고 지역협력에 대한 공감대가 형성되었기 때문이다.

2) 발족 과정

1997년 아시아 금융위기 이후 동아시아에서도 역내 경제 통합의 필요성에 대한 공감대가 형성되면서 FTA를 비롯한 경제통합 논의가 활성화되기 시작했다.

오늘날 「동아시아」라고 하는 지역 개념의 기반이 되고 있는 것은 아시아 금융위기가 발생한 직후 1997년 12월 말레이시아의 쿠알라룸푸르에서 열린 ASEAN 비공식정상회의시에 개최된 ASEAN+3 정상회의였다고 할 수 있다. 이 정상회의는 그 해 1월 하시모토 일본총리의 동남아시아국가 순방시 싱가포르에서 행한 정책연설에서 일본과 ASEAN 정상간 정기적인 회담을 갖자고 제안한 것이 계기가 되었다. 이 제안에 대해 ASEAN제국 내에서는 일본과만 ASEAN이 정상회담을 정기적으로 개최할 경우, 중국이 어떤 반응을 보일 것인지에 대한 우려가 제기되었던 것이다. 그래서 ASEAN과 일본만이 아니고, 한·중·일 3국과 ASEAN이 정상회의를 개최해야 한다는 주장이 ASEAN 제국간에 대두하였다. 그 결과, 1997년 12월에 개최된 ASEAN 비공식정상회의 후에 ASEAN과 일본과의 정상회담과 함께 ASEAN과 한·중·일 3국과의 정상회담도 열기로 결정된 것이다.

이리하여 ASEAN+1을 노린 하시모토 일본총리의 제안은 결과적으로 일본의 의도와는 달리 ASEAN+3의 형성에 간접적으로 기여하게 된 셈이다. 그러나 ASEAN+3에

---

19) (日本)經濟産業省·· 環境省, 「アジア經濟?環境共同體」構想(2008. 5).

단순히 상징적인 의미 이상의 실질적인 의의를 부여한 것은 1997년 여름 동남아에서 발생한 통화 · 금융위기였다.

그 해 7월에 발생한 태국의 바트화 위기 이래, 금융위기는 말레이시아, 인도네시아, 필리핀, 한국 등 동아시아 주변국으로 번졌고, 그런 와중에 개최된 1997년 12월의 ASEAN 비공식정상회의 및 ASEAN+3 정상회의는 우연하게도 동아시아의 경제위기 극복을 위한 긴급회의와 같은 성격을 띠게 되었다.

그러나 1998년이 되어도 아시아 금융위기는 수습되지 않았으며, 금융위기는 경제 분야에 그치지 않고 태국, 인도네시아, 한국 등 동아시아 각국의 정치와 사회에도 심각한 영향을 미쳤다. 이와 같이 동아시아 정세가 불안한 가운데 1998년 8월, ASEAN 정상회의의 주최국인 베트남은 12월에 열릴 ASEAN 정상회의에 다시 한 · 중 · 일 3국의 정상을 초청하고 싶다는 의향을 표명했다.

금융위기를 벗어나려는 ASEAN의 입장에서 보면, 세계 각국으로부터의 지원과 함께 일본의 지원을 확고하게 다질 필요도 있었을 것이다. 또 일본의 입장에서도 아시아 금융위기 발생 이후 일본의 경제정책에 대한 미국을 중심으로 하는 비판에 대해 대응할 필요가 있었을 것이다. 왜냐하면 당시 "위안화를 평가절하하지 않겠다"는 중국의 방침에 대한 평가가 올라가는 반면, 일본에 대해서는 아시아 금융위기를 극복하는 데 아무 기여도 하지 않고 있다는 비난이 높아가고 있었기 때문이다. 더구나 클린턴 미국대통령이 동맹국 일본에는 들리지 않고 중국에 1주일 이상 체류하자, 이를 지켜보는 일본의 입장은 매우 곤혹스러웠는데, ASEAN 정상회의 참석은 일본이 아시아를 위해 기여한다는 인상을 심어주고 존재감을 보여줄 수 있는 절호의 기회이기도 했다.

당시 우리나라도 국내경제가 어려운 가운데 외자 유치가 절실한 입장이었는데, 또 국제무대에서 리더쉽을 발휘할 기회를 모색하고 있던 김대중 대통령에게도 ASEAN과 한 · 중 · 일 정상회담은 좋은 기회였다.

한편 중국으로서도 일본과 상반된 의미에서 ASEAN+3의 틀은 이용 가치가 있었는데, 클린턴 미국대통령의 방중에서 나타난 존재감의 크기를 ASEAN제국에 인식시킬 좋은 기회였다.

이와 같은 상황에서 1998년 12월 16일 개최된 ASEAN 정상회의 직후에 다시 한 · 중 · 일 정상이 참석하는 ASEAN+3 정상회의가 개최된 것이다.

한국에서는 김대중 대통령이, 일본에서는 오부치 총리, 중국에서는 후진타오 국가부주석이 참석했는데, 여기서 우리나라의 김대중 대통령은 동아시아의 중장기적 비전을 생각하는 지식인으로 구성되는 「동아시아 비전 그룹」(East Asia Vision Group: EAVG)의 설치를 제안했다.

일본의 오부치 총리는 ASEAN측에 경제위기 극복을 위해 엔차관 등을 위주로 하는 총액 300억달러 규모의 「신미야자와구상」[20]을 조기에 구체화, 실현하겠다는 의지를 표명하였다.

중국의 후진타오 국가부주석은 ASEAN측과 한 · 중 · 일 간에 금융문제를 협의하기 위해 재무차관과 중앙은행 부총재들의 부정기적인 회의 개최를 제안하는 한편, ASEAN과 한 · 중 · 일 3국간의 정상회의가 계속 열리기를 바란다는 희망을 피력하였다.

이미 동일한 틀의 ASEAN+3 정상회의가 2년 연속 개최되었다는 사실은 제도화의 기초가 마련되었음을 의미한다.

제2회 하노이 회담에서는 당시 프레슬리리스 ASEAN 의장이 ASEAN과 한 · 중 · 일 정상회의가 ASEAN의 공식 · 비공식 정상회의시에 개최하기로 합의되었다고 밝혔다. 김대중 대통령이 제안한 EAVG의 설립을 ASEAN제국이 받아들인 것도 ASEAN+3 정상회의가 정례화됨을 말해주는 것이었는데, 왜냐하면 EAVG의 설립 취지서(Terms of Reference)에 동 그룹의 보고서는 2001년의 정상회의에 제출되어야 한다고 명기되어 있었기 때문이다.

1999년 ASEAN 비공식정상회의와 ASEAN+3 정상회의의 주최국인 필리핀의 에스트라다 대통령은 동아시아의 협력 틀 형성에 적극적인 태도를 보였으며, ASEAN+3를 새로운 협의체로 발전시켜야 한다는 구상도 제시했다. 신협의체 구상은 합의되지 않았지만, 여러 분야를 포괄하는 공동성명을 ASEAN+3의 이름으로 처음 작성하기로 합의되어 있었다.

이리하여 ASEAN+3은 정상들이 단순히 만나는 모임이 아니라 공동성명이라고 하는 형태로 합의문서를 작성함으로써 각국의 정책을 규정하는 방향으로 발전한 것이다.

그 결과, 1999년 11월 28일 ASEAN+3으로서는 최초의 공동성명인 「동아시아의 협력에 관한 공동성명」이 채택되었다. 이 공동성명에는 ASEAN+3이 협력해 나가야 할 분야로서 경제 · 사회분야, 그리고 정치와 기타 분야가 있다고 명시되어 있다. 전자에 대해서는 경제분야, 통화 · 금융분야, 사회개발 · 인재육성, 과학 · 기술개발, 문화 · 정보분야, 개발협력이 포함되고, 후자에 대해서는 정치 · 안보분야와 국경에 걸치는 문제를 포함하였다.

이는 아시아 · 태평양지역의 협력 틀인 APEC 및 ASEAN지역포럼(ASEAN Regional Forum: ARF) 등과 비교해도 ASEAN+3이 경제 · 사회 · 정치 · 안전보장을 망라하는, 극히 포괄적인 협력분야를 다루고 있음을 선언한 것이었다.

---

[20] AMF 구상이 무산된 후 일본은 1998년 7월 미야자와 대장상의 주도로 아시아국가들의 외환 보유액을 통합하여 펀드를 형성, 투기적 단기자본의 공격에 대비하기 위한 미야자와 구상을 발표했는데, 이 또한 미국과 IMF의 반대로 못하자 10월에 다시 경제위기에 빠진 아시아 5개국의 경제 회복과 성장력 확충을 위한 구체적인 지원 방안을 담은 총 300억달러 규모의 신미야자와 구상을 제안하였다.

3) 의의

1997년 12월 ASEAN은 말레이시아 쿠알라룸푸르에서 열린 창설 30주년을 기념한 비공식 정상회의에 한국과 중국 및 일본 정상들을 초청함으로써 동아시아 지역협력의 틀이 처음으로 형성된 것이다. ASEAN은 자신들과 정치 · 경제적으로 긴밀한 관계를 맺고 있는 한 · 중 · 일 3국 정상들을 동시에 초청함으로써 동아시아 지역협력에 있어서 주도적인 역할을 모색하려는 차원에서 이러한 회동을 추진하였다.

제1차 ASEAN+3 정상회의의 가장 중요한 의의는 당시 태국에서 촉발된 금융위기가 인도네시아, 한국 등 동아시아 전역으로 급속히 확산되는 와중에서 역사상 처음으로 동아시아 국가들의 정상들이 한자리에 회동했다는 사실이다. 이는 마하티르 말레이시아 전 수상이 1990년대 초부터 주창한 EAEC가 실질적으로 구현된 것으로 볼 수 있다.

1998년 12월 베트남 하노이에서 개최된 제2차 ASEAN+3 정상회의에서 는 ASEAN과 한 · 중 · 일 정상들이 향후 동 정상회의를 정례화하기로 합의한 것은 동아시아 차원에서 지역협력을 모색할 수 있는 제도적인 기반을 마련했다는 점에서 중요한 의의를 지닌다.

1999년 11월 필리핀 마닐라에서 개최된 제3차 ASEAN+3 정상회의에서는 동아시아 지역협력을 주제로 21세기 동아시아지역의 중장기적 발전 방향과 협력방안들을 진지하게 논의하고, '동아시아 협력에 관한 공동성명' 을 채택함으로써 동아시아 지역협력 구도를 한층 더 구체화하였다. 동 정상회담에서 김대중 대통령은 역내 경제협력 기반 강화를 위한 동아시아 경제협력체제 구축을 제안하였다. 이를 위해 김 대통령은 21세기를 대비하여 동아시아 역내 경제협력을 강화하기 위한 정책과제로서, 역내 13개국간 업종별 민간협의회 구성을 제안하기도 했다.

한편 오부치 일본 수상의 제안에 따라 ASEAN+3 정상회의 직전에 이루어진 한 · 중 · 일 3국 정상간에 이루어진 조찬회동은 역사상 최초의 동북아 3국간 정상회의가 되었다. 이 회동에서 3국 정상들은 3국의 국책연구기관간 역내 경제협력을 위한 공동연구에 착수하기로 합의하는 한편, 향후 동북아 3국 정상회의를 계속 추진키로 함으로써 동북아 및 동아시아 지역전체의 공동발전을 위한 협력의 전기를 마련하였다.

2 동아시아정상회의(EAS)

2004년 초두부터 EASG 보고의 검토과제였던 동아시아정상회의 실현을 위한 움직임이 말레이시아와 중국을 중심으로 활발해지면서 EAS 개최문제가 역내외에서 최대 외교쟁점으로 부각되었다.[21)]

---

21) 김대중 대통령은 '긴밀한 동아시아 파트너십 구축' 이란 주제로 2001년 브루나이에서 열린 제5차 ASEAN+3 정상회의에서 EAVG 보고서에 포함되어 있는 ASEAN+3 정상회의의 동아시아 정상회의로의 전환, 동아시아 자유무역지대 창설, 동아시아 포럼 창설 등 3대 과제에 대해 EASG가 중점 검토할 것을 제안하였다.

2005년에 ASEAN 의장국이 되는 말레이시아가 제1회 동아시아정상회의를 2005년 쿠알라룸푸르에서 개최하자고 제안하였다. 중국은 또 2007년에 제2회 동아시아정상회의를 베이징에서 개최하고 싶다는 의사를 표명하는 등 동아시아정상회의에 적극적인 태도를 표명하였다. 이에 대해 일본정부는 제1회 동아시아정상회의를 말레이시아와 공동으로 개최하는 방식을 제안하였다.

이처럼 EAS는 결성도 되기 전부터 개최지를 둘러싸고 날카로운 신경전이 벌어졌는데, ASEAN+3 정상들은 2004년 11월 라오스의 비엔티얀에서 개최된 ASEAN+3 정상회의에서 동아시아공동체(East Asian Community: EAC) 형성을 위한 EAS 개최 필요성에 공감하고, 제1차 회의를 2005년 12월 말레이시아에서 개최하기로 합의하였다. 한 · 중 · 일 3국 정상들도 EAS 추진 필요성에 공감하고, EAC로 발전시켜 나가기로 합의했다.

그러나 EAS 참가국 범위를 둘러싸고 회원국간에 의견이 첨예하게 대립되었는데, 중국과 말레이시아 등은 참가국 범위를 ASEAN+3으로 제한하려는 반면, 일본과 몇몇 ASEAN 국가들은 호주와 뉴질랜드, 인도 등을 포함시켜 중국의 영향력 확대를 견제하려고 노력하였다.

2005년 봄 ASEAN 회원국간에 동아시아정상회의에 참가할 국가가 충족시켜야 할 조건에 대한 컨센서스가 이루어졌는데, 그 조건은 ① ASEAN과 실질적 관계가 있을 것, ② ASEAN의 완전한 대화국일 것, ③ 동남아우호협력조약(Treaty of Amity and Cooperation in Southeast Asia: TAC) 가맹국이라야 한다는 것이었다. 이러한 조건을 고려하면, 2005년 동아시아정상회의 참가국으로서는 한 · 중 · 일 3국 외에 인도가 자격을 갖추고 있었고, 뉴질랜드나 호주도 TAC에 가입하면 조건을 충족하게 되어 있었다.

결국 ASEAN이 인도, 호주, 뉴질랜드를 EAS 신규 참여국으로 결정함에 따라 EAS는 동아시아 지역협력체로서의 성격이 모호해지고 말았다. 2005년 12월 14일, 제9차 ASEAN+3 정상회의와 함께 말레이시아의 쿠알라룸푸르에서 개최된 제1회 EAS에는 논란 끝에 ASEAN+3 외에 호주, 뉴질랜드, 인도 등 16개국이 참가하게 되었고, 러시아는 옵서버 자격으로 참가하였다. 동 회의에서 '아시아 통합' 이라고 하는 목표에 걸맞게 '하나의 비전, 하나의 정체성, 하나의 공동체' 를 모토로 내세운 제1회 EAS에서는 EAS가 이 지역의 공동체 형성에 중대한 역할(significant role)을 할 수 있다는 '쿠알라룸푸르 선언' 이 채택되었다.

그리고 앞으로 EAS를 ASEAN 의장국 주도로 매년 정례적으로 개최하고, 제2차 EAS는 2006년 필리핀 세부에서 개최하기로 합의하였다.

이러한 제1차 EAS 회의 결과는 동아시아 지역협력의 장래와 관련하여 동아시아라는 지역 개념조차 확립하지 못하는 혼란을 초래하고 말았다. 한 · 중 · 일 3국으로서도 ASEAN국가들과 동등하게 정상회의를 개최함으로써 기존의 ASEAN+3 정상회의를

EAS로 전환하려던 애초의 구상이 완전히 뒤집히게 되었다.[22)]

이후 EAS는 지금까지 기존의 ASEAN+3 정상회의와 연계하여 3차례 개최되었으나, 여전히 ASEAN+3와 EAS간 명확한 관계 설정이 이루어지지 않고 있는 실정이다.

4 동아시아지역협력체의 국제정치경제적 의미

동아시아의 지역협력 움직임은 걸음마 단계에도 아직 미치지 못한 감이 있으나, 동아시아에서도 하나의 지역협력체제가 형성되고 있다는 사실에 주목할 필요가 있다. 동아시아 지역은 20세기 후반 들어 북미, 유럽지역과 함께 세계경제의 3대 축으로 부상하였다.[23)] 이와 같은 지경학적(geoeconomic) 변화가 수반하는 국제정치경제적 의미는 실로 엄청나다. 만일 이러한 변화가 21세기에도 그대로 지속된다면 국제정치경제의 질서를 좌우하는 힘의 균형에 중대한 변화를 초래할 것이기 때문이다. 최근 글로벌 경제위기를 계기로 전세계 경제가 휘청거리고 있는데, 향후 세계경제질서는 이 위기를 어느 지역, 어느 나라가 먼저 극복하는가에 따라 크게 달라질 것이다.

한편 동아시아 지역협력체 결성의 효과는 경제적인 측면 외에 정치 · 외교 · 안보적인 측면에서도 매우 중요한 의미를 갖는다.

먼저 경제적인 효과로는 일반적으로 무역창출 효과와 자원배분의 효율성 증대와 같은 정태적 효과 외에도 시장 확대로 인한 규모의 경제 및 기술혁신 등을 통한 성장 촉진 등의 동태적 효과를 들 수 있겠다.

한편 정치외교 · 안보적 측면에서는 상업적 교류 증대를 통해 전쟁을 방지하는 기제가 될 수 있다는 중요한 의미를 갖는다. 이는 유럽통합의 역사적인 배경에서 확인할 수 있는데, 유럽에서 전쟁을 방지하려는 발상을 했던 독일 철학자 칸트(Immanuel Kant)를 비롯하여 유럽 통합을 주창한 장 모네(Jean Monnet) 등은 역내 주변국들간 교역 증대를 통해 신뢰를 구축함으로써 전쟁을 사전에 예방하려는 목적으로 유럽통합을 추진했던 것이다.

지역협력체 결성의 또 다른 효과로는 역내국가들간 경제통합을 이룩함으로써 국제사회에서 발언권을 증대시킬 수 있다는 점과 역외국들에 대해 협상력을 제고할 수 있다는 점도 중요한 의미를 지니고 있다.

---

22) EAS의 출범 과정과 ASEAN+3와의 관계설정 문제 등에 대해서는 배긍찬, "동아시아공동체 논쟁과 향후 전망: ASEAN+3와 EAS와의 관계설정 문제를 중심으로", 『주요국제문제분석』(외교안보연구원, 2006. 12. 29) 및 배긍찬, "동아시아 지역협력 과제와 전망: 제11차 ASEAN+3 및 제3차 EAS 결과를 중심으로", 『주요국제문제분석』(외교안보연구원, 2007. 12. 10) 등을 참조.

23) 2006년 ASEAN+3 경제 규모는 전세계 GDP의 19%(8조 9,700억달러)와 전세계 총교역의 22.1%(4조 8,700억달러)를 차지했음.

또한 동아시아 역내국가간 인적 교류 증대와 문화 교류의 결과 다양한 시민 레벨의 사회적 · 문화적 공감대도 형성되고 있어 통합의 기반이 다져지고 있다고 하겠다.

더욱이 1990년대 후반 경제위기를 경험한 뒤로 동아시아국가들은 정부 차원에서도 ASEAN+3(한 · 중 · 일) 정상회의 발족을 계기로 금융, 무역, 투자에서 안전보장문제에 이르기까지 여러 분야에서 실무 레벨의 기능적 협력(functional cooperation) 네트워크가 형성 · 강화되고 있다. 1980년대 후반 이후 東아시아지역 개도국의 공업화가 진전되면서 이들 국가의 대외교역 규모가 급속도로 증가하는 동시에 역내국간 교역 비중이 급증하고, 역내 무역과 투자의 상호의존도가 점증하면서 지역협력 움직임이 하나의 경제권을 형성하는 방향으로 작용하고 있다.

東아시아 지역국가의 전체 교역에서 역내 교역이 차지하는 비중은 1985년의 36.1%에서 1995년 48.2%, 2000년에는 48.5%로 높아졌다. 이는 EU의 53.2%보다는 다소 낮으나 NAFTA의 46.5%를 능가하는 수준이다.

이와 같이 동아시아의 역내 무역 비중이 2000년 48.5%로서, 1958년에 결성된 이래 반세기 동안 완전한 경제통합체로 발전한 EU(53.2%)나 1994년에 출범한 NAFTA(46.5%)의 역내 무역 비중에 버금간다고 하는 사실은 이 지역에도 제도적인 경제통합 조직은 아직 없지만, 시장은 이미 기능적 통합[24] 단계에 들어선 것으로 평가할 수 있겠다.

표 12-1 주요 경제권의 지역별 무역 비중 추이

(단위: %)

		동아시아	EU	NAFTA
동아시아	1985년	36.1	11.4	28.2
	1995년	48.2	14.1	21.4
	2000년	48.5	13.2	21.4
EU	1985년	5.4	58.2	10.3
	1995년	9.0	61.7	8.1
	2000년	8.7	53.2	9.9
NAFTA	1985년	25.0	19.2	38.0
	1995년	28.3	16.1	41.6
	2000년	24.1	15.5	46.5

자료: 박재욱, 『동아시아의 산업내무역 증가 추이와 시사점』, 지역리포트 02~08(대외경제정책연구원, 2002. 12), p. 81에서 재인용.

24) 경제통합은 통합의 형성 주체와 통합의 동기에 따라 제도적 통합(institutional integration)과 기능적 통합(functional integration)으로 구분할 수도 있는데, 제도적 통합은 경제통합에 참여하는 경제 주체들 상호간의 합의에 의해 통합의 조건과 형태 등을 결정하는 방식이고, 기능적 통합은 다국적 기업과 같은 민간경제 주체의 이윤 동기에 의해 국경을 초월한 경제 활동이 전개되고 그러한 국제적 경제 활동이 특정 지역에 집중됨으로써 나타나는 지역적 경제권의 형성을 의미한다: 손병해,『경제통합론』, 제2판(서울: 법문사, 1994), p. 12.

5 향후 과제

1 ASEAN+3와 EAS간의 관계 설정 명확화

현재 동아시아 역내에서 가장 활발하게 논의가 진행되고 있고 구체적인 협력사업이 이루어지고 있는 것은 ASEAN+3 중심의 동아시아 지역협력이라고 할 수 있다. 그러나 향후 동아시아 공동체 형성과 관련하여 ASEAN+3와 EAS간의 관계를 어떻게 설정할 것인지에 대해 아직도 아무런 합의를 도출하지 못하고 있다.

중국, 한국 그리고 말레이시아, 태국 등 대다수의 ASEAN 국가들은 ASEAN+3 중심의 동아시아 공동체를 추진해야 한다는 입장을 견지하고 있는 반면, 일본, 호주, 인도, 인도네시아, 싱가포르 등은 EAS, 즉 ASEAN+6 중심의 확대된 범아시아 공동체 추진을 상정하고 있다.

이미 ASEAN+3국가들간에 합의한 바 있는 동아시아 자유무역지대(EAFTA)에 대해서도 일본은 ASEAN+6 FTA 구상을 새로 제안함으로써 역내 국가들간 논쟁을 야기하고 있다. 그러나 일본과 함께 EAS 중심의 공동체 형성에 관심을 보였던 인도네시아, 싱가포르가 최근 ASEAN+6 FTA 추진에 회의적인 태도를 보이기 시작하고 있어 일본이 추진하는 EAS 중심의 공동체 구상은 사실상 난관에 봉착하고 있는 것으로 보인다.

결국 문제의 핵심은 기존 ASEAN+3 중심의 지역통합을 우선적으로 심화시킨 이후 이를 바탕으로 인도, 호주, 뉴질랜드 등 역외국으로 참여를 확대할 것인가, 아니면 인도, 호주, 뉴질랜드를 포함하는 범아시아 지역통합을 추진할 것인가로 귀결된다고 하겠다.

2 지역협력체 결성에 대한 공감대 형성

분열과 대립, 갈등으로 점철되어온 유럽 각국을 EU로 통합하는 데 성공한 유럽인들 사이에서는 오래전부터 "유럽은 언젠가 하나로 통합되어야 한다"는 인식이 자리잡고 있었다. 그러나 동아시아에서는 과거 日帝의 침략과 지배를 당한 경험이 있기 때문에 반일감정이 아직도 강하게 남아 있고, 하나로 통합되어야 한다는 공감대가 형성되어 있지 않은 실정이다.

장기적인 차원에서 동아시아 지역통합을 성공적으로 달성하기 위해서는 기본적으로 한 · 중 · 일 3국은 물론 ASEAN국가들이 지역공동체 결성의 필요성을 공동으로 인식하고 통합에 대한 공감대를 형성해 나가는 것이 중요하다. 이는 정치 · 경제적 공동경계(Common Boundary) 및 공동이익, 공동번영 등 참여국간 통합을 통한 가치 공유에 대한 합의가 전제되어야 가능하다.

따라서 EU의 경험이 시사하듯이 동아시아 지역공동체의 성공에는 참여국의 경제적 이익 외에 지리적 접근, 역사적 관계, 유사한 문화 및 문명 등 일정한 가치공유 기반을 확대해 나가는 노력이 있어야 한다.

동아시아 지역협력체 결성을 위해 상호 적대의식, 대립관계 등 국가간 갈등을 융해하고, 영토 · 주권 위임 · 안보위협 등 통합에 장애가 되는 민감한 사안을 해소하는 데는 정치지도자들의 결단과 강력한 리더십이 필요하다.

미국발 금융위기를 계기로 향후 미국의 동아시아에 대한 영향력은 축소될 가능성이 높고, 역내 국가들의 지역협력체에 대한 관심은 크게 증대할 것으로 보인다. 역사적으로 볼 때, 경제위기 후에는 지역주의와 보호무역 경향이 고조되었다. Baldwin은 지역주의 바람이 한번 불게 되면 쉽게 그치지 않고, 대규모 경제 블록으로 발전하게 된다는 사실을 도미노 이론으로 설명한 바 있다.[25)]

이런 점들을 고려하여 이명박 정부는 동아시아지역협력체 추진 전략과 목표를 차기 ASEAN+3 정상회의는 물론 EAS에서 제시하여 동아시아 지역통합에 대한 공감대 형성을 주도해 나가야 한다. 특히 2009년 여름 우리나라에서 개최 예정인 ASEAN 정상회의를 동아시아 지역통합에 대한 공감대 형성을 주도할 수 있는 좋은 기회로 활용할 필요가 있다.

3 강력한 리더십 발휘

제도적 통합에는 역내 국가들의 통합에 대한 공감대 형성과 강한 통합 의지도 필요하지만, 무엇보다 통합을 주도할 수 있는 지도자의 출중한 리더십이 필요하다. 그러나 동아시아에는 제도적 통합을 위해 강한 의지를 갖고 리더십을 발휘할 지도자가 없는 실정이다.

10년 전 우리나라는 아시아 경제위기를 계기로 일기 시작한 동아시아지역통합 논의를 주도하며, 동아시아, 특히 ASEAN국가들에게 역내 경제협력의 비전을 심어주는 데 크게 기여하였다. 김대중 대통령은 2001년 11월 브루나이 ASEAN+3 정상회의에서 동아시아자유무역지대 창설을 제안하면서 "궁극적으로(동아시아 전역의) 자유무역지대로 가기 위한 중간단계로 각국의 자유무역지대를 벨트와 같이 연결해 추진하는 방안을 검토할 수 있을 것"이라고 역설하면서 동아시아지역에서 FTA 체결 논의를 주도하였다. 그로부터 1년 후 2002년 11월 캄보디아에서 개최된 ASEAN+3 정상회의에 김대중 대통령은 참석하지 않고 대신 김석수 총리가 참석하였다. 당시 중 · 일간에는 ASEAN과의 FTA 체결을 둘러싸고 치열한 각축전이 전개되고 있었는데, 한국은 이를 '강건너 불구경' 하고 있었다. 김석수 총리는 태국과 싱가포르 총리 등이 한국과 ASEAN간 FTA 체결 필요성을 강조하자, 한국은 "아직 ASEAN과 FTA를 체결할 준비가 되어 있지 않다"는 등 소극적인 태도로 일관하였다.[26)] 그 후 ASEAN 국가들은 1999~2001년간 동아시아 경제협력 논의

---

25) R. E. Baldwin, "The Spoke Trap: Hub and Spoke Bilateralism in East Asia," 04~02, Northeast Asian Study Series, korea Institute for International Economic Policy, 2003.

26) 『매일경제신문』(2002. 11. 7).

를 주도했던 한국정부가 갑자기 태도를 바꾼 배경에 대해 의구심을 품기 시작하면서 김대중 대통령의 리더십도 약화되었다.

앞으로 동아시아지역협력체 결성을 위한 국민적 합의 도출과 정치지도력을 뒷받침하기 위해서는 민간단체들의 여론 조성과 연구 · 교류 활동 등이 중요하다. 민간지도자나 전문가들에 의한 여론 조성 및 상호교류와 협력을 위한 민간공동기구 구성 등 민간차원의 활동은 공동체에 대한 이해 및 지지 확산과 추진력 강화를 위해 바람직하다. 그리고 문화, 영상, 음반 등 비정치적 분야에서의 민간교류를 정부차원의 국제적 공동사업으로 발전시켜 상호이해 기반 확대 및 지역협력체 구성을 지원하는 세력으로 활용할 필요가 있다.

동아시아 지역협력체의 궁극적 목표를 아시아적 가치를 기초로 하는 '하나의 동아시아' 건설에 두고, 정부 차원의 제도적 통합을 뒷받침하기 위해 '유럽합중국 실행 위원회'와 같은 동아시아국가들의 정치인, 경제인, 정당지도자, 노조지도자 등을 중심으로 하는 가칭 '동아시아지역협력체 결성위원회'를 구성하여 운영하는 것이 바람직하다.

이러한 기구의 구성과 운영에 있어서는 이미 2000년대 초반 EAVG와 EASG 등 동아시아 지역협력을 주도해 온 한국이 핵심적인 역할을 할 수 있을 것이다.

4 중 · 일 양국간의 역내 주도권 경쟁 해소

중국과 일본은 東아시아 지역협력체의 결성에는 거의 관심이 없고, ASEAN을 자국의 영향권 안에 끌어들이기 위해 치열하게 경쟁하고 있다. 이처럼 중 · 일 양국이 ASEAN과의 FTA 체결 경쟁을 벌이는 데에는 동북아보다 범위가 훨씬 더 큰 동아시아 전역에서 패권을 장악하려는 의도가 강하게 작용하고 있다. 2004년 ASEAN+3 정상회의에서 중국이 '동아시아자유무역지대(EAFTA)' 타당성 검토를 제안하자, 일본은 '포괄적 동아시아경제 파트너십(CEPEA)'의 추진을 제안하였다. 일본이 제안하는 CEPEA는 기존 ASEAN+3에다가 인도, 호주, 뉴질랜드를 포함시켜 ASEAN+6 FTA를 구축하자는 것이다. 이와 같은 중 · 일간의 의견 차이는 동아시아정상회의 구성국을 둘러싼 주도권 경쟁과 맥을 같이하는 것이다.

유럽통합의 역사적 선례에 비추어 보더라도 동아시아국가들이 진정으로 지역공동체 형성을 원한다면, 일차적으로 ASEAN+3 중심의 통합 심화과정을 거쳐 단계적으로 참여국 확대를 모색하는 것이 바람직할 것이다. 왜냐하면 중국의 영향력 확대를 견제하려는 일본의 전략, 즉 중 · 일 간의 패권 경쟁관계가 해소되지 않고서는 향후 의미있는 동아시아 지역통합을 기대하기는 어려울 것이기 때문이다.

동아시아 지역협력체 결성은 경제적 이득뿐만 아니라, 장기적으로는 역내 국가들간 문화 공동체의 형성을 비롯해서 다양한 이득을 가져온다. 특히 시장통합은 동아시아지역의 국제협상력 제고에 기여하며, 미국 및 EU와 함께 세계 3대 경제권을 형성함으로써 국제경제 질서의 발전을 주도할 수 있는 기반을 제공한다. 동아시아 지역협력체 결성의 목표를 달성하기 위해서는 현재의 중국과 일본간 경쟁구도를 고려할 때, 유럽통합 과정에서 벨기에의 역할에서도 볼 수 있듯이 한국의 중재자적 · 조정자적 역할이 절실히 요구된다고 하겠다. 한국은 일본과 중국 양국을 EAFTA로 끌어들이는 중재자 역할도 할 수 있을 것이다. 이런 한국의 중재자 · 조정자 역할은 동북아와 동남아 경제권을 통합하는 데도 필요할 뿐만 아니라 앞으로 세계경제의 중심으로 부상하고 있는 동아시아에서 우리나라가 국제정치경제적 입지를 강화해 나가기 위해서도 중시하지 않으면 안될 외교전략 목표로 삼아야 할 것이다.

참고문헌 REFERENCES

김성철 편, 『한국의 국가전략 2020: 동북아 경제협력』(세종연구소, 2005).

라경수, "일본에서 열린 '동아시아공동체(EAC)' 의 다이나미즘"(http://blog.empas.com/jdiy8589).

박재욱, "일본과 중국의 FTA정책 비교 연구", 『국제문제연구』, 제7권 4호(국가안보전략연구소, 2007년 겨울).

______ , "일본의 동아시아경제공동체 추진전략과 시사점", 『국제문제연구』, 제6권 4호(국제문제조사연구소, 2006년 겨울).

______ , 『동아시아의 산업내무역 증가 추이와 시사점』, 지역리포트 02~08(대외경제정책연구원, 2002. 12).

배긍찬, "동아시아 지역협력 과제와 전망: 제11차 ASEAN+3 및 제3차 EAS 결과를 중심으로", 『주요국제문제분석』(외교안보연구원, 2007. 12. 10).

______ , "동아시아공동체 논쟁과 향후 전망: ASEAN+3와 EAS와의 관계설정 문제를 중심으로", 『주요국제문제분석』(외교안보연구원, 2006. 12. 29).

______ , 『동아시아 지역협력 추진 전망』, 정책연구 시리즈 ; 99~7(외교안보연구원, 2000. 5).

손병해, 『경제통합론』, 제2판(서울: 법문사, 1994).

『매일경제신문』(2002. 11. 7).

日本經濟調查協議會, 『太平洋經濟協力の方向』(1962. 5).

小林英夫, 『大東亞共榮圈の形成と崩壞』(東京 : お茶 の水書房, 1975).

日本國際フォーラム´『東アジア經濟共同體構想と日本の役割』(JFIR 政策提言 No.23, 2003. 6).

東アジア共同體評議會, 『東アジア共同體構想の現狀, 背景と日本の國家戰略』(2005. 8).

(日本)經濟産業省·· 環境省, 「アジア經濟 · 環境共同體」構想(2008. 5).

R. E. Baldwin, "The Spoke Trap: Hub and Spoke Bilateralism in East Asia," 04~02, Northeast Asian Study Series, Korea Institute for International Economic Policy, 2003.

Kiyoshi Kojima, "A Pacific Economic Community and Asian Developing Countries," Hitotsubashi Journal of Economics, Vol.7, No.1, June 1966.

____________ , "Japan' s Interest in Pacific Trade Expansion: PAFTA Reconsidered," Hitotsubashi Journal of Economics, Vol.9, No.1, June 1968.

__________ , An Organization for Pacific Trade, Aid and Development: A Proposal, Australia-Japan Economic Relations Research Project Research Paper, Canberra Australian National University, September 1975.

Pekka Korhonen, Japan and Asia Pacific Integration: Pacific Romances 1968~1996, Sheffield Centre for Japanese Studies(London: Routledge, 1998).

R. S. Milne & Diane K. Mauzy, Malaysian Politics under Mahathir(London: Routledge, 1999).

찾아보기

ㄱ

ㄴ

ㄷ

ㅁ

ㅂ

저자소개

정인교

인하대학교 경제학부 교수 및 정석물류통상연구원(www.ejri.net) 원장으로 재직 중이다. 1996년 1월부터 2004년 2월까지 대외경제정책연구원(KIEP)에서 FTA 팀장 및 연구위원으로 우리나라의 FTA 정책 및 개방경제체제에 대한 연구를 주도한 바 있다. 정교수는 FTA 정책관련 위원회 위원, 관세심의위원회 위원, 한국국제통상학회 부회장(2010년 회장)으로 활동하고 있다.

김홍률

고려대학교 국제대학원 국제통상학 박사로, 미국통상정책을 전공하였다. 동서대학교 국제통상학과 교수로 재직 중이며, 대통령자문 대외경제위원회 연구원(2005), 대외경제정책연구원 전문연구원(2005)을 역임하였다. 주요 저서로는 『미국의 통상정책』, 『미국 통상정책 결정 메카니즘과 한국에의 시사점』 등을 들 수 있다.

최원목

이화여자대학교 법학전문대학원 교수 및 통상법률센터 소장으로 재직 중이다. 외교통상부 외무관으로 근무한 바 있으며, 한국 국제경제법학회 부회장, The Journal of International Economic Law (Oxford) 편집위원으로 활동하고 있다. 조지타운로스쿨 통상법박사(S.J.D)로 미국 뉴욕주 변호사 자격을 보유하고 있다. WTO협상, FTA, 국제통상분쟁해결, 한국통상정책 등에 대한 연구를 진행하고 있다.

정승연

인하대학교 국제통상학부 교수 및 국제통상물류대학원 부원장을 맡고 있다. 일본 교토대학 경제학박사, 가나자와대학 경제학부 조교수, 한일경상학회 사무국장, 국제지역학회 이사를 역임한 바 있다. 동북아 경제협력, 일본 통상정책 등의 분야에 연구를 진행하고 있다.

조정란

일본 타쿠쇼쿠(拓殖)대학에서 상학박사를 취득하였고, 특혜원산지기준 등 FTA 정책연구를 다수 수행하였다. 현재 인하대 부속 정석물류통상연구원에서 연구교수로 재직 중이며, 한국국제통상학회 이사, 바른FTA본부 사무국장으로 활동하고 있다. 『우리나라 FTA 원산지규정(ROO) 연구 및 실증분석』, 『한 · 일 FTA 체결에 따른 고용정책 차원에서의 대응방안』 등을 집필했다.

류병운

고려대학교 법과대학을 졸업하고, Indiana University(Bloomington)에서 법학박사(S.J.D)를 취득하였고, 미국변호사(New York) 자격을 보유하고 있다. 현재 홍익대학교 법과대학 교수로 재직 중이다. FTA 원산지기준, 국제비니스계약 관련 논문 및 국제통상법 관련 저서를 다수 출판하였다. 대표적인 저서는 『국제통상법』, 『미국계약법』, 『국제법입문』 등을 들 수 있다.

박번순

삼성경제연구소 연구전문위원으로 재직 중이며, 고려대학교 경제학과를 졸업하고 한국외국어대학에서 경영학박사를 취득했다. 현재 삼성경제연구소에서 동남아 경제 및 동아시아 경제 통합에 대해 연구하고 있다. 주요 저서로는 『동남아 기업의 위기와 구조조정』, 『아시아경제 힘의 이동』, 『아시아 경제 공존의 모색』, 『중국과 인도: 그 같음과 다름』 등 다수가 있다.

최세균

한국농촌경제연구원 선임연구위원이며, 미국 Purdue 대학에서 농업경제학 박사학위를 취득하였다. 외교통상부 FTA 민간자문위원, FTA 민간대책위원회 위원으로 활동하며 있으며, 한국농업정책학회 사무국장과 편집위원장을 역임하였다. 주요 저서로는 『한-EU FTA 농업분야 국내영향 및 대EU 수출 가능성 분석』, 『동아시아 FTA 대비 농업부문 연구』 등을 집필하였다.

송원근

연세대 경제학과를 졸업하고 연세대와 미국 일리노이대에서 석사 및 박사학위를 취득하였으며, 현재 한국경제연구원 연구위원으로 재직하고 있다. 연구 분야는 국제무역 및 정치경제학이며 주요 저서로는 『한 · EU FTA 자동차 교역 영향 및 EU 자동차시장 분석』, 『통상정책 결정요인의 정치경제학적 분석』 등이 있다.

박재욱

국가안보전략연구소 수석연구위원으로 재직 중이며, 건국대학교 대학원에서 경제학 박사학위를 받았다. 주요 연구분야는 일본 및 동아시아 경제, 동아시아 경제통합, 산업내무역 등이며, 통상정책 전반에 대한 연구와 정책 평가업무에 다수 연구실적을 보유하고 있다.

동아시아 경제통합

주요국 입장과 통합관련 이슈

2009년 5월 13일 | 제1판 1쇄 인쇄
2009년 5월 20일 | 제1판 1쇄 발행

지 은 이 | 정인교 외 공저
발 행 인 | 김은중
발 행 처 | 서울경제경영출판사
북디자인 | 우일미디어

주　　소 | 120-808 서울특별시 서대문구 대현동 67-5 대현빌딩 6층
전　　화 | 02) 313-2682
팩　　스 | 02) 313-8860

등　　록 | 1998년 1월 22일 제5-63호

ISBN 978-89-88106-56-3 (93320)　　정가 22,000원

※ 파본은 바꾸어 드립니다.